兴城年鉴

程思远

兴城市人民政府主办

兴城市年鉴编委会编纂

图书在版编目(CIP)数据

兴城年鉴.2017 / 兴城市年鉴编纂委员会编
--北京:方志出版社,2018.5
ISBN 978-7 - 5144 - 3091 -2

Ⅰ.①兴… Ⅱ.①兴… Ⅲ.①兴城-2017-年鉴
Ⅳ.①Z523.14

中国版本图书馆 CIP 数据核字(2018)第 113542 号

兴城年鉴(2017)

编　　者:兴城市年鉴编纂委员会
责任编辑:黄　彦

出版人:冀祥德
出版者:方志出版社
　地址　北京市朝阳区潘家园东里 9 号(国家方志馆 4 层)
　邮编　100021
　网址　http://www.fzph.org
发　行:方志出版社图书经销中心
　电话　(010)67110500
经　销:各地新华书店
印　刷:葫芦岛健宁彩色印刷有限公司

开　本:889 × 1194　1/16
印　张:22.5
字　数:403 千字
版　次:2018 年 5 月第 1 版　2018 年 5 月第 1 次印刷
印　数:0001~1000 册

ISBN　978 -7 - 5144 - 3091 - 2　　**定价**:270.00 元

兴城市年鉴编纂委员会

《兴城年鉴》编辑部

2016 年 7 月 29 日中国共产党第七次代表大会

2016 年 5 月 13 日全市“两学一做”学习教育工作会议

2016 年 1 月 6 日兴城市第七届人民代表大会第四次会议

2016 年 1 月 5 日政协兴城市第七届委员会第四次会议

2016 年 12 月 28 日兴城市第七届人民代表大会第五次会议

2016 年 12 月 27 日政协兴城市第七届委员会第五次会议

2016年2月26日兴城市乡镇党委换届工作会议

2016年1月18日兴城市村“两委”换届选举工作动员大会

2016 年 6 月 29 日兴城市纪念建党 95 周年“一先两优”表彰大会

2016 年 1 月 21 日“最美兴城人”颁奖典礼

2016年12月26日兴城市工商业联合会（民间商会）第七次会员代表大会

2016年8月25日兴城市社会组织统战工作联合会第一次会员大会

2016 年 11 月 11 日兴城市迎接国务院安全生产巡查汇报会

2016 年 8 月 19 日水上文化艺术园项目和生物小分子肽项目签约

2016年2月3日兴城市春节晚会

元宵节游园灯会

2016年7月1日“兴城之夏”文化广场演出开幕式

2016 年 5 月 11 日县域生态电商节开幕

2016 年 7 月 17 日兴城市获中国服装行业“十三五”创新示范基地称号

2016 年 7 月 17 日
第六届泳博会中外模特泳装展演

2016 年 7 月
第六届泳博会少儿比基尼大赛展演

2016 年 4 月 23 日
兴城市第七届读书节开幕式

2016 年 9 月 15 日高家岭镇
获“全国首个网时读书小镇”称号

2016 年 9 月 28 日孔子诞辰 2567 周年公祭大典在兴城文庙大成殿前举行

2016 年 9 月 28 日兴城市中小学生运动会开幕式

2016 年 8 月 8 日兴城市全民健身成果展示晚会

2016年9月16日奥运、世界冠军在万人徒步大会起点处合影留念

2016年9月16日8时30分
中国·兴城国际万人徒步大会活动启动

2016 年 9 月 16 日奥运跆拳道冠军陈中和世界武术冠军柴云龙为 15 公里业余组颁奖

2016 年 9 月 16 日国外获奖选手与粉丝合影留念

古城之夜

夏季海滨

宁远书院（兴城文庙）

大龙宫寺（觉华岛）

海河大桥

滨海大道

邴家浴场

觉华岛远景

红海滩栈道

红海滩

首山栈道

油菜花观光节

南河湿地

金沙湾游客中心

三礁揽胜

台里东港码头扩建工程项目

风力发电

兴城市文化馆

兴城市民俗博物馆

兴城市妇幼保健院

兴城市中医医院

徐大堡核电生活基地

河东路大桥

编 辑 说 明

一、《兴城年鉴》是辽宁省兴城市人民政府主办、兴城市档案局承办的大型综合性地方资料工具书。本年鉴创刊于1987年，国内外公开发行。《兴城年鉴》（2017）全面、系统、翔实地记载2016年度兴城政治、经济、文化、社会的基本面貌和发展状况，汇集大量的信息资料，具有鲜明的时代特征，是社会各界了解兴城、认识兴城、走进兴城的窗口和权威性资料刊物。

二、本年鉴采用分类编辑法，分设类目、分目（部分分目设子目）、条目，以条目作为记述的主要形式，全书条目标题统一用黑体加【 】表示。开篇单独设置特载。

三、本年鉴载录的兴城市各部门领导名单为2016年实际变动情况。

四、本年鉴为发挥图片资料对文字的补充和辅助作用，选择境内部分特色内容刊登宣传彩页。同时，为充实内文，在文中增加黑白图片。页面补白处增添兴城旅游景点小资料介绍。

五、本年鉴的“统计资料”由市统计局提供。由于统计口径等原因造成各部类条目中数据不一致时，以统计局公布的数据为准。

六、本年鉴配有双重检索系统，书前刊有详细目录，书后备有主题分析索引。

七、本年鉴所刊载的内容由全市各有关部门负责撰写并经主管领导审批，年鉴编辑部进行编辑整理，撰稿单位再次审核，最后经年鉴编纂委员会终审定稿后付梓印刷。

八、本年鉴的编辑出版得到市委、市政府的高度重视及全市各有关部门和社会各界的大力支持，在此一并致谢。在编印过程中如有疏漏、错误之处，诚请广大读者批评指正。

目　　录

特　载

深入实施“五项战略”加快建设“五个兴城”为全面建成小康社会而努力奋斗
——在中国共产党兴城市第七次代表大会上的报告 ……（1）
兴城市人民政府工作报告
——2016年12月28日在兴城市第七届人民代表大会第五次会议上 ……（10）
兴城市人民代表大会常务委员会工作报告
——2016年12月29日在兴城市第七届人民代表大会第五次会议上 ……（18）
中国人民政治协商会议兴城市第七届委员会常务委员会工作报告
——2016年12月27日在政协兴城市七届五次会议上 ……（23）

大事记

大事记（2016） ……（28）

兴城概貌

基本情况
建置沿革 ……（40）
位置面积 ……（41）
地形地貌 ……（41）
自然资源 ……（41）
旅游资源 ……（42）
行政区划 ……（42）
气温 ……（42）
降水 ……（43）
风 ……（43）
日照 ……（43）
霜冻 ……（43）
灾害性天气 ……（43）
人口 ……（44）
国民经济和社会发展
概况 ……（44）
固定资产投资 ……（44）
财税与金融 ……（45）
农业 ……（45）
工业和建筑业 ……（46）
交通和邮电及旅游业 ……（47）
内、外贸易业 ……（47）
城建环保及安全生产 ……（47）
科技工作 ……（48）
教育工作 ……（48）
卫生工作 ……（48）
文化体育事业 ……（48）
人民生活和社会保障 ……（49）

党政机关

中国共产党兴城市委员会
概况……（50）
·重要会议·
六届十二次全会……（50）
全市领导干部大会……（50）
党建工作会议……（51）
常委班子专题民主生活会……（51）
中国共产党兴城市第七次代表大会……（52）
市委七届一次全会……（53）
市委七届二次全会……（53）
市委七届三次全会……（53）
·重要活动·
乡镇党委换届工作……（54）
“两学一做”学习教育工作……（54）
市委书记现场办公……（55）
经济发展软环境整治……（55）
水毁灾情调研……（56）
30亿元项目签约兴城……（56）
重点项目拉练活动……（57）
学习十八届六中全会精神宣讲报告会……（57）
中共兴城市委员会领导成员……（57）
·办公室工作·
概况……（58）
党代会筹备……（58）
督查工作……（58）
党史编撰……（58）
2016年中共兴城市委员会发文目录……（59）
2016年中共兴城市委员会办公室发文目录……（64）
·组织工作·
概况……（67）
县乡党委和村“两委”换届工作.（68）
领导班子和干部队伍建设……（68）
干部监督工作……（69）
基层党组织建设……（69）
党员工作……（70）
非公企业党建工作……（70）
远程教育及电教工作……（70）
·宣传工作·
概况……（71）
宣传思想工作……（71）
意识形态责任制工作……（71）
理论学习……（71）
精神文明建设……（72）
新闻舆论工作……（72）
群众性文化活动……（72）
·统战工作·
概况……（73）
促进非公经济健康发展……（73）
党外干部队伍建设……（73）
侨台海外统战工作……（73）
·老干部工作·
概况……（74）
活动场所建设及管理……（74）
老干部大学工作……（75）
首届老干部艺术节……（75）
·市直机关工委·
概况……（75）
机关党组织建设……（75）
机关作风建设……（75）
激发工作活力活动……（76）

·党校工作·
概况……（76）
干部培训工作……（76）
提高教师能力……（76）
兴城市人民代表大会常务委员会
概况……（77）
围绕中心抓大事……（77）
立足长远促民生……（77）
依法治市启新程……（77）
强化履职见实效……（78）
市七届人大四次会议……（78）
市七届人大五次会议……（79）
2016年第七届人大常委会历次会议表……（80）
兴城市第七届人大常委会组成人员
·人大常委会工作机构·……（82）
兴城市人民政府
概况……（82）
现代农业加快发展……（83）
工业实力有所增强……（83）
现代服务业日趋活跃……（83）
城市品位稳步提升……（84）
民生保障得到加强……（84）
民主法制和精神文明建设……（85）
兴城市人民政府领导成员……（85）
·办公室工作·
概况……（85）
政务督查……（85）
政务公开……（86）
依法行政……（86）
后勤保障……（86）
应急管理……（86）
电子监察……（87）
网络诉求办理……（87）
外事工作……（87）
2016年兴城市人民政府发文目录……（88）
2016年兴城市人民政府向各乡镇、街道及各部门下发文件目录……（94）
2016年兴城市人民政府办公室向各乡镇、街道及各部门下发文件目录……（95）
·人事工作·
概况……（99）
公务员管理……（99）
科技干部服务工作……（99）
工资福利……（99）
编制管理……（99）
·信访工作·
概况……（100）
领导干部接访……（100）
依法逐级走访……（100）
信访系统建设……（100）
敏感时期排查和稳控……（101）
兴城滨海经济区
概况……（101）
基础设施建设……（101）
招商引资工作……（101）
经济区项目建设……（101）
电子商务发展……（102）
安全生产工作……（102）
兴城滨海经济区管理委员会领导成员……（102）
·中共兴城滨海经济区工作委员会·（102）
·兴城滨海经济区管委会·……（103）
·兴城滨海经济区管委会工作部门·（103）

觉华岛旅游度假区
概况……（103）
续建项目……（103）
新建项目……（103）
景区管理……（104）
社会事务管理……（104）
觉华岛旅游度假区管理委员会
领导成员……（104）
·觉华岛旅游度假区工作委员会·（104）
·觉华岛旅游度假区管理委员会·（105）
·觉华岛旅游度假区管理委员会
工作部门·……（105）
中国人民政治协商会议兴城市委员会
概况……（105）
参政议政……（105）
协商民主……（106）
社情民意……（106）
政协兴城市七届四次会议……（106）
政协兴城市七届五次会议……（106）
2016年政协兴城市第七届委员会
历次常委会议表……（107）
政协兴城市第七届委员会常务委员会
组成人员
·政协工作机构·……（108）
中国共产党兴城市纪律检查委员会
概况……（108）
严明政治纪律……（108）
调整内设机构……（108）
运用“四种形态”……（109）
廉政宣传工作……（109）
七届一次纪委会议……（109）
严查侵害群众利益问题……（109）
中共兴城市纪律检查委员会
组成人员……（109）

群众团体与民主党派

兴城市总工会
概况……（111）
全委会选举主席……（111）
餐饮协会行业工会成立……（111）
劳动竞赛……（111）
安全生产……（112）
帮扶活动……（112）
基层工会建设……（112）
共青团兴城市委员会
概况……（113）
志愿服务建设……（113）
青年创业扶持……（113）
助力脱贫攻坚工作……（113）
共青团改革工作……（113）
兴城市妇女联合会
概况……（113）
“双学双比”活动……（114）
“巾帼建功”活动……（114）
表彰先进……（114）
“最美家庭”评选……（114）
权益维护行动……（114）
“两癌”免费检查……（114）
兴城市残疾人联合会
概况……（115）
残疾人康复服务……（115）
残疾人就业……（115）
残疾人民生工程……（115）
残疾人宣传……（115）

兴城市工商业联合会
概况 ……（116）
重点企业座谈会 ……（116）
开展“千企联千村·同走致富路”活动 ……（117）
开展“组团式服务进企业”活动 ……（117）
民营企业家守法诚信活动 ……（117）
产业帮扶 ……（117）
兴城市归国华侨联合会
概况 ……（118）
为侨服务 ……（118）
侨情普查 ……（119）
侨法宣传 ……（119）
兴城市红十字会
概况 ……（119）
红十字宣传 ……（119）
人道救助工作 ……（120）
红十字项目 ……（120）
“三献”工作 ……（121）
红十字培训 ……（122）
兴城市科学技术协会
概况 ……（122）
科普宣传 ……（122）
特色科普 ……（122）
青辅协工作 ……（123）
“中国流动科技馆”活动 ……（123）
科普校园行活动 ……（123）
科技创新大赛 ……（123）
农业科普活动 ……（123）
农业科技示范样板 ……（124）
城镇居民科普教育 ……（124）
公务员科普教育 ……（124）
兴城市文学艺术界联合会
概况 ……（124）
文联机关活动 ……（124）
书法家协会 ……（126）
摄影家协会 ……（126）
作家协会 ……（126）
舞蹈家协会 ……（127）
音乐家协会 ……（127）
美术家协会 ……（127）
诗词楹联学会 ……（127）
历史文化学会 ……（127）
戏剧家协会 ……（128）
曲艺家协会 ……（128）
手风琴学会 ……（128）
民间文艺家协会 ……（128）
收藏家协会 ……（128）
中国国民党革命委员会葫芦岛市委员会兴城市支部
概况 ……（128）
党员本职工作出色 ……（128）
中国民主同盟兴城市总支部委员会
概况 ……（129）
第二次盟员大会 ……（129）
中国民主促进会葫芦岛市兴城基层委员会
概况 ……（129）
民进参政议政主题年 ……（129）
社会服务 ……（130）
中国农工民主党兴城支部委员会
概况 ……（130）
社会服务 ……（130）

地方武装

人民武装

概况……（131）
政治工作……（131）
双拥共建……（131）
军事工作……（131）
从严治军……（132）

人民防空

概况……（132）
抓好人防宣传教育……（132）
指挥通信体系建设……（133）

法　治

政法委及综治

概况……（134）
社会稳定风险评估工作……（134）
破解进京非访难题……（134）
矛盾纠纷化解……（134）
网格化管理工作……（134）
治安防控体系建设……（135）

公　安

概况……（135）
突发事件处置……（135）
武装巡逻……（135）
治安管理……（135）
交通管理……（136）
消防管理……（136）
校园安全管理……（136）

检　察

概况……（137）
刑事案件……（137）
法律监督……（137）
查办和预防职务犯罪……（137）

法　院

概况……（138）
刑事审判……（138）
民商事审判……（138）
行政审判……（138）
执行工作……（139）
法官员额制改革……（139）

司法行政

概况……（139）
人民调解……（139）
法治宣传……（140）
社区矫正工作……（140）
法律服务工作……（140）

旅　游

旅游开发

概况……（141）
旅游重点项目建设……（141）
旅游宣传……（141）

旅游服务

概况……（142）
旅游厕所革命……（142）
乡村旅游……（142）
油菜花观赏节……（142）
旅游行业管理……（143）

风景区管理

概况……（143）
软环境建设……（143）
设施建设……（143）
景区安全……（144）

景区管理……（144）

经济管理与监督

发展和改革
概况……（145）
项目审批……（145）
资金争取……（145）
投资项目管理……（145）
统　计
概况……（146）
统计服务……（146）
资产投资统计……（146）
服务业统计体系……（146）
农业普查……（146）
统计执法检查……（147）
招　商
概况……（147）
拓展招商范围……（147）
招商引资举措……（147）
物　价
概况……（147）
价格认证……（148）
市场监测调控……（148）
水价调整……（148）
市场监督
概况……（148）
助企发展……（149）
商标兴市……（149）
红盾护农……（149）
计量器具检定……（149）
规范市场经营……（149）
食品安全创建……（150）
严格市场准入……（150）
风险监管……（150）
落实主体责任……（150）
检验检测……（151）
专项整治……（151）
食品安全保障……（151）
特种设备监管……（151）
商标广告……（152）
市场监管……（152）
整治不正当竞争……（152）
标准化工作……（152）
质量监管……（152）
打击传销……（152）
消费维权……（153）
国土资源管理
概况……（153）
土地规划……（153）
土地利用……（154）
矿政管理……（154）
执法监察……（154）
普法宣传……（154）
不动产登记……（154）
审　计
概况……（155）
预算执行审计……（155）
经济责任审计……（155）
固定资产投资审计……（155）
清理偿欠款……（155）

农村经济

农　业
概况……（157）

秸秆利用……（157）
农业产业化……（157）
农业执法……（157）
农村科教……（157）
农产品监管……（157）
粮食产能工程……（158）
水果产业……（158）
农机化工作……（158）
扶　贫
概况……（158）
项目到户扶贫……（158）
移民扶贫……（159）
教育扶贫……（159）
健康扶贫……（159）
金融扶贫……（159）
社会帮扶……（159）
移民安置
概况……（159）
完善基础设施……（160）
移民资金……（160）
扶贫工作……（160）
林　业
概况……（160）
植被清理复种……（160）
资源林政……（160）
经济林建设……（161）
森林防火……（161）
退耕还林……（161）
森林补偿……（161）
有害生物防治……（161）
国有林场改革……（161）
资源管护……（162）
动物卫生监督
概况……（162）
畜禽养殖小区建设……（162）
畜禽保险……（162）
检疫监督……（163）
畜产品监管……（163）
海洋与渔业
概况……（163）
海洋生境生态修复……（163）
渔业生产……（164）
海域管理……（164）
海监执法监察……（164）
渔政管理……（164）
渔用燃油补贴……（164）
水　务
概况……（164）
河道治理……（165）
民生水利……（165）
维修养护……（165）
水土保持……（165）
城市供水……（165）
水资源管理……（165）
气　象
概况……（166）
人工影响天气……（166）
气象与农业……（166）
气象服务……（166）

工　业

经济信息化
概况……（167）
服务企业……（167）

搭建平台……（167）
技术创新……（167）
项目建设……（168）
国际泳装展……（168）
泳装行业转型升级……（168）
工业管理
概况……（168）
定点扶贫工作……（169）
招商引资……（169）
安全生产监督
概况……（169）
重点行业整治……（169）
信息化建设……（170）
安全生产宣教……（170）
热　电
概况……（170）
设备检修……（171）
冬季运行……（171）
窃热稽查……（171）
铁西热源厂……（171）
园区热源厂……（171）
城建·环保
城乡建设
概况……（172）
城乡生态环境……（172）
城市管理……（172）
房地产发展……（172）
城乡规划
概况……（173）
修建性规划……（173）
道路和市政规划……（173）
测绘工作……（173）
地理信息工作……（173）
建设项目审批管理……（173）
工程档案管理……（174）
来信来访……（174）
滨海温泉新城开发建设管理
概况……（174）
滨海新城项目建设……（174）
接待工作……（175）
环境保护
概况……（175）
大气污染治理……（175）
水污染防治……（175）
环境执法……（175）
环境监测……（176）
机动车尾气防治……（176）
交　通
公　路
概况……（177）
道路修复……（177）
公路养护……（177）
运输服务……（177）
交通行政执法……（177）
安全生产……（177）
铁　路
概况……（178）
路　政
概况……（179）
路政管理……（179）
路警专项整治……（180）
流动治超……（180）

电　力

城乡供电
概况……（181）
安全监管……（181）
电网建设改造……（181）
营配贯通工作……（181）
“两学一做”活动……（181）
徐大堡核电
概况……（182）
光伏发电项目……（182）
抽水蓄能项目……（182）
核电供热……（182）
预备操纵员培训……（182）
工程建设……（182）
企业文化……（182）
风　电
概况……（183）
风机维护……（183）
反措核查工作……（183）
电量损失情况……（183）
员工培训……（183）
核电办公室
概况……（184）
清洁能源科普宣传……（184）
推进核电项目……（184）

信息产业

联　通
概况……（185）
签订大项目合同……（185）
实现“全光市”目标……（185）
移动通信
概况……（185）
4G 领航信息消费……（185）
光宽带管线建设……（186）
电　信
概况……（186）
发展市内合作宽带……（186）
四级运营管理……（186）
借力翼支付……（186）
邮　政
概况……（187）
邮储类业务……（187）
农村电商……（187）
仓储建设……（187）
代理金融类业务……（187）
广电网络
概况……（188）
城乡网络改造……（188）
网络维护……（188）

财政・税务

财　政
概况……（189）
财政支出……（189）
财政资金争取……（189）
财政惠民……（189）
财政惠农……（190）
财政监督……（190）
税　务
・国家税务・
概况……（190）
税收情况……（191）

便民办税春风行动……（191）
国地税合作……（191）
营改增平稳落地……（192）
税收优惠……（192）
依法治税……（192）
税收征管提质增效……（193）
·地方税务·
概况……（193）
税收收入情况……（194）
税收专项清理……（194）
清欠工作……（194）
税收优惠……（194）
税源管理……（195）
土地地段等级调整……（195）
税收服务……（195）
社保费征收……（196）
社保费清缴……（196）

金 融

人民银行
概况……（198）
货币政策……（198）
金融服务……（198）
金融宣传……（199）
征信工作……（199）
反假币和洗钱工作……（199）
金融监管……（199）
工商银行
概况……（200）
存款工作……（200）
存款拓户工作……（200）
个贷工作……（201）
建设银行
概况……（201）
个人存款和产品营销……（201）
对公存款和产品营销……（202）
贷款业务……（202）
农业银行
概况……（202）
“三农”经营中心……（203）
工资分配机制……（203）
后台管理专业化……（203）
中国银行
概况……（204）
内控及业务检查……（204）
贷款情况……（204）
财务情况……（204）
农村商业银行
概况……（205）
业务创新……（205）
顶层设计……（205）
金融管理……（206）
信贷服务……（206）
农业发展银行
概况……（207）
客户营销工作……（207）
信贷工作……（207）
业务基础管理……（207）

商贸流通

商贸服务业
概况……（209）
“农村淘宝”项目……（209）
跨境电商销售……（209）

电子商务平台体系……（210）
服务业重点项目建设……（210）
会展经济……（210）
农产品现代流通体系建设……（210）
服务业安全生产检查……（211）
供销合作经济
概况……（211）
农资供应主渠道……（211）
新网工程……（211）
基层供销社工作……（212）
安全保卫工作……（212）
粮食流通
概况……（212）
储备粮监管……（213）
储粮基础设施建设……（213）
粮油质量检验监测……（213）
涉粮企业安全生产监管……（213）
编制粮食应急供应预案……（214）
对外贸易
概况……（214）
外贸服务……（214）
党建工作……（215）
石　油
概况……（215）
销售任务和客户管理……（216）
石油销售……（216）
非油业务……（216）
加油站基础管理……（216）
烟　草
概况……（217）
卷烟营销工作……（217）
专卖管理……（218）
烟草规范工作……（218）

科　技

科技工作
概况……（219）
农业科技工作……（219）
科技项目建设……（219）
产学研合作深化……（220）
高新技术企业培育……（220）
科技创新平台建设……（220）
知识产权工作……（221）
科普宣传……（221）
地震监测
概况……（221）
业务监测……（221）
防震减灾工作……（222）
地震宣传……（222）

教育·体育

教　育
概况……（223）
创建义务均衡发展市……（223）
教育工程建设……（223）
特殊教育学校……（223）
教育安全工作……（224）
·幼儿教育·
概况……（224）
幼儿教师培训……（224）
·中小学教育·
概况……（224）
高考和中考……（225）
艺术教育……（225）
中华优秀传统文化教育进校园…（226）

艺体教育……（226）
德育工作……（227）
高品质课堂理念……（227）
教学常规管理……（228）
教育研训活动……（228）
·职业教育·
初职教育……（228）
中职教育……（229）
成人教育……（229）
民办教育……（229）
·教　师·
概况……（229）
阳光招聘教师……（229）
参加全国教研工作会议……（230）
教育科研工作……（230）
教师提升考试……（230）
师干训工作……（230）
教育信息技术……（231）
体　育
概况……（231）
重点体育产业项目……（231）
·群众体育·
概况……（232）
全民健身品牌……（232）
·竞技体育·
概况……（233）
竞技体育成果……（234）

文　化

文化广播影视
概况……（235）
兴城之夏文化演出……（235）
第七届读书节……（236）
文化惠民……（237）
非物质文化遗产保护……（237）
公益电影放映……（237）
公共文化建设……（237）
文化市场管理……（238）
文物保护
概况……（238）
民俗博物馆竣工……（238）
城墙申遗和文物发掘……（238）
古城开发……（239）
文物立项工作……（239）
古城景区整合管理……（239）
旅游宣传促销……（239）
报　刊
概况……（240）
战役性报道……（240）
新闻编采及出版任务……（240）
对外宣传……（240）
开辟新专栏……（240）
广播电视
概况……（241）
新闻宣传……（241）
专题节目……（242）
新媒体宣传……（242）
电台工作……（242）
文艺节目引进录制……（243）
安全优质播出……（243）
档　案
概况……（243）
档案利用……（244）
档案管理……（244）
档案指导……（245）

档案宣传……（245）
年鉴工作……（245）

卫 生

医疗卫生
概况……（246）
新农合制度……（247）
基本药物制度……（247）
医疗机构和人才建设……（247）
公共卫生
概况……（248）
基本公共卫生项目……（248）
计划生育政策落实项目……（248）
爱国卫生……（248）
卫生监督执法……（248）

社会生活

劳动和社会保障
概况……（250）
就业工作……（250）
养老保险……（251）
医疗保险……（251）
劳动监察……（251）
劳动仲裁……（251）
机关事业单位社保中心成立……（251）
扶贫工作……（251）
民政工作
概况……（252）
安全生产工作……（252）
社会福利工作……（252）
社会治理……（252）
·社会救济·
概况……（252）
提标工作……（253）
社会救助……（253）
·双拥优抚安置·
概况……（253）
双拥工作……（253）
优抚安置……（254）
·专项社会事务管理·
概况……（254）
救助工作……（254）
婚姻登记管理……（254）
民族工作
概况……（254）
专项资金扶持……（255）
民族地区建设……（255）
农民培训和扶贫……（255）
满族文化……（255）
宗教工作
概况……（255）
宗教管理……（256）

乡·镇·街道

羊安满族乡
概况……（257）
农业农村工作……（257）
发展民营经济……（257）
宜居乡村建设……（258）
民生工程……（258）
元台子满族乡
概况……（258）

农业工作……………………（259）
宜居乡村建设……………………（259）
民生工作……………………（259）
白塔满族乡
概况……………………（260）
农业基础设施建设……………………（260）
新农村建设……………………（260）
惠农政策落实……………………（260）
望海满族乡
概况……………………（261）
农业生产……………………（261）
加强村级公益事业……………………（261）
民生工作……………………（262）
刘台子满族乡
概况……………………（263）
发展乡村旅游……………………（263）
推进精准扶贫……………………（263）
农业基础设施建设……………………（263）
民生保障……………………（264）
大寨满族乡
概况……………………（264）
农业工作……………………（264）
基础设施……………………（265）
民生保障……………………（265）
社会稳定……………………（265）
招商引资……………………（265）
南大满族乡
概况……………………（265）
农村农业……………………（266）
招商引资……………………（266）
扶贫开发……………………（266）
围屏满族乡
概况……………………（267）
农村基础设施……………………（267）
扶贫工作……………………（267）
招商引资……………………（267）
换届选举……………………（267）
碱厂满族乡
概况……………………（268）
农业产业建设……………………（268）
基础设施建设……………………（268）
应对水灾……………………（268）
扶贫开发工作……………………（269）
三道沟满族乡
概况……………………（269）
党建工作……………………（269）
扶贫攻坚……………………（270）
农业开发……………………（270）
移民工作……………………（270）
旧门满族乡
概况……………………（270）
经济林建设……………………（271）
农业基础设施建设……………………（271）
乡村建设……………………（271）
灾后建设……………………（271）
民生保障……………………（271）
药王满族乡
概况……………………（272）
基础设施建设……………………（272）
民生保障工作……………………（272）
农业产业结构调整……………………（272）
重点项目推进……………………（272）
曹庄镇
概况……………………（273）
畜禽养殖……………………（273）
基础设施……………………（273）

信息服务……（274）
美丽乡村建设……（274）
东辛庄镇
概况……（274）
环境治理……（275）
服装产业链群……（275）
城镇建设……（275）
民生改善……（275）
沙后所镇
概况……（275）
乡村建设……（276）
招商引资……（276）
打造“淘宝镇”……（276）
农村工作……（276）
农业生产……（277）
劳动保障……（277）
扶贫济困……（277）
郭家镇
概况……（277）
基础设施建设……（278）
民生改善……（278）
安全生产监管……（278）
精准扶贫……（278）
信访工作……（278）
徐大堡镇
概况……（279）
基础设施工程……（280）
乡村示范建设……（280）
旅游项目挖潜……（280）
经济新亮点……（280）
核电服务项目……（281）
红崖子镇
概况……（281）
党建工作……（281）
农业工作……（282）
民生保障……（282）
小城镇建设……（282）
社会稳定……（282）
高家岭镇
概况……（282）
设施农业……（283）
畜禽养殖……（283）
旅游开发……（283）
温泉小镇……（283）
环境整治……（283）
文教卫生工作……（284）
新农保工作……（284）
宁远街道
概况……（284）
劳动保障……（284）
民政工作……（284）
城建工作……（285）
城管工作……（285）
司法工作……（285）
古城街道
概况……（285）
农村工作……（285）
城乡建设……（286）
民生保障……（286）
温泉街道
概况……（286）
社区工作……（287）
惠民服务……（287）
四家屯街道
概况……（287）
“两学一做”学习教育活动……（287）
微信平台建设……（288）
动迁工作……（288）

安全维稳 ....(288)
农业生产 ....(288)
民生工作 ....(288)
城东街道
概况 ....(288)
民生工程 ....(289)
扶贫工作 ....(289)
农业工作 ....(289)
环境治理 ....(289)
钓鱼台街道
概况 ....(290)
城建管理 ....(290)
招商引资 ....(290)
安监工作 ....(290)
低保户管理 ....(290)
劳动保障 ....(290)
计生工作 ....(290)
华山街道
概况 ....(291)
服务场所建设 ....(291)
发展村经济 ....(291)
民生改善 ....(291)
环境整治 ....(291)
救助帮扶工作 ....(292)
扶贫基地建设 ....(292)
临海街道
概况 ....(292)
党建工作 ....(292)
农业工作 ....(293)
民生工作 ....(293)
护林防火 ....(293)
项目建设 ....(293)
安全生产 ....(293)
环境治理 ....(293)
菊花街道
概况 ....(294)
自然资源 ....(294)
渔业资源 ....(294)
民政工作 ....(294)
人口计卫工作 ....(294)
社会保障工作 ....(294)

索　引

索引 ....(296)

特　载

深入实施“五项战略”加快建设“五个兴城”为全面建成小康社会而努力奋斗

——在中国共产党兴城市第七次代表大会上的报告

中共兴城市委书记　赵家鹏

（2016年7月27日）

一、过去五年工作的基本总结

上次党代会以来的五年，是第六届市委团结带领广大党员和全市人民顽强拼搏、开拓创新的五年；是我市经济社会加快发展，城乡面貌发生显著变化的五年；是广大人民群众充分享受改革发展成果，获得感明显增强的五年。经过五年的不懈奋斗，全市经济社会发展取得了新成就，为全面建成小康社会奠定了坚实基础。

构筑了经济振兴新优势。2015年，全市地区生产总值实现124.66亿元，是2010年的1.65倍；全社会固定资产投资总额实现55亿元；公共财政预算收入实现8.57亿元，是2010年的1.6倍，总量居全省44个县(市)第14位。工业经济发展步伐加快。泳装支柱产业不断壮大，跻身“中国十大纺织工业产业集群”；滨海经济区蓬勃兴起，徐大堡核电前期工作扎实推进；传统企业升级改造焕发生机，规模以上企业达到87个；招商引资成效显著，36个亿元以上项目落地投产。农业和农村经济稳步发展。设施农业、高效农业、特色农业、品牌农业成果丰硕，农产品深加工企业、农民专业合作社、农事经纪人队伍日益壮大；农业基础设施全面加强，连续五年荣获省农建“大禹杯”；宜居乡村建设全面启动，创建省级示范村24个。现代服务业发展迅速。旅游开发、推介力度不断加大，我市成为全国首批“全域旅游示范区”；兴隆大家庭、大红门物流等一批大型商贸项目投入运营，金融、房地产等消费服务业健康发展；“互联网+”迅速兴起，电子商务走在全国前列。

焕发了城市发展新活力。东移北上南拓战略稳步实施，滨海温泉新城建设初见成效，首山路、海河大桥建成通车。城市功能不断完善，污水处理厂二期、净水厂工程相继竣工，供水、供暖管网改造和供电、通信线路改造基本完成，城市基础设施累计投入资金50多亿元。城市环境明显改观，兴城河治理效果显著，湿地公园加快建设，海河公园向市民开放，绿化、美化、亮化和生态环境治理工程亮点纷呈，我市被评为省园林城市、省森林城市和全国十个空气质量最好小城。城市品位明显提升，比基尼广场投入使用，一批高品质住宅小区相继建成，首山国家森林公园和滨海栈道成为靓丽风景，我市获得“全国十大宜居小城”称号。城市软实力明显增强，高度重视社会主义核心价值体系建设，开展“最美兴城人”评选活动，城市文明和市民素质进一步提高，荣获“辽宁省文明城市”称号。成功承办六届泳博会，城市影响力明显扩大。

树立了社会和谐新气象。实施系列民生工程，社会保障和公共服务体系不断完善。2015年城镇非私营单位在岗职工平均工资实现45407元，是2010年的2.2倍；农村居民人均可支配收入实现10509元，是2010年的1.6倍。就业再就业、社会保险、新农合水平不断提高，扶贫开发、社会救助、慈善公益日益巩固。国防教育和民兵预备役建设取得新成果，连续八届被评为“省双拥模范城”。群众文化生活日益丰富，全民健身蔚然成风，荣获“全国体育先进县”称号。教育、医疗卫生设施得到明显改善，科普、档案、人口与计划生育和老干部工作稳步推进，广播电视、报刊、网络等媒体作用充分发挥。食品药品监管力度持续加大，突发事件应急管理能力明显提高，安全生产形势总体稳定。民主法治建设扎实推进。人大及其常委会依法监督职能不断加强，服务型、法治型政府建设明显加快，人民政协各项工作取得新发展。统一战线工作全面巩固，工会、共青团、妇联、工商联、科协、残联、侨联、文联、红十字会等人民团体，都为全市经济社会发展做出了新贡献。积极开展“平安兴城”创建和“六五”普法活动，加强和创新社会治安综合治理，扎实推进司法体制改革，不断加大信访工作力度，强化民族宗教、外事侨务工作，保持了社会大局和谐稳定。

开创了党的建设新局面。深入学习贯彻中共十八大和十八届三中、四中、五中全会和习近平总书记系列重要讲话精神，认真开展党的群众路线教育实践活动、“三严三实”专题教育和“两学一做”学习教育，严格执行中央八项规定，“四风”问题得到有效遏制，“不严不实”问题得到及时纠正，党内政治生活得到严格规范，机关作风得到明显转变，一批群众高度关注的突出问题得到切实解决。始终坚持正确的选人用人导向，一大批“信念坚定、为民服务、勤政务实、敢于担当、清正廉洁”的好干部被及时发现并合理使用。始终把抓基层党建作为牵动全局的首要任务，基层党组织战斗堡垒作用明显增强，党员先锋模范作用充分发挥，党的工作覆盖面不断扩大。认真履行全面从严治党主体责任和监督责任，以零容忍的态度共查处党员干部870人，正风肃纪的震慑作用得到切实加强。

兴城的变化有目共睹，兴城的发展振

奋人心。五年来我们经历了前所未有的挑战，战胜了重重困难。我们能取得这样的成就，靠的是党中央、省市委的坚强领导，靠的是历届市委奠定的坚实基础，靠的是全市广大党员干部和人民群众的团结奋斗。在本届市委班子任期届满之际，我谨代表中共兴城市第六届委员会，向全市广大党员干部和人民群众，向驻兴部队指战员、武警官兵，向驻兴单位的同志们，向所有关心、支持和参与兴城建设与发展的朋友们，表示衷心的感谢！

回顾总结过去五年的工作，我们更加深刻地认识到，实现兴城经济社会平稳较快发展，必须坚持解放思想、抢抓机遇，紧跟时代步伐；必须坚持科学发展的思路不动摇，提高发展速度和质量；必须牢固树立以人为本的执政理念，把保障和改善民生作为一切工作的出发点和落脚点；必须发扬苦干实干、勇于担当的优良传统，以改革创新的方法、求真务实的作风推动工作落实；必须保持团结和谐的政治局面，形成振兴发展的强大合力；必须始终践行党要管党、从严治党，不断提升党的凝聚力、影响力和战斗力，为各项事业发展提供坚强组织保证。

在总结成绩的同时，我们也清醒地看到，我市在前进道路上还存在一些困难和问题。主要表现在：主要经济指标增速放缓，财政收支矛盾比较突出；经济结构不尽合理，新的经济增长点不足；教育、医疗等民生问题还没有得到彻底解决；党的建设存在薄弱环节，党风廉政建设和反腐败工作任重道远，管党治党的力度仍需进一步加大；个别党员干部精神不振、能力不足，不想干、不敢干、不会干和为官不为等问题依然存在。对这些问题，我们一定要采取切实有效的措施，认真加以解决。

二、今后五年发展的总体目标

今后五年，是全面建成小康社会的关键时期。我市“十三五”规划确定的实施“五项战略”、建设“五个兴城”总体思路，是近年来我们在经济社会发展实践中不断探索总结形成的，符合“五大发展理念”，符合兴城实际，我们一定要坚定不移地加快实施、扎实推进，不断开创我市经济社会发展的新局面。

今后五年全市工作的总体要求是：认真贯彻落实党的十八大、十八届三中、四中、五中全会和习近平总书记系列重要讲话精神，以“四个全面”战略布局为统领，主动适应经济发展新常态，牢固树立创新、协调、绿色、开放、共享发展理念，抢抓新一轮东北振兴、京津冀协同发展重大机遇，深入实施“创新驱动、城乡统筹、生态立市、文旅兴市、民生优先”五项战略，促进经济社会协调可持续发展，全面加强党的建设、精神文明建设和民主法治建设，加快构建创业兴城、宜居兴城、文化兴城、活力兴城、幸福兴城，确保2020年全面建成小康社会。

未来五年，我们的主要目标是：

——综合经济实力再上新台阶。地区

生产总值年均增长7%以上，公共财政预算收入年均增长6%以上，到2020年实现全面建成小康社会的各项任务目标。

——产业结构更加优化。坚持工业化、信息化、农业现代化融合发展，重点打造国家级旅游康养目的地、东北重要清洁能源基地、区域性商品集散地，建成省级现代农业综合示范区。三次产业比重达到8:40:52。

——城乡更加宜居。统筹城乡发展，建设宜居城市，打造美丽乡村，城乡一体化进程明显加快。城市建成区绿化覆盖率达到45%，生态环境显著改善，建成国家级生态城市。

——社会发展更加和谐稳定。大力加强民主法治和精神文明建设，营造公平正义的社会环境。城镇在岗职工人均工资年均增长8%，农民人均可支配收入年均增长8%。社会保障等公共服务能力明显增强，人民群众幸福指数显著提高。

——党的建设全面加强。认真贯彻落实党要管党、从严治党新要求，党组织的战斗堡垒作用和党员的先锋模范作用得到充分发挥，抵御风险和拒腐防变能力切实增强，党的建设科学化水平明显提高。

加快“五个兴城”建设，全面建成小康社会，是全市56万人民的共同愿望。今后五年，虽然我们还面临着许多挑战和困难，但只要我们胸怀理想、坚定信念，顽强拼搏、艰苦奋斗，就一定能够完成历史赋予我们的神圣使命，就一定能够创造出无愧于时代、无愧于党和人民的新业绩。

三、全力开创经济社会发展新局面

（一）实施创新驱动战略，加快地区经济发展。

强化企业创新主体地位，推动产业转型升级。培育创新型企业，提升产业核心竞争力，努力形成新兴产业和传统制造业并驾齐驱，现代服务业和传统服务业相互促进，信息化和工业化深度融合的产业发展新格局。把泳装产业作为创新发展和传统工业升级的先行军，围绕《中国制造2025》发展目标，增强自主创新和研发能力，突破品牌和设计两大瓶颈，不断提高泳装附加值和高端产品的市场占有率。大力发展新能源、生物医药、新材料、节能环保等新兴产业，重点推进徐大堡核电和抽水蓄能项目建设，支持海思科制药发展壮大，扶持滨海经济区新材料产业基地和国家环保科技园建设。加快发展现代服务业，加大“互联网+”行动计划落实力度，推动我市与阿里巴巴集团开展全方位合作，促进“互联网+”向更宽领域、更多行业、更新业态发展；鼓励物流、商贸、金融业向专业化和精细化转变，促进会展业提档升级。

激发全社会创新创业活力，打造经济发展新优势。全力支持辽宁财贸学院创新创业基地建设，鼓励辽宁工程技术大学、渤海船舶职业学院、农科院果树研究所打造创客平台、创业社区，不断提高创新成果就地转化能力。积极推进小微企业与高校院所合作的广度和深度，不断提高企业技术竞争力。积极引进创业投资，五年内新增3家上市企业。

加强对外创新合作，全面提高开放质量和水平。做好与“一带一路”、京津冀协同发展、长江经济带发展战略互动衔接，在创新合作、转移承接上取得新突破。不断完善滨海经济区、滨海温泉新城、觉华岛旅游度假区三大承接平台功能，为对接发展创造良好条件。积极强化与国内科技资源高地合作，着力吸引重点大学、科研院所、医疗单位在我市设立分支机构；积极开展科技招商，着力引进一批高科技企业在我市落户；积极鼓励创新型龙头企业“走出去”，着力推动一批新产品走向国际市场。

加强体制机制创新，营造优良的创新创业环境。进一步深化商事和审批制度改革，简化注册手续，缩短审批时限，为创新创业提供便利服务。建立便捷的市场退出机制和公正的执法体系，为企业创造宽松的经营环境。不折不扣落实政策措施，切实加大金融、财政对创新创业的扶持力度。完善人才激励机制，吸引高层次人才来兴创新创业，支持兴城籍人才返乡创业，落实高校毕业生就业促进和创业引领计划。要在全省打造最优的创新创业环境，形成大众创业、万众创新的浓厚氛围。

（二）实施城乡统筹战略，加快推进新型城镇化和农业现代化。

加强规划统筹，优化城市发展格局。完成城市总体规划修编工作，坚持各类规划同步实施，使城市、产业、生态和重大基础设施空间布局更加优化。继续实施东移北上南拓城市发展战略，推进城中村改造，启动兴城河南岸片区开发，加快滨海经济区产城融合步伐，提升滨海温泉新城建设水平，完成秦沈客运专线兴城西客站建设。加大城市基础设施投入，提高城市综合承载能力，保障城市运行安全，满足居民基本生活需求。坚持“共建共享”原则，创新城市管理体制，努力形成人人参与、人人尽力、人人享有的城市管理新格局。

加强宜居乡村建设，提高城镇化水平。科学编制乡村发展规划，完成徐大堡国家建制镇示范试点工作，继续发挥东辛庄、红崖子、沙后所、高家岭等重点镇的辐射带动作用，完善组团推进、互动发展的小城镇建设体系。深入开展农村环境综合整治，推动水电路气等基础设施城乡联网。不断加大对农村教育、医疗、文化、金融支持力度，推进城乡公共资源均衡配置。落实户籍制度改革，加快推进农业转移人口市民化。到2020年，常住人口城镇化率达到60%以上。

加大农业产业结构调整力度，加快现代农业发展步伐。积极推进农业供给侧改革，全面提高农业综合效益和竞争力。持续推进省级现代农业综合示范区建设，重点巩固粮食、花生、蔬菜、水果、干果、食用菌、畜禽和水产养殖8个主导产业示范区，大力提高优质特色农产品供给能力。发展壮大农产品加工业，销售收入实现年均增长10%以上。提高农业标准化、机械化、信息化和动植物疫病防控专业化覆盖率，建立农产品检测和追溯体系，大力提高农产品质量。实施智慧农业工程，扶持农村淘宝发展，培育认养农业、都市农业等新型农业业态。依法推进土地经营权有序流转，鼓励多种形式适度规模经营，壮大以农民专业合作社为重点的新型农业经营主体。加强农田水利基础设施建设，提高防汛抗旱能力。完善农业投入、农技推广、人才培训等社会化服务体系建设，为推进农业可持续发展提供有力保障。

（三）实施生态立市战略，加快资源节约型、环境友好型社会建设。

全面推广绿色低碳生产生活方式。鼓励发展绿色经济、循环经济，有效降低发展的资源环境代价。大力推进节能减排，加强高能耗行业管控，深入开展节能减排全民行动。积极倡导绿色消费模式，形成崇尚节约的社会风尚。

狠抓生态环境保护和治理。深入推进蓝天工程，全面开展大气污染防治，持续改善空气质量。深入推进碧水工程，深化重点流域水污染防治，保障饮用水水源安全。深入推进青山工程，不断加强造林绿化，提高森林覆盖率和蓄积量。实施面源治污工程，继续推进农村改水改厕、垃圾处理工作，统筹规划畜禽养殖场建设和管理。实施资源修复工程，推进蓝色海湾整治计划，建立海洋生态保护区，完成红海滩生态修复；落实耕地保护措施，强化土壤污染治理，推广耕地深翻轮作和测土配方施肥。实施清洁能源工程，推动天然气进农村，鼓励建设生态循环农业示范基地。

健全生态文明制度体系。坚决执行最严格的环境保护制度，严密防控、严厉打击环境违法行为。实行生态文明绩效考核和领导干部环境损害责任追究制度，强化企业环保主体责任，鼓励公众和环保组织对污染行为进行监督。牢固树立和践行绿色发展理念，让天蓝、地绿、水清、气净成为兴城最厚植的发展根基，让良好的生态环境成为兴城最响亮的品牌。

（四）实施文旅兴市战略，加快文化和旅游产业发展。

完善公共文化服务体系建设。坚持社会主义先进文化前进方向，加大文化产品创作支持力度，不断提升文化软实力。大力弘扬优秀传统文化，重点培育具有兴城特色的明清军事文化、古城文化、宗教文化、海洋文化和乡土文化，做好古城申遗和满族大秧歌、“全羊席”、民间绣活等非物质文化遗产保护工作。普及科学知识，倡导全民阅读，完成文化馆和图书馆建设。发挥文化创意驱动作用，构建多元化文化产业发展新格局。推动文化大众化、社会化发展，努力满足人民群众日益增长的精神文化需求。大力开展全民健身运动，完善公共体育基础设施建设。充分发挥广播电视、报刊、网络等媒体平台作用，牢牢把握正确舆论导向，健全社会舆情引导机制，传播正能量。

全面提升旅游产业发展水平。按照“旅游城镇化、城镇景区化、景区国际化”的模式，加强旅游规划设计，强化项目牵动，开展全域旅游示范，引领旅游产业大发展、大繁荣。深度开发“城泉山海岛河”六大旅游资源，以大手笔、大气魄推进古城、温泉、觉华岛的开发利用，在全国打响古城、温泉、觉华岛三大品牌。落实旅游产业“五个一”工程，新建金沙湾景区、首山湖温泉度假区和民俗博物馆，加快开发高标准农家乐度假村和独一无二的旅游纪念品。促进旅游产业与农业、工业、文化、新型城镇化融合发展，开发各具特色的旅游产品，重点建成高家岭温泉小镇、徐大堡风情小镇、城市休闲渔港和红海滩湿地公园。依托优势旅游资源，大力扶持养老产业发展，推进驻兴疗养院升级改造，打造国内知名的养老基地。着力引进国内知名企业参与旅游景区景点的开发与管理，快速提升旅游产业发展水平。

全力打造在国内具有影响力的旅游目的地。巩固中国优秀旅游城市品牌，加强景区景点管理，古城、觉华岛争创国家5A级景区。突出历史名城、滨海度假、养生康健三大特色，不断加大“引客入兴”工作力度。着力开拓夏季避暑养生市场，打造夏季避暑旅游制高点；重点突破冬季温泉养生市场，打造全国冬季旅游新高地。持续开展多种形式的宣传推介，讲好兴城故事，宣传兴城形象，推介兴城旅游产品。深化旅游区域合作，拓展旅游发展新空间。加强重点景区旅游服务中心、停车场、自驾车营地、标识标牌等设施建设，不断增强旅游公共服务功能。健全旅游市场综合监管机制，全面提高导游员队伍素质，杜绝欺客宰客行为，树立兴城旅游良好形象。

（五）实施民生优先战略，加快和谐社会建设步伐。

大力提升社会保障水平。实施更加积极的就业政策，保持零就业家庭动态管理为零。实施全民参保计划，基本实现法定人员全覆盖；建立和完善机关事业单位工作人员养老保险制度、职业年金制度，推进城乡居民医疗保险整合。健全保障性住房建设、分配和退出机制，统筹社会救助体系，加快养老服务和慈善公益事业发展步伐。

大力发展社会各项事业。以打造国家级义务教育均衡发展市为目标，统筹推进城乡义务教育一体化改革，缩小城乡教育差距。积极推进医药卫生体制和县级公立医院综合改革，降低群众就医成本；不断强化乡村医疗服务体系，实现人人享有基本医疗卫生服务。推动人口与计划生育、妇女儿童、老龄和残疾人事业进步，促进社会全面协调发展。加快开展“辽宁食品安全放心县”创建工作，确保人民群众“舌尖上的安全”。

全面完成脱贫攻坚任务。按照“六个精准”“五个一批”要求，以全市重点贫困乡、贫困村和贫困人口为重点，大力实施项目扶贫、产业扶贫、科技扶贫、人才扶贫、金融扶贫、健康扶贫和社会扶贫，确保如期实现全面脱贫任务目标，在全面实现小康路上不让一个人掉队。

大力加强精神文明建设。积极培育和践行社会主义核心价值观，科学引领社会思潮，巩固意识形态阵地，为加快发展凝聚强大精神力量。强化思想道德教育，继承和弘扬中华民族传统美德，营造崇德向善浓厚氛围。扎实推进“全国文明城市”创建工作，着力加强社会诚信体系建设、乡风文明建设、社会环境建设和人文环境建设。认真落实党管武装各项制度，深入开展全民国防教育，增进军政军民团结，争创“全国双拥模范城”。

大力推进依法治市进程。深化司法体制改革，加强政法队伍建设，扎实开展“七五”普法，推进司法公正和司法公开，维护社会公平正义。加强法治政府建设，坚持运用法治思维和法治方式深化改革、促进发展。积极推进“平安兴城”建设，创新社会治安综合治理，构建立体化社会治安防控体系，严厉打击各种违法犯罪活动。完善和落实安全生产责任制，坚决遏制重特大安全生产事故发生。改进信访工作，完善多元调解机制，有效化解矛盾和信访突出问题。夯实国家安全的社会基础，严格防范和打击境内外敌对势力破坏活动和恐怖组织、邪教组织非法活动。

大力加强民主政治建设。加强党对人大、政协工作的领导，支持人大及其常委会依法履行职权，支持人民政协发挥协商民主重要渠道作用。深入落实中央统一战线工作条例，支持各民主党派、无党派人士创造性开展工作。充分调动群团组织工作积极性，支持工会、共青团、妇联等人民团体在推动经济社会发展中发挥更大作用。依法加强对宗教事务管理。加强基层民主政治建设，保障群众依法行使民主权利。

四、全面加强党的建设

（一）着眼于保持党的先进性和纯洁性，切实加强全面从严治党主体责任落实。牢固树立抓好党建是最大政绩理念，把管党治党的主体责任放在心上、抓在手上、落实到行动上。坚持把严的要求贯彻到管党治党的全过程，做到真管真严、敢管敢严、长管长严。加强和规范党内政治生活，落实好民主集中制原则，进一步推动党的组织生活制度化、经常化、规范化。扎实深入开展“两学一做”学习教育，巩固和拓展党的群众路线教育实践活动和“三严三实”专题教育成果，把全面从严治党的要求落实到每一个支部、每一名党员。认真落实《中国共产党问责条例》，以强力问责推动全面从严治党不断走向深入。

（二）着眼于坚定党的理想信念，切实加强思想政治建设。深入开展中国特色社会主义理论体系学习教育，坚定道路自信、理论自信、制度自信、文化自信，引导全市广大党员干部切实担负起兴城振兴发展的历史使命。每一名党员干部都要不忘初心，认真对照党章党规要求，坚守“三严三实”，拧紧世界观、人生观、价值观这个“总开关”，牢固树立政治意识、大局意识、核心意识、看齐意识，讲诚信、懂规矩、守纪律，自觉做心中有党、心中有民、心中有责、心中有戒的表率。加强干部教育培训工作，优化干部知识结构，强化干部实践锻炼，不断提升推动改革发展的能力水平。

（三）着眼于提高党的执政能力，切实加强领导班子和干部队伍建设。严格执行干部选拔任用制度，树立公平公正的选人用人导向，采取有力举措坚决防止违规用人、超职数配备、“带病提拔”、拉票贿选和买官卖官等问题的发生。加强领导班子建设，优化班子结构，打造坚强有力的高素质执政骨干队伍。坚持党管干部原则，发挥党组织领导和把关作用，认真落实能上能下要求，不断完善干部考核评价机制，坚决防止“圈子文化”和拉帮结派等问题的发生。深化干部人事制度改革，加强干部岗位交流，注重年轻干部、女干部和党外干部的培养和选拔，认真做好老干部工作。

（四）着眼于巩固党的执政基础，切实加强党的基层组织建设。牢固树立大抓基层的鲜明导向，把握功能定位，注重政治引领，使基层党组织有资源、有能力为群众服务，使每个基层党组织都成为坚强战斗堡垒。深入整顿软弱涣散基层党组织，进一步强化政治功能和服务功能，不断增强党在全社会的影响力和凝聚力。重点加强村、社区党组织建设，不断提高“带头人”整体素质。全面推进机关党的建设，提升工作效能。积极探索非公企业党建工作新路子，实现党建工作和企业发展相互促进、有机融合。规范党员队伍管理，创新流动党员、改制企业党员和离退休党员管理机制，加大不合格党员处置力度，推动各领域党员立足岗位发挥先锋模范作用。进一步做好党费收缴、管理和使用工作。

（五）着眼于增强拒腐防变、抵御风险能力，切实加强党风廉政建设和反腐败工作。认真落实党风廉政建设党委主体责任和纪委监督责任，切实增强纪律意识和规矩意识，坚决同违反党纪的行为作斗争，为各项工作顺利推进提供坚强保证。强化对违反中央八项规定行为的监督执纪问责，坚决防止“四风”问题反弹回潮。保持惩治腐败高压态势，严肃查处腐化堕落、侵犯群众利益的案件。加快推进廉政监督机制建设，加快形成不敢腐、不能腐、不想腐的有效机制，努力实现干部清正、政府清廉、政治清明，为经济社会发展营造良好政治生态。

（六）着眼于转变工作作风，切实把加快发展的各项措施落到实处。从市委常委会抓起，从领导干部抓起，牢固树立宗旨意识，坚持和发扬艰苦奋斗的优良传统，驰而不息深化作风建设。时刻把群众的安危冷暖放在心上，多做急民之困的实事，少做花上垒花的虚功。要适应新常态，做有办法、敢担当、善作为的干部。要沉下心、弯下腰，在改革发展的主战场、维护稳定的第一线、服务群众的最前沿解决问题、提高本领。要真抓实干、埋头苦干，有力有序有效推动各项工作落地生根、取得实效。加大督查检查力度，坚决整肃不担当、不负责的庸政懒政行为，决不允许占着位子不作为。健全激励机制和容错纠错机制，坚决为勇于改革创新者撑腰，让广大干部愿干事、敢干事、能干成事。

兴城市人民政府工作报告

——2016年12月28日在兴城市第七届人民代表大会第五次会议上

兴城市人民政府市长　袁国相

一、2016年工作回顾

即将过去的一年，在市委正确领导下，在市人大和市政协监督支持下，市政府带领全市人民，奋力拼搏，锐意进取，保持了经济社会平稳健康发展。

预计全市地区生产总值实现118亿元，比上年下降5%；全社会固定资产投资总额实现44.5亿元，比上年下降19%；公共财政预算收入实现9.24亿元，按可比口径计算，比上年增长5%，总量和增幅均位居全省41个县（市）前列；社会消费品零售总额实现84.1亿元，比上年增长8.5%；农村居民人均可支配收入实现11350元，比上年增长8%。

（一）现代农业加快发展

农业产业结构持续优化。调减玉米种植面积6万亩，新增花生种植面积5万亩，新栽名优果树88万株，新建设施农业小区40个、畜禽养殖小区26个。激发农业经营主体活力，新增省级农民专业示范社4个、家庭农场10个、种植大户15个，农事龙头企业达到31家，正业花生成为国家级农业产业化龙头企业。我市果品在全省第三届名优果品评选会上荣获金奖一项、银奖六项。葫芦岛市首个院士工作站——兴城市现代农业综合示范区院士工作站[1]正式成立。

农村基础设施不断改善。完成农村公路大中修141公里，修建“一事一议”村内道路124公里、文化广场28个，安装路灯1504基，创建美丽乡村示范村26个。实施青山保护工程，植树造林5.4万亩，发展经济林3000亩，新增千亿斤粮食田间工程1万亩。全面推进土地确权登记颁证工作。完成重点水利骨干工程15项，治理水土流失10万亩，再次夺得省农建“大禹杯”。

扶贫攻坚成效显著。大力实施精准扶贫工程，金融机构新增支农贷款14亿元、扶贫专项贷款1亿元，实施到户扶贫项目19个，完成移民扶贫140户，扶持庭院养殖5000户，专项扶贫、行业扶贫、社会扶贫“三位一体”大扶贫格局基本形成，全市1.3万贫困人口成功脱贫，5个重点贫困村顺利摘帽。

今年我市遭遇了“7·20”“7·25”特大暴雨洪水灾害，全市广大干部群众、驻兴部队和武警官兵万众一心、众志成城，确保了人民群众生命安全。投入资金3100万元，修复道路桥涵56处、水利设施18处、水毁房屋1140户，夺取了抗灾自救的全面胜利。

（二）工业实力有所增强

重大项目建设取得突破。徐大堡核电项目正式核准前期工作全部就绪，抽水蓄能项目预可研编制完成。抓好84家规上企业发展，支持企业提质升级，菊花女海产品投入1亿元进行扩产扩能，海洲药业投入8000万元实施技术改造，工业企业发展活力不断增强。扩大对外开放，预计外贸出口总额实现1.2亿美元。

滨海经济区建设扎实推进。继续完善配套基础设施，小松游艇、思科赛斯高铁配件、兴凯农业设施加工等项目进展顺利，投资10亿元的林生生物科技项目签约。经济区累计落地工业项目65个，总投资达到107亿元。

创新创业活力迸发。新增授权发明专利7项，与大连创业工坊合作建设众创空间示范基地，总投资2亿元、建筑面积8万平方米的辽宁财贸学院科技园暨葫芦岛“双创”基地投入运营，14家高新技术企业入驻。

泳装产业不断壮大。全市泳装企业发展到723家，预计总产值达到130亿元。成功承办第五届中国·国际泳装展。我市被授予“中国服装行业‘十三五’创新发展示范基地”和“中国纺织行业创新示范集群”称号。

（三）现代服务业日趋活跃

电商产业更加繁荣。全市电商总销售额实现50亿元。跨境电商公共服务平台建成投入使用，阿里巴巴1688实力产业群示范园区[2]正式运营，105家企业入驻。发展“农村淘宝”村级服务网点100个，我市成为辽宁省首个“农村淘宝”启动县。成功举办中国北方首届县域生态电商节，辽宁省农村电子商务工作推进会在我市召开，电商生态已经形成。

文化旅游业持续推进。深入实施旅游发展“六个一”工程[3]，首山丽汤温泉、高家岭汤上温泉、徐大堡金沙湾浴场、红海滩生态观光廊道等一批重点项目全面推进。宁远驿馆对外开放，民俗博物馆建设完成，古城东门外生态停车场投入使用。大力开展旅游宣传推介，不断规范旅游市场秩序，全年接待国内外游客750万人次，实现旅游综合收入41亿元，我市被评为省级旅游产业发展示范县，进入国家首批全域旅游示范区创建名单。

商贸服务业加快发展。大红门家居建材城正式营业，温馨家园农贸市场主体完工，华联商厦即将投入使用。商业银行发展到19家，预计存贷款余额分别实现250亿元和178亿元，增长13%和8.5%。举办第三届房地产交易会，全年商品房销售面积达到50万平方米。

（四）城市品位稳步提升

城乡建设全面推进。修建临河大街北延、新四路等城市道路7公里，新建滨海木栈道1.7公里，新增绿化面积18公顷。

继续完善滨海温泉新城基础设施，铺设给排水管道5公里、燃气管道3公里，邴家湾居民回迁楼全部完工。城市净水厂投入使用，新增日净水能力3万吨。全力推进外环路建设，在葫芦岛市率先完成征地动迁工作。秦沈客运专线兴城西站征地动迁工作全部结束。

城乡管理不断加强。开展市容市貌专项整治，规范流动商贩3.9万人次，清除路边小广告6.9万张，清理占道经营2100处；规范客运市场秩序，查处违法违规车辆913台次。继续推进农村环境综合治理，新增市级宜居示范村5个、达标村55个。

生态环境逐步改善。加强河流水源地保护，划定全市畜禽禁养区。开展近岸海域污染管控专项行动，加大执法力度，依法处置非法排污单位24家。拆除燃煤小锅炉10台，淘汰黄标车236台，削减二氧化硫55吨、氮氧化物16吨，顺利通过省级生态市考核验收。

（五）民生保障得到加强

社会保障能力持续增强。新增城镇实名制就业3169人，转移农村劳动力就业8.4万人。发放担保贷款3164万元，扶持378人自主创业。提高城乡低保户、农村五保户供养标准。免费开展农村妇女“两癌”筛查、尿毒症患者透析和孕前优生健康检查，惠及3.7万人。

群众生活条件日益改善。改造城乡电力线路104公里，海滨二次变建设完成。改造农村危房358户，发放廉租住房租赁补贴500户，实施城市居民供水管网改造5000户。完成机关事业单位人员调资工作。

社会事业全面进步。新建乡镇中心幼儿园3家，改扩建薄弱学校3所，成立特殊教育学校，我市被评为国家义务教育均衡发展县。血栓医院、计生服务站完成搬迁，3个社区卫生服务中心和2个乡级卫生院全部完工。举办各类体育赛事27项、文化活动50场，承办首届中国·兴城国际万人徒步大会，郭丹丹冰雪嘉年华、奥运冠军小镇、大千文化艺术园等一批项目签约，文化体育产业成为城市发展的新引擎。

（六）民主法制和精神文明建设扎实有效

定期向市委常委会报告工作。自觉接受市人大及其常委会依法监督、工作监督和市政协民主监督，建立经常性工作协商协调机制，办理人大代表建议72件、政协提案163件，办复率100%。

推进“平安兴城”建设，侦破刑事案件580起，新增高清视频点位499个，群众安全感显著提升。加强信访稳定工作，信访积案办结率达到96.2%。开展安全隐患大排查大整治行动，全年生产安全事故为零，荣获全省安全生产先进县“四连冠”。

加强精神文明建设，积极培育和践行社会主义核心价值观，顺利进入全国文明城市提名市行列。推进“七五”普法，我市被评为全省法治宣传教育先进县（市）。完成村民委员会换届工作。加强双拥共建工作，实现省级双拥模范城“八连冠”。

（七）政府自身建设不断加强

加快政府职能转变，深化“放管服”

改革 [4]，开展“双随机一公开”监管工作 [5],行政许可事项缩减到 174 项。实施“五证合一、一照一码”登记制度改革 [6]。成立不动产登记中心和公共资源交易中心，觉华岛旅游度假区和龙回头景区划归我市。完成公务用车制度改革。

以“两学一做”专题教育为契机，深入开展软环境整治和“双评”活动 [7]，工作作风不断改进。加强政务公开工作，认真受理群众民心网投诉，办理工作综合评分在葫芦岛市排名第一。

气象、路政、移动、联通、电信等部门保障能力不断增强，审计、物价、粮食、供销、统计、人防、法制、档案、红十字、民族宗教、妇女儿童等工作取得新进展，铁路、邮政、石油、烟草等单位为地方发展作出了新贡献。

即将过去的一年，我们攻坚克难，真抓实干，较好完成了全年各项工作任务。成绩的取得，是市委正确领导的结果，是市人大、市政协监督支持的结果，是全市广大干部群众奋力拼搏、扎实苦干的结果。在此，我代表市政府，向全市广大干部群众，向人大代表、政协委员和老领导、老同志，向各民主党派、工商联、无党派人士、人民团体和社会各界人士，向人民解放军、武警官兵和驻兴各单位，表示崇高的敬意和衷心的感谢!

在总结成绩的同时，我们也清醒地认识到，我市发展还面临一些困难和问题：一是经济下行压力依然很大，固定资产投资不足；二是产业结构不够合理，工业基础还比较薄弱；三是财政收支矛盾较为突出，推进重点民生项目压力很大。这些问题，我们将高度重视，认真加以解决。

二、2017 年工作安排

2017 年政府工作的总体思路是：全面贯彻党的十八大和十八届三中、四中、五中、六中全会和中央经济工作会议精神，按照葫芦岛市第五次党代会和市第七次党代会确定的任务目标，坚持稳中求进工作总基调，加速实施“五项战略”[8]，加快建设“五个兴城”[9]，促进经济平稳健康发展和社会和谐稳定，向全面建成小康社会奋斗目标奋勇前进。

总体目标是，主要经济指标增速超过葫芦岛市平均水平,地区生产总值增长 7%，公共财政预算收入增长 7%，全社会固定资产投资总额增长 12%，社会消费品零售总额增长 8%，规模以上工业增加值增长 7%，农村居民人均可支配收入增长 7%。

重点做好以下八个方面工作：

（一）大力推进工业化，实现工业经济发展新突破

加快发展泳装产业。支持英华、天诚等泳装企业开展自主创新，加强品牌建设，提高市场竞争力，不断壮大泳装产业集群，打造世界泳装生产基地。承办第六届中国·国际泳装展。

壮大滨海经济区发展规模。推进科技创新、企业创新、产品创新，深化与大连创业工坊的全面合作，依托辽宁财贸学院

科技园，引进一批科技含量高的企业落户，建设高新技术产业基地。加快发展农产品深加工业，支持海源水产品、海兴隆水产品等企业发展，建设农产品加工集聚区。

加大扶持服务力度。建立定期调度会商制度，不断提高服务企业水平。大力发展民营经济，认真落实各项扶持政策，支持红光锅炉、海洲药业等企业改造升级、扩大规模、加快发展。加大金融支持力度，扶持骨干龙头企业上市，助推企业在更高平台上做大做强。

加强招商引资工作。落实“三个新常态”[10]要求，建立激励机制，加大工作力度，主动出击，招商选资，招才引智，千方百计招项目、招资金、招人才。强化专业招商、以商招商和乡镇飞地招商，力争引进一批综合实力强、投资规模大的好企业、好项目。

（二）大力推进农业现代化，构建农村经济发展新格局

调整产业结构。以建设省级现代农业综合示范区为目标，继续巩固粮食、花生、蔬菜、水果、干果、食用菌、畜禽和水产养殖8个主导产业，争创国家级粮油绿色高产高效示范县。培育新型农业经营主体，新增省级农事龙头企业2家、农民合作示范社4家、家庭农场10个，带动农民增收致富。

发展高效农业。推进农业生产标准化、规模化、集约化，实施耕地轮作休耕试点5万亩，新栽名优果树100万株，打造国家级果树标准园1个，新建高标准设施蔬菜生产园4个、畜禽养殖小区14个。提高农产品质量，瞄准京津冀市场，加强宣传推介，强化包装营销，不断扩大优质特色农产品供给，促进农业增效、农民增收。

改善农业生产条件。实施重点水利骨干工程10项，治理水土流失10万亩，完成土地整理1945公顷、植树造林4万亩。新增千亿斤粮食田间工程1.2万亩。

推进扶贫攻坚工作。大力实施项目扶贫、产业扶贫、科技扶贫和社会扶贫，落实扶贫项目15个，移民扶贫200户，建设扶贫基地10个，确保完成5个贫困村、1.3万贫困人口的脱贫任务。

（三）大力发展现代服务业，激活县域经济新引擎

做大做强电商产业。支持1688实力产业群示范园区发展，扶持辽宁方得、天诚等电商平台加快发展，推动海关监管平台建设，引进国内知名电商企业落户，不断壮大跨境电商规模。扩大村淘服务网点覆盖面，推动优质农特产品网销，打通“上行”“下行”双向通道，真正让农村插上电商的翅膀。依托电商产业，培育一批现代物流龙头企业。

推动服务业重点项目建设。华联商厦、浩博创业广场要投入运营，加快推进泉海·御龙湾项目，富达·香浦商业街要开工建设。

发展新兴服务业。积极引进一批文化体育、健康养老、医养结合项目，加快郭丹丹冰雪嘉年华、奥运冠军小镇、大千文化艺术园等项目建设，推进文化体育产业

和大健康产业发展。

推动房地产去库存，继续举办房地产交易会，促进房地产业平稳健康发展。

（四）大力推进新型城镇化，开创城乡建设管理新局面

促进产城融合发展。坚持以产兴城、依城促产、产城融合，把产业集聚和新型城镇化结合起来，推进创业集聚、就业集聚。继续实施城市东移北上南拓发展战略，与葫芦岛市主城区同步规划、同步建设、同步发展。

加快城市建设步伐。推进城市“四化”工程，完成首山景区亮化，新增绿化面积6公顷，铺装人行步道3万平方米，安装路灯300基。启动人防工程建设。实施古城亮化、消防、旱厕改造、瓮城地面维修四项工程，完善东门外生态停车场。修建城市道路6公里，新建临河大街河东路南大桥，加快秦沈客运专线兴城西站建设。

加强宜居乡村建设。完成省道和农村公路大中修145公里、“一事一议”村内道路120公里，改造电力线路198公里，安装路灯1000基，新建农村文化广场20个。加快觉华岛跨海供水管线工程建设。继续抓好徐大堡国家建制镇示范试点工作。

加强城市综合管理。开展市容市貌集中整治，加大执法力度，严厉打击欺街占道、乱停乱放、私搭滥建等各类违法违规行为。加强住宅小区物业管理，提升服务质量。推动城市管理创新，提高精细化、科学化管理水平。

加强生态环境建设。严格落实“水十条”[11]“土十条”[12]和“大气十条”[13]，扎实做好节能减排、环境监测、污染防控等工作。实施大气污染专项治理项目，淘汰燃煤小锅炉10台。完成城市污水处理厂提标改造。加强环境保护宣传，巩固省级生态市创建成果，让兴城的山更绿、水更清、天更蓝、空气更清新！

（五）大力发展文化旅游业，增强经济发展新动力

全力打造旅游品牌。加快古城保护利用，推进申遗工作，引进明清文化体验、特色餐饮、地方民俗、休闲娱乐等元素，丰富旅游业态，提升旅游品质。加快温泉资源开发，推进高家岭汤上温泉、首山丽汤温泉、兴宫·首山湖、富都·欢乐龙湾等项目建设，积极打造特色温泉小镇。加快觉华岛开发，编制全岛风貌规划，推进金嘴子帆船娱乐度假区等项目建设。通过规划引领、项目牵动，真正让古城、温泉、觉华岛叫响品牌、享誉全国。

全面提升旅游业发展水平。大力发展乡村休闲游，加快徐大堡金沙湾浴场、药王天逸山庄、南大休闲观光园等项目建设，红海滩生态观光廊道要建成开放，串点成线、连线成面，打造精品乡村旅游线路。突出历史名城、滨海度假、休闲养生三大特色，深化区域合作，加强宣传推介，拓展旅游发展新空间。加强景区建设管理，完善游客服务中心、停车场等配套设施，增强旅游公共服务功能，树立兴城旅游良好形象，建设国家级全域旅游示范区，打造国家级旅游康养胜地。

（六）大力加强民生保障，展现幸福兴城新气象

提高社会保障能力。新增城镇实名制就业2500人，转移农村劳动力就业5万人，城镇登记失业率控制在4.5%以内。发放小额担保贷款1800万元，扶持225名妇女自主创业。加强养老保险基金征缴管理工作，提高五保、低保补助标准，织密扎牢托底的民生保障网。

提升公共服务水平。完成结核病防治所迁建，中医院、妇女儿童医院投入使用，争创国家级卫生城市。继续实施薄弱学校改造工程，新建学校2所，维修学校15所。丰富群众文化生活，办好农村文化节、读书节、“兴城之夏”等系列文化活动，文化馆、图书馆、市委党校投入使用。开展全民健身活动，承办6项省级以上体育赛事，举办中国首届世界花式台球锦标赛和第二届中国·兴城国际万人徒步大会。

切实办好民生实事。一是解决群众住房条件改善问题，改造城市棚户区700户、农村危房1000户。二是解决群众饮水问题，实施农村饮水安全工程11处，改造城市供水管网4000户。三是解决老城区出行难问题，改造街巷道路，划定停车场所，规范停车行为，实施老城区道路畅通工程。四是解决城区农贸市场脏乱差问题，对12处农贸市场进行规范。五是逐年解决弃管小区物业管理问题，明年解决弃管小区20万平方米。六是解决海滨景区停车难问题，建设景区停车场。七是逐步解决农村垃圾清运处理问题，开展全覆盖拉网式农村环境综合整治。八是解决水灾后群众出行问题，修复水毁道路桥涵。

（七）大力加强民主法制和精神文明建设，推动和谐社会新进步

自觉接受人大依法监督和政协民主监督，落实人大及其常委会的各项决议决定，听取各民主党派、工商联和无党派人士意见，认真办理人大代表议案、建议、意见和政协委员提案。

加强和创新社会治理，推进天眼工程和平安小区建设，严厉打击各类违法犯罪行为，不断增强人民群众安全感。落实安全生产责任制，加大事故隐患排查整治力度，遏制各类生产安全事故发生。强化信访稳定工作，畅通群众诉求反馈渠道，妥善解决信访突出问题，最大限度化解社会矛盾。

积极培育和践行社会主义核心价值观，深入开展全国文明城市创建工作，提高市民道德素质和文明程度。加强国防教育，推动军地融合发展，扎实做好民兵预备役和双拥共建工作。

（八）大力加强执政能力建设，树立政府机关新形象

要依法行政。坚持用法治思维谋划发展，用法治方式规范管理，用法治手段化解矛盾。完善重大行政决策公众参与、专家论证、风险评估、合法性审查和集体讨论决定等制度，推进科学决策、民主决策、依法决策。

要深化改革。推动政府职能转变，加快“放管服”改革，全面推进“双随机一

公开”监管工作，加快建立公平竞争审查制度，打造规范有序的市场环境和法治便利的营商环境。

要高效工作。强化工作执行力，不讲条件，不打折扣，雷厉风行，马上就办，保证事事有结果、件件有回音。倡导“一线工作法”，深入基层，靠前指挥，在一线解决问题，在一线推动工作。继续开展“双评”活动，打造优质高效经济发展软环境。

要清正廉洁。严格落实党风廉政建设责任制，履行“一岗双责”，加强行政监察、财政监督和审计监督，建立严格的权力监督制约机制，以纪律严明、清正廉洁的良好形象取信于民。

兴城发展充满希望，人民群众充满期待。让我们更加紧密地团结在以习近平同志为核心的党中央周围，在市委的正确领导下，用新思路引领发展，用新目标提振士气，团结一致，凝心聚力，攻坚克难，埋头苦干，不断开创经济社会发展新局面，为建设创业兴城、宜居兴城、文化兴城、活力兴城、幸福兴城而努力奋斗！

名词解释

[1] 现代农业综合示范区院士工作站：2016年11月28日，以中国工程院院士、沈阳农业大学副校长李天来专家团队为依托的现代农业综合示范区院士工作站正式成立，将进一步加快科技成果就地转化，培育高层次农业人才，推动我市科技创新和现代农业发展。

[2] 阿里巴巴1688实力产业群示范园区：兴城是阿里巴巴1688实力产业群战略项目全国首批8个合作城市之一。2016年7月17日，1688实力产业群示范园区正式成立。示范园区整合泳装、文化、电子商务等各类要素资源，打造线上产业带+线下产业园的“互联网+实力产业群”创新模式，推动电子商务和泳装文化产业集聚升级、加快发展。

[3] 旅游发展“六个一”工程：即建设一个大型景点、一个温泉度假区、一个民办公助博物馆、一个特色小镇、一个标准“农家乐”，打造一个特色旅游纪念品。

[4]“放管服”改革：是推进政府管理改革的重要内容，是推动经济社会持续健康发展的战略举措。“放”即简政放权，降低市场准入门槛；“管”即放管结合，促进市场公平竞争；“服”即优化服务，营造便利环境。

[5]“双随机一公开”监管工作：是行政监管体制改革的重要内容，旨在规范市场执法行为。即随机抽取检查对象，随机选派执法人员，及时公布查处结果。

[6]“五证合一、一照一码”登记制度改革：是深化“放管服”改革的重要举措。即通过“一窗受理、互联互通、信息共享”，将由工商行政管理（市场监督管理）、质监、税务、人力社保、统计五个部门分别核发不同证照，改为由工商部门核发加载统一社会信用代码的营业执照，组织机构代码证、税务登记证、社会保险登记证、统计登记证不再发放。

[7]“双评”活动：为提高行政管理水平，营造良好发展软环境，开展的评选最佳（最差）科室（科长、科员）活动。

[8]“五项战略”：即创新驱动、城乡统筹、生态立市、文旅兴市、民生优先。

[9]“五个兴城”：即创业兴城、宜居兴城、文化兴城、活力兴城、幸福兴城。

[10] 招商引资“三个新常态”：即党政一把手有一人在外招商成为常态、乡镇“飞地招商”成为常态、企业“以商招商”成为常态。

[11]“水十条”：即国务院于 2015 年 4 月 2 日发布的《水污染防治行动计划》。

[12]“土十条”：即国务院于 2016 年 5 月 28 日发布的《土壤污染防治行动计划》。

[13]“大气十条”：即国务院于 2013 年 9 月 10 日发布的《大气污染防治行动计划》。

兴城市人民代表大会常务委员会工作报告

——2016 年 12 月 29 日在兴城市第七届人民代表大会第五次会议上

兴城市人民代表大会常务委员会主任　**张学军**

一、2016 年主要工作

2016 年，市人大常委会在市委的坚强领导下，围绕中心，突出重点，开拓创新，着力促进经济平稳发展、持续助力民生不断改善、坚持维护社会和谐稳定、规范保障代表依法履职、积极推进常委会自身建设，圆满完成了市七届人大四次会议确定的各项任务。全年，共召开常委会会议 13 次、主任会议 17 次，听取审议“一府两院”专项工作报告 11 个，作出决议、决定 14 项，发出审议意见 3 件、视察纪要 4 件，任免地方国家机关工作人员 95 人（次）。

（一）着眼发展全局，紧紧围绕中心抓大事

常委会坚持谋全局，抓大事、牢基础，努力促进和保障经济社会和谐健康发展。

谋全局，集智聚力重大事项。及时审查批准 2015 年市本级财政总决算、2016 年部门预算计划安排、2016 年上半年财政预算执行情况和国民经济与社会发展计划执行情况等报告，并作出相应决议；适时审议批准 2015 年市财政预算执行和其他财政收支情况的审计工作报告及其有关问题整改情况的报告，提出拓宽审计监督领域、强化审计监督职能、抓好审计问题整改等意见；组织三级人大代表对我市重点项目建设情况开展深度视察，从认清形势、明确重点和打造品牌等方面提出建设性建议。全力支持市政府顶住经济下行压力，攻坚克难，稳步发展。

谋长远，持续助力生态建设。将“生态立市”作为常委会监督工作重点。开展排污企业治理情况调查，听取审议市政府相关工作报告，作出发展循环经济、加强宣传教育、提高环保执法力度等审议意见；开展农村垃圾集中处理情况专项视察，从强化生态理念、加强宣传教育、完善规章制度等方面提出工作建议；配合上级人大开展“中华环保世纪行”相关活动，大力宣传推广兴城宜居特色。

谋基础，精准发力特色农业。着眼新常态下农业发展趋势性变化，聚焦科技兴农与特色农业。开展干果园建设情况视察，针对产业水平、品牌效应、资金投入、农技人才等方面存在的问题，从提升产业规模、打造龙头企业、社会力量参与和强化公共服务四个方面提出工作建议。组织三级人大代表并配合上级人大两次开展馨予农业项目建设情况的视察，积极助力我市互联网＋现代农业的创新创业进程。开展科协工作调研，就创新工作载体、丰富宣传形式、实现科普惠农等方面提出工作建议。

（二）工作务求实效，立足长远发展促民生

围绕“民生优先”发展战略，从解决百姓最关心的问题入手，使人大工作更多更好地惠及人民群众。

夯实基础教育。把教育作为发展之本、民生之基。开展学前教育工作视察，针对资源总量不足、城乡配置不均、培训管理不够等问题，从认识到位、规划到位、监管到位、投入到位等方面提出工作意见。积极配合上级人大开展加强师德建设和规范办学行为情况的调查，进一步规范了学校管理和教师从教行为。

做实文旅产业。坚持以文化旅游产业发展促进民生改善。开展文物保护工作情况调查，并在常委会会议上专题听取了市政府相关工作报告，提出了保护为主、合理利用、加强管理、扩大宣传的审议意见。与市政协等单位联合考察外县市温泉、海滨等旅游资源开发经验，形成翔实的考察报告，为市委决策提供参考。积极配合上级人大开展了关于旅游提质升级工作的调查、贯彻实施旅游法及旅游条例情况的执法检查。此外，重点关注了河口湿地红海滩等旅游项目进展情况，助力推进“文旅兴市”战略。

落实民生工程。将群众关心关注的问题作为人大工作目标指向。开展桶装水生产监管情况的调查，针对生产企业和监管部门存在的问题，提出树立安全意识、加强培训力度、提升检验实效、完善应急预案等整改意见和工作建议，为我市居民构筑饮水安全“防护坝”。认真调研我市中医院、妇女儿童医院发展与改革工作，为市政府医疗体制改革提供参考依据。不断加大扶贫工作力度，年内组织协调44家单位为人大牵头帮扶的药王乡捐款捐物，累计折款93.53万元，全力支持该乡加快推进整体脱贫步伐。

（三）秉持公平正义，推进依法治市启新程

社会稳定、司法公正是广大人民群众的共同心愿，也是常委会推进依法治市的着力点。

致力于安全稳定的社会环境。持续关注公安队伍建设，两次调研市公安局立体化社会治安防控体系和基层派出所建设情况，并在常委会会议上听取了市政府相关工作报告，针对队伍建设、资源整合，特别是农村治安防控漏洞等方面存在的问题，提出了增强忧患意识、责任意识和敢于担当、善于作为等审议意见。此外，配合上级人大开展了宗教事务管理工作情况的检查，有力推动了相关法律法规的落实。

致力于公平正义的法治环境。“努力让人民群众在每一项执法活动、每一起案件办理中都能感受到公平正义”是常委会推进法治兴城建设的工作目标。针对群众举报控告市法院个别法官违法办案问题，常委会进行深入调查，并将调查结果呈报市委，该两名涉案法官受到市委免职处理。针对当前职务犯罪预防工作的特点，开展市检察院反渎职侵权工作的情况调研，提出了突出重点、文明执法、公正办案等工作建议。进一步加强市政府规范性文件备案审查工作，深入推进了依法行政、法治政府建设进程。

致力于优质亲民的服务环境。为切实提升服务群众能力，常委会强化机关干部对法律法规的学习，并组织人员参加上级人大举办的有关预算法、刑诉法以及逻辑学、证据学等相关培训和学术会议，不断增强法律运用能力，提升服务群众水平。继续坚持常委会领导接访，重点信访亲自阅批督办制度。全年受理群众信访事项54件（次），为维护社会和谐稳定发挥了积极作用。

（四）提升服务理念，强化代表履职见实效

积极探索调动代表履职积极性、主动性的新路子，从完善制度、学习培训、搭建平台等方面为代表履职做好服务。

以制度建设完善代表建议办理。为进一步规范代表建议办理工作，出台了《关于人大代表建议、批评和意见办理办法》、《关于人大代表建议、批评和意见办理工作问责办法》，有效提升了办理工作的质量与时效。市七届人大四次会议以来，代表提出的72件建议，经梳理分类后转交市政府办理，其中重点建议由常委会领导全程参与，跟踪督办，并在常委会会议上专题听取了市政府办理情况的工作报告。目前，72件建议的办理结果已全部答复代表本人。

以丰富活动提升代表履职热情。注重分类指导，提出针对性指导意见，确保乡级人代会依法有序召开；强化培训学习，组织人大干部和乡镇人大主席参加全国人大组织的封闭式培训班，参训人员的业务水平和履职能力有了明显提高；积极开展活动，组织我市人大代表参加调研视察活动103人（次），协调配合葫芦岛市人大代表小组开展活动16次，代表活动次数与质量均有了大幅提升；坚持代表列会，全年共邀请42名人大代表列席常委会会议，为代表知情知政创造条件；发挥新媒体优势，开通了人大代表微信群，适时推送人大建设、政策法规、生活服务等各类信息，弘扬代表履职“正能量”，受到代表欢迎。

以规范管理强化代表责任意识。继续开展代表述职评议工作，全年共有16名葫芦岛市五届人大代表书面述职，27名代表在常委会会议上口头述职。通过民主评议，当场公布评议结果，代表的履职责任感和工作积极性得到增强，也保证了选举单位对代表履职情况的依法监督。今年6月，常委会增设代表培训联络办公室为办事机构，从服务与管理层面，加强了常委会与代表之间的沟通联系，为进一步规范代表工作创造有利条件。

（五）开展两学一做，坚持深学笃行转作风

坚持把“两学一做”融入党员教育新常态，扎实推进从严治党向基层延伸，切实转变机关作风。高度重视，强化党性观念。坚持向市委常委会例行报告工作制度；认真落实“三会一课”和周五学习日制度，常委会领导带头讲党课；以“学习毛丰美先进事迹”等为主题开展专题研讨6次；常委会机关党员干部人均撰写学习笔记20余篇、学习心得万余字、在线学习80余课时。通过以上形式，党员干部的政治意识、大局意识、核心意识、看齐意识得到强化。

坦诚相见，做到真查实改。在深入谈心谈话和广泛征求意见的基础上，常委会党组和机关党支部分别召开专题民主生活会和组织生活会，常委会领导还以普通党员身份参加党组织活动。通过深刻自查反思、严肃开展批评与自我批评，针对问题分条梳理，建立了问题台账和整改清单，制定了整改措施，并坚持做到即知即改、立行立改，推动作风建设整体提升。

知行合一，提升工作质量。进一步细化党建工作，将各委室具体工作与党建工作有机结合，增强了机关工作合力。组织开展党员组织关系集中排查等9个方面的专项检查，进一步规范了党员队伍管理。以在职党员进社区活动为载体，定期开展党员义务服务日活动，进一步密切了党群关系，提高了服务群众、做群众工作的能力。大兴调研之风，全年共开展调研活动10次，形成了高质量的调研报告，为科学民主决策人大工作创造条件。

常委会各项成绩的取得，是市委正确领导的结果，也是“一府两院”有力配合的结果，更是全体代表共同努力和全市人民大力支持的结果。在此，我谨代表市人大常委会向大家表示衷心的感谢！

面对成绩的同时，我们也清醒地认识到工作中还存在着问题和不足。主要是监督工作实效有待进一步增强；审议意见落实有待进一步强化；代表履职渠道有待进一步拓宽；常委会自身建设有待进一步加强等，需要我们在今后工作中切实加以解决。

二、2017年主要任务

2017年是本届人大常委会履职收官之年，也是换届之年。常委会工作的总体思路是：以党的十八大和十八届三中、四中、五中、六中全会和习近平总书记系列重要讲话精神为指导，坚决按照市委的决策部署，更加主动地服务全市大局，更加积极地回应社会关切，更加自觉地行使各项职权，为加速推进创业兴城、宜居兴城、文化兴城、活力兴城、幸福兴城建设作出新的更大贡献！

（一）强化中心意识，进一步提高服务能力

紧紧围绕全市经济社会发展大局，充分发挥人大职能作用。及时审批预决算等相关财政报告，进一步加强财政预算监督；继续开展重点项目建设情况的视察，积极建言献策，助推项目顺利进展；开展农田水利基础设施建设情况的调研和农村土地流转情况的视察，促进我市农业经济快速发展和农村社会和谐稳定。

（二）强化为民意识，进一步推动民生进程

紧紧围绕市政府民生工作进程，以教育、文化、卫生为切入点，着力补齐民生短板。开展特殊教育事业发展情况的调查，切实保障残障少年儿童健康成长；开展公共文化基础设施建设情况的视察，努力构建政府主导、社会参与、市场运作的公共文化设施建设新格局；开展新农合医疗运行情况的调查，推进新农合各项惠民政策落地生根。

（三）强化法治意识，进一步增强监督实效

紧紧围绕法治兴城建设，全面推进“一府两院”依法行政和公正司法。开展市检察院检察监督情况的执法检查和市公安局涉案财物管理情况的调查，进一步提高司法工作公信力，努力做到在每一起案件中彰显司法公正；开展新预算法贯彻实施情况的执法检查，进一步规范财政行为，有效提高财政监督，努力建设阳光财政、责任财政、服务财政。

（四）强化履职意识，进一步发挥代表作用

紧紧围绕提升代表履职水平，强化代表工作。抓好代表学习培训，增强学习实效，不断提高代表履职能力；抓好代表建议办理，严格按照代表建议办理办法和问责办法，切实提高办理工作实效；抓好代表履职考评，组织本届代表对五年来的履职情况进行全面总结，并着手建立代表履职档案，为新一届人大代表的提名推荐工作奠定基础。

（五）强化责任意识，进一步提升自身水平

紧紧围绕“五型”机关建设，全面提升常委会工作质量。建设学习型机关，切实提高以法治思维和法治方式开展人大工作的能力；建设创新型机关，不断推进机关工作理念创新、管理创新和制度创新；建设服务型机关，切实转变工作作风，使密切联系群众服务群众成为工作常态；建设效能型机关，大力弘扬“马上就办”精神，推进机关工作提质增速、高效运转;建设廉洁型机关，严格落实党风廉政建设责任制，努力营造风清气正、务实高效的工作环境。

（六）强化纪律意识，从严从实做好换届选举工作

深刻汲取我省拉票贿选案的沉痛教训，牢牢把握换届选举工作原则，坚持党的领导，充分发扬民主，严格依法办事，严格代表人选标准和条件，严把代表“入口关”，坚持教育在先、警示在先、预防在先，用铁的规矩、铁的纪律维护换届选举工作严

肃性，以强烈的政治责任感和使命感，高标准高质量完成换届选举任务，为本届人大履职划上一个圆满的句号。

宏伟蓝图催人奋进，新的征程任重道远。让我们在兴城市委的坚强领导下，在全市人民的大力支持下，以改革创新的思维、勇于担当的精神、从严求实的作风，牢记使命，不忘初心，继续前进，奋发有为，为谱写新常态下兴城科学发展的新篇章而努力奋斗！

中国人民政治协商会议
兴城市第七届委员会常务委员会工作报告

——2016年12月27日在政协兴城市七届五次会议上

兴城市政协主席　**崔海明**

一、2016年工作回顾

过去的一年，是我市实施“十三五”规划实现良好开局的一年，也是市政协围绕中心、服务大局履行职能取得显著成效的一年。一年来，市政协在中共兴城市委的领导下，高举爱国主义和社会主义旗帜，牢牢把握团结和民主两大主题，认真贯彻落实加强社会主义协商民主建设要求，紧紧围绕全市中心工作，充分发挥协调关系、汇聚力量、建言献策、服务大局的重要作用，在市人大、市政府和各部门、单位的支持、配合下，为我市实施“五项战略”、建设“五个兴城”做出了积极贡献。

（一）加强思想政治建设，牢牢把握正确政治方向

一年来，市政协高度重视理论学习，组织委员和机关干部深入学习贯彻中共十八大和十八届三中、四中、五中、六中全会精神，认真学习贯彻习近平总书记系列重要讲话精神，切实把思想和行动统一到中央和省市委的决策部署上来。市政协党组明确提出，中央、省市委的要求，我们必须做到；中央、省市委的规定，我们必须严格执行。结合“两学一做”学习教育，市政协制定学习教育方案，组织开展21次党组学习扩大会和机关党员干部学习会，政协领导为机关全体党员干部讲党课，与大家一起集中学习、研讨。先后召开以“回头看”和汲取辽宁拉票贿选案沉痛教训为主题的政协党组民主生活会、机关组织生活会，查找问题，分析原因，明确今后努力方向和整改措施。通过学习，广大政协委员和政协工作者进一步增强了中国特色社会主义道路自信、理论自信、制度自信，

开拓了视野，提高了能力，巩固了团结奋斗的共同思想政治基础，保持了正确的政治方向。

（二）围绕全市大局，不断提高民主监督和参政议政水平

深入开展调查研究。一年来，市政协分别就我市重点建设项目、校园安全和提案办理等工作进行视察，围绕树立生态文明理念、大力推进生态文明建设、宗教文化如何促进旅游业健康发展、社区矫正工作和设施农业发展、古城保护开发、政协基层组织建设等进行专题调研、考察，参与委员达到210多人次。

在视察、调研、考察过程中，市政协不断转变工作作风，坚持深入基层、深入一线，在第一手材料的把握上求“准”，在方式方法上求“活”,在研究论证上求“深”，形成了质量较高的调研、视察、考察报告。在关于兴城重点项目的视察报告中，提出了打造优质投资环境、营造亲商、养商、优商氛围、强化兴城区位优势、资源优势的宣传等意见；关于设施农业考察报告，提出了狠抓品种结构调整、优化区域布局，创新管理模式，构建完善的蔬菜产业链等建议；关于宗教文化促进旅游业健康发展的调研报告，提出了“三个结合”“两个融合”“一个突破”的建议；关于树立生态文明理念、推进我市生态文明建设的调研报告，提出了明确生态文明建设内容、着力构建目标导向体系、着力构建规划引领体系、着力构建产业支撑体系、着力构建生态保障体系的意见；关于我市社区矫正工作情况的调研报告，提出了强化社区服刑人员的“四种意识”和传统文化教育，成员单位要齐抓共管形成合力，建立健全社区服刑人员衔接和监管机制等建议；关于校园安全的视察报告，提出了普及校园安全知识、建立校园安全管理体系、打好校园安全“防御战”等意见。这些意见、建议分别得到市委、市政府主要领导的高度重视，市委书记赵家鹏、市长袁国相分别就调研、视察、考察成果的应用做出重要指示，极大地促进了调研、视察、考察成果的转化、应用、落实。

提升提案办理实效。强化提案审查把关，提案质量有了进一步提高。健全完善承办单位、提案者、政协组织三方沟通办理机制。加大重点提案督办力度，对重点提案实行领导分组包案督办，提高提案办理水平。会同市委、市政府有关部门负责人，组织提案者、提案办理单位，对重点提案办理情况进行督办和评议。全年立案提案163件，全部办结。

强化民主监督工作。及时了解、掌握各民主监督小组成员履职情况，及时发现问题、解决问题，促进民主监督有序进行。

推动协商民主建设。充分利用《委员信息交流》等载体，及时刊发市委、市政府重要会议精神和主要领导重要讲话精神及全市经济社会发展情况，搭建各党派、各界别委员知情明政、协商民主的平台。不断深化专题协商、对口协商、界别协商、提案办理协商，提高协商实效。建立了政协委员列席常委会制度，历次设有协商讨

论关于经济社会发展重点工作议题的常委会，都邀请部分委员列席，代表不同界别群众发表意见、建议，参与协商讨论。

（三）加强团结联合，为促进社会和谐进步献计出力

全力为各民主党派、工商联和无党派人士的团结合作创造条件。在全体会议、常委会议上，保证各民主党派能够充分发表代表本党派的意见和建议，鼓励和支持各民主党派、工商联和无党派人士提出提案、反映社情民意以及参与政协组织的调研、视察等活动。

全面做好外联工作。较好地完成上级政协及各地政协来兴调研、考察的协调工作，利用各地政协来兴考察交流的机会，大力宣传、推介兴城。全年共接待省、市政协及外地政协来兴调研、考察16次。

（四）着力做好经常性工作，全方位提升履职能力

合力开展招商引资。按照市委关于项目年建设的有关要求，市政协把招商引资作为全年工作的重要内容，充分利用政协委员联系面广的优势，引导委员投身到招商引资工作中来。政协领导亲自参与项目的洽谈、协调、引进工作，推进了投资过亿元的两个项目——兴城文化产业园、兴城市聚鑫新能源科技有限公司达成投资意向。

积极反映社情民意。加强信息员队伍建设，定期召开信息员工作座谈会，就如何提高社情民意信息质量进行研讨。一年来共收集、整理、上报社情民意信息265条，其中，被全国政协采用1条，省政协采用2条，葫芦岛市委、市政协采用21条。市政协被葫芦岛市政协评为2016年度反映社情民意信息工作先进集体二等奖。

认真做好文史工作。强化文史资料的收集、整理。在兴城建市30年之际，高质量地组织、编写《兴城市政协三十年》和《文化兴城》两本书籍。目前初稿已经完成，正在进行最后的校对和排版等工作，预计明年即可出版。文史资料室的建设得到进一步完善，各类存书达到2000多册。

强化新闻宣传。加大对政协委员履职和先进事迹的宣传报道力度，提高政协工作的透明度和社会影响力。一年来，各类媒体刊播市政协新闻稿件30多条。

（五）加强自身建设，进一步提高政协工作科学化水平

充分发挥委员主体作用。认真实施《委员履职量化考核方案》，适时通报委员履职量化考核情况。积极为委员履职搭建平台，进一步调动委员履职尽责的积极性和主动性。在葫芦岛市政协委员工作联席会议上，市政协做了题为《树立大服务理念、创新委员管理工作》的经验介绍。

注重开展委员小组活动。市政协6个委员小组突出各自专业特色，组织开展扶贫帮困、农业生产技术指导、医疗援助等活动。结合各自行业特点，组织开展调研、考察，提出科学合理的意见、建议。

切实加强政协机关建设。按照中央和省市委的部署要求，深入开展“两学一做”学习教育，加强政协党组织的思想建设、

组织建设、作风建设、反腐倡廉建设和制度建设。严格落实机关党员干部学习制度、“三会一课”制度、民主生活会制度、谈心谈话制度。健全、完善各项规章制度，不断提高工作效率和服务水平，努力打造“学习型、服务型、创新型、和谐型”政协机关。

回顾过去的一年，市政协各项工作取得了一定的成绩。这是中共兴城市委正确领导的结果，是市人大、市政府大力支持的结果，是市政协各参加单位和广大政协委员共同努力的结果，是各相关部门、单位积极配合的结果。在此，我代表七届市政协常委会，向大家表示衷心的感谢！总结一年来的工作，我们也清醒地认识到，市政协的工作，与新形势、新任务、新要求相比，与各界群众和广大政协委员的期盼相比，还有一定差距，需要不断加强和改进。比如履行民主监督职能还需要进一步加强，有些提案、意见、建议的质量有待进一步提高等等。这些问题还有待我们在今后的工作中切实加以改进。

二、2017 年工作安排

2017 年，是推进我市经济社会发展、全面建成小康社会的重要一年。市政协工作的总体要求是：继续贯彻落实中共十八大、十八届三中、四中、五中、六中全会精神和习近平总书记系列重要讲话精神，在中共兴城市委的领导下，高举爱国主义和社会主义旗帜，牢牢把握团结和民主两大主题，紧紧围绕“四个全面”战略布局，认真履行政治协商、民主监督、参政议政职能，为我市“五项战略”的顺利实施、加速建设“五个兴城”做出积极贡献。

（一）强化理论武装，夯实团结奋斗的共同思想基础

组织政协系统党员、干部和各界委员，系统学习贯彻十八届六中全会精神，将其内化于心、外化于行，扎扎实实落实到日常工作和生活中。充分发挥政协党组织的作用，提升政协组织和委员服务发展大局的能力。

准确把握做好新时期政协工作的方法和要求，制定好政协年度工作要点，努力使政协工作更好地体现时代性、把握规律性、富于创造性。

（二）围绕兴城发展大局，做好咨政建言工作

发挥政协人才智力优势，组织广大委员围绕我市经济社会发展的重大问题，深入调研、广泛论证、务实协商，提出更多具有针对性、可操作性的意见、建议。围绕“电子商务健康发展”开展视察，全面推动我市电子商务产业持续快速发展。围绕“农产品深加工”开展深入调查研究，促进我市现代农业发展、壮大。围绕“推进养老服务业稳步发展”开展协商议政，提出符合兴城实际、具有操作性的意见、建议。围绕“挖掘古城资源、促进旅游业发展”开展深度调研，为宜居兴城建设凝智聚力。

（三）强化经常性工作，全面提高建言立论水平

高质量开展调查研究。坚持问题导向，切实在深入调研上下功夫，在分析和集中各方面意见上下功夫，力求所提意见建议言之有据、符合实际。

多渠道开展协商议政。改进和丰富协商形式，更为经常地开展专题协商、对口协商、界别协商和提案办理协商，继续探索网络议政、远程协商等新形式。

高标准做好提案工作。做好提案选题、审查、立案、交办、督办等环节的工作，进一步严格提案标准，力求提案的高质量、高标准。

多途径开展民主监督。密切与党委和政府监督机构以及新闻媒体的联系，加强协调和配合，努力提升民主监督实效。

高效率反映社情民意。进一步完善社情民意信息的搜集、整理和报送机制，组织委员多渠道收集社情民意，进一步提升信息工作质量和水平。

（四）广泛凝心聚力，巩固发展最广泛的爱国统一战线

加强与各民主党派、工商联和无党派人士的团结合作。充分发挥各民主党派、工商联和无党派人士在政协中的独特作用，支持他们参与重大方针政策的讨论协商及履行职责的各项活动，邀请他们参加市政协组织的大型调研、视察、考察活动，营造协商议政的良好环境。

加强与民族宗教界人士的联谊交流。密切与民族宗教界人士的联系，及时反映少数民族群众和宗教界人士、信教群众的意见要求，促进民族团结、宗教和睦。努力把各界人士的思想和行动统一到兴城建设发展的目标任务上来，在全市形成共谋发展的强大合力。

（五）坚持强基固本，全面加强政协自身建设

充分发挥政协党组的领导核心作用。政协党组要切实发挥好把方向、管大局的重要作用，确保党的路线、方针、政策和市委重大决策部署在政协工作中的贯彻落实。

充分发挥委员的主体作用。积极为委员履职创造条件，拓宽委员知情明政渠道，让每位委员真正懂政协、会协商、善议政。组织开展灵活多样的委员活动，及时反映委员履职动态，努力调动委员履职尽责的积极性。

充分发挥政协机关的服务保障作用。继续深化“两学一做”学习教育，努力把学习教育成果体现到加强队伍建设、改进工作作风、提升工作实效上来，确保政协工作协调统一、规范有序、精干高效，为服务中心、服务委员提供强有力的保障。

各位委员，2017 年是本届政协履职的最后一年。认真做好明年各项工作，对于全市政协事业的发展具有承前启后的重要意义。让我们在中共兴城市委的坚强领导下，积极进取，扎实工作，认真履职，为加速推进“五个兴城”建设、全面建成小康社会谱写新的篇章、再铸新的辉煌！

大事记

1月

5日至8日

中国人民政治协商会议兴城市第七届委员会第四次会议召开，238名政协委员参加会议。市政协主席崔海明作常委会工作报告，市政协副主席王晓章作提案工作情况报告。会议审议通过政协兴城市七届委员会常务委员会工作报告决议，审议通过关于政协兴城市第七届委员会第三次会议以来提案工作报告决议。

6日至9日

兴城市第七届人民代表大会第四次会议召开，231名人大代表参加会议。市政府代市长袁国相作政府工作报告。会议采取无记名投票方式，选举产生兴城市人民政府市长、葫芦岛市第五届人民代表大会代表、兴城市人民代表大会常务委员会委员。袁国相当选为兴城市人民政府市长、葫芦岛市第五届人民代表大会代表。韩英当选为兴城市第七届人民代表大会常务委员会委员。

10日

兴城市城乡春节秧歌展演活动在宁远广场举办，有6只秧歌队参加。

12日

兴城市文广局组织部分优秀歌手、二人转演员，在红崖子镇演出文艺节目。市图书馆、科技局、妇联、红十字协会等单位为百姓带来文化科技等书籍。10位书法家现场为赶集群众书写春联。

18日

兴城市召开村“两委”换届选举工作动员大会，会议宣读《关于认真做好2016年村党组织和村民委员会换届选举工作的通知》和《兴城市2016年村党组织换届资金工作实施方案》。

19日

兴城市水产养殖企业在富都国际酒店参加“互联网+”水产品兴城多宝鱼绿色创新发展原产地高峰论坛，150余家兴城多宝鱼养殖户参加论坛。

20日

▲阿里巴巴农村淘宝兴城服务中心以及大寨、东辛庄等7个乡镇45个村级服务站正式开业，兴城市成为辽宁省首个电商进农村启动县。

▲兴城市召开调整城区供热价格听证会。21名代表参加，18名代表对于居民供

热价格由每平方米25元降至24元、非居民供热价格由每平方米31元降至30元的决定表示赞同。

21日

兴城市举行“葫芦岛农商银行杯”2015年度“最美兴城人”颁奖典礼。王险峰、刘永连、田雅洁、魏哲、王玉、赵序初、薛素兰、窦艳国、徐秀才、李德志10人荣获“最美兴城人”称号。

22日

▲辽宁省村“两委”换届巡回督导组第六组到兴城，对村“两委”工作进行检查指导。

▲兴城市第七届人大常委会召开第三十次会议。会议审议通过兴城市人大常委会2016年工作要点。

25日

兴城市委召开第七十七次常委会。会议听取相关部门关于市领导春节走访慰问的安排，听取市政府关于全市安全生产工作的汇报，讨论省委第五巡视组反馈意见整改情况的报告。

26日至27日

兴城市领导分组走访慰问离休干部、老党员、在乡老复员军人、困难群体和敬老院老人及驻军部队官兵。

28日

▲兴城市农村淘宝开业奖励大会召开。会议公布兴城市农村淘宝开业情况、宣读兴城市政府奖励决定和表彰名单，并现场颁奖。

▲兴城市文广局、团市委、卫计局、科技局、文联、中核辽宁核电有限公司到兴城市旧门乡，开展“三下乡”活动。

29日

兴城市委召开六届十二次全委（扩大）会议。市委书记赵家鹏在会上作2015年干部选拔任用工作专题报告。

2月

3日

2016年“兴城春节联欢晚会”在人民会堂举办，有舞蹈、音乐快板、评剧、太极表演、魔术等14个节目。

15日

兴城市召开项目建设年工作动员大会。市长袁国相就项目建设年工作进行部署，提出要强化“四个认识”,实现“五个突破”，抓住“五个关键环节”。

17日

兴城市召开领导干部大会，传达贯彻葫芦岛市市长在兴城调研时的讲话精神，对近期工作进行部署。

18日

兴城市召开果业强市、农业产业化、扶贫攻坚座谈会。馨予农产品、绿野农业等9家企业以及部分村支部书记、乡镇党委书记、市直机关代表、果树研究所专家代表参加会议。

20日

兴城市被命名为首批“辽宁省体育产

业示范基地”(全省仅3个市县区获此殊荣)。

22日

兴城市举办“百花迎春2016兴城文学艺术界元宵联欢会”。来自兴城文学艺术界的600余名代表参加联欢会。

26日

兴城市召开乡镇党委换届工作会议，深入学习贯彻习近平总书记系列重要讲话精神，落实中央和省、市委有关换届文件和会议精神，对兴城市乡镇党委换届工作进行部署。

29日

兴城市召开企业家代表座谈会，听取企业发展中面临的问题，征求对市委市政府的意见和建议，探讨如何促进兴城经济社会发展。

3月

1日

兴城市委书记赵家鹏主持召开六届兴城市委第十二次全委会议。会议审议通过《关于召开中国共产党兴城市第七次代表大会的决议（草案）》。

2日

兴城海河大桥获2015年度“辽宁省市政金杯示范工程”，该桥由沈阳市政集团有限公司承建。

6日

辽宁省委组织部副部长王正谱到兴城调研。

8日

兴城市启动寻找“最美家庭”活动。启动仪式上，市妇联对2015年度10个“最美家庭”进行表彰。

14日

葫芦岛市委常委、常务副市长朱建中率领县乡党委换届风气第一督查组和安全稳定督查检查工作组，到兴城市检查指导工作。

17日

辽宁省“扶贫攻坚专题研讨班”调研会在兴城召开，省扶贫办领导和辽宁行政学院负责人参加调研。

23日

▲葫芦岛市政协副主席、市委统战部部长韩平带领由相关部门负责人组成的“培育双创主体”主题调研组，到兴城进行工作调研。

▲兴城市召开全市卫生计生工作会议。

26日

兴城市召开森林防火工作会议。

30日

中国人民银行兴城市支行组织召开2016年银行行长联席会暨政银企座谈会。

31日

▲兴城市纪委召开六届六次全会。会议传达中央、省、市纪委全会精神，通报2015年兴城市纪检监察机关纪律审查工作情况。兴城市委常委、纪委书记王春颖代表中共兴城市第六届纪律检查委员会常务委员会向第六届全体会议作工作报告。

▲兴城市召开党建工作会议。

▲阿里巴巴在北京启动“1688实力产业群战略项目”，兴城作为该战略项目的合作城市与阿里巴巴签约，成为阿里实力产业群示范园区之一。

4月

5日

葫芦岛市委书记孙铁，市委常委、秘书长张海平和副市长柴力君带领相关部门负责人到兴城古城进行调研。

8日

▲兴城市召开2016年民兵整组和征兵准备工作会议。

▲兴城市爱卫办、卫计局、城建局、体育局、总工会、团市委、妇联联合启动第28个爱国卫生月活动。

10日至17日

兴城市在内蒙古自治区乌兰察布、呼和浩特和山西省大同、朔州、忻州五市举办旅游推介会，当地100多家旅行社、涉旅企业和新闻媒体参加。

11日

兴城市实验小学五年级学生李梓宁的绘画作品《海边拾贝》，在全国第五届中小学生艺术展演活动中荣获小学甲组一等奖。

12日

▲兴城市召开农村土地承包经营权确权登记颁证暨推进农村土地流转发展农业适度规模经营工作会议。

▲兴城市召开海洋渔业安全工作会议。

13日

“大美北方·兴城绽放”——2016县域生态电商节葫芦岛市招商会在兴城人民会堂召开，300多名商家参会。

13日至15日

兴城市通过辽宁省督导评估组推进义务教育发展基本均衡工作进行正式验收评估，成为2016年辽宁省义务教育发展基本均衡市。

14日

兴城市召开经济、农村暨扶贫开发工作会议。

22日

兴城市召开护林防火（消防）、安全生产及春耕抗旱工作会议。

23日

兴城市举行为期两个月的第七届读书节开幕式暨“阅读丰富人生　书香润泽心灵”诵读活动，开幕式现场赠送图书1000余册。

24日

由兴城市总工会、机关工委、体育局、教育局联合主办的“兴城农商银行杯”第十四届全市职工乒乓球比赛在兴城全民健身中心举行。全市31家单位职工组成的25支男队和10支女队参加比赛。

27日

▲兴城市总工会召开第三届十五次全委（扩大）会议。市委常委、总工会主席付国作《兴城市总工会第三届十五次全委

（扩大）会议工作报告》。

▲兴城市召开学校安全工作会议。总结2015年兴城市学校安全工作情况，分析、研判全市学校安全现状，对2016年学校安全工作作出部署。

29日

兴城市委召开“两学一做”学习教育工作会议。

5月

3日

兴城市召开软环境建设工作会议，全面贯彻落实省、市委关于加强投资软环境建设工作会议精神，要求各职能部门自查自纠，严肃整改，加强投资软环境建设，为招商引资和项目年建设打造良好的经济发展软环境。

5日

葫芦岛市委书记孙轶带领市直有关部门负责人，就全市农业产业化发展及电商平台建设情况到兴城进行调研。

11日

由阿里巴巴集团农村淘宝和兴城市政府共同主办，以“大美北方·兴城绽放”为主题的2016县域生态电商节在兴城比基尼展览中心举行。

16日至21日

兴城市在宁远广场举办以“创新引领共享发展”为主题的第十六届“科技周”。

20日

兴城市七届人大常委会举行第三十二次会议，审议通过袁国相提请的人事任免议案，决定任命卢存安为兴城市副市长、张月林为兴城市公安局局长。

24日

兴城市委书记、兴城滨海经济区党工委书记赵家鹏率领交通、城建、环保等相关部门负责人到滨海经济区现场办公，专题研究解决辽宁财贸学院科技园发展政策问题。

25日

“第三届中国县域电子商务峰会”在山东寿光市举办，兴城市被评为“全国创新示范县域”。

30日

兴城市召开海洋伏季休渔暨海蜇资源管理工作会议。

31日

▲兴城市召开经济发展软环境集中整治活动动员大会。从5月31日起至12月30日，在全市范围内开展经济发展软环境集中整治活动。

▲由兴城市委宣传部组织举办的兴城大讲堂在人民会堂开讲。

本月

兴城市国税局办税服务厅被省妇联授予“辽宁省三八红旗集体”荣誉称号。

6月

7日

城市休闲温泉度假综合项目签约仪式在人民会堂举行。

12日

兴城市召开防汛抗旱工作会议。

13日

▲省人大常委会委员、教科文卫委主任委员张晨一行，到兴城开展对口帮扶工作调研。

▲兴城市委组织部、兴城市委党校、兴城市民政局共同举办村（社区）党组织书记、主任培训班。全市共500多人分两期参加培训。每期2天。

15日

阿里巴巴全球速卖通兴城跨境品牌专区合作签约暨招商大会在兴城人民会堂召开。

20日

兴城市召开落实中央巡视组“回头看”反馈意见整改动员大会。

21日

兴城市纪委召开全市乡镇、街道纪委书记工作调度会议。

24日

兴城市在市委党校举办青年干部培训班开班典礼，全市37名具有研究生学历，获得硕士学位以上的青年干部参加为期10天的培训。

25日

由香港中宝集团主办，兴城市人民政府、中国企业家报报业集团、中国环球传媒集团、中国战略研究会、中国城市学会、中国城市发展研究会协办的香港中宝环球企业家高峰论坛暨葫芦岛·兴城项目推介会在兴城海上海酒店举行，国内外100余家企业代表参加。

27日至28日

兴城市举办庆祝建党95周年暨“两学一做”学习教育知识竞赛，全市45支代表队参赛。

29日

兴城市召开纪念建党95周年“一先两优”表彰大会暨文艺晚会。

7月

1日

2016年“让市民快乐幸福，让城市文明和谐”兴城之夏第五届文化广场活动开幕式暨“歌声献给党”纪念建党95周年兴城农商银行专场文艺演出，在兴城全民健身中心举行。

6日

兴城市委召开第91次常委会，听取人大、政府、政协和法检两院以及防汛工作情况汇报。

7日

兴城市委常委班子召开专题民主生活会。

11日

兴城市第五届农村文化艺术节开幕式暨曹庄镇专场文艺演出在曹庄中心小学举行。

12日至14日

兴城市委召开座谈会，就兴城市委第七次党代会报告（征求意见稿），征求市直机关，各乡镇、街道，部分村、社区负责人，以及人大代表、政协委员、老领导、老干部、无党派人士、各民主党派人士的意见。

16日

第六届中国（葫芦岛·兴城）国际沙滩·泳装文化博览会暨2016南票紫砂文化周记者见面会在兴城宾馆举行，国内40余家重量级新闻媒体参加。

17日

▲2016中国国际泳装展在兴城比基尼国际会展中心开幕，展会首次采用网络直播形式，线上、线下同时开幕，向全球直播展会盛况。

▲阿里巴巴国际站论坛在兴城比基尼国际会展中心举行。

18日

▲2016中国国际泳装展阿里巴巴速卖通国际论坛在兴城比基尼国际会展中心举行。

▲2016中国国际泳装展阿里巴巴1688论坛在兴城比基尼国际会展中心举行。

19日

▲由共青团葫芦岛市委员会、葫芦岛市少工委主办，兴城市少年宫承办的第四届葫芦岛市少儿比基尼大赛举行，600名小选手经过初赛选拔，有50名小选手进入决赛展演。

▲六届兴城市委召开第十四次全体会议，审议、表决“两委报告”及预备人选建议名单有关事宜。

20日

省委常委、常务副省长谭作钧莅临兴城市，检查指导防汛工作。

21日

葫芦岛市委副书记严喜鹤率葫芦岛市第三督导组到兴城市视察指导防汛救灾工作。

25日

葫芦岛市委书记孙轶，市委常委、秘书长张海平，市委常委、组织部部长蹇丹到兴城市调研换届选举工作和“两学一做”学习教育活动进展情况。

27日

中国共产党兴城市第七次代表大会在兴城人民会堂开幕。赵家鹏代表中国共产党兴城市第六届委员会向大会作题为《深入实施“五项战略” 加快建设“五个兴城” 为全面建成小康社会而努力奋斗》的工作报告。

29日

▲中国共产党兴城市第七次代表大会在兴城人民会堂胜利闭幕。选举产生中国共产党兴城市第七届委员会委员39名、候补委员7名，中国共产党兴城市纪律检查委员会委员15名，出席中国共产党葫芦岛市第五次代表大会的代表37名。

▲中国共产党兴城市第七届委员会举

行第一次全体会议。赵家鹏、袁国相、陈国民、范立民、王春颖、李肖、付国、马天峰、郭荣新、孟凡华、佟佰钟11人当选为新一届兴城市委常委。赵家鹏当选为兴城市委书记，袁国相、陈国民当选为兴城市委副书记。

▲中国共产党兴城市第七届纪律检查委员会举行第一次全体会议。王春颖、苏文波、赵殿柱、冯欢、王立群、齐兵、赵德付当选纪委常委。王春颖当选为书记，苏文波、赵殿柱当选为副书记。

▲兴城市在宁远广场举办庆“八一”军民共建文艺晚会，欢庆中国人民解放军建军89周年。

8月

2日

七届兴城市委召开第一次常委（扩大）会。会上，葫芦岛市委组织部副部长齐明达宣读葫芦岛市委任职决定。任命赵家鹏为觉华岛旅游度假区党工委书记、袁国相为觉华岛旅游度假区管委会主任、奚耀贵为觉华岛旅游度假区管委会专职副主任(正县)、董玉明为兴城滨海经济区管委会专职副主任（正县）。

5日

兴城市开展“四爱（爱海洋、爱蓝天、爱青山、爱家园）活动日”全民义务劳动。

8日

葫芦岛市委书记孙铁就沿海旅游环境卫生及生态环境保护工作到兴城海滨景区进行专题调研。

16日

兴城市人民政府与“全民健身我们在行动”全国赛事组委会在北京新闻大厦举办“2016中国兴城国际万人徒步大会”新闻发布会暨兴城摄影展。

19日

由北京大千投资管理有限公司拟投资20亿元的水上文化艺术园和由兴城林生生物科技有限公司拟投资10亿元的生物小分子肽项目，在兴城人民会堂签约。

20日至24日

“兴城2016房地产交易会”在兴城国际比基尼广场展览中心举行。兴城及葫芦岛市的27家房地产开发企业展出兴城29个楼盘，总建筑面积110万平方米。

23日

辽宁财贸学院至葫芦岛北站K3快速公交线开通。始发站为辽宁财贸学院正门和葫芦岛北站，全程23公里，票价5元。

25日

兴城市人大常委会组织44家市直机关、企事业单位，在药王乡召开扶贫工作现场会。

26日

由兴城市委统战部组织开展的“千企连千村·同走致富路”扶贫对接仪式在兴城人民会堂举行。

31日

葫芦岛市委学习贯彻习近平总书记“七一”重要讲话精神“五进”宣讲团成员到兴城宣讲。

本月

兴城市计划生育协会被中国计划生育协会正式授予2011年度至2015年度“全国计划生育协会工作先进单位”称号，并颁发牌匾。

9月

1日

葫芦岛市委书记孙轶，市委常委、秘书长、总工会主席张海平，副市长柴力君带领相关部门负责人，就农业产业化示范典型项目到兴城进行调研。

6日

葫芦岛市创新创业基地、葫芦岛市大学生创业孵化基地、兴城市创新创业示范基地、辽宁财贸学院创新创业科技园揭牌仪式在兴城滨海经济区举行。

7日

2016年兴城市第五届乡村文化节闭幕式暨东辛庄镇专场文艺晚会演出在东辛庄镇服装市场广场落幕。

9日

▲葫芦岛市政协组织港澳台侨届别委员及特邀人士到兴城视察古城保护开发工作。

▲兴城市召开城区自来水价格调整和实施居民用水阶梯水价听证会。有25名代表参加听证会，赞同自来水价格调整。

12日

兴城市召开创建全国文明城市迎检工作准备会，下发《兴城市创建国家级文明城市实施方案》，将任务和责任细化分解为31个重点项目、208个小项。

13日

葫芦岛市委在兴城召开第五次党代会报告征求意见座谈会，就第五次党代会报告（征求意见稿）向兴城市四个班子领导征求意见。

14日

兴城市特殊教育学校正式揭牌。设蒙氏教育、感统训练、心理辅导、卫生保健等8个功能教室。全校有聋哑、肢残、智障、唐氏综合征、自闭症等残疾儿童56人。

15日

奥运冠军、世界冠军、文化名人等近100人齐聚兴城海上海酒店，举行“缘定兴城·心想事成”中秋冠军之夜暨作家图书捐赠仪式、高家岭“读书小镇”揭牌仪式、冰雪嘉年华暨冠军小镇签约仪式。

16日

▲2016中国·兴城国际万人徒步大会发令仪式在兴城海河大桥举行，近1.2万人参加徒步大会。

▲奥运和世界冠军郭丹丹、胡妮、陈中、刘宏宇、李颖、柴云龙到三道沟乡三道沟里村，开展公益支农兴城行活动，每人认养一株国家地理标志商标“兴城苹果”树。

19日

兴城市开展重点项目拉练检查，对2016年新建和续建的重点项目进行现场办公。

20日

2016年“让市民快乐幸福·让城市文明和谐”兴城之夏第五届文化广场闭幕式暨“蓝天碧水·绿色兴城”全国科普日主题活动启动仪式，在兴城市宁远广场举行。该次活动历时3个月，共举办11场专场文艺会演。

21日至23日

兴城市推进义务教育发展基本均衡工作顺利通过国家督导检查组检查评估。

22日

葫芦岛市人大常委会副主任王兴勃一行到兴城市，就畜牧业发展情况进行调研。

28日

由兴城市文物局、兴城市广播电视台、兴城市传统文化协会联合举办的“公祭大成至圣先师孔子诞辰2567周年”活动在兴城文庙大成殿举行。

28日至30日

兴城市召开2016年全市中小学生田径运动会，全市中小学校51支代表队的657名运动员参加116个项目的比赛。

10月

8日

著名军事专家尹卓少将做客兴城大讲堂，作“我国周边安全形势与对策”主题报告。

9日

葫芦岛市委书记孙铁、代市长王力威率领市、县两级领导和相关部门负责人，到兴城市拉练检查葫芦岛市旅游重点项目暨“六个一”工程。

10日

兴城市七届人大常委会举行第36次会议。会议通过袁国相提请的人事任职议案，决定任命马艳莉为兴城市副市长；补选中共葫芦岛市委书记孙铁和中共葫芦岛市委常委、统战部部长蔡井伟为葫芦岛市第五届人民代表大会代表。

11日

葫芦岛市政协主席郑宏伟、副市长甄国强、副主席刘德兴等领导到兴城市就推动农村电子商务加快发展进行专题视察。

14日

兴城市召开贫困人口、贫困村脱贫工作动员会。

20日

▲辽宁省农村电子商务工作推进会在兴城召开。

▲“2016全国重点网络媒体辽宁行”葫芦岛站采访活动走进兴城市，中央和地方重点新闻网站、知名商业网站、各地网络宣传管理部门等28家媒体参加采访活动。

21日

▲兴城市委召开专题民主生活会，认真学习贯彻习近平总书记重要讲话、指示

批示和《中共中央关于辽宁拉票贿选案查处情况及其教训警示的通报》精神。

▲兴城市政协召开深刻汲取辽宁拉票贿选案沉痛教训专题民主生活会。

▲兴城市市直机关工委和兴城市体育局在兴城全民健身中心举办市直机关2016年秋季拔河比赛，有24支参赛队240人参赛。

27日

▲兴城市七届人大常委会举行第37次会议。会议审议通过袁国相提请的人事任职议案，决定任命王代林为兴城市人民政府副市长。

▲渤海船舶职业学院与辽宁锐锋科技有限公司举行校企合作签约仪式。

28日

"众创兴业，众智成城"创新创业讲座暨创业工坊兴城市众创空间示范基地签约揭牌仪式在兴城市人民会堂举行。

11月

1日

▲兴城市实施不动产统一登记。原房屋、土地、林地林权、海域使用、草地使用证书及相应的其他项权利证书停止颁发，新受理的不动产登记申请按不动产统一登记程序办理，并颁发"不动产权证书"或"不动产登记证明"。

2日

兴城市政府在葫芦岛市创建"国家森林城市"工作中成绩突出，被葫芦岛市政府记集体三等功并授牌。

4日

兴城市召开2017年度新农合筹资工作会议。

5日

兴城市领导干部收听收看由辽宁省委举办的中共十八届六中全会精神宣讲报告会。

8日

中国·兴城2017"兴城农商银行杯"世界花式艺术台球锦标赛新闻发布会在北京体育报业总社会议室举行。

10日

葫芦岛市委常委、纪委书记那波一行5人到兴城调研指导工作。

11日

兴城市召开迎接国务院第二巡查组对兴城市安全生产工作巡查指导汇报会。

16日

兴城市第二幼儿园通过辽宁省五星级幼儿园评审。

17日

▲葫芦岛市委副书记严喜鹤、副市长柴力君等领导到兴城，开展脱贫攻坚项目拉练检查活动。

▲兴城市召开庆祝红军长征胜利80周年暨乡镇文艺会演颁奖联欢会。

18日

兴城市组织收看收听葫芦岛市安全生产工作电视电话会议，部署安全生产工作。

28日

兴城现代农业示范区院士工作站揭牌

仪式在兴城农技推广中心举行。该站是沈阳农业大学设立的葫芦岛市首个院士工作站。

本月

兴城市巡特警大队在“2016全省巡特警系统比武竞赛活动”中获得团体第一名。

12月

1日

▲兴城市实行新的水费收费标准，并首次实施居民用水价格阶梯收费。

▲即日起，由兴城站始发的跨县（市）长途客车全部实行实名制购票。

2日

中国共产党兴城市第七届委员会第二次全体（扩大）会议在兴城人民会堂举行，会议传达葫芦岛市委五届三次会议精神，审议通过《中共兴城市委贯彻落实〈中共辽宁省委关于贯彻党的十八届六中全会精神，落实全面从严治党要求，营造良好政治生态的决定〉的实施意见》，并对学习贯彻落实中共十八届六中全会精神进行安排部署。

5日

▲中国明清城墙联合申遗第四次会议在兴城富都国际酒店召开，中国文物学术专家和列入中国明清城墙申遗名单的相关6省14市文物工作者参加会议。

▲兴城市党政机关、部门单位党员干部600余人齐聚兴城人民会堂，深入学习中共十八届六中全会精神。

6日

▲兴城市政府就《政府工作报告（征求意见稿）》，征求人大代表和政协委员意见。

▲兴城市召开2016年度领导班子和领导干部工作实绩考核工作推进会。

15日

七届兴城市委召开第15次常委会议，传达辽宁省委书记李希到葫芦岛市调研时的讲话精神。

16日

▲中国共产党兴城市第七届委员会第三次全体（扩大）会议在兴城人民会堂举行，会议认真总结2016年工作，研究确定2017年全市工作总体思路、任务目标及主要措施。

▲兴城市创建省级生态市通过验收。

26日

兴城市工商业联合会（民间商会）召开第七次会员代表大会，全市工商界代表300余人参加会议。

27日

中国人民政治协商会议兴城市第七届委员会第五次会议开幕。政协主席崔海明向大会作工作报告，政协副主席王晓章作提案工作情况报告。

28日

兴城市第七届人民代表大会第五次会议开幕。兴城市市长袁国相代表市人民政府向大会作工作报告。

兴 城 概 貌

基本情况

【建置沿革】兴城地区早在新石器时代，就有人类生存劳作，繁衍生息。殷商时代，兴城境域属孤竹国地。战国时属燕国辽西郡地。秦统一六国后，兴城境域仍属辽西郡地。汉时属辽西郡阳乐县地。后经历三国、东晋、南北朝等多个朝代更替，至隋唐时，兴城境域属河北道营州柳城县。宋辽时期，兴城境域属契丹（后改辽）。辽统和八年（990），设严（岩）州（治所在今红崖子镇古城子村），置兴城县（治所在今菊花街道城子里屯），辖觉华岛及兴城河中、下游地区。辽太平元年（1021），设隰州，置海滨县（州、县治所在今东辛庄镇东关站村），辖兴城境西部烟台河流域以西至六股河下游地区。金代，兴城境域东、西部分属北京路兴中府锦州兴城县、瑞州海滨县。元初，沿袭兴城县、海滨县。后兴城境东、西部属辽阳中书省大宁路锦州、瑞州分辖。明初，沿袭元代中书省制。明洪武七年（1374）设军卫制。兴城境域分属辽东都指挥使司广宁前屯卫、中屯卫。洪武九年（1376）改中书省为承宣布政使司，辽东行政属山东布政使司所辖，兴城境域归属。宣德三年（1428），辽东总兵巫凯、都御史包怀德奏请朝廷，辟广宁前屯、中屯二卫地，于曹庄、汤池之北设宁远卫，并筑宁远城。天启（1621~1627）初年，东阁大学士兼兵部尚书孙承宗督师蓟辽，在宁远设府任事，时宁远成为辽东政治、军事、经济中心。清初，沿袭明卫制，宁远卫属辽阳府。康熙三年（1664）六月，并前屯、中屯二卫地置宁远州，隶属奉天广宁府。十二月，改属锦州府。光绪二十八年（1902），辟六股河以西地设绥中县，隶属宁远州。民国二年（1913），改宁远州为宁远县。民国三年（1914），因避山西、甘肃、湖南等省宁远县重名，复用辽代兴城县名，隶属奉天省辽沈道。民国十八年（1929），改奉天省为辽宁省，废辽沈道，兴城县隶属辽宁省。民国二十一年（1932）3月，伪满洲国成立，改辽宁省为奉天省，兴城县隶属奉天省。民国二十三年（1934）12月，兴城县隶属锦州省。民国三十四年（1945）9月，中国共产党领导的兴城县民主政府成立，隶属热河省热东专署。11月下旬，国民党军队进占兴城，兴城县民主政府转至朝阳县、兴城县西部山区开展工作。时国民党统治的兴城县隶属国民党辽宁省政府所辖。民国三十七年（1948）9月29日，兴城全境解放。1949年1月，建立辽西省，兴城县隶属辽西省。中华人民共和国成立后，兴城县隶属辽西省。1954年8月，辽东、辽西两省合并成立辽宁省，兴城县先后隶属辽宁省锦州专署、锦州市所辖。1986年12月13日，国务院批复撤销兴城县，设立兴城市（县级），以原兴城县的行政区域为兴城市的行政区域。1989年6月，国务院批复锦西市升为地级市。1994年9月，锦西市更名为葫芦岛市，兴城市由葫芦岛市代管。

【位置面积】兴城市位于辽宁省的西南部，渤海辽东湾西海岸，居“辽西走廊”中部偏西，在葫芦岛市西南。东并东北与葫芦岛市连山区、龙港区、杨家杖子经济开发区毗邻，南并东南临渤海，西并西南隔六股河与绥中县相望，西北与建昌县接壤。地理坐标北纬40° 16′ ~40° 48′，东经120° 6′ ~120° 48′。兴城市地理位置中心点在红崖子镇新齐村西南，地理坐标北纬40° 20′，东经120° 16′；东极点在四家屯街道郦家村东，地理坐标北纬40° 22′，东经120° 29′；南极点在刘台子满族乡山东村，地理坐标北纬40° 09′，东经120° 17′；西极点在三道沟满族乡西门村西，地理坐标北纬40° 22′，东经120° 03′；北极点在药王满族乡丁家村后马道岭，地理坐标北纬40° 29′，东经120° 12′。兴城市境东西最大横距62.09公里，南北最大纵距63.06公里，总面积2118.51平方公里。兴城市属于辽宁西部沿海经济区，城乡区域分类明显，特色鲜明。城区属于条带状分布，在境内东北隅，北依首山，南接兴城河，东临渤海湾，西傍京沈高速公路。按照城市功能特点，划建为古城、铁西、温泉、首山、海滨、产业园6个功能区。城市建成区总面积30平方公里，包括古城、宁远、城东、温泉、钓鱼台、四家屯6个街道，总人口15万余人。东距辽宁省会沈阳360公里，西距首都北京430公里，距葫芦岛港30公里，区位优势明显。京哈102国道、京哈铁路、秦沈客运专线、京沈高速公路、辽宁滨海公路五条交通大动脉贯穿境内。市人民政府驻地兴海南街137号。

【地形地貌】兴城西北依辽西松岭余脉，老黄顶、张茂山、五顶山、大青山、九龙山等8座500米以上的山峰均在这一区域内，是兴城河、烟台河、女儿河发源地。地势依次由西北向东南倾斜，大体可分为西北低山、中部沙岗丘陵、东南近海平原三种地形，自然概貌为“六山一水三分田”。

【自然资源】兴城市有耕地5.99万公顷，占全市土地面积的28.3%，盛产稻谷、高粱、玉米、大豆、花生、蔬菜等作物；有水域16503.66公顷，矿泉水资源丰富，日涌水量达5000吨；大陆海岸线长107公里，浅海滩涂面积达83333公顷，滩涂面积7872.67公顷，适宜养殖贝类、对虾、海带、多宝鱼等；海产品尤为丰富，享有五大美誉的鱼、虾、蟹、贝、蜇等60余种；矿产资源丰富，有铅、锌、钼、金、银、铜、石棉、石墨、硅石、大理石、重晶石、无烟煤等22种矿藏。全市有林地面积63400公顷，有园地面积6990.54公顷。为东北最大的花生集散地。

【旅游资源】兴城是中国优秀旅游城市、中国温泉之城、中国泳装名城、中国书法之乡、中国十佳古城、中国十大小资城市、中国宜居十座小城、辽宁省历史文化名城，为全国闻名的旅游度假胜地，中国三大泳装生产基地之一。兴城历史悠久，古迹众多，是著名的历史文化名城，拥有城、泉、山、海、岛、河、滩七大景观。兴城古城，略呈正方形，是国内仅存的完整四座明代古城之一，国家级重点文物保护单位，内有钟鼓楼、祖氏石坊、文庙、蓟辽督师府、城隍庙、宁远驿馆等众多景点；温泉，溢涌不息，有"圣水"之誉，对风湿性关节炎、颈椎病、糖尿病、神经衰弱、皮肤病以及外科手术后恢复等有显著疗效；首山，是国家级森林公园，顶上三峰并立，素有"三首并立""美人卧睡"之称；海滨，是国家重点风景名胜区，有四个海滨浴场，另有菊花女塑像、兴海公园、观海广场、"三礁揽胜"等景区景点；觉华岛（菊花岛），是辽东湾最大的岛屿。岛上有大龙宫寺、唐王洞、八角井、九顶石、大悲阁、石佛寺、梳妆台、点将台、南海沿、菊花女、菩提树等景点。城、泉、山、海、岛、河、滩七大自然景观各具特色，龙回头景区、比基尼广场、海滨栈道等景点的投入使用，形成兴城独特的旅游资源。此外，有白塔峪塔、怪石滩、温泉别墅、袁崇焕雕像、大青山等著名景区景点。兴城有旅游疗养院20余所，是全国著名的海滨疗养区。

【行政区划】2016年5月10日，觉华岛管委会从葫芦岛市划归兴城市管辖，其所辖菊花街道归属兴城市。全市辖12个满族乡、7个镇、9个街道，分别为羊安满族乡、元台子满族乡、白塔满族乡、望海满族乡、刘台子满族乡、大寨满族乡、南大满族乡、围屏满族乡、碱厂满族乡、三道沟满族乡、旧门满族乡、药王满族乡、曹庄镇、沙后所镇、东辛庄镇、郭家镇、红崖子镇、徐大堡镇、高家岭镇、古城街道、宁远街道、城东街道、温泉街道、钓鱼台街道、四家屯街道、华山街道、临海街道、菊花街道。有237个行政村，30个社区。

【气温】2016年，兴城市平均气温为9.6℃。8月份为全年气温最高月，月平均气温为24.5℃，较常年偏高；1月份为全年气温最低月，月平均气温为-11.1℃，较常年低3.7℃。年极端最高气温为34.5℃，出现在8月13日；年极端最低气温为-26.2℃，出现在1月24日。

2016 年兴城市各月平均气温表

单位：℃

月份	1	2	3	4	5	6	7	8	9	10	11	12	年平均
平均气温	–11.1	–5.0	3.9	11.4	18.1	21.9	24.4	24.5	19.2	10.9	0.7	–3.7	9.6

【降水】2016 年，全市总降水量为 649.4 毫米，较常年多 279.2 毫米。春季（3 月至 5 月）降水量为 81.5 毫米，较常年少 11.1 毫米；夏季（6 月至 8 月）降水量为 503 毫米，较常年偏多 267.5 毫米；秋季（9 月至 11 月）降水量为 61.9 毫米，较常年偏多 31.6 毫米；冬季（2015 年 12 月至 2016 年 2 月）降水量为 3.0 毫米，较常年少 8.7 毫米。全年日最大降水出现在 7 月 21 日，降水量为 207.5 毫米。

2016 年兴城市各月降水量表

单位：毫米

月份	1	2	3	4	5	6	7	8	9	10	11	12	年总值
降水量	0.0	3.0	0.0	13.6	67.9	87.6	308.6	106.8	35.5	23.3	3.1	0.0	649.4

【风】2016 年,全市平均风速为 3.1 米 / 秒。其中春季（3 月至 5 月）平均风速为 3.9 米 / 秒;夏季（6 月至 8 月）平均风速为 2.8 米 / 秒；秋季（9 月至 11 月）平均风速为 2.8 米 / 秒。全年 7 级以上大风日数为 10 次，最多风向为北风，频率为 14%。

2016 年兴城市各月平均风速表

单位：米 / 秒

月份	1	2	3	4	5	6	7	8	9	10	11	12	年平均
平均风速	2.6	2.9	3.3	4.0	4.3	3.3	2.7	2.3	2.4	3.1	3.0	2.7	3.1

【日照】2016 年，全市年日照时数为 2884 小时，较常年多 166.3 小时。年平均日照百分率为 65%。

【霜冻】2016 年，全市春季最后一次霜冻出现在 3 月 18 日，较常年早 21 天；秋季第一次霜冻出现在 9 月 10 日，较常年早 20 天。全年无霜期日数为 204 天，较常年少 48 天。

【灾害性天气】2016 年 7 月，兴城市因暴雨洪涝灾害影响，受灾人口 85391 人，因灾需救助人口 7401 人（饮水救助）；农作物受灾面积 11524.77 公顷，成灾面积 9228 公顷，绝收面积 437 公顷。直接经济损失 67000.78 万元。其中，7 月 20 日，全市遭受暴雨、洪涝灾害，受灾人口 82904 人，因灾倒塌房屋 175 间，农作物受灾 11369 公顷，成灾面积 9118 公顷，绝收面积 437 公顷。直接经济损失 64049.3 万元。7 月 25 日，再次遭受暴雨、洪涝灾害，受灾人口 2012 人，因灾倒塌房屋 24 间，农作物受灾 155 公顷，成灾面积 110 公顷。直接经济损失 2825 万元。7 月 29 日，全市遭受暴雨、洪涝灾害，受灾人口 475 人，因灾倒塌房屋 2 间，严重损坏房屋 119 间。直接经济损失 126.4 万元。

（唐帅　赵铁）

【人口】2016 年年末，兴城市户籍总人口 541080 人，其中男 274821 人，女 266259 人。城镇人口 143439 人，占总人口的 26.51%；乡村人口 397641 人，占总人口的 73.49%；总户数为 198549 户。全年，全市出生 4111 人，人口出生率 7.59‰，比上年出生人数增加 437 人，出生率提高 0.82‰。死亡人口 2880 人，人口死亡率为 5.32‰，比上年死亡人数减少 454 人，死亡率下降 0.82‰；全市人口自然增加 1231 人，自然增长率为 2.27‰。全市有满族、蒙古族、回族、锡伯族、朝鲜族等 32 个少数民族，有少数民族人口 32.9 万余人，其中以满族为最多。

（郭忠华）

国民经济和社会发展

【概况】2016 年，兴城市坚持稳中求进工作总基调，形成良好社会预期，民生继续得到改善，各项社会事业全面进步，经济社会保持平稳健康发展，实现“十三五”时期的良好开局。经核算，全年实现生产总值 104.4 亿元，按可比价格计算，比上年增长 3.6%。其中，第一产业增加值 24.6 亿元，同比增长 18.5%；第二产业增加值 15.1 亿元，同比下降 19.2%；第三产业增加值 64.6 亿元，同比增长 6.0%。三次产业比重为 23.6：14.5：61.9。

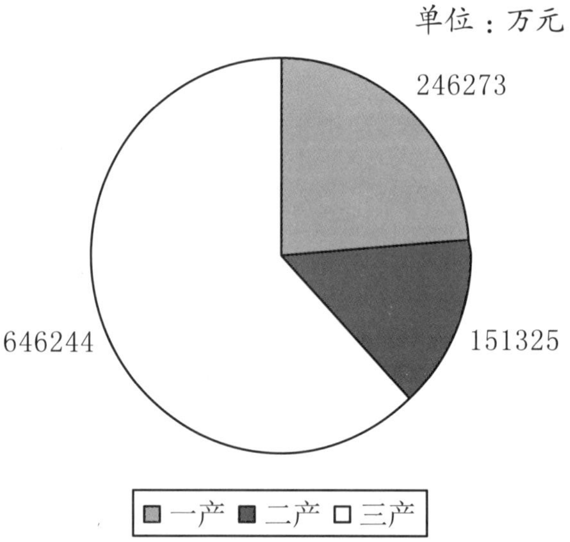

图 1　2016 年 GDP 三次产业结构

【固定资产投资】2016 年，兴城市固定资产投资总体增速下降，但下降幅度有所收窄。全社会固定资产投资总额实现 451382 万元，同比下降 17.9%，按投资渠道划分，其中建设项目投资 224175 万元，同比下降 43.2%；房地产开发投资 227207 万元，同比增长 46.2%；住宅投资 159692 万元，同比增长 65.6%。全年房地产新开工面积 44.4 万平方米，同比下降 16.8%。施工面积 268.9 万平方米，同比增长 10.1%。房屋竣工面积 31.8 万平方米，同比增长 6.6%。

【财税与金融】2016 年，兴城市一般公共预算收入 92401 万元，比上年增长 4.9%；地方财政收入 130996 万元，比上年增长 7.5%。全市一般公共预算支出 300529 万元，比上年增长 7.4%；地方财政支出 336917 万元，比上年增长 3.6%。其中，科技支出 165 万元，比上年下降 6.3%；农业支出 57342 万元，比上年增长 23.1%；教育支出 46836 万元，比上年增长 3.0%；社会保障支出 73123 万元，比上年增长 10.3%。全年各项税收总额实现 108806 万元，比上年增长 18.5%。其中，国税实现 42555 万元，比上年增长 65.3%；地税实现 66251 万元，比上年增长 0.3%。

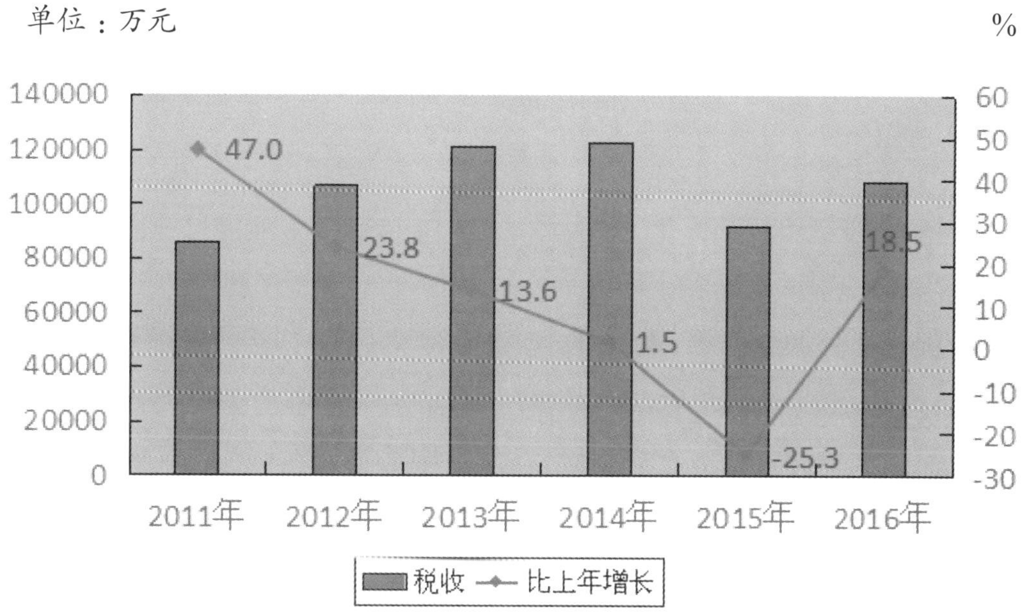

图 2 2011 年 ~2016 年兴城市税收总额及其增长速度

2016 年年末，金融机构各项存款余额 2664897 万元，比上年增加 391560 万元，其中城乡居民储蓄存款余额 1910030 万元，比上年增加 149817 万元；各项贷款余额 1823213 万元，比上年增加 195660 万元。

【农业】2016 年，兴城市农林牧渔及服务业总产值实现 514879 万元，同比增长 19.8%。其中，农业总产值 176704 万元，增长 47.6%；林业总产值 10611 万元，增长 6.2%；牧业总产值 138190 万元，增长 5.2%；渔业总产值 179233 万元，增长 12.7%，农林牧渔服务业总产值 10141 万元，增长 3.3%。全年粮食种植面积 33940 公顷。全年粮食总产量 18.1 万吨。油料作物总产量 7.4 万吨，蔬菜总产量 17.2 万吨，肉蛋奶总产量8.6万吨，水果总产量6.2万吨，水产品总产量17.5万吨。全市全年完成造林面积3666.67公顷，其中人工造林800公顷，无林地和疏林地新封山（沙）育林1333.33公顷。全年化肥使用量5.5万吨，比上年增长2.2%。

2016年兴城市主要农副产品产量表

指标	总产量（吨）	增长（%）
粮　食	181000	0.6
蔬菜及食用菌	171624	11.1
水　果	62422	12.7
肉蛋奶	86446	-10.7
水产品	175002	4.7

兴城市农业产业结构持续优化。调减玉米种植面积4000公顷，新增花生种植面积3333.33公顷，新栽名优果树88万株，新建设施农业小区40个、畜禽养殖小区26个。激发农业经营主体活力，新增省级农民专业示范社4个、家庭农场10个、种植大户15个，农事龙头企业达到31家，正业花生成为国家级农业产业化龙头企业。兴城市果品在全省第三届名优果品评选会上荣获金奖1项、银奖6项。葫芦岛市首个院士工作站——兴城市现代农业综合示范区院士工作站正式成立。全市农村基础设施不断改善。完成农村公路大中修141公里,修建“一事一议”村内道路124公里、文化广场28个，安装路灯1504基，创建美丽乡村示范村26个。实施青山保护工程，植树造林3600公顷，发展经济林200公顷，新增千亿斤粮食田间工程666.67公顷。全面推进土地确权登记颁证工作。完成重点水利骨干工程15项，治理水土流失6666.67公顷，再次夺得省农建“大禹杯”。

【工业和建筑业】2016年，兴城市重大项目建设取得突破，徐大堡核电项目正式核准前期工作全部就绪，抽水蓄能项目预可研编制完成。滨海经济区建设扎实推进，继续完善配套基础设施，小松游艇、思科赛斯高铁配件、兴凯农业设施加工等项目进展顺利。年内成功承办第五届中国·国际泳装展，兴城市被授予“中国服装行业‘十三五’创新发展示范基地”和“中国纺织行业创新示范集群”称号。全市规模以上工业各项指标增速均呈下滑态势。全市规模以上工业增加值7.6亿元，比上年下降43.0%。全年实现总产值676080万元（规上工业企业），比上年下降51.8%；

主营业务收入645758万元，比上年下降48.9%；产品销售产值660919万元，比上年下降52.1%，产销率达到97.8%。全市总用电量84377万千瓦时，比上年增长3.1%，其中工业用电量18606万千瓦时，比上年下降0.2%。

全市建筑业企业总产值77099万元，比上年下降26.5%；全年施工面积51.36万平方米，比上年下降14.8%；竣工面积43.14万平方米，比上年下降1.8%。

【交通和邮电及旅游业】2016年，兴城市交通运输仓储及邮政业增加值4.7亿元。全年完成客运量249.8万人次，完成客运周转量16172万人公里。完成货运量1450万吨，完成货运周转量173200万吨公里。全市实现邮政业务总量3620万件，比上年增长2.8%；邮政业务收入4210万元，比上年增长11.6%。深入实施旅游发展“六个一”工程，首山丽汤温泉、高家岭汤上温泉、徐大堡金沙湾浴场、红海滩生态观光廊道等一批重点项目全面推进。宁远驿馆对外开放，民俗博物馆建设完成，古城东门外生态停车场投入使用。开展旅游宣传推介，规范旅游市场秩序，全年接待国内外游客750万人次，实现旅游综合收入41亿元。年内，兴城市被评为省级旅游产业发展示范县，进入国家首批全域旅游示范区创建名单。

【内、外贸易业】2016年，兴城市社会消费品零售总额完成837958万元，比上年增长8.2%。分行业看，批发零售贸易业实现零售额728500万元，比上年增长6.9%；住宿餐饮业实现零售额109458万元，比上年增长17.2%。分城乡看，城镇实现零售额582969万元，比上年增长13.9%；乡村实现零售额254989万元，比上年下降2.9%。全年外贸出口交货值10711万美元，引进省外内资22.08亿元，实际利用外资100万美元。

【城建环保及安全生产】2016年，兴城市政府修建临河大街北延、新四路等城市道路7公里，新建滨海木栈道1.7公里，新增绿化面积18公顷。完善滨海温泉新城基础设施，铺设给排水管道5公里、燃气管道3公里，邴家湾居民回迁楼全部完工。城市净水厂投入使用，新增日净水能力3万吨。在葫芦岛市率先完成外环路建设征地动迁工作。秦沈客运专线兴城西站征地动迁工作全部结束。城乡管理不断加强。开展市容市貌专项整治，规范流动商贩3.9万人次，清除路边小广告6.9万张，清理占道经营2100处；规范客运市场秩序，查处违法违规车辆913台次。继续推进农村环境综合治理，新增市级宜居示范村5个、达标村55个。生态环境逐步改善。加强河流水源地保护，划定全市畜禽禁养区。开展近岸海域污染管控专项行动，加大执法力度，依法处置非法排污单位24家。拆除燃煤小锅炉10台，淘汰黄标车236台，削减二氧化硫55吨、氮氧化物16吨，通过省级生态市考核验收。安全生产态势良好。兴城市探索构建安全生产综合监察平台，制定查报标准为8个行业8000多个检查项目，全市221家重点企业纳入监管。全年生产安全事故为零，获全省安全生产先进县“四连冠”。

【科技工作】2016年，兴城市继续加大科技工作力度，完成申报省级科技计划项目4项；全市专利申请量603件，其中发明专利申请量46件；全市新增授权专利424件，其中授权发明专利7件；全市有效发明专利拥有量达47件。6家企业完成科技成果转化项目入库，1家企业申报知识产权优势企业并申报专利产业化项目，获批高新技术企业2家，推荐申报省级科技进步奖1家。开展科技培训农民2000余人，培育市级农业科技创新团队1个。

【教育工作】2016年，兴城市教育工程建设稳步推进，建设工程总建筑面积13388平方米，总投资3800余万元。招聘中小学及幼儿园教师90名。高考成绩二本以上进线人数1681人，一本502人，二本1179人。全市考生600分以上有77人，葫芦岛市前10名考生中兴城占5人，均在670分以上。中考全市招生1170人，其中择优生59名，分数线773分；定向生1111名，分数线606分。年内，全市拥有各级中小学校117所。其中高中3所，初中26所（包含7所九年一贯制学校），小学88所。全市在校学生50364人。其中，高中在校生7249人，比上年减少276人；初中在校生15615人，比上年增加197人；小学在校生27500人，比上年减少952人。全年为省内外各大中专院校输送新生2553人，其中本科生1452人，专科生1101人。

【卫生工作】2016年，兴城市进一步提升医疗卫生服务水平，重点项目建设稳步推进。续建的中医院和妇女儿童医院主体完工，开始楼内装饰；新建的古城、四家子、钓鱼台社区卫生服务中心和白塔、羊安卫生院投入使用。新农合筹资标准560元/人（个人140元，各级配套420元），筹资总额2.1亿元，常住农业人口参合率100%。重大公共卫生项目“五免一补”工作有序进行，免费为农村妇女进行“两癌筛查”，乳腺癌筛查10000人，宫颈癌筛查10000人，为1988名农村孕产妇住院分娩补助99.4万元。全市各级各类医疗机构共计478家，其中局直医疗机构5家、乡镇卫生院20家、民营医院7家、驻在医院5家、社区卫生服务中心8家、门诊部12家、预防保健机构3家、村卫生室318家、个体诊所98家。全市卫生系统有在职职工1833人（卫技1306人，工职527人），其中乡镇卫生院（社区）636人（在编），市内1197人（在编）。有编制病床1712张，其中市内1360张，乡镇卫生院508张。

【文化体育事业】2016年，兴城市举办各类体育赛事27项、文化活动50场，承办首届中国·兴城国际万人徒步大会，郭丹丹冰雪嘉年华、奥运冠军小镇、大千文化艺术园等一批项目签约。兴城市重点文化产业项目——兴城古城宁远驿馆于10月1日开业。修建农村文化广场28个。完成2个笼式足球场、2个小篮板场建设任务，并向市民免费开放；争取省体育局资金及健身器材支持300万元。为30个行政村、7个社区配发健身器材307件、篮球架30套，小篮板工程设备2套。被命名为首批"辽宁省体育产业示范基地"。在中国三对三篮球联赛（辽宁赛区）兴城站中，市体校的3支队伍分别获得第一、二、四名的好成绩；在2016年葫芦岛市少年乒乓球比赛中，兴城市运动员获得女子甲组第一名；在辽宁省少年田径赛中，体校运动员代表葫芦岛市参赛，并取得1金2银3铜的好成绩；9月25日至26日由葫芦岛市体育局主办的2016年葫芦岛市青少年田径比赛中，兴城市代表队获得团体总分第一名。

【人民生活和社会保障】2016年，兴城市农村居民人均可支配收入11308元，比上年增长7.6%。社会保障能力持续增强。新增城镇实名制就业3169人，转移农村劳动力就业8.4万人。发放担保贷款3164万元，扶持378人自主创业。提高城乡低保户、农村五保户供养标准。免费开展农村妇女"两癌"筛查、尿毒症患者透析和孕前优生健康检查，惠及3.7万人。群众生活条件日益改善。改造城乡电力线路104公里，海滨二次变电站建设完成。改造农村危房358户，发放廉租住房租赁补贴500户，实施城市居民供水管网改造5000户。

（市统计局）

党政机关

中国共产党兴城市委员会

【概况】2016年，中共兴城市委员会贯彻落实中共十八大和十八届三中、四中、五中、六中全会及习近平总书记系列重要讲话精神，把开展“两学一做”学习教育作为中心工作和头等大事来抓，向全市98个单位派出6个调研组，组织开展调研110余次。开展向毛丰美和身边先进人物学习、重温入党誓词等多项活动。严格执行干部选拔任用制度，树立公平公正的选人用人导向，对全市16名超职数配备干部全部进行消化。实施“双评”和软环境集中整治活动，18个软弱涣散村党组织、5个软弱涣散“两新”党组织得到转化提升，10个党支部被确定为葫芦岛市规范化建设示范点。全力配合中央和省市委对辽宁拉票贿选案查处工作，净化和营造良好政治生态。严格履行党风廉政建设党委主体责任和纪委监督责任，严肃查处腐化堕落、侵犯群众利益的案件，党纪政纪处分党员干部135人。把党的领导贯穿于“县乡村”三级换届工作之中，严格程序标准，完成换届任务。通过全国文明城市提名城市全省检查，移风易俗工作入选中宣部创新经验，四家屯街道被确定为省级基层宣传思想文化工作示范点。

·重要会议·

【六届十二次全会】2016年1月29日，兴城市委六届十二次全委（扩大）会议在兴城人民会堂召开。六届委员会委员35名，候补委员5名，实到36名。兴城市纪委常委，不是市委委员、候补委员的市四个班子秘书长以上领导，其他副县级领导干部，各乡镇、街道党政主要领导，市直部委办局、群团单位主要负责人参加会议。葫芦岛市委组织部监督办干部夏爽参加会议。市委副书记、市长袁国相主持会议。

市委书记赵家鹏在会上作2015年干部选拔任用工作专题报告。报告中强调兴城市委严格执行新修订的《党政领导干部选拔任用工作条例》和省委有关规定，加强干部选拔任用工作。就下一步工作报告指出要进一步完善干部考核评价体系，加强干部管理和监督。要继续深入学习领会习近平总书记系列讲话精神，增强忧患意识。会议进行民主评议。

【全市领导干部大会】2016年2月17日，领导干部大会召开。兴城市委、市政府领导班子成员，滨海经济区中层以上干部，各乡镇、街道党政主要领导，市直部委办局、群团及驻在单位主要负责人参加会议。市委副书记、市长袁国相主持会议。

大会传达贯彻葫芦岛市长在兴城调研时的讲话精神，对近期工作进行的部署。

市委书记赵家鹏在会上强调，全力抓好项目的开工复工，所有项目都要尽力保证在3月中下旬开工。全力抓好文化旅游产业的发展，做好疗养院的摸底调查、改造升级，加强旅游资源的包装、宣传、推介工作。全力推进泳装产业的提档升级，一方面要适应市场规律进行扶持支持，另一方面要发挥政府作用。全力推进电子商务产业的发展，推进“互联网+”在兴城各个领域的延伸和发展。全力提升城市的规划和管理水平，打造精品城市，实施“东移北上南拓”的城市发展战略。全力向上争取项目和资金。抓好安全生产和社会稳定工作，确保兴城市安全生产形势持续稳定。

【党建工作会议】2016年3月31日，兴城市党建工作会议在兴城人民会堂第一会议室召开。兴城市四个班子主要领导、市委常委、市政协常务副主席出席会议。市委副书记、市长袁国相主持会议。

会上，市委常委、政法委书记赵兴华，市委常委、组织部部长李肖，市委常委、宣传部部长郭荣新，市委统战部部长、市政协常务副主席赵志民分别对2015年工作进行总结，对2016年工作进行安排部署。

【常委班子专题民主生活会】2016年7月7日下午，兴城市委常委班子专题民主生活会在市委三楼常委会议室召开。生活会按照省市委的总体部署和安排，以“整改落实巡视反馈指出的问题和提出的意见建议”为主要内容，以查摆自身存在的党的领导弱化、党的建设缺失、全面从严治党不力等方面问题为重点，展开批评与自我批评。市领导赵家鹏、陈国民、范立民、王春颖、李肖、马天峰、郭荣新、孟凡华、佟佰钟出席会议，张学军、崔海明列席会议。葫芦岛市“两学一做”调研组领导王立新、王胜利、孟泉池出席会议。会上，市委书记赵家鹏代表兴城市委常委班子作对照检查，班子成员作个人对照检查和相互批评。班子成员自我批评时聚焦中央巡视组反馈的问题和意见建议逐一对照检查，深入分析产生问题的原因，明确努力的方向和改进措施，真正做到把问题亮出来，把责任扛起来，达到“团结——批评——团结”的目的。赵家鹏强调，要严格遵守党的政治纪律，确保政治合格。自觉在思想上、政治上、行动上与党中央和省市委保持高度一致，在任何时候都要做到政治立场不移，政治方向不偏；把整改落实中央巡视组巡视反馈问题和意见建议作为重要的政治任务对待，坚定政治方向，坚持问题导向，坚守价值取向，强化责任担当，坚持跟踪问效，改到位，改彻底，树好形象，做好表率。

10月21日，兴城市委召开专题民主

2016 年 7 月 29 日，中国共产党兴城市第七次代表大会召开

生活会，学习贯彻习近平总书记重要讲话、指示批示和《中共中央关于辽宁拉票贿选案查处情况及其教训警示的通报》精神。市委书记赵家鹏主持会议。会上，兴城市委常委班子成员紧密围绕“深刻汲取辽宁拉票贿选沉痛教训”主题，结合个人思想、工作、作风和生活实际，进行对照检查和相互批评。赵家鹏结合民主生活会的主题，提出三点意见，一要坚决落实管党治党的主体责任，确保全面从严治党各项要求落到实处。二要坚决把纪律挺在前面，确保党纪国法真正成为“带电高压线”。三要聚焦“深刻汲取辽宁拉票贿选案沉痛教训”突出问题，狠抓整改落实。

【中国共产党兴城市第七次代表大会】 2016 年 7 月 27 日至 29 日，中国共产党兴城市第七次代表大会在兴城人民会堂召开。大会由市委副书记、市长袁国相主持。大会应到代表 348 名，实到代表 341 人，符合法定人数。市委书记赵家鹏代表中国共产党兴城市第六届委员作题为《深入实施“五项战略”加快建设“五个兴城”为全面建成小康社会而努力奋斗》的工作报告。报告共分四个部分：一、过去五年工作的基本总结。二、今后五年发展的总体目标。三、全力开创经济社会发展新局面。四、全面加强党的建设。会议以书面形式审议中国共产党兴城市纪律检查委员会工作报告。

代表以无记名投票方式，选举中国共产党兴城市第七届委员会委员 39 名、候补委员 7 名，选举中国共产党兴城市纪律检查委员会委员 15 名，选举出席中国共产党葫芦岛市第五次代表大会的代表37名。大会通过提案委员会关于代表提案情况的报告。

大会以举手表决的方式，通过《中国共产党兴城市第七次代表大会关于中国共产党兴城市第六届委员会工作报告的决议》，批准赵家鹏代表中国共产党兴城市第六届委员会所作的工作报告；大会通过《中国共产党兴城市第七次代表大会关于中国共产党兴城市纪律检查委员会工作报告的决议》，批准中国共产党兴城市第六届纪律检查委员会工作报告。

【市委七届一次全会】2016年7月29日中午，中国共产党兴城市第七届委员会在兴城人民会堂举行第一次全体会议。兴城市委全体委员39人、候补委员7人出席会议。兴城市纪委委员列席会议。会议由赵家鹏主持。会议选举产生中共兴城市第七届委员会常务委员会委员和市委书记、副书记。赵家鹏、袁国相、陈国民、范立民、王春颖、李肖、付国、马天峰、郭荣新、孟凡华、佟佰钟当选为第七届兴城市委常委。赵家鹏当选为兴城市委书记，袁国相、陈国民当选为兴城市委副书记。全会通过兴城市纪律检查委员会第一次全体会议选举产生的第七届兴城市纪委常委和书记、副书记。王力群、王春颖、冯欢、齐兵、苏文波、赵殿柱、赵德付为中国共产党兴城市纪律检查委员会常务委员会委员。王春颖为兴城市纪委书记，苏文波、赵殿柱为兴城市纪委副书记。

【市委七届二次全会】2016年12月2日，中国共产党兴城市第七届委员会第二次全体（扩大）会议在兴城人民会堂举行。不是市委委员、候补委员的兴城市四个班子领导，其他副县级以上领导，部分副县级以上老同志；兴城市纪委常委；觉华岛旅游度假区、滨海经济区中层以上干部；各乡镇、街道党政一把手，市直各部委办局、群团单位主要负责同志列席会议。中共兴城市委七届委员会共有委员39人，实到会36人，候补委员7人，实到会5人，符合有关规定。会议由兴城市委副书记、市长袁国相主持。

会议传达葫芦岛市委五届三次全会精神，审议通过《中共兴城市委贯彻落实〈中共辽宁省委关于贯彻党的十八届六中全会精神，落实全面从严治党要求，营造良好政治生态的决定〉的实施意见》，并对学习贯彻落实中共十八届六中全会精神进行深入部署。兴城市委书记赵家鹏在全会上对起草《实施意见》的有关情况作说明。与会委员举手表决通过《中共兴城市委贯彻落实〈中共辽宁省委关于贯彻党的十八届六中全会精神，落实全面从严治党要求，营造良好政治生态的决定〉的实施意见》。

【市委七届三次全会】2016年12月16日，中国共产党兴城市第七届委员会第三次全体（扩大）会议在兴城人民会堂举行。不是市委委员、候补委员的兴城市四个班子领导，其他副县级以上领导；兴城市纪委常委；滨海经济区、觉华岛旅游度假区中层以上干部；各乡镇、街道党政一把手，兴城市直各部委办局、群团及驻在单位主要负责同志列席会议。中共兴城市委七届委员会共有委员39人，实到会33人，候补委员7人，实到会4人，符合有关规定。会议由兴城市委副书记、市长袁国相主持。

会议总结2016年工作，研究确定2017年全市工作总体思路、任务目标及主要措施。赵家鹏作题为《同心协力　苦干实干　向全面建成小康社会奋斗目标奋勇前进》的报告。报告回顾2016年主要工作，确定2017年全市经济社会工作总体要求。全会以举手表决的方式通过赵家鹏所作的工作报告。

·重要活动·

【乡镇党委换届工作】2016年2月26日，市委召开乡镇党委换届工作会议，对乡镇党委换届工作进行部署。兴城市委常委，乡镇党委换届工作领导小组及办公室全体成员，市委督查组全体成员，各乡镇、街道党委书记、乡镇长、办事处主任、副书记、组织委员、纪检委员参加会议。葫芦岛市县乡党委换届风气第一督查组组长、市纪委常务副书记孟兆林及督查组成员出席会议督查指导。市委副书记、市长袁国相主持会议。

市委书记赵家鹏在讲话中指出，确保兴城市乡镇党委换届工作方向不偏、有序推进、圆满完成。要准确把握换届的重点任务，确保高标准高质量地做好换届工作。全市上下要深刻领会、准确把握中央要求和省市委部署，更要强化责任意识和使命意识。一要从严从实选好干部，树立正确用人导向。二要从严从实配强班子，优化班子整体结构。三要从严从实做好大会各项选举工作。四要从严从实营造风清气正的换届环境。

葫芦岛市纪委常务副书记孟兆林在讲话中强调督查工作的总体要求、督查的主要内容、工作时间和方式以及方法、步骤。督查组将主要督查加强换届风气的部署情况、换届纪律宣传教育情况、监督措施执行情况、违反换届纪律问题查处情况，并对换届风气进行考核评价。

【“两学一做”学习教育工作】2016年5月13日下午，兴城市委中心组召开“两学一做”专题教育会议，学习《中国共产党地方委员会工作条例》《中国共产党党组工作条例（试行）》和毛泽东关于党委会的工作方法，以及习近平总书记关于《党委会的工作方法》重要批示精神。市四个班子领导、滨海经济区及其他副处级以上领导参加会议。市委常委、宣传部部长郭荣新对学习内容作专题辅导。

6月2日，市委召开“两学一做”学习教育协调小组办公室和调研组工作会议。会议传达习近平总书记在安徽调研时就“两学一做”学习教育工作作出的重要批示精神，强调“两学一做”基础在学，通过学习，把党章融会贯通，做到学而懂、学而信、

2016 年 5 月 13 日，全市"两学一做"学习教育工作会议召开

学而用。

6 月 22 日下午，市委书记赵家鹏到"两学一做"学习教育工作联系点沙后所镇调研指导，了解该镇党员开展"两学一做"学习教育工作情况，面对面听取基层群众的意见建议。专门听取该镇党委开展"两学一做"学习教育工作情况汇报。

7 月 7 日下午，市委召开"两学一做"汇报会。葫芦岛市"两学一做"调研组领导王立新、王胜利、孟泉池出席会议。市委常委、组织部部长李肖主持会议。市委组织部对兴城市"两学一做"开展情况进行汇报。调研组对兴城"两学一做"工作取得的成绩给予肯定。

【市委书记现场办公】2016 年 5 月 24 日，市委书记、兴城滨海经济区党工委书记赵家鹏率领交通、城建、环保等相关部门负责人到滨海经济区现场办公，专题研究解决辽宁财贸学院科技园发展政策问题。辽宁财贸学院科技园项目是兴城市政府重点建设项目，该项目于 2015 年 7 月在兴城滨海经济区开工建设，完成建成办公楼、厂房 5 万平方米，具备前期入驻条件。辽宁财贸学院制定 5 年免租金发展计划，全力招商中，有 11 个科技研发型项目对接洽谈，其中完成签约 5 项。滨海经济区管委会副主任董玉明详细汇报科技园建设情况，与会的各职能部门负责人先后发言，表示要出台最宽松最适合创业的政策，提供保姆式、兜底式服务，支持科技园建设。赵家鹏指出，在园区配套政策不变的情况下，给予科技创新项目发展奖励，为"双创"基地建设提供政策支撑，为企业保驾护航，全力帮助企业解决实际问题。

【经济发展软环境整治】2016年5月31日，兴城市召开经济发展软环境集中整治活动动员大会。市四个班子秘书长以上领导，滨海经济区中层以上干部，各乡镇、街道党政主要领导，市直各部委办局、群团组织、驻在单位领导班子全体成员，双评单位负责人共600余人出席大会。市长袁国相主持会议。会议的主要任务是深入贯彻落实习近平总书记等中央领导同志关于东北地区软环境问题的重要批示精神，落实省委、省政府和葫芦岛市委、市政府关于加强软环境建设相关决策部署，全面启动兴城市经济发展软环境集中整治活动。会议提出从5月31日起至12月30日，在兴城全市范围内全面开展经济发展软环境集中整治活动。

市委副书记陈国民宣读《兴城市经济发展软环境集中整治活动实施方案》，兴城滨海经济区和城建局、经信局、规划局、发改局、市场监管局6家单位领导表态发言。

市委书记赵家鹏作动员讲话指出，开展经济发展软环境集中整治，是提升兴城城市竞争力的有效途径。集中整治确定五大方面、40个具体问题，各部门要对照依法行政的相关规定，对各自工作进行全面梳理，切实解决项目服务过程中领导和投资者“两头热”，具体办事人员“中间冷”的问题。

【水毁灾情调研】2016年7月20日和25日两次暴雨袭击，兴城部分农户房屋、道路桥梁严重受损，沿河两岸部分地块及低洼地带庄稼不同程度受损。其中房屋受损915户，桥梁受损207座，多为漫水桥。8月1日，市委书记赵家鹏率领交通、民政、财政、城建、农发、水务、扶贫及妇联、共青团等部门领导调研白塔、旧门、郭家、药王、南大山、围屏、高家岭7个乡镇水毁受灾情况。赵家鹏每到一处都详细了解灾情，对水毁后的维修、重建工作给予关注，指示交通部门筹措资金，对水毁道路进行抢修。面对农民倒塌的房屋，赵家鹏当即表示，由市本级财政“兜底”，镇政府帮助困难群众尽早解决房屋的重建和维修问题。指示有关部门向上争取政策扶持资金，地方财政做好配套工作，及时解决受困群众的房屋重建、维修问题。

【30亿元项目签约兴城】2016年8月19日，由北京大千投资管理有限公司拟投资20亿元的水上文化艺术园和由兴城林生生物科技有限公司拟投资10亿元的生物小分子肽项目，在兴城人民会堂同时签约。葫芦岛市市委书记孙轶出席签约仪式并助签。兴城市委常委、常务副市长范立民主持签约仪式。兴城有关部门及项目企业负责人参加签约仪式。

仪式上，副市长刘晓军代表兴城市政府与北京大千投资管理有限公司总经理刘畅在水上文化艺术园项目合作书上签字。兴城水上文化艺术园项目占地20公顷，重点建设艺术观光培训中心、展览出版中心、文化创意中心以及艺术家公寓、艺术家休闲养生基地。生物小分子肽项目更将提高兴城的“科技含量”，兴城滨海经济区专职副主任董玉明代表兴城滨海经济区与兴城林生生物科技有限公司总经理田兴签订生物小分子肽项目合作协议。该项目为国家“863”计划科技成果奖，落户兴城滨海经济区后企业将致力于生物食品领域的生产和研发。

【重点项目拉练活动】2016 年 11 月 1 日，兴城市举行全市重点项目拉练活动，对全年各项工作进行全面检查。兴城市四个班子领导，觉华岛旅游度假区管委会、滨海经济区管委会中层以上干部，各乡镇、街道党政主要领导，市直各部委办局、群团及驻在单位主要领导，市人大、政协中层以上干部参加拉练活动。

活动由市委书记赵家鹏带队，先后实地察看兴宫首山湖国际温泉度假区、天逸山庄乡村游项目、草白村美丽乡村示范村、玄宇食用菌项目、阿里巴巴 1688 实力产业群示范园区、华联商厦项目、古城东门外生态停车场、宁远驿馆项目、红海滩生态修复项目、辽宁财贸学院创新创业科技园、兴凯农业设施生产加工项目、金沙湾浴场项目、绿斯雅农副食品加工项目、拉斯维加斯温泉小镇、碱厂兴凯农业设施小区大樱桃 15 个重点项目。

项目察看后，在人民会堂第四会议室召开全市重点项目拉练总结会。市委常委、常务副市长范立民主持会议。市长袁国相对年初以来项目建设工作进行总结。市委书记赵家鹏对年内的项目建设给予肯定，对下一步的工作提出要求。

【学习十八届六中全会精神宣讲报告会】2016 年 12 月 5 日，市党政机关、部门单位党员干部 600 余人在兴城人民会堂，深入学习中共十八届六中全会精神。葫芦岛市纪委常务副书记、宣讲团成员孟兆林作宣讲报告。

市委副书记陈国民主持报告会，代表市委要求兴城各级党组织和广大党员干部充分认识全会的重大意义，把学习中共十八届六中全会精神作为当前的重要政治任务来抓，新闻单位要加大宣传力度，有关部门要做好督导检查，确保各项工作取得效果。

宣讲报告会结束后，市委常委、宣传部部长郭荣新组织召开兴城市委宣讲团工作会议，部署兴城市学习贯彻中共十八届六中全会精神宣讲工作。

中共兴城市委员会领导成员

书　记　赵家鹏
副书记　袁国相　陈国民
常　委　范立民　王春颖（女）
　　　　赵兴华（2016 年 3 月离任）
　　　　李　肖
　　　　付　国（2016 年 3 月任职）
　　　　马天峰（2016 年 3 月任职）
　　　　郭荣新　孟凡华

佟佰钟（2016年3月任职）

（雷云凤）

·办公室工作·

【概况】2016年，中共兴城市委办公室起草各类文稿100余篇、40万字，收发上三级文件206件1200余份，制发本级文件104件12000份。为市委决策提供全方位、多领域、多角度的信息报送服务，在“两学一做”学习教育过程中，及时将兴城市的一些成功做法和经验报送上级机关，全年向省市上报信息255条。市委机要局与全市各单位保密责任人签订《保密工作责任书》。

【党代会筹备】2016年，市委办按照市委的统一部署，精心谋划，明确职责，做好市第七次党代会工作报告起草工作，多次召开会议进行研究讨论，组织相关人员深入调查研究，广泛听取各方面意见，及时对报告进行调整和修改。以“全时制、全天候、全方位”为工作标准，严密规范做好会务筹备组织，完成大会材料的印制、会场布置等各项服务保障工作，做到筹备工作“零失误”。

【督查工作】2016年，市委办紧扣市委重大决策和重大工作部署以及人民群众反映强烈的热点、难点问题，把招商引资、重点项目和软环境建设纳入督查工作重点，开展多形式、全方位督查，及时向市委反馈工作落实情况并通报全市，推动各项工作的落实。全年开展决策督查、专项督查和督查调研30余次，编发《兴城督查》5期，完成79期葫芦岛市委督查室下发的《督查通知》。

【党史编撰】2016年，市委办完成《兴城市乡镇（街道）简介》的采编、征集和审定工作，记述全市27个乡镇街道的文化、自然景观和风土人情。组织召开纪念建党95周年、红军长征胜利80周年、东北抗联成立80周年座谈会，通过与社会各界人士面对面交流，强化党性观念，增强实干精神。

中共兴城市委员会办公室领导成员

主　任　苏文波（2016年3月离任）
　　　　郭永泽（2016年3月任职）
副主任　赵林江（兼，2016年3月离任）
　　　　罗志成　李　冶（2016年3月离任）
　　　　蔡立生　郝志刚（2016年3月任职）

市委机要局

局　长　赵林江（兼）
副局长　邱　磊

（雷云凤）

2016 年中共兴城市委员会发文目录

日 期	发文字号	下发单位	文件标题
2月25日	兴委发〔2016〕1号	有关部门	关于认真做好乡镇党委换届工作的通知
2月25日	兴委发〔2016〕2号	全市	关于调整全市党组设置的通知
3月2日	兴委发〔2016〕3号	全市	关于印发《召开中国共产党兴城市第七次代表大会的决议》的通知
3月2日	兴委发〔2016〕4号	全市	关于印发《兴城市关于全力打好精准脱贫攻坚战的实施方案》的通知
3月13日	兴委发〔2016〕5号	全市	中共兴城市委理论学习中心组2016年学习安排意见
3月2日	兴委发〔2016〕6号	全市	关于撤销各街道党委并设立党工委的通知
3月2日	兴委发〔2016〕7号	全市	关于认真做好出席中国共产党兴城市第七次代表大会代表选举工作的通知
3月31日	兴委发〔2016〕8号	全市	关于印发《兴城市“双评”实施方案》的通知
4月12日	兴委发〔2016〕9号	全市	关于2015年度乡镇街道绩效考核评定结果的通报
4月12日	兴委发〔2016〕10号	全市	关于2015年度市直机关绩效管理工作评定结果的通报
4月26日	兴委发〔2016〕11号	全市	关于印发《在全市党员中“学党规党章，学系列讲话，做合格党员”学习教育实施方案》的通知
4月29日	兴委发〔2016〕12号	全市	关于深入开展“学习毛丰美‘三看齐三提升’活动”的通知
5月27日	兴委发〔2016〕13号	全市	关于印发《关于开展经济发展软环境集中整治活动实施方案》的通知
5月27日	兴委发〔2016〕14号	全市	关于印发《兴城市乡镇（街道）领导班子和领导干部实绩考核（试行）》的通知
5月27日	兴委发〔2016〕15号	全市	关于印发《兴城市市直部门领导干部工作实绩考核办法（试行）》的通知
5月27日	兴委发〔2016〕16号	全市	关于印发《2016年度兴城市乡镇（街道）和市直部门领导班子和领导工作实绩考核实施方案》的通知

续表

日　期	发文字号	下发单位	文件标题
6月17日	兴委发〔2016〕17号	全市	关于印发《中共兴城市委落实省市委关于中央第三巡视组对辽宁开展巡视“回头看”情况反馈意见的整改落实方案的整改意见》的通知
6月27日	兴委发〔2016〕18号	全市	关于表彰全市先进基层党组织和优秀共产党员优秀党务工作者的决定
7月6日	兴委发〔2016〕19号	全市	关于表彰2015年度综治工作先进单位和个人的通知
7月19日	兴委发〔2016〕20号	全市	关于统一调整全市各级组织机构成员的通知
7月20日	兴委发〔2016〕21号	全市	中共兴城市委贯彻落实《中央关于加强和改进保密工作意见》的实施意见
11月16日	兴委发〔2016〕22号	全市	中共兴城市委关于认真学习宣传贯彻党的十八届六中全会精神的通知
12月3日	兴委发〔2016〕23号	全市	关于印发《中共兴城市委贯彻落实〈中共辽宁省委关于贯彻落实党的十八届六中全会精神落实全面从严治党要求营造良好政治生态的决定〉的实施意见》的通知
12月3日	兴委发〔2016〕24号	全市	关于印发《中共兴城市委常委会议事决策规则》和《中共兴城市委全会议事决策规则》的通知
12月27日	兴委发〔2016〕25号	全市	关于印发《兴城市供销合作社综合改革实施方案》的通知

1月25日	兴委〔2016〕1号	省委巡视组	中共兴城市委关于省委第五巡视组反馈意见整改落实情况的报告
2月1日	兴委〔2016〕2号	全市	关于认真学习贯彻《中国共产党廉洁自律准则》和《中国共产党纪律处分条例》的通知
2月14日	兴委〔2016〕3号	葫芦岛市委组织部	关于张瑞梅同志退休的请示
2月17日	兴委〔2016〕4号	全市	关于调整兴城市机构编制委员会成员的通知
2月18日	兴委〔2016〕5号	全市	关于调整兴城市双拥工作领导小组成员的通知

续表

2月25日	兴委〔2016〕6号	有关部门	关于成立兴城市乡镇党委换届工作领导小组的通知
3月1日	兴委〔2016〕7号	葫芦岛市委	关于召开中国共产党兴城市第七次代表大会的请示
3月3日	兴委〔2016〕8号	葫芦岛市委组织部	关于赵兴华同志退休的请示
3月8日	兴委〔2016〕9号	省委巡视工作领导小组办公室	中共兴城市委关于省委巡视反馈意见整改落实情况的报告
3月19日	兴委〔2016〕10号	葫芦岛市委	关于贯彻落实孙铁书记到兴城市调研重要讲话精神情况的报告
3月21日	兴委〔2016〕11号	葫芦岛市委	关于贯彻落实葫芦岛市优化软环境暨“双评”活动动员大会精神情况的报告
3月21日	兴委〔2016〕12号	全市	关于调整兴城市宗教工作领导小组成员的通知
3月24日	兴委〔2016〕13号	葫芦岛市委组织部	关于吴忠权同志退休的请示
3月30日	兴委〔2016〕14号	葫芦岛市委	关于呈送《中共兴城市委过去五年工作总结及未来五年工作安排》的报告
3月31日	兴委〔2016〕15号	葫芦岛市委	关于调整兴城市机构编制委员会成员的通知
4月8日	兴委〔2016〕16号	葫芦岛市第六届劳动模范先进集体评委会	关于推荐葫芦岛市第六届劳动模范和先进集体的报告
4月11日	兴委〔2016〕17号	全市	关于调整市委常委工作分工的通知
4月12日	兴委〔2016〕18号	全市	关于成立中共兴城市委意识形态工作领导小组的通知
4月20日	兴委〔2016〕19号	葫芦岛市纪委	关于对出席兴城市第七次党代会部分派选代表候选人预备人选进行资格审查的函
4月25日	兴委〔2016〕20号	葫芦岛市委组织部	关于对出席兴城市第七次党代会部分派选代表候选人预备人选进行资格审查的函
4月29日	兴委〔2016〕21号	葫芦岛市委	关于报送《中共兴城市委2016年履行全面从严治党主体责任工作计划》的报告

续表

4月29日	兴委〔2016〕22号	全市	关于调整市委党的建设工作领导小组成员的通知
4月29日	兴委〔2016〕23号	全市	关于印发《成立履行全面从严治党主体责任领导小组》的通知
5月4日	兴委〔2016〕24号	全市	关于《成立兴城市脱贫攻坚领导小组》的通知
5月5日	兴委〔2016〕25号	葫芦岛市委	关于邀请市委、市政府领导参加“大美北方·兴城绽放 -2016县域生态电商节”的请示
5月5日	兴委〔2016〕26号	葫芦岛市政府	关于邀请市委、市政府领导参加“大美北方·兴城绽放 -2016县域生态电商节”的请示
5月10日	兴委〔2016〕27号	葫芦岛市委宣传部	关于申报李德志同志为“葫芦岛好人·时代楷模”的请示
5月13日	兴委〔2016〕28号	全市	关于成立觉华岛旅游度假区接收领导小组的通知
5月7日	兴委〔2016〕29号	全市	关于西安、平遥、台儿庄、滦县古城保护开发考察报告
5月18日	兴委〔2016〕30号	全市	关于贯彻落实孙轶书记到兴城调研指示精神的情况报告
5月27日	兴委〔2016〕31号	全市	关于调整市委反腐败协调小组成员的通知
5月27日	兴委〔2016〕32号	全市	关于成立兴城市经济责任审计工作领导小组暨联席会议的通知
5月27日	兴委〔2016〕33号	全市	关于调整兴城市信访工作联席会议组成成员的通知
5月30日	兴委〔2016〕34号	全市	关于贯彻落实戴炜市长到辽宁财贸学院“双创”基地现场办公会议精神情况的报告
5月27日	兴委〔2016〕35号	全市	关于成立兴城市领导班子和领导干部工作实绩考核领导小组的通知
5月31日	兴委〔2016〕36号	省住房和城乡建设厅	关于徐大堡核电项目规划限制范围内新建项目处理意见的承诺函
6月5日	兴委〔2016〕37号	全市	关于调整市委政法委员会成员的通知
6月20日	兴委〔2016〕38号	葫芦岛市委组织部	关于推荐王代林、王德鑫同志为兴城市委换届人选的请示
6月23日	兴委〔2016〕39号	葫芦岛市委	关于上报《兴城市国有林场改革实施方案》的请示

续表

6月23日	兴委〔2016〕40号	全市	关于撤销菊花岛街道党委并设立党工委的通知
7月4日	兴委〔2016〕41号	全市	关于成立中央储备粮葫芦岛直属库党委的通知
7月4日	兴委〔2016〕42号	全市	关于设立气象局党组的通知
7月13日	兴委〔2016〕43号	葫芦岛市委	关于上报中央第三巡视组对辽宁巡视“回头看”反馈意见整改落实情况的报告
7月13日	兴委〔2016〕44号	葫芦岛市委	关于召开中国共产党兴城市第七次代表大会的请示
7月15日	兴委〔2016〕45号	葫芦岛市委	关于奚耀贵、琚荣兴、董玉明、闫忠军任职的请示
7月15日	兴委〔2016〕46号	全市	关于调整兴城市“扫黄打非”工作领导小组成员的通知
7月19日	兴委〔2016〕47号	葫芦岛市委	兴城市关于落实中央八项规定精神“回头看”自查和整改情况的报告
7月21日	兴委〔2016〕48号	葫芦岛市委	关于兴城市委、市纪委换届人事安排问题的请示
7月21日	兴委〔2016〕49号	葫芦岛市委	关于确定兴城市出席中国共产党葫芦岛市第五次代表大会候选人预备人选的情况的报告
7月29日	兴委〔2016〕50号	葫芦岛市委	关于选举产生兴城市出席中国共产党葫芦岛市第五次代表大会代表的情况报告
8月2日	兴委〔2016〕51号	葫芦岛市委督查室	关于兴城市开展经济发展软环境建设自查和整改情况的报告
8月4日	兴委〔2016〕52号	葫芦岛市委	关于中共兴城市第七次代表大会和中共兴城市第七届委员会、第七届纪律委员会第一次全体会议选举结果的报告
8月8日	兴委〔2016〕53号	葫芦岛外事工作领导小组	关于赵家鹏同志赴德国、捷克、西班牙进行经贸洽谈的请示
8月10日	兴委〔2016〕54号	葫芦岛市委	关于呈送中共兴城市委2016年上半年工作总结及下半年工作安排的报告
8月15日	兴委〔2016〕55号	葫芦岛市委	关于王代林、郭永泽同志任职的请示
8月23日	兴委〔2016〕56号	葫芦岛市委	关于王代林同志任职的请示
8月18日	兴委〔2016〕57号	全市	关于成立兴城市软环境建设工作领导小组的通知

续表

8月25日	兴委〔2016〕58号	葫芦岛市委	关于终止张文成同志葫芦岛市第四次党代会代表资格的请示
9月14日	兴委〔2016〕59号	葫芦岛市委督查室	关于贯彻落实孙铁书记到兴城调研指示精神的情况报告
9月16日	兴委〔2016〕60号	全市	关于成立市委统一战线工作领导小组的通知
9月22日	兴委〔2016〕61号	全市	关于成立兴城市司法体制改革试点工作领导小组的通知
11月9日	兴委〔2016〕62号	葫芦岛市委	关于郑艳春、刘久生同志任职的请示
11月13日	兴委〔2016〕63号	葫芦岛市委	关于郑艳春、赵志民同志职务任免的请示
11月30日	兴委〔2016〕64号	葫芦岛市委	关于呈送2016年工作总结及2017年工作安排的报告
12月7日	兴委〔2016〕65号	葫芦岛市委	关于兴城海滨景区问题整改情况的报告
12月7日	兴委〔2016〕66号	葫芦岛市委宣传部	关于兴城海滨景区问题整改情况的报告
12月19日	兴委〔2016〕67号	葫芦岛市纪委	关于批准兴城市纪委监察局为全省纪检监察系统先进集体的批复
12月25日	兴委〔2016〕68号	葫芦岛市委组织部	关于反映兴城市宁远街道党工委书记郑艳春有关问题的调查情况报告
12月25日	兴委〔2016〕69号	葫芦岛市委	关于反映兴城市宁远街道党工委书记郑艳春有关问题的调查情况报告
12月28日	兴委〔2016〕70号	全市	关于成立2017年棚户区改造工作领导小组的通知
12月30日	兴委〔2016〕71号	全市	关于成立兴城市深化供销合作社综合改革领导小组的通知

2016年中共兴城市委员会办公室发文目录

日　期	发文字号	下发单位	文件标题
1月8日	兴委办发〔2016〕1号	全市	关于印发《兴城市安全生产“冬季攻势”专项整治行动监督检查实施方案》的通知

续表

日　期	发文字号	下发单位	文件标题
1月18日	兴委办发〔2016〕2号	全市	关于认真做好2016年村党组织和村民委员会换届选举工作的通知
1月18日	兴委办发〔2016〕3号	全市	关于印发《兴城市2016年村党组织换届选举工作实施方案》的通知
1月27日	兴委办发〔2016〕4号	全市	关于印发《兴城市2016年村民委员会换届选举工作实施方案》的通知
1月27日	兴委办发〔2016〕5号	全市	关于进一步做好2016年春节期间有关工作的通知
3月9日	兴委办发〔2016〕6号	全市	关于印发《发挥党员干部带头作用全面推进殡葬改革的实施意见》的通知
3月25日	兴委办发〔2016〕7号	全市	关于落实县级领导干部护林防火包片工作的紧急通知
3月30日	兴委办发〔2016〕8号	全市	关于印发《兴城市开展义务植树绿色扶贫活动方案》的通知
4月1日	兴委办发〔2016〕9号	全市	关于“3·31”元台子乡发生山火的情况通报
4月15日	兴委办发〔2016〕10号	全市	关于转发葫芦岛市委办公室葫芦岛市人民政府办公室关于切实强化森林防火责任追究工作的紧急通知
4月20日	兴委办发〔2016〕11号	全市	关于印发《集中开展清理“吃空饷”在编不在岗人员“回头看”工作实施方案》的通知
4月20日	兴委办发〔2016〕12号	全市	关于印发《兴城市第七届全民读书节活动方案》的通知
4月29日	兴委办发〔2016〕13号	全市	关于严防“五一”端午期间“四风”问题反弹的通知
4月29日	兴委办发〔2016〕14号	全市	关于印发《市委常委开展“学党章党规，学系列讲话，做合格党员”学习教育方案》的通知
5月10日	兴委办发〔2016〕15号	各科室	关于印发《在机关党员中开展“学党章党规，学系列讲话，做合格党员”学习教育实施方案》的通知
5月12日	兴委办发〔2016〕16号	全市	关于印发《中共兴城市委党的建设工作领导小组2016年工作要点》的通知

续表

日　期	发文字号	下发单位	文件标题
5月16日	兴委办发〔2016〕17号	全市	关于报送招商引资情况的通知
6月24日	兴委办发〔2016〕18号	市直群团单位	关于印发《关于扶持辽宁财贸学院科技园发展的若干规定》的通知
7月1日	兴委办发〔2016〕19号	全市	关于开展中国共产党成立95周年纪念活动的通知
7月8日	兴委办发〔2016〕20号	全市	关于转发《中共辽宁省委办公厅关于深入开展落实中央八项规定精神“回头看”的通知》的通知
7月20日	兴委办发〔2016〕21号	全市	关于进一步做好当前大暴雨防范工作的紧急通知
7月20日	兴委办发〔2016〕22号	全市	关于公务用车制度改革后严明公务用车纪律的通知
7月20日	兴委办发〔2016〕23号	全市	关于做好防汛督查指导工作的通知
7月20日	兴委办发〔2016〕24号	市纪委	关于拟任赵殿柱同志为全国纪检监察系统先进工作者的批复
7月22日	兴委办发〔2016〕25号	全市	关于召开中国共产党兴城市第七次代表大会有关事项的通知
7月24日	兴委办发〔2016〕26号	全市	关于做好防御新一轮强降水工作的紧急通知
7月25日	兴委办发〔2016〕27号	乡镇防汛指挥部	关于进一步加强防汛工作的紧急通知
7月25日	兴委办发〔2016〕28号	全市	关于加强和改进新形势下档案工作的实施意见
8月8日	兴委办发〔2016〕29号	全市	关于转发《市关工委关于认真贯彻落实习近平总书记重要指示进一步做好关心下一代工作的意见》的通知
8月11日	兴委办发〔2016〕30号	全市	关于印发《进一步贯彻落实〈中共兴城市委关于改进工作作风、密切联系群众的八项规定〉实施细则》的通知
8月18日	兴委办发〔2016〕31号	全市	关于印发《关于进一步服务和保障市委日常工作运转的实施意见》的通知
9月5日	兴委办发〔2016〕32号	全市	关于2016年加强社会治安综合治理维护社会稳定工作的实施意见

续表

日 期	发文字号	下发单位	文件标题
9月14日	兴委办发〔2016〕33号	全市	关于做好中秋节、国庆节期间有关工作的通知
10月20日	兴委办发〔2016〕34号	全市	关于印发兴城市贫困人口贫困村退出办法的通知
10月20日	兴委办发〔2016〕35号	全市	关于印发兴城市定点扶贫调度考核工作办法的通知
10月25日	兴委办发〔2016〕36号	全市	关于命名表彰优秀志愿单位优秀志愿者的决定
11月3日	兴委办发〔2016〕37号	全市	关于做好2017年度党报党刊发行工作的通知
11月8日	兴委办发〔2016〕38号	全市	关于报送2016年工作总结和2017年工作安排的通知
11月24日	兴委办发〔2016〕39号	全市	关于印发加强政党协商的实施意见的通知
12月2日	兴委办发〔2016〕40号	全市	关于印发做好学习贯彻党的十八届六中全会精神宣讲工作方案的通知
12月9日	兴委办发〔2016〕41号	全市	关于印发兴城市健全落实社会治安综合治理领导责任制实施细则的通知
12月16日	兴委办发〔2016〕42号	全市	关于印发《推进简政放权放管结合优化服务改革营造良好发展环境的意见》的通知
12月27日	兴委办发〔2016〕43号	全市	关于开展兴城市环境问题大排查及整改工作的通知
12月27日	兴委办发〔2016〕44号	全市	关于印发《兴城市处置重大群体性事件和大规模暴力犯罪事件应急预案》的通知
12月30日	兴委办发〔2016〕45号	全市	关于做好元旦、春节期间有关工作的通知

（赵志）

·组织工作·

【概况】2016年，中共兴城市委组织部开展“两学一做”学习教育，抓好系列讲话和党章党规的学习，开展“下基层、摸实情、抓落实”调研和“学政策、懂业务、练内功、强本领”等活动，实现由“管人”向“服务”转变，树立组工干部公道正派的良好形象。市委组织部被人民日报社人民网评为2016年度“优秀党建云平台暨基层党建宣传示范单位”。

2016 年 2 月 26 日，兴城市乡镇党委换届工作会议

【**县乡党委和村“两委”换届工作**】2016年3月11日,葫芦岛市委批准兴城市委《关于召开中国共产党兴城市第七次代表大会的请示》大会的召开时间、主要议程、代表名额及相关选举办法。市委组织部指导全市58个选举单位，选出代表348名。经市委审查，各选举单位选举代表的程序，均符合中央和省市委有关规定，选出的代表均符合代表条件。7月29日，在第七次党代会上选举产生第七届市委委员39名，候补委员7名；纪委委员15名；出席葫芦岛市第五次党代表大会代表37名。截至3月30日，全市19个乡镇全部完成换届选举工作，选举产生新一届党委委员171人（其中新提名81人，“三类人员”中事业干部67人、有大学生村官经历的2人）、纪委委员81人和出席中国共产党兴城市第七次代表大会代表178人。全市27个乡镇街道的235个村党组织换届工作于2月6日完成。采用直接选举书记方式的村37个，间接选举方式的村198个。选举产生村党组织委员788人，村党组织书记连任的186人。村委会换届于3月22日完成，共登记选民309425人,推选村民代表8619人，共选举产生村委会成员849人，村委会主任连任163人，村党组织书记、村委会主任“一肩挑”的村53个，“两委”成员交叉任职的298人。

【**领导班子和干部队伍建设**】2016年，市委组织部对96家单位（乡镇街道27家，市直69家）、479名领导班子成员（乡镇街道187人，市直292人）、396名内设机构和直属事业单位科级领导干部（乡镇街道41人，市直355人）进行考核。针对乡科级领导班子建设与工作实际需要，

2016 年 1 月 18 日，兴城市村“两委”换届选举工作动员大会

对部分乡科级领导班子进行有针对性地调整，共调整干部 195 人。其中，提拔使用 40 人（提拔正科 18 人，提拔副科 22 人），平调重用 99 人，免职 40 人，接收挂职干部 15 人，接收军转干部 1 人。完成 2016 年度新考录公务员录用政审工作 5 人次；完成法官、检察官职务套改审核工作；公务员职务与职级并行晋升职级 31 人次。强化干部在线学习管理服务和学习检查。做好干部调训工作，选派县处级领导干部 54 人次，乡科级领导干部 15 人次。审批领导干部因私出国 13 人次。

【干部监督工作】2016 年，市委组织部执行领导干部个人有关事项报告制度，对正科级领导干部、乡镇党委委员、市党代表共计 700 余人进行培训指导，要求领导干部按时、如实填报，并对报告的真实性、完整性作出书面承诺。建立健全提醒纠正机制，针对干部身上出现的苗头性、倾向性、潜在性问题做到“早发现、早提醒、早纠正”，运用谈心谈话、提醒、函询、诫勉等方式方法，防止干部小毛病演变成大问题。对所有超职数配备的领导干部和非领导干部全部整改消化。对 28 名领导干部进行离任经济责任审计，11 名在同一工作岗位工作时间较长的领导干部进行任中审计。做好领导干部选拔任用预审沟通工作，对新提拔的领导干部，在电视台公示，预审沟通干部 468 名，公示干部 343 名。处理日常来信来访，搭建组织部门“12380”信访、电话、网络、短信“四位一体”的举报受理平台，构建干部监督信息网络。

【基层党组织建设】2016 年，市委组织部制定《兴城市乡镇（街道）党委书记抓基层党建工作述职评议考核工作方案》，举行党委书记抓基层党建工作专项述职大会，全市27个乡镇（街道）党委书记分别就履行党建工作第一责任人职责等情况进行述职，市委书记逐一进行点评，四个班子领导、“两代表一委员”共计70名与会人员参加民主测评。举办村党组织换届和村委会换届工作培训班，开通24小时咨询热线。在乡镇街道和市直部门窗口单位建立43个多功能便民服务大厅，实施“共产党员先锋工程”，建立“先锋工程项目”54个，设计制作涵盖市、乡、村三级党组织信息的基层党建管理系统。兴城市为民服务典型经验获省基层党建创新奖。实施“33466”精准扶贫工程,建立“六个”扶贫产业基地，直接增加农民收入，引导贫困户稳定脱贫。抓好党支部规范化建设，有24个村党支部和2个社区党支部申报省规范化建设示范点，10个党支部被确定为葫芦岛市规范化建设示范点。所有村和社区的党建经费、运转经费、服务群众经费全部达到中组部和省定标准。

【**党员工作**】2016年，市委组织部将全市27个乡镇街道和98家市直单位的708名入党积极分子集中培训，对300余名新接收预备党员进行谈话。开展党员组织关系集中排查工作，查出失联党员81名，通过张贴通知单、包片入户、查询信息等方式途径与78名党员取得联系。开展党代会代表和党员违纪违法未给予相应处理情况排查。开展党员不按规定交纳党费问题专项整治，排查出欠缴党费人数1979人，欠缴党费55.48万元。

【**非公企业党建工作**】2016年，市委组织部实施“百日攻坚行动”，集中推进非公有制经济组织和社会组织党建工作“两个覆盖”，新建两新组织党组织40个（单独组建13个、联合组建27个）。更新完善非公有制经济组织和社会组织党建台账，各乡镇街道建立非公有制经济组织和社会组织综合党总支，发挥微信公众平台、微信交流群和党建网站等作用，创建葫芦岛市两新组织党组织示范点2个。

【**远程教育及电教工作**】2016年，市委组织部完成全市296个远程教育终端站点升级改造工作，建立完善站点管理机构，统一制作下发制度板，建立站点信息台账。收回远程教育淘汰设备214套。组织党员利用远程教育平台收看“习总书记重要讲话精神辅导报告”、毛丰美“我是党员”等节目，拍摄《我是党员——马龙》微纪实纪录片。

中共兴城市委组织部领导成员

部　长　李　肖

副部长　张守利　李爱华　王　超

张新华（2016年3月离任）

李　伟（2016年3月离任）

刘新宇（挂职）

党代表联络办公室

主　任　张守利（兼，2016年5月离任）

　　　　李爱华（兼，2016年5月任职）

副主任　金子璐（2016年12月任职）

企业工委

书　记　李爱华（兼，2016年5月离任）

　　　　王　超（兼，2016年5月任职）

（徐建军）

·宣传工作·

【概况】2016年，中共兴城市委宣传部发挥党员活动室、社区服务中心、乡（镇）文化站、农家书屋等阵地作用，采取专题讲座、送课下乡等形式开展习近平总书记系列讲话精神学习，满足基层党组织和党员群众理论学习需求。全年共接待各级主流媒体记者80余人，发表展示兴城建设与发展成果稿件百余篇。

【宣传思想工作】2016年，市委宣传部牢牢把握正确舆论引导，营造加快建设与发展的良好氛围，兴城市进入全国文明城市提名城市行列并通过省检。移风易俗工作得到省、市委充分肯定，并入选中宣部创新经验，四家屯街道被确定为省级基层宣传思想文化工作示范点。开展“最美兴城人”评选表彰活动，举办第七届全民读书节、“兴城之夏”文化广场、纪念建党95周年“一先两优”表彰大会暨文艺晚会和纪念红军长征胜利80周年暨乡镇文艺会演颁奖联欢会等系列活动，提升城市文明程度和市民整体素质。

【意识形态责任制工作】2016年，市委宣传部意识形态工作始终牵住“政治原则问题”，维护党的领导，维护中国特色社会主义制度。强化意识形态领域情况的分析研判，定期定向对思想理论、新闻舆论、社会舆情、网上舆情进行分析研判，为市委防范和处置意识形态领域各种问题提供决策参考。强化责任落实，协调有关部门把责任细化、实化、具体化，做到有责必行、执责必严、失责必究。强化引导和管理，加大对小报小刊、非法出版物、假报刊、假记者的治理，确保意识形态领域守得住、管得好。

【理论学习】2016年，市委宣传部深入开展“两学一做”学习教育。市委中心组全年集中学习15次、专题研讨5次，重点学习全国两会精神、习近平总书记系列重要讲话、毛丰美先进事迹等内容；举办“兴城大讲堂”宣讲活动5次，邀请对外经贸大学教授、知名军事专家到兴授课；组织开展习近平总书记系列讲话和中共十八届六中全会精神宣讲活动200余次；组织市乡村三级宣讲队伍，开展宣讲活动100余次；在市广播电视台、“中国·兴城”政府网站、《葫芦岛日报·兴城新闻》、掌上理论学堂和微观兴城微信公众平台上开辟理论宣传专栏17个，推进中国特色社会主义理论体系宣传普及。

2016 年 6 月 29 日，兴城市纪念建党 95 周年“一先两优”表彰大会召开

【**精神文明建设**】2016 年，市委宣传部以培育和践行社会主义核心价值观为根本，深入实施公民道德建设工程。“最美兴城人”“善行义举榜”“好人榜”等评选活动成果显著，5 人获得市级以上先进典型称号。文明城市创建工作得到省、中央文明办认可，被递补为 2015 年至 2017 年创建周期全国县级文明城市提名市，提前 3 年获得全国文明城市提名市资格，并顺利通过省测评组检查。移风易俗治理婚丧大操大办典型经验被中央文明办在全国推广。推进南大、羊安、白塔等 3 所“乡村学校少年宫”项目建设，管好用好碱厂中学、刘台子中心小学、曹庄中心小学等乡村学校少年宫。兴城市烈士陵园被评为葫芦岛市国防教育示范基地。

【**新闻舆论工作**】2016 年，兴城媒体开设新闻专栏 8 个、专版 11 个，安全播出新闻节目 240 余期，在上级媒体发稿 150 余篇。市委宣传部组织邀请人民网、新华社、《辽宁日报》、辽宁卫视等 40 多家媒体深度报道全国首届农村电商节、万人徒步大会等重大活动。利用《新华每日电讯》和新华网地方板块兴城窗口发布信息 20 余条，在沈阳机场高速等路段播放城市形象宣传片。有效处置涉兴负面报道 12 次，处置网络舆情 7 起。

【**群众性文化活动**】2016 年，兴城市成功举办第六届中国（葫芦岛·兴城）国际沙滩泳装文化博览会。在葫芦岛市2016年文化创意产品创作大赛上，兴城市选送的“八仙游古城”“绣品五福图”等8部作品入选。以阿里巴巴1688线下实力产业群为新经济内容的比基尼特色小镇建设成果显著；以古城文化、驿馆文化为载体的新概念体验式院落群——宁远驿馆竣工开放。举办兴城之夏文化广场、乡村文化节等专场展演23场，送戏下乡40余场。非物质文化遗产保护传承成果显著，王树槐成为兴城全羊席省级非物质文化遗产代表性传承人，百年老店高家馆子二部成为省级非物质文化遗产兴城全羊席制作技艺基地。持续推进市图书馆、文化馆建设，做好社区书屋全覆盖后的设施、图书配备工作。

中共兴城市委宣传部领导成员

部　长　郭荣新

副部长　王维达（2016年12月离任）

　　　　韩　祎（女）　谢　涛（女）

　　　　金宝亮（2016年12月任职）

（孙浩成）

·统战工作·

【概况】2016年，中共兴城市委统战部支持各民主党派加强基层组织建设，帮助民盟兴城总支部完成换届。年内，发展民主党派成员21人。其中,民盟兴城总支3人，民进兴城市基层委员会2人，九三学社兴城市基层委员会8人，民革兴城市支部1人，农工党兴城市支部7人。民主党派成员中有41人担任葫芦岛市、兴城市两级人大代表、政协委员。

【促进非公经济健康发展】2016年，市委统战部深化“千企连千村·同走致富路”活动，组织非公有制企业参加扶贫攻坚。通过召开企帮村扶贫现场会、扶贫对接仪式，19家企业与14个村签订《帮扶协议书》，企业帮扶资金41.5万元，帮扶项目资金7570万元。

【党外干部队伍建设】2016年，市委统战部推荐4名优秀党外人士担任葫芦岛知联会新社会阶层分会会员，安排2名党外后备干部参加葫芦岛市第十一期非中共青年干部培训班。8月份，成立兴城市社会组织统战工作联合会，并召开第一次会员大会。12月，召开兴城市民主党派、无党派代表人士培训班，30余人参加。

【侨台海外统战工作】2016年，市委统战部走访三胞眷属30余人次，为20户生活困难的台胞台属捐助慰问金1万元。接待台胞10人次，接待归侨侨眷20人次。通过下基层调研，播发侨情普查通知、电话、手机联系等多种方式深入开展侨情普查工作，共普查到全市归侨侨眷1450户5010人，海外侨胞422人。为2名在兴城市委统战部领取生活费的原国民党起义投诚人员调整生活费，每人每月增加520元，共补发生活费22360元。

中共兴城市委统战部领导成员

部　长　赵志民（2016年4月离任）
　　　　马天峰（2016年4月任职）
副部长　赵云山（2016年12月离任）
　　　　李文政（2016年12月任职）
　　　　王晓峰（2016年12月任职）

市台湾工作办公室

主　任　王晓峰（2016年5月任职，2016年12月离任）
　　　　张彦民（2016年12月任职）
副主任　王晓峰（2016年5月离任）

（刘佳佳）

·老干部工作·

【概况】2016年，中共兴城市委老干部局对离休干部重新进行摸底、登记，掌握准确信息，增加为90岁以上离休干部过生日祝寿服务内容。联合市红十字会邀请医学专家为离退休干部和老干部大学学员普及心脑血管病防治及日常救护知识，为全市离休和实职副科级以上退休干部免费体检。年内，市委老干部局在《辽宁老年报》《晚晴报》省级媒体上发稿11篇，市级网媒、报纸、电视台上宣传活动报道10次。

【活动场所建设及管理】2016年，市委老干部局投入50余万元对老干部大学和老干部活动中心综合楼进行改造，完成外墙保温、粉饰、室内环境改善。老干部活动中心增设休闲保健室、健身室和3个棋牌

2016年8月25日，兴城市社会组织统战工作联合会第一次会员大会

室，购置千余册图书及多种健身器材、星牌台球桌、自动麻将机等设施。针对参加活动人员繁杂情况，从规范活动、加强管理入手，为符合活动条件的近百名退休干部办理活动证，周一至周五全天开放，专人管理。

【老干部大学工作】2016年，老干部大学增设书法、声乐专业，形成书法班、声乐班、美术AB班、弹拨乐AB班、舞蹈AB班、电子琴AB班、手风琴共7个专业11个班次的规模教学。7月，举办毕业典礼暨教学成果展演；9月，召开新学期开学典礼。学员在兴隆大家庭、银象宁远城、文化广场等地多次参加市里文艺会演，手风琴班和弹拨乐班学员参加在大连举行的“中国大连首届国际手风琴艺术节暨第二届全国中老年手风琴艺术节”活动，获得个人、团体多个奖项。

【首届老干部艺术节】2016年，市委老干部局于9月上旬拉开兴城市首届老干部艺术节卡拉OK比赛和器乐比赛帷幕，经过预赛选出每组16名选手参加决赛，每组各产生一等奖1名、二等奖2名、三等奖3名，优秀奖10名。10月9日，“兴城市首届老干部艺术节闭幕式暨重阳节文艺演出”在兴城人民会堂举办，老干部书法和摄影作品同时展出。

中共兴城市委老干部局领导成员

局　长　李　伟（2016年3月离任）
　　　　史秀艳（女，2016年3月任职）
副局长　马恩国
　　　　梁　婷（女，2016年6月任职）

（于飞跃）

·市直机关工委·

【概况】2016年，中共兴城市直属机关工作委员会开展“两学一做”、机关党建、机关服务标准化、纪念建党95周年等活动，全面提高机关党的思想、组织、作风、制度和反腐倡廉建设。年内，机关工委所属党支部（总支）任期届满，所属16个党总支、35个党支部完成党组织换届工作。

【机关党组织建设】2016年，市直机关工委将机关党支部的“三会一课”、党员教育管理等工作具体化、细化、量化，要求党支部对日常工作进行全程记录，解决支部建设“不会抓”“不常抓”“没标准”“抓和不抓一个样”等问题。开展以创建“学习型、服务型、发展型、创新型、效率型、廉洁型”党支部为目标党支部建设活动。市直机关党组织配齐党员宣传教育硬件设施，开辟党建宣传栏、党建文化长廊，悬挂党旗，张贴入党誓词、党员责任义务相关规定等内容。举办入党积极分子培训班，做好党员发展、规范党费收缴工作。

【机关作风建设】2016年，市直机关工委在市直各单位中全面实施机关服务目录、岗位职责、服务流程、操作规程、服务环境、网上办事、政务公开等建设工作。一是通过梳理服务项目、建立服务目录、明确岗位职责、统一遵循标准，使机关各单位服务群众更加明责。二是通过压减和规范服务事项的申请、受理、审查等环节，简化本部门范围内跨层级、跨部门服务事项的办理流程，绘制和公开办理事项流程图，使机关各单位服务群众更高效。三是通过制定规范的办事指南和业务手册，做到一切工作有程序，一切程序有控制，一切控制有标准，使机关各单位服务群众更加规范。四是通过优化环境，要求直接面向社会公众的办事大厅实行服务门牌、服务标志、上墙图件、服务指示和文明礼仪“五统一”。

【激发工作活力活动】2016年，市直机关工委为激发党员学习和讨论的热情，引导党员将党章党规和习近平总书记系列重要讲话精神内化于心、外化于行，争做“四讲四有”合格党员，在市直机关范围内组织开展“如何做合格党员”主题活动，要求机关在职党员人人要结合自身实际撰写心得体会。开展“重温入党誓词、重读入党申请”活动，组织机关党员参加“两学一做”及党的知识竞赛，举办市直机关千人徒步登山、拔河比赛以及男子篮球赛等各种活动。

中共兴城市直属机关工作委员会领导成员

书　记　毕　伟

副书记　史秀艳（女，2016年3月离任）

郭　峰（2016年3月任职）

（刘静）

·党校工作·

【概况】2016年，中共兴城市委党校坚持新形势下“党校姓党”的政治方向，统筹师资渠道，为全市干部教育培训和党建工作搭建平台，采取“流动党校”形式，开展“两学一做”“十八届六中全会”精神宣讲活动，为市直、乡镇、企事业单位宣讲主题党课56次。

【干部培训工作】2016年，市委党校根据新形势的要求和不同类型干部实际，科学设置教学专题。以课堂教学为主，适当安排实地考察，利用现代教学手段，创新教学方法，提高干部培训的针对性和时效性。年内，举办“要求入党积极分子培训班”“村干部和社区干部培训班”“女干部培训班”“优秀青年干部培训班”，培训干部2000余人次，为城乡多个单位辅导讲课200余次，为市委中心组学习辅导讲课10余次。

【提高教师能力】2016年，市委党校加强培训，利用“走出去”的形式，扩大眼界，骨干教师年均接受培训1个月以上；加强科研活动，撰写理论文章，获葫芦岛党校教师论文一等奖1名；加强调研，青年教师深入基层，掌握社情民生第一手资料；开展教师试讲评比活动，促使青年教师得到磨炼和提高。

中共兴城市委党校领导成员

校　　长　李　肖

常务副校长　孟凡勇（2016年3月任职）

副 校 长　曹志琴（女）

（董云芳）

兴城市人民代表大会常务委员会

【**概况**】2016年，兴城市人大常委会召开常委会会议13次、主任会议17次，听取审议“一府两院”专项工作报告11个，作出决议、决定14项，发出审议意见3件、视察纪要4件，任免地方国家机关工作人员95人（次），受理群众信访事项54件（次）。

人大代表视察

【**围绕中心抓大事**】2016年，市人大常委会听取和审议市政府关于计划和预算执行情况的报告及决算报告，适时审议批准预算执行审计工作报告及其有关问题整改情况的报告，提出拓宽审计监督领域、强化审计监督职能、抓好审计问题整改等意见。开展排污企业治理情况调查，听取审议市政府相关工作报告，作出发展循环经济、加强宣传教育、提高环保执法力度等审议意见。开展农村垃圾集中处理情况专项视察，从强化生态理念、加强宣传教育、完善规章制度等方面提出工作建议。开展干果园建设情况视察，针对产业水平、品牌效应、资金投入、农技人才等方面存在的问题，从提升产业规模，打造龙头企业，其他社会力量参与和强化公共服务四个方面提出工作建议。

【**立足长远促民生**】2016年，市人大常委会开展学前教育工作视察，针对资源总量不足、城乡配置不均、培训管理不够等问题，从认识到位、规划到位、监管到位、投入到位等方面提出工作意见。开展文物保护工作情况调查，并在常委会会议上专题听取市政府相关工作报告，提出保护为主、合理利用、加强管理、扩大宣传的审议意见。开展桶装水生产监管情况的调查，针对生产企业和监管部门存在的问题，提出树立安全意识、加强培训力度、提升检验实效、完善应急预案等整改意见和工作建议。调研市中医院、妇女儿童医院发展与改革工作，为市政府医疗体制改革提供参考依据。加大扶贫工作力度，组织协调44家单位为药王乡捐款捐物，累计折款93.53万元。

【**依法治市启新程**】2016年，市人大常委会持续关注公安队伍建设，调研市公安局立体化社会治安防控体系和基层派出所建设情况2次，并在常委会会议上听取市政府相关工作报告。针对队伍建设、资源整合，特别是农村治安防控漏洞等方面存在的问题，提出增强忧患意识、责任意识和敢于担当、善于作为等审议意见。针对群众举报控告市人民法院个别法官违法办案问题，常委会进行深入调查，并将调查结果呈报市委，2名涉案法官受到市委免职处理。针对职务犯罪预防工作的特点，开展市人民检察院反渎职侵权工作的情况调研，提出突出重点、文明执法、公正办案等工作建议。

【强化履职见实效】2016年，市人大常委会出台《关于人大代表建议、批评和意见办理办法》《关于人大代表建议、批评和意见办理工作问责办法》，提升办理工作的质量与时效。市七届人大四次会议代表提出72件建议，经梳理分类后转交市政府办理，其中重点建议由常委会领导全程参与，跟踪督办，并在常委会会议上专题听取市政府办理情况的工作报告，建议的办理结果答复代表本人。组织全市人大代表参加调研视察活动103人次，协调配合葫芦岛市人大代表小组开展活动16次，全年共邀请42名人大代表列席常委会会议，为代表知情知政创造条件。

【市七届人大四次会议】2016年1月6日，兴城市第七届人民代表大会第四次会议在市人民会堂召开。市七届人大代表241人，出席会议代表231人。列席大会的有市委、市政府、市政协、市人民武装部的领导，退休老干部代表，驻军、驻在单位和民营企业代表，参加市政协七届四次会议的全体政协委员，各乡镇、街道党委、人大常委会各机构和市直各部门、各单位的负责人以及公民代表。市人大常委会主任张学军主持大会。会议听取代市长袁国相作《兴城市人民政府工作报告》，审查《兴城市2015年国民经济和社会发展计划执行情况与2016年国民经济和社会发展计划（草案）的报告》，审查《兴城市2015年财政预算执行情况与2016年财政预算（草案）的报告》，审议《兴城市国民经济和社会发展第十三个五年规划纲要（草案）的报告》，通过选举办法。

1月7日，223名代表出席大会。市人大常委会副主任田克明主持会议。市人大常委会主任张学军作《兴城市人民代表大会常务委员会工作报告》，市人民法院院长项雷作《兴城市人民法院工作报告》，市人民检察院检察长叶蓬作《兴城市人民检察院工作报告》。

1月8日，231名代表出席大会。市人大常委会主任张学军主持会议。会议听取兴城市第七届人民代表大会第四次会议议案审查情况的报告。大会以无记名投票方式，选举产生兴城市人民政府市长、葫芦岛市第五届人民代表大会代表、兴城市人民代表大会常务委员会委员。袁国相当选为兴城市人民政府市长。代表投票表决通过关于《兴城市人民政府工作报告》的决

2016 年 12 月 28 日，兴城市第七届人民代表大会第五次会议召开

议及其他各项报告的决议。

【市七届人大五次会议】2016 年 12 月 28 日，兴城市第七届人民代表大会第五次会议在市人民会堂召开。市七届人大代表共有 241 人，出席会议代表 221 人。列席大会的有市委、市政府、市政协、市人民武装部的领导，退休老干部代表，驻军、驻在单位和民营企业代表，参加市政协七届五次会议的全体政协委员，各乡镇、街道党委、人大常委会各机构和市直各部门、各单位的负责人以及公民代表。市人大常委会主任张学军主持大会。会议听取市长袁国相作《兴城市人民政府工作报告》；审议《兴城市 2016 年国民经济和社会发展计划执行情况与 2017 年国民经济和社会发展计划（草案）的报告》；审议《兴城市 2016 年财政预算执行情况与 2017 年财政预算（草案）的报告》;通过选举办法。

12 月 29 日，222 名代表出席大会。市人大常委会副主任田京明主持会议。市人大常委会主任张学军作《兴城市人民代表大会常务委员会工作报告》，市人民法院代院长赵志刚作《兴城市人民法院工作报告》，市人民检察院检察长叶蓬作《兴城市人民检察院工作报告》。

12 月 30 日，225 名代表出席大会。市人大常委会主任张学军主持会议。会议听取兴城市第七届人民代表大会第五次会议议案审查情况的报告。大会以无记名投票方式，选举赵志刚为兴城市人民法院院长；选举张卫星、赵殿柱为兴城市第七届人大常委会委员。代表投票表决通过关于《兴城市人民政府工作报告》的决议及其他各项报告的决议。

2016 年第七届人大常委会历次会议表

七届人大会议	召开日期	议题
第三十次会议	1 月 22 日	通过《兴城市人大常委会 2016 年工作要点》
第三十一次会议	3 月 25 日	人事任免事项；审查和批准市政府《关于我市 2015 年财政总决算情况的报告》；审查和批准市政府《关于我市 2016 年部门预算计划安排情况的报告（草案）》；葫芦岛市五届人大代表述职评议
第三十二次会议	5 月 20 日	人事任免事项；听取和审议市政府《关于我市文物保护工作情况的报告》；听取和审议市政府《关于我市公安局基层派出所建设情况的报告》
第三十三次会议	7 月 25 日	人事任免事项；听取和审议市政府《关于兴城市 2016 年上半年财政预算执行情况的报告》；听取和审议市政府《关于兴城市 2016 年上半年国民经济和社会发展计划执行情况的报告》；听取和审议市政府《关于兴城市 2015 年财政预算执行和其他财政收支情况的审计工作报告》；通过《兴城市人大常委会关于人大代表建议、批评和意见办理办法》和《兴城市人大常委会关于人大代表建议、批评和意见办理工作问责办法》；通过《兴城市人大常委会关于接受王建华、马天峰辞职的决定》；通过《兴城市人大常委会关于许可对市七届人大代表梁福纯采取强制措施的决定》；葫芦岛市五届人大代表述职评议
第三十四次会议	8 月 25 日	通过《兴城市人大常委会关于接受张文成等同志辞去兴城市第七届人民代表大会代表职务的决定》；通过《兴城市人大常委会关于接受李玉环同志辞去葫芦岛市第五届人民代表大会代表职务的决定》
第三十五次会议	9 月 26 日	听取和审议市政府《关于我市排污企业治理情况的报告》；听取和审议《关于我市 2015 年财政预算执行和其他财政收支审计有关问题整改情况的报告》；听取和审议市政府《关于市七届人大四次会议代表重点建议办理情况的报告》；葫芦岛市五届人大代表述职评议

续表

七届人大会议	召开日期	议题
第三十六次会议	10月10日	人事任免事项；补选葫芦岛市第五届人民代表大会代表
第三十七次会议	10月27日	人事任职事项
第三十八次会议	11月25日	听取和审议市政府《关于市七届人大四次会议人大代表建议办理情况的报告》；通过《兴城市人民代表大会常务委员会关于召开兴城市第七届人民代表大会第五次会议的决定》；通过《兴城市人大常委会关于接受于学文、赵大桩、臧永军辞去葫芦岛市第五届人民代表大会代表职务的决定》；补选葫芦岛市第五届人民代表大会代表；葫芦岛市五届人大代表述职评议
第三十九次会议	12月2日	通过《兴城市人大常委会关于接受王廷华等同志辞去兴城市第七届人民代表大会代表职务的决定》;通过《关于补选兴城市第七届人民代表大会代表的决定》
第四十次会议	12月9日	审议《兴城市人民代表大会常务委员会关于调整兴城市第七届人民代表大会第五次会议召开时间和会议建议议程的决定（草案）》；通过《兴城市人大常委会关于接受宋丹等同志辞去兴城市第七届人民代表大会代表职务的决定》；通过《关于补选兴城市第七届人民代表大会代表的决定》
第四十一次会议	12月15日	人事任免事项；决定市七届人大五次会议有关事项；通过市人大常委会工作报告
第四十二次会议	12月21日	人事任免事项；通过《兴城市人大常委会关于接受项雷辞职的决定》；通过《兴城市人大常委会关于赵志刚为兴城市人民法院代理院长的决定》；通过《兴城市人大常委会关于接受任守民辞去葫芦岛市第五届人民代表大会代表职务的决定》；通过兴城市七届人大常委会代表资格审查委员会关于代表变动情况和补选代表资格的审查报告

兴城市第七届人大常委会组成人员

主　任　张学军
副主任　田克明　张亦喆（女）　韩维邦
　　　　侯　杰
委　员　马　磊（女）　王文志　王艳霞（女）
　　　　刘凤涛　许殿金　杜志军
　　　　李　刚　李　君　李海峰
　　　　杨德海　佟德元　张卫星
　　　　张守利　张　新　金　镝
　　　　赵友谊　赵殿柱　蒋继友
　　　　韩　英（女）韩　祎（女）
　　　　魏冬娜（女）魏　民

·人大常委会工作机构·

办公室
主　任　许殿金
副主任　曹东宁（女）　金宁
研究室
主　任　金　镝
副主任　田赞喜（2016 年 7 月离任）
人事代表选举工作委员会
主　任　李　君
副主任　张红梅（女）
法制工作委员会
主　任　杨德海
副主任　程　宏
财政经济工作委员会
主　任　杜志军
副主任　张玉岐
教科文卫工作委员会
主　任　韩　英（女）
副主任　王海斌
信访工作委员会
主　任　王文志
副主任　李迎辉
老干部工作委员会
主　任　隋　伟
副主任　吴松涛
代表培训联络办公室
主　任　田赞喜（2016 年 7 月任职）
副主任　杨荣慧（女，2016 年 7 月任职）

（陈云舟）

兴城市人民政府

【**概况**】2016 年，兴城市全地区生产总值实现 104.4 亿元；全社会固定资产投资总额实现 45.1 亿元，比上年下降 17.9%；公共财政预算收入实现 9.2 亿元，按可比口径计算，比上年增长 4.9%，总量和增幅均位居全省 41 个县（市）前列；社会消费品零售总额实现 83.8 亿元，比上年增长 8.2%；农村居民人均可支配收入实现 11308 元，比上年增长 7.6%。

市人民政府加快政府职能转变，深化“放管服”改革，开展“双随机一公开”监管工作，行政许可事项缩减到 174 项。实施“五证合一、一照一码”登记制度改革。成立不动产登记中心和公共资源交易中心，觉华岛旅游度假区和龙回头景区划归。完成公务用车制度改革。以“两学一做”专题教育为契机，深入开展软环境整治和“双评”活动，工作作风不断改进。加强政务公开工作，认真受理群众民心网投诉，办理工作综合评分在葫芦岛市排名第一。

【现代农业加快发展】2016年，市政府调减玉米种植面积4000公顷，增加花生种植面积3333.33公顷，增栽名优果树88万株，新建设施农业小区40个、畜禽养殖小区26个。增加省级农民专业示范社4个、家庭农场10个、种植大户15个，农事龙头企业31家，正业花生成为国家级农业产业化龙头企业。兴城市果品在全省第三届名优果品评选会上荣获金奖一项、银奖六项。葫芦岛市首个院士工作站——兴城市现代农业综合示范区院士工作站正式成立。

完成农村公路大中修141公里，修建“一事一议”村内道路124公里、文化广场28个，安装路灯1504基，创建美丽乡村示范村26个。实施青山保护工程，植树造林3600公顷，发展经济林200公顷，新增千亿斤粮食田间工程666.67公顷。完成重点水利骨干工程15项，治理水土流失6666.67公顷，再次夺得省农建“大禹杯”。

实施精准扶贫工程，金融机构新增支农贷款14亿元、扶贫专项贷款1亿元，实施到户扶贫项目19个，完成移民扶贫140户，扶持庭院养殖5000户，专项扶贫、行业扶贫、社会扶贫“三位一体”大扶贫格局基本形成，全市1.3万贫困人口成功脱贫，5个重点贫困村顺利摘帽。

2016年，兴城市遭遇“7·20”“7·25”特大暴雨洪水灾害，市政府投入资金3100万元，修复道路桥涵56处、水利设施18处、水毁房屋1140户。

【工业实力有所增强】2016年，徐大堡核电项目正式核准前期工作全部就绪，抽水蓄能项目预可研编制完成。抓好84家规上企业发展，支持企业提质升级，菊花女海产品投入1亿元进行扩产扩能，海洲药业投入8000万元实施技术改造，工业企业发展活力不断增强。扩大对外开放，外贸出口总额实现1.1亿美元。

完善配套基础设施，小松游艇、思科赛斯高铁配件、兴凯农业设施加工等项目进展顺利，投资10亿元的林生生物科技项目签约。经济区累计落地工业项目65个，总投资107亿元。

新增授权发明专利7项，与大连创业工坊合作建设众创空间示范基地，总投资2亿元、建筑面积8万平方米的辽宁财贸学院科技园暨葫芦岛“双创”基地投入运营，14家高新技术企业入驻。

泳装企业发展到723家，成功承办第五届中国·国际泳装展。兴城市被授予“中国服装行业‘十三五’创新发展示范基地”和“中国纺织行业创新示范集群”称号。

【现代服务业日趋活跃】2016年，兴城市电商总销售额实现50亿元。跨境电商公共服务平台建成投入使用，阿里巴巴 1688 实力产业群示范园区正式运营，105 家企业入驻。发展“农村淘宝”村级服务网点 100 个，兴城成为辽宁省首个“农村淘宝”启动县。成功举办中国北方首届县域生态电商节，电商生态形成。

实施旅游发展“六个一”工程，首山丽汤温泉、高家岭汤上温泉、徐大堡金沙湾浴场、红海滩生态观光廊道等一批重点项目全面推进。宁远驿馆对外开放，民俗博物馆建设完成，古城东门外生态停车场投入使用。开展旅游宣传推介，规范旅游市场秩序，接待国内外游客 750 万人次，实现旅游综合收入 41 亿元，兴城市被评为省级旅游产业发展示范县，进入国家首批全域旅游示范区创建名单。

大红门家居建材城正式营业，温馨家园农贸市场主体完工。举办第三届房地产交易会，全年商品房销售面积达到 50 万平方米。

【城市品位稳步提升】2016 年，市政府修建临河大街北延、新四路等城市道路 7 公里，新建滨海木栈道 1.7 公里，新增绿化面积 18 公顷。铺设给排水管道 5 公里、燃气管道 3 公里，邴家湾居民回迁楼全部完工。城市净水厂投入使用，新增日净水能力 3 万吨。推进外环路建设，在葫芦岛市率先完成征地动迁工作。秦沈客运专线兴城西站征地动迁工作全部结束。

开展市容市貌专项整治，规范流动商贩 3.9 万人次，清除路边小广告 6.9 万张，清理占道经营 2100 处；规范客运市场秩序，查处违法违规车辆 913 台次。增加市级宜居示范村 5 个、达标村 55 个。

加强河流水源地保护，划定全市畜禽禁养区。开展近岸海域污染管控专项行动，依法处置非法排污单位 24 家。拆除燃煤小锅炉 10 台，淘汰黄标车 236 台，削减二氧化硫 55 吨、氮氧化物 16 吨，顺利通过省级生态市考核验收。

【民生保障得到加强】2016 年，市政府增加城镇实名制就业 3169 人，转移农村劳动力就业 8.4 万人。发放担保贷款 3164 万元，扶持 378 人自主创业。提高城乡低保户、农村五保户供养标准。免费开展农村妇女“两癌”筛查、尿毒症患者透析和孕前优生健康检查，惠及 3.7 万人。

改造城乡电力线路 104 公里，海滨二次变建设完成。改造农村危房 358 户，发放廉租住房租赁补贴 500 户，实施城市居民供水管网改造 5000 户。完成机关事业单位人员调资工作。

建造乡镇中心幼儿园 3 家，改扩建薄弱学校 3 所，成立特殊教育学校，兴城市被评为国家义务教育均衡发展县。血栓医院、计生服务站完成搬迁，3 个社区卫生服务中心和 2 个乡级卫生院全部完工。举办各类体育赛事 27 项、文化活动 50 场，承办首届中国・兴城国际万人徒步大会，郭丹丹冰雪嘉年华、奥运冠军小镇、大千文化艺术园等一批项目签约。

【民主法制和精神文明建设】2016年，市政府定期向市委常委会报告工作。自觉接受市人大及其常委会依法监督、工作监督和市政协民主监督，建立经常性工作协商协调机制，办理人大代表建议72件、政协提案163件，办复率100%。

推进“平安兴城”建设，侦破刑事案件580起，新增高清视频点位499个，群众安全感显著提升。加强信访稳定工作，信访积案办结率达到96.2%。开展安全隐患大排查大整治行动，全年生产安全事故为零，获全省安全生产先进县“四连冠”。

加强精神文明建设，积极培育和践行社会主义核心价值观，顺利进入全国文明城市提名市行列。推进“七五”普法，被评为全省法治宣传教育先进县（市）。完成村民委员会换届工作。加强双拥共建工作，实现省级双拥模范城“八连冠”。

兴城市人民政府领导成员

市　长　袁国相
副市长　范立民
　　　　王建华（2016年7月离任）　刘　星
　　　　王月娟（女）　刘晓军
　　　　王代林（2016年10月任职）
　　　　马天峰（挂职，2016年7月离任）
　　　　卢存安（2016年5月挂职）
　　　　马艳莉（女，2016年10月挂职）
市长助理　闫忠军
市政府督学　李贵海（2016年3月任职）

·办公室工作·

【概况】2016年，兴城市人民政府办公室以“两学一做”专题教育为契机，不断深化服务宗旨，发挥参与政务、调查研究、协调联系、后勤保障作用，确保市政府及办公室工作平稳运转。年内，围绕全市热点、难点问题，对滨海经济区、滨海温泉新城、古城保护利用、徐大堡核电、土地经营权流转、城乡路网建设、环境保护、民生事业发展等全市重点工作开展决策性调研，为市政府重点项目建设提供材料和建议。全年开展调研95次，起草各类综合文稿570余篇、近250万字，完成市人代会、经济工作会议、领导干部大会等重要会议材料起草工作。制发各类文件396件，撰写、报送政务信息170条。

【政务督查】2016年，市政府办承接全市经济发展软环境建设工作，加强对各部门、各单位软环境建设问题整改落实的监督，组织开展护林防火、林业和春耕备耕、秸秆禁烧、农村环境整治、伏季休渔检查、海滨执法检查、景区管理检查、渔业安全检查、陆岛运输安全隐患检查、水毁房屋重建督查、低保核查、安全生产检查、除雪工作检查、林缘防火带建设督查等政务督查活动14次，开展“双评”检查7轮，制发市政府《政务督查》3期、《政情专报》15期。办结葫芦岛市及本级人大建议和政协提案268件，配合两级人大和政协视察30次。接待省政府督查组5次，形成国务院、省政府、葫芦岛市政府专项督查报告19篇。撰写人大常委会报告11篇、整改报告2篇，落实葫芦岛市政府督查通知150次。

【政务公开】2016年，市政府办建立健全政府信息主动公开、依申请公开、责任追究、保密审查等一系列政府信息公开规章制度，确保政府信息公开工作的规范化。依托政府门户网站，全力推进网上政府信息公开。全市形成政府网站、档案馆、政府信息公开查阅点、新闻媒体、专家咨询、社会听证、农村基层政务公开栏等覆盖城乡、多层次、全方位的主动公开渠道。年内，细化分解工作任务，明确全市重点领域20项重点公开工作牵头单位落实到位。加强和规范政府信息依申请公开受理、答复、归档等工作。组织全市第十届“5·15政务公开日”活动，多形式与民互动，提高各部门、单位主动公开意识、服务意识，营造良好的政务公开氛围。

【依法行政】2016年，市政府办推进依法行政工作责任制，成立由市政府主要领导任组长的推进依法行政工作领导小组，全面修订和完善《政府工作规则》及政府常务会议事规则，完善重大决策程序，细化决策流程，把公众参与、专家论证、风险评估、合法性审查和集体讨论决定作为重大行政决策的必经程序。制定兴城市人民政府法律顾问制度，下发《兴城市人民政府关于推进政府法律顾问制度的通知》（兴政发〔2016〕12号）。印发《兴城市行政执法案卷评查工作方案的通知》（兴政法制发〔2016〕3号），部署对全市执法活动的监督检查，对安监、交通、卫计、民政、文广、动监等14家单位60本卷宗的行政处罚、行政许可、行政强制类案卷进行评查。改进行政复议和行政应诉制度，出台加强行政复议和行政应诉工作方案，受理行政复议案件7件，其中维持3件，不予受理1件，驳回1件，撤销1件，未结1件。

【后勤保障】2016年，市政府办完成各类大、中型会议安排和接待任务3080场次，共计183000余人。成功举办第六届泳装博览会、2016中国兴城国际万人徒步大赛、2016县域生态电商节、2016全省农村电子商务推进会、2016兴城房地产交易会等重大活动。接待各级机关、招商考察等300批次。保证行政中心安全运行，对电梯、配电室、空调机组、消防系统、化粪池、二次供水箱等设备设施进行维护养护。

【应急管理】2016年，市政府办制定各类专项应急预案39个，自然灾害类专项预案9个、事故灾难类预案12个、公共卫生类预案8个、社会安全事件类预案10个。向葫芦岛市应急办报送突发事件应急专报6期。9月3日至9日开展“预防为主、科学应对”为主题的应急宣传周活动，联合卫计局、安监局等部门在弘熙园广场免费发放《辽宁省突发事件应对条例》《公众应急防灾手册》《防灾减灾知识手册》

和应急知识宣传单等宣传材料5000余份，并通过政府网站、电视台、报社等新闻媒体进行广泛宣传。组织重点部门单位开展应急预案演练，其中开展学校应急疏散预案演练各2次，食品安全事故应急预案演练1次。全市共组建293支应急救援队伍，总人数650余人。有针对性地补充应急物资储备，安排专人妥善保管，实行储备物资动态管理。

【**电子监察**】2016年，兴城市行政审批电子监察系统对全市28家行政审批部门的174项审批事项进行监察,实现事前、事中、事后全程监察。网上审批系统具有实时监控、预警纠错、数据采集、综合查询、统计分析、系统管理的功能，对网上办件进行全程监控。并且通过实施“一日一监管督促、一季一检查通报、一年一考核评比”的立体监管工作机制。全市有16个行政审批便民服务大厅纳入电子监察系统，兴城市电子监察监控中心安装摄像头26个。出现预警1笔，通知该单位限期整改。

【**网络诉求办理**】2016年，兴城市网络诉求包括民心网诉求件办理、政民互动平台网友留言回复、“12345”政府热线办理等工作。民心网在设立的18家承办部门基础上，增设觉华岛旅游度假区管委会。截至11月末，民心网诉求平台实际办结458件，评星328件，按时办理反馈率100%，综评分11.56，在葫芦岛市6个县（市）区中综合评比名列第一。其中，群众反映曹庄镇大英堡子村内道路出行困难问题、某特岗教师工资发放问题、古城改造建筑垃圾问题等，均得到高质高效解决，并获得省民心网10星好评。“12345”政府热线平台更换新系统，受理诉求件395件，办结343件。政民互动平台收到网友留言669条，网络回应人信息完善度100%，值守率88.66%，互动回应指数12.6，均超出绩效考核指标值。全市编制《兴城市民心网咨询、诉求件办理及政民互动情况月报》10期、《葫芦岛“12345”政府热线办理情况月报》8期、《兴城市网络诉求办理情况月报》1期。

【**外事工作**】2016年，市政府办办理因公出国（境）审核报批1批、1人次。应友好城市韩国西归浦市邀请，协助市电视台记者办理出国手续。接待外宾访问团组4批次。对困难归侨侨眷进行普查，确定省级精准扶贫对象2户5人，市级精准扶贫对象3户5人，对侨资企业重新进行审核、认定，上交各企业相关文件材料。开展“侨爱工程——葫芦岛光明行”义诊活动，为近100名眼疾贫困患者免费检查治疗。

兴城市人民政府办公室领导成员

主　任　郭永泽（2016年3月离任）
　　　　李贵民（2016年3月任职）
副主任　张志新　纪长生　谭晓明
　　　　赵　申（2016年3月任职）
　　　　查恩博（2016年3月任职）

（孙佐强）

2016年兴城市人民政府发文目录

日期	发文字号	报送机关	文件标题
1月8日	兴政〔2016〕1号	葫芦岛市人民政府	关于修改兴城市大寨满族乡土地利用总体规划（2006年～2020年）的请示
1月20日	兴政〔2016〕3号	葫芦岛市政府	关于协调解决华山玄宇食用菌生产加工项目环评审批的请示
2月26日	兴政〔2016〕9号	葫芦岛市政府	兴城市人民政府关于调整兴城市滨海经济区土地等级和适用税额的请示
3月7日	兴政〔2016〕10号	葫芦岛市政府	关于国道京哈线葫芦岛市东八里至拉拉屯段改建工程使用限制开发区林地的请示
3月28日	兴政〔2016〕19号	沈阳铁路局沈阳枢纽工程建设指挥部	关于申请调整秦沈铁路客运专线兴城西站功能设施的请示
4月1日	兴政〔2016〕21号	葫芦岛市政府	兴城市人民政府关于以挂牌形式设置采矿权的请示
4月19日	兴政〔2016〕24号	葫芦岛市政府	关于增加兴城滨海经济区管委会领导指数的请示
4月20日	兴政〔2016〕25号	葫芦岛市政府	关于保留兴城市公共资源交易平台的请示
4月29日	兴政〔2016〕26号	葫芦岛市政府	关于报批兴城市夹山火场清理植被恢复工作方案的请示
5月12日	兴政〔2016〕30号	葫芦岛市政府	关于青山水库三道沟淹没区移民户口解冻的请示
6月3日	兴政〔2016〕40号	葫芦岛市政府	兴城市人民政府关于修改兴城市土地利用总体规划（2006年～2020年）的请示
6月17日	兴政〔2016〕43号	葫芦岛市政府	关于将青山水库作为兴城市城市生活饮用水水源的请示
8月22日	兴政〔2016〕70号	葫芦岛市政府	关于恢复设立兴城市海港监督机构的请示
10月12日	兴政〔2016〕82号	葫芦岛市政府	关于葫芦岛市渤海船院搬迁院址内中国石化加油站移址新建办理成品油零售手续的请示
10月12日	兴政〔2016〕83号	葫芦岛市政府	关于拨付青山水库移民长效补偿资金的请示
10月14日	兴政〔2016〕84号	辽宁省体育局	关于承办中国·兴城2017“兴城农商银行杯”世界花式台球锦标赛的请示

续表

日期	发文字号	报送机关	文件标题
11月18日	兴政〔2016〕97号	葫芦岛市政府	兴城市人民政府关于设置建筑用石采矿权的请示
12月6日	兴政〔2016〕103号	葫芦岛市政府	关于兴城市探索实行耕地轮作制度试点实施方案的请示
12月8日	兴政〔2016〕105号	葫芦岛市政府	关于修改兴城市药王满族乡和旧门满族乡土地利用总体规划（2006年～2020年）的请示

日期	发文字号	报送机关	文件标题
4月12日	兴政〔2016〕23号	辽宁省人民政府教育督导委员会	关于兴城市义务教育均衡发展工作自查情况的报告
5月6日	兴政〔2016〕27号	葫芦岛市政府	关于兴城市上半年工作任务推进情况及措施的报告
7月5日	兴政〔2016〕50号	葫芦岛市政府	关于贯彻落实陈求发省长到葫芦岛调研重要讲话精神情况的报告
7月5日	兴政〔2016〕51号	葫芦岛市委	关于贯彻落实陈求发省长到葫芦岛调研重要讲话精神情况的报告
7月15日	兴政〔2016〕59号	葫芦岛市政府	关于同意兴城市四家村集团纳税情况的报告
7月21日	兴政〔2016〕60号	葫芦岛市政府	关于网友反映“兴城市西关居民区下水堵塞导致生活受影响问题”情况的报告
7月27日	兴政〔2016〕61号	葫芦岛市政府	关于兴城市灾后恢复重建工作情况的报告
8月8日	兴政〔2016〕65号	葫芦岛市政府	关于兴城市“7·20”“7·25”防汛抗洪抢险救灾工作总结的报告
8月25日	兴政〔2016〕69号	辽宁省政府教育督导室	关于兴城市义务教育均衡发展工作整改方案的报告
8月29日	兴政〔2016〕72号	葫芦岛市政府	关于上报兴城市打击非法采矿行为专项清理整治行动工作总结的报告
9月29日	兴政〔2016〕79号	葫芦岛市政府	关于六股河兴城蛇山砂场历史遗留问题的报告

续表

日期	发文字号	报送机关	文件标题
11月3日	兴政〔2016〕88号	辽宁省政府	关于秦沈铁路客运专线兴城西站连接公路及桥梁建设有关情况的报告
11月3日	兴政〔2016〕89号	辽宁省交通厅	关于秦沈铁路客运专线兴城西站连接公路及桥梁建设有关情况的报告
11月3日	兴政〔2016〕90号	辽宁省林业厅	兴城市人民政府关于申请在批次用地中使用林地情况的报告
11月3日	兴政〔2016〕91号	辽宁省林业厅	兴城市人民政府关于承诺落实征占林地补偿费用的报告
11月22日	兴政〔2016〕98号	葫芦岛市政府	关于贯彻落实王力威市长到兴城调研重要讲话精神情况的报告
11月24日	兴政〔2016〕100号	国务院教育督导委员会办公室	关于上报兴城市义务教育均衡发展工作整改方案的报告
12月7日	兴政〔2016〕104号	葫芦岛市政府	关于兴城海滨景区问题整改情况的报告
12月21日	兴政〔2016〕108号	市人大常委会	关于将兴城市纪家村城中村棚户区改造项目政府购买服务合同资金纳入财政预算的报告
12月21日	兴政〔2016〕109号	市人大常委会	关于将兴城市城北社区、城南社区及南辛庄村城中村棚户区改造项目政府购买服务合同资金纳入财政预算的报告
12月21日	兴政〔2016〕110号	葫芦岛市政府	关于兴城市2016年消防工作的报告
12月30日	兴政〔2016〕115号	葫芦岛市政府	关于兴城市2015年度履行耕地保护责任目标情况的报告

日期	发文字号	报送机关	文件标题
1月22日	兴政〔2016〕4号	市人大常务委员会	关于提请免去项继飞同志职务的议案
3月16日	兴政〔2016〕15号	市人大常务委员会	关于提请李贵民等同志职务任免的议案
5月12日	兴政〔2016〕31号	市人大常务委员会	关于提请卢存安等同志任职的议案
10月8日	兴政〔2016〕81号	市人大常务委员会	关于提请马艳莉同志任职的议案
10月27日	兴政〔2016〕87号	人大常务委员会	关于提请王代林同志任职的议案
12月2日	兴政〔2016〕101号	市人大常务委员会	关于提请张晓坤等同志职务任免的议案

续表

日期	发文字号	下发机关	文件标题
1月18日	兴政〔2016〕2号	市公安局	关于同意新增30家寄递、物流企业确定为县级治安保卫重点单位的批复
1月28日	兴政〔2016〕5号	市海洋与渔业局	关于同意吕政泽等3宗海域使用权申请的批复
2月1日	兴政〔2016〕6号	城乡规划局	关于同意元台子海信液压石油气储罐站南侧拟出让地块规划条件的批复
2月2日	兴政〔2016〕7号	市电子商务进农村管理办公室	关于同意对兴城市农村淘宝合伙人进行表彰奖励的批复
3月7日	兴政〔2016〕11号	高家岭镇政府	关于同意高家岭镇六股河流域上游高家岭段地下水污染防治行动项目的批复
3月10日	兴政〔2016〕12号	市城乡规划局	关于同意原辽锦疗养院院内地块规划条件变更的批复
3月15日	兴政〔2016〕13号	市海洋与渔业局	关于同意葫芦岛长山寺港口有限公司等2宗用海项目续期和兴城市兴运娘娘顶渔港有限责任公司法人变更的批复
3月18日	兴政〔2016〕17号	市水务局	关于同意组建2016年兴城市河道治理工程项目法人的批复
3月24日	兴政〔2016〕18号	市海洋与渔业局	关于同意潘洪军1宗海域使用权申请的批复
5月9日	兴政〔2016〕29号	碱厂满族乡	关于同意碱厂满族乡为碱厂红南果梨地理标志产品保护申请机构的批复
5月19日	兴政〔2016〕32号	市水务局	关于同意兴城市水土保持“十三五”规划的批复
5月19日	兴政〔2016〕33号	市安监局	关于同意葫芦岛海兴隆水产品有限公司“4·21”火灾事故调查报告的批复
5月30日	兴政〔2016〕35号	市城乡规划局	关于同意和美家园住宅小区东侧拟出让地块规划条件的批复
5月30日	兴政〔2016〕36号	市城乡规划局	关于同意樱花园小区北侧拟出让地块规划条件的批复
5月30日	兴政〔2016〕37号	市城乡规划局	关于同意原逐浪高宾馆拟出让地块规划条件的批复
5月30日	兴政〔2016〕38号	市城乡规划局	关于同意高家岭卫生院西侧拟出让地块规划条件的批复

续表

日期	发文字号	下发机关	文件标题
5月30日	兴政〔2016〕39号	市城乡规划局	关于同意原城郊医院拟出让地块规划条件的批复
6月15日	兴政〔2016〕41号	市海洋与渔业局	关于同意兴城市现代渔业园区管理办公室等5宗海域使用权申请和孙清平3宗用海面积变更的批复
6月24日	兴政〔2016〕47号	市海洋与渔业局	关于同意张勇等8宗海域使用权申请和闫春伟等4宗用海变更的批复
7月1日	兴政〔2016〕49号	滨海经济区管委会	关于同意兴城滨海经济区继续实施刘沟山体清理及场地整平的批复
7月6日	兴政〔2016〕52号	市海洋与渔业局	关于同意姜立东1宗海域使用权申请的批复
7月6日	兴政〔2016〕53号	市海洋与渔业局	关于同意孟凡维1宗海域使用权申请的批复
7月6日	兴政〔2016〕54号	市城乡规划局	关于同意兴城市金星家具城金源商业楼项目地块规划条件局部调整的批复
7月18日	兴政〔2016〕56号	市防汛抗旱指挥部	关于同意兴城市防御洪水方案的批复
7月19日	兴政〔2016〕66号	市防汛抗旱指挥部办公室	关于同意兴城市碱厂水库大坝安全管理应急预案的批复
8月12日	兴政〔2016〕67号	市国土局	关于注销张传海土地登记并废止兴城国用〔2006〕第G1440655号国有土地使用证的批复
8月15日	兴政〔2016〕68号	市海洋与渔业局	关于同意李福民1宗海域使用权申请的批复
8月26日	兴政〔2016〕71号	市海洋与渔业局	关于同意兴城同创旅游开发有限公司1宗海域使用权申请的批复
8月29日	兴政〔2016〕73号	市城乡规划局	关于同意滨海温泉新城E-02号拟出让地块规划条件的批复
8月29日	兴政〔2016〕74号	市城乡规划局	关于同意辽宁海洲药业有限公司地块规划条件的批复
8月29日	兴政〔2016〕75号	市城乡规划局	关于同意兴城市英华泳业制衣有限公司地块规划条件的批复
8月29日	兴政〔2016〕76号	市城乡规划局	关于同意阳光尚府居住小区东侧拟出让地块规划条件的批复

续表

日期	发文字号	下发机关	文件标题
8月30日	兴政〔2016〕77号	市海洋与渔业局	关于同意金旭华等2宗海域使用权申请的批复
9月26日	兴政〔2016〕80号	市规划局	关于同意高家岭镇汤上村汤泉水苑度假村南侧拟出让地块规划条件的批复
10月8日	兴政〔2016〕85号	市规划局	关于同意空军疗养院南侧拟出让地块规划条件的批复
10月25日	兴政〔2016〕86号	市海洋与渔业局	关于同意马英杰1宗海域使用权申请的批复
10月28日	兴政〔2016〕92号	市规划局	关于同意海上钓鱼台三期住宅小区项目用地规划条件局部变更的批复
10月31日	兴政〔2016〕93号	市规划局	关于同意变更原锦华疗养院A-02-01地块规划条件的批复
10月31日	兴政〔2016〕94号	市规划局	关于同意公安局东侧地块规划条件局部变更的批复
11月15日	兴政〔2016〕96号	市水务局	关于同意兴城市农村饮水安全巩固提升工程“十三五”规划的批复
11月22日	兴政〔2016〕99号	市城乡规划局	关于同意原曹庄镇大英堡子小学拟出让地块规划条件的批复
12月12日	兴政〔2016〕106号	市文广局	关于同意将兴城老船木制品手工制作技艺申报葫芦岛市第九批非物质文化遗产项目名录的批复
12月21日	兴政〔2016〕111号	市财政局	关于兴城市城北社区、城南社区及南辛庄村城中村棚户区改造项目政府购买服务合同资金纳入财政预算管理的批复
12月21日	兴政〔2016〕112号	市财政局	关于将兴城市纪家村城中村棚户区改造项目政府购买服务合同资金纳入财政预算管理的批复
12月21日	兴政〔2016〕113号	市文物局	关于同意划定历史文化街区和确定历史建筑的批复

续表

日期	发文字号	下发机关	文件标题
4月7日	兴政〔2016〕22号	徐大堡镇	关于收回兴城市徐大堡镇总体规划（2013年～2030年）批复的决定
5月6日	兴政〔2016〕28号	市财政局	关于授权国有资产监督管理局设立兴城致远文化旅游有限公司的决定
6月14日	兴政〔2016〕42号	市国资局	关于碱厂乡长岭村新立北组与长岭村土地权属争议的处理决定
6月28日	兴政〔2016〕48号	市国资局	关于授权市国有资产监督管理局设立六个国有独资公司的决定
7月29日	兴政〔2016〕62号	市国资局	关于对周普刚申请撤销兴林照第9101号林照的处理决定

2016年兴城市人民政府向各乡镇、街道及各部门下发文件目录

日期	发文字号	文件标题
3月16日	兴政〔2016〕16号	关于巩常军等同志职务任免的通知
6月17日	兴政〔2016〕44号	关于王迎同志任职的通知
7月7日	兴政〔2016〕55号	关于代镇华等同志任职的通知
8月5日	兴政〔2016〕64号	关于赵仲华等同志职务任免的通知
11月2日	兴政〔2016〕95号	关于王洁丽同志任职的通知
12月2日	兴政〔2016〕102号	关于柏春辉等同志职务任免的通知
12月19日	兴政〔2016〕107号	关于王海龙等同志职务任免的通知
12月30日	兴政〔2016〕114号	关于王建忠同志任职的通知

日期	发文字号	文件标题
1月18日	兴政发〔2016〕1号	关于调整市政府领导同志工作分工的通知
2月19日	兴政发〔2016〕2号	兴城市人民政府关于调整兴城市城区今冬供热价格的通知
5月23日	兴政发〔2016〕3号	关于调整市政府领导同志工作分工的通知
6月18日	兴政发〔2016〕4号	兴城市人民政府关于鼓励和促进民办博物馆发展的意见

续表

7月7日	兴政发〔2016〕5号	兴城市人民政府关于进一步加强食品安全工作的意见
7月20日	兴政发〔2016〕6号	关于下达2016年度水土保持生态建设任务指标的通知
7月21日	兴政发〔2016〕7号	关于加强无主尾矿库安全监管工作的通知
7月22日	兴政发〔2016〕9号	关于印发兴城市水污染防治工作方案的通知
9月7日	兴政发〔2016〕10号	关于印发兴城市普惠性民办幼儿园认定管理办法（试行）的通知
9月23日	兴政发〔2016〕13号	关于印发兴城市全民健身实施计划（2016年~2020年）的通知
10月27日	兴政发〔2016〕14号	关于调整市政府领导同志工作分工的通知
12月23日	兴政发〔2016〕15号	关于恢复征收建筑安装企业养老保险费的通知

2016年兴城市人民政府办公室向各乡镇、街道及各部门下发文件目录

日期	发文字号	文件标题
2月19日	兴政办〔2016〕1号	关于调整兴城市地价管理委员会成员的通知
4月5日	兴政办〔2016〕2号	关于成立兴城市营业税改征增值税改革全面推开工作领导小组的通知
4月20日	兴政办〔2016〕5号	兴城市人民政府办公室关于成立兴城市国有林场改革工作领导小组的通知
4月21日	兴政办〔2016〕6号	关于调整兴城市推进依法行政工作领导小组成员的通知
4月22日	兴政办〔2016〕7号	关于成立兴城市农村土地承包经营权确权登记颁证工作领导小组的通知
4月27日	兴政办〔2016〕8号	兴城市人民政府办公室关于成立兴城市“双创”工作领导小组的通知
5月5日	兴政办〔2016〕9号	关于调整大寨大根萝卜地理标志产品保护申报工作领导小组成员的通知
5月5日	兴政办〔2016〕10号	关于调整大寨土豆地理标志产品保护申报工作领导小组成员的通知
5月5日	兴政办〔2016〕11号	关于成立碱厂红南果梨地理标志产品保护申报工作领导小组的通知

续表

日期	发文字号	文件标题
5月25日	兴政办〔2016〕12号	关于调整兴城市畜禽屠宰管理工作领导小组成员的通知
5月26日	兴政办〔2016〕13号	关于成立兴城市农产品产地初加工补助项目领导小组的通知
5月30日	兴政办〔2016〕14号	关于调整兴城市高考指挥部成员的通知
6月2日	兴政办〔2016〕15号	关于建立兴城市推进重大招商项目联席会议制度的通知
6月12日	兴政办〔2016〕16号	关于成立兴城市推进重点项目动迁工作领导小组的通知
6月12日	兴政办〔2016〕17号	关于调整兴城市防汛抗旱指挥成员的通知
6月23日	兴政办〔2016〕18号	关于建立兴城市打击治理电信网络新型违法犯罪工作联席会议制度的通知
7月11日	兴政办〔2016〕19号	关于建立兴城市政银企对接工作联席会议制度的通知
7月28日	兴政办〔2016〕20号	关于成立兴城市行政审批制度改革工作领导小组的通知
9月23日	兴政办〔2016〕22号	关于成立兴城市地方政府债券发行协调小组的通知
10月22日	兴政办〔2016〕23号	关于成立兴城市生态环境保护委员会的通知
10月26日	兴政办〔2016〕26号	关于成立秦沈客运专线兴城西客站项目建设推进工作领导小组的通知
10月27日	兴政办〔2016〕27号	关于成立兴城市社会救助工作领导小组的通知
11月9日	兴政办〔2016〕28号	关于成立兴城市筹建“辽宁省泳装产业知名品牌创新示范区”工作领导小组的通知
11月15日	兴政办〔2016〕31号	兴城市人民政府办公室关于成立兴城市推进“双随机一公开”监管工作领导小组的通知
12月30日	兴政办〔2016〕32号	关于成立兴城市第一次海洋经济调查工作领导小组的通知

日期	发文字号	文件标题
1月8日	兴政办发〔2016〕1号	转发葫芦岛市人民政府办公室关于进一步加强林业有害生物防治工作实施意见的通知
1月14日	兴政办发〔2016〕2号	关于印发兴城市推广随机抽查规范事中事后监管工作实施方案的通知

续表

日期	发文字号	文件标题
1月18日	兴政办发〔2016〕3号	关于印发兴城市2016年政府工作报告主要工作任务指标分解表的通知
2月19日	兴政办发〔2016〕5号	关于印发落实葫芦岛市政府工作报告任务指标分解方案的通知
2月19日	兴政办发〔2016〕6号	关于转发兴城市清理整顿环保违规建设项目工作方案的通知
2月23日	兴政办发〔2016〕7号	关于转发兴城市2016年生猪调出大县奖励资金使用方案的通知
3月10日	兴政办发〔2016〕8号	关于加强和完善部门统计工作的实施意见
3月10日	兴政办发〔2016〕9号	兴城市人民政府办公室关于印发贯彻落实全国精神卫生工作规划（2015年～2020年）实施方案的通知
3月26日	兴政办发〔2016〕10号	关于印发兴城市春季森林防火工作督查检查活动实施方案的通知
3月30日	兴政办发〔2016〕12号	关于印发兴城市突发环境事件应急预案的通知
5月5日	兴政办发〔2016〕13号	兴城市人民政府办公室关于印发兴城市简化优化公共服务流程方便基层群众办事创业工作方案的通知
5月17日	兴政办发〔2016〕14号	关于建立兴城市主要经济发展指标协调会议制度的通知
5月25日	兴政办发〔2016〕15号	关于全面加强河流生态环境保护推进河道垃圾清理工作的通知
5月30日	兴政办发〔2016〕16号	关于转发兴城市2016年普通高中招生工作实施意见的通知
6月8日	兴政办发〔2016〕17号	关于印发兴城市2016年度地质灾害防治方案的通知
6月8日	兴政办发〔2016〕18号	关于加强重大行政处罚处理决定备案工作的通知
6月17日	兴政办发〔2016〕19号	关于印发兴城市房地产开发和建设管理突出问题专项整治工作实施方案的通知
7月19日	兴政办发〔2016〕20号	关于印发兴城市城乡环境集中整治方案的通知
7月29日	兴政办发〔2016〕21号	关于印发2016年度依法行政考核方案的通知
8月5日	兴政办发〔2016〕22号	关于印发兴城市加强传染病防治人员安全防护工作实施方案的通知

续表

日期	发文字号	文件标题
8月11日	兴政办发〔2016〕23号	关于印发兴城市打击非法采矿行为专项清理整治行动实施方案的通知
8月25日	兴政办发〔2016〕24号	关于开展城乡低保对象百日核查行动的通知
8月30日	兴政办发〔2016〕25号	兴城市人民政府办公室关于印发兴城市推进政府部门企业信息归集公示工作实施方案的通知
9月13日	兴政办发〔2016〕27号	关于清理规范市政府部门行政审批中介服务的实施意见
9月20日	兴政办发〔2016〕28号	关于印发兴城市清除林缘小体边缘200米内秸秆开设森林防火隔离带工作实施方案的通知
9月22日	兴政办发〔2016〕31号	关于转发兴城市2016年廉租住房租赁补贴实施方案的通知
10月14日	兴政办发〔2016〕33号	关于印发兴城市贯彻实施质量发展纲要2016年行动计划重点工作分工方案的通知
10月20日	兴政办发〔2016〕34号	关于印发市政府任命的国家工作人员宪法宣誓实施办法（试行）的通知
10月20日	兴政办发〔2016〕36号	关于贯彻落实葫芦岛市人民政府办公室2016年政务公开工作要点实施方案的通知
10月21日	兴政办发〔2016〕37号	兴城市人民政府关于印发兴城市环境保护专项整治行动实施方案的通知
11月15日	兴政办发〔2016〕38号	关于印发兴城市分级诊疗工作实施方案的通知
11月17日	兴政办发〔2016〕39号	关于印发兴城市健康扶贫工作实施方案的通知
11月18日	兴政办发〔2016〕40号	兴城市人民政府办公室关于印发兴城市推进工业闲置厂房盘活利用工作方案的通知
11月21日	兴政办发〔2016〕41号	兴城市人民政府办公室关于推进政府向社会力量购买服务工作的实施意见
11月24日	兴政办发〔2016〕42号	关于印发贯彻落实陈求发省长调研时重要讲话精神任务分解方案的通知
12月12日	兴政办发〔2016〕43号	关于印发兴城市教育扶贫工作实施方案的通知
12月21日	兴政办发〔2016〕44号	兴城市人民政府办公室关于印发兴城市农民工工资政府应急周转金制度的通知
12月21日	兴政办发〔2016〕45号	关于公布兴城市市直行政审批中介服务事项清单的通知

续表

日期	发文字号	文件标题
12月21日	兴政办发〔2016〕46号	兴城市人民政府办公室关于印发兴城市医疗卫生服务体系规划（2016~2020）年的通知
12月30日	兴政办发〔2016〕47号	关于印发兴城市农业水价综合改革实施方案的通知
12月30日	兴政办发〔2016〕48号	关于公布兴城市政府部门公共服务事项目录的通知
12月30日	兴政办发〔2016〕49号	关于印发兴城市大面积停电事件应急预案的通知

（石婷婷）

·人事工作·

【概况】2016年，兴城市人事局协助教育局招聘特殊学校教师12人，为政府办遴选事业工作人员2人，考核各单位专业技术人员6300人，审核各系列晋升职称人员336人。全年办理毕业生落户18人，接收毕业生档案1558份。档案转出267份，其中军转干部3人、军转家属1人。更换机关群团统一社会信用代码63家，年检事业单位303家，办理变更手续22家，新设立单位4家。

【公务员管理】2016年，市人事局考核录用大学生村干部公务员17人，完成上年大学生村干部考公务员21人和省考公务员16人的转正审批手续，培训全市公务员在线学习2143人次，培训“窗口送教”人员500人次。协助市发改局完成机关公务用车制度改革，妥善安置司勤人员。

【科技干部服务工作】2016年，市人事局考核事业单位专业技术人员6300人，审核经济、卫生、会计、统计类职称考试报名102人，办理计算机能力考试合格证238个，审核高、中、初级职称336人，审核教育系统中小学（幼儿园）初级教师职务任职资格3980人。

【工资福利】2016年，市人事局调整机关事业单位退休人员基本养老金8069人，月平均每人增加216元，调整被授予警衔的在职警察警衔津贴579名。审批发放上年年度绩效奖金5029人。审批提高各等级伤残人员保健金标准254人。审批上年年终一次性奖金13644人。审批退休人员216人，其中机关68人，财政拨款95人，自筹自支53人。办理机关事业单位死亡人员丧葬补助费抚恤金158人。审批领取遗属生活困难补助费40人。办理调入、调出、内部调转人员310人。认定工伤5人，工亡1人。重新确定乡镇党委委员转为公务员工资69人。

【编制管理】2016年，兴城市成立机构4个，更名机构1个，机构挂牌2个。市人事局核定全市行政编制2097人（含工商自定编制40人），事业编制12169人（其中2012年省核定事业编制11887人，工商系统事业编制157人，觉华岛度假区事业编制143人）。完成16个市政府工作部门“三定”规定印发工作。撤销生产经营类事业单位兴城市住房制度改革领导小组办公室，收回该单位机构编制。查实“吃空饷”人员1人。

兴城市人事局领导成员

局　长　张新华（2016年3月离任）

　　　　张雨新（2016年3月任职）

副局长　刘　敏　李冬梅（女）

（杨溢）

·信访工作·

【**概况**】2016年，兴城市信访局致力于降低越级上访，降低重复信访，控制集体上访，稳定信访老户，规范信访行为，畅通信访渠道，维护群众合法权益，维护社会稳定。全年，接待群众来访663批4667人次，与上年同期相比批次上升47.7%，人次上升42.3%，其中集体访226批3926人次，占来访总量的34.1%；个体访437批741人次，占来访总量的65.9%。做到群众来信来访100%受理，本级受理的信访问题按期办理100%，85%以上的信访事项得到彻底解决。

【**领导干部接访**】2016年，市信访局下发《兴城市党政领导干部定期接待群众来访工作实施方案》（兴信联办发〔2016〕7号），制定《兴城市领导信访接待日值班表》。市委、市政府领导共接待群众来访150批1523人次，成功化解一批重点信访问题。市委书记赵家鹏、市长袁国相亲自接访，协调各相关部门召开信访联席会议，解决滨海经济区红木家具厂建筑工地欠薪、银象宁远城部分商铺业主上访、首山俯海小区业主反映用电及供暖、四家屯街道郦家村村民反映占地补偿、部分石材加工和运输企业业主反映企业整顿、鹏源驾校胜利和南大分校学员反映驾照考试、盐务局职工反映待遇、钓鱼台村与热电公司关于占地纠纷、出租车司机群体反映黑出租营运等问题。

【**依法逐级走访**】2016年5月，市信访局为深入推进“法治信访”建设，在全市范围内开展依法逐级走访宣传活动。发放宣传材料130余份，制作并下发法治信访宣传栏90余份，各乡镇、街道和市直各部门将宣传栏张贴到信访接待室、矛盾调解室及公示栏等明显位置，最大限度的扩大宣传面，提高群众依法逐级走访观念和理性维权意识，减少和避免以闹求决、以访谋利等不良现象。

【**信访系统建设**】2016年，市信访局通过网上信访信息系统，拓宽群众信访渠道，降低信访成本，促进信访问题依法及时公正地处理和解决。年内，在“辽宁信访信息系统”登记、转送兴城来信58件、网上投诉案件35件，全部按期办结，无违规办理现象。同时，在信访接待大厅设立“网上投诉指导站”，在各乡镇、街道设立“网上投诉代理站”，帮助、指导信访人进行网上信访。

【敏感时期排查和稳控】2016年，市信访局在春节、全国“两会”、杭州G20峰会以及中共十八届六中全会等一系列敏感时期和重要时间节点，开展矛盾纠纷排查和化解，落实重点人员稳控工作，全年排查244件次，对排查出的重点人员落实“四位一体”包保责任，完成不同时期的信访稳定工作目标。

兴城市信访局领导成员

局　长　李贵民（2016年3月离任）

　　　　孙　伟（2016年3月任职）

副局长　杨景生

　　　　刘雪松（2016年12月离任）

　　　　赵海伟

（任晓峰）

兴城滨海经济区

【概况】2016年，兴城滨海经济区以夯实基础、全力招商、强化服务为重点，以项目建设为牵动，强化措施，狠抓落实，经济区经济平稳发展。截至年末，经济区公共财政预算收入完成1.41亿元，比上年增长9.3%；全区固定资产投资总额完成9亿元，同比下降45%；工业总产值完成8亿元，同比下降86%。

【基础设施建设】2016年，兴城滨海经济区继续加强基础设施建设。总投资650万元的临海大街南延工程完成招投标前各项工作。总投资100万元的九州塑业10千伏供电线路架设工程完成招标工作，年末交付使用。土石方回填四期一标段复工建设，完成回填55万立方米。总投资1500万元的滨海经济区农贸市场基本完工，总建筑面积6000平方米。总投资500万元的滨海经济区第一幼儿园工程竣工投入使用。供水、供热、污水处理等3家单位统一并入兴城市对口部门管理。

【招商引资工作】2016年，兴城滨海经济区围绕产业定位，举办“走出去”招商推介会43次，先后在上海、北京、天津、广州、南京、长沙、河北、江苏等地与80余家企业进行洽谈。组织“请进来”招商活动57次，来访企业110家。全年累计签约项目2个，总投资10.6亿元。通过上级部门组织的行业展会，帮企业开拓市场。与香港中宝投资集团达成协议，由该公司负责园区企业的新三板上市工作，辽宁晨光塑料有限公司完成新三板上市工作。

【经济区项目建设】2016年，兴城滨海经济区继续实行领导干部包项目责任制，多次组织开展项目调度会，对在谈项目、签约项目、在建项目进行梳理归类，促进项目落户和开工建设，为经济区平稳发展奠定基础。为加强大学生就业实践能力培训，鼓励、促进学生就业，为兴城乃至葫芦岛市经济发展吸引高科技人才搭建平台，辽宁财贸学院在兴城滨海经济区建设辽宁财贸学院科技园，被市政府确定为“葫芦岛市双创基地”。基地于9月6日正式挂牌，入驻企业14家。年内，环保科技园挂牌成立，规划设计工作完成，与山西巨力集团、辽宁工程技术大学等单位开展多次洽谈。

【**电子商务发展**】2016年，兴城滨海经济区兴城电子商务产业园有平台型企业3个，分别为辽宁方得技术有限公司、兴城市天浪电子商务信息有限公司、山海经。其中，方得平台注册电商企业32家，物流企业2家；天浪平台注册电商企业55家；电子商务大厦入驻电商企业11家。有仓储物流企业天诚国际仓储物流中心1家；有物流企业辽宁省邮政速递物流有限公司、辽宁省邮政公司2家。兴城电子商务产业园按国家电子商务示范基地的标准能够进行全面升级。跨境电子商务服务平台处于调试阶段，满足外贸进出口企业跨境电子商务通关、物流、结汇、退税、数据交换、商务信息等各方面需求，并为跨境消费者提供实名身份备案、年消费额度控制、税单查询等服务，向消费者提供一条阳光、便利、放心的跨境网购新渠道。兴城电子商务产业园跨境电子商务平台实现日均出口1100单，出口单量全国排名首位。全年实现销售额637万美元，出口退税560万元人民币。

【**安全生产工作**】2016年，兴城滨海经济区制定安全检查报告制度，要求执法人员必须严格按照执法检查程序和有关法律、法规、规定进行检查。强化安全生产监督检查，重新编制滨海经济区安全生产应急预案。加强安全监管，组织滨海经济区各入园生产企业、施工企业及监管部门进行安全生产教育培训工作，提高全员安全素质。结合全国第15个“安全生产月”活动，滨海经济区管委会会同市安监局、市消防大队等单位对辖区所有生产企业进行一次安全生产及消防安全大检查，发现隐患155处，下达限期整改通知书45份，强制停产、停工指令1份。针对各个项目的进展情况，分别采取不同措施，进行全程安全监督和质量管理，对准备立项手续的项目，帮助协调理顺关系，解决项目开工过程中存在的具体问题，保证施工顺畅。成立质量检查小组，对辖区内在建项目工程质量进行跟踪检查，对检查不合格的企业下达整改通知单并定期复查，保证项目工程质量。

兴城滨海经济区管理委员会领导成员

·中共兴城滨海经济区工作委员会·

工委书记　　赵家鹏

工委副书记　袁国相

工会主席　闫忠军

·兴城滨海经济区管委会·

主　任　袁国相

专职副主任　董玉明（2016年7月任职）

副主任　闫忠军　刘　志

董玉明（2016年7月离任）

吴欣宝

主任助理　赵　振

·兴城滨海经济区管委会工作部门·

综合办公室

主　任　王旭阳

副主任　张建国

财政局

局　长　王　刚

副局长　李　强

经济发展局

局　长　赵福运

副局长　李守东　王继仁

规划建设局

局　长　周燕驰

副局长　赵明月　秦志国

服务局

局　长　陈晓艳（女）

副局长　王　冠　李　驰

招商局

副局长　刘晓东

公共事业管理中心

主　任　王靖宇

副主任　刘　宇

（朱念兴）

觉华岛旅游度假区

【概况】2016年，觉华岛旅游度假区管理委员会全面落实市委、市政府关于觉华岛开发的经济发展战略，坚持“慢、精、严”的理念，确定“生态立岛、文化兴岛、旅游富岛”发展之路。截至12月末，全区固定资产投资累计完成9600万元；全区公共财政预算收入完成2526万元，其中税收完成1595万元，非税收入完成931万元。年内，全区加快基础设施建设，推进重点项目实施。实施项目16项，其中续建项目4项，新建项目12项，项目总投资37901万元，累计完成投资11047万元。

【续建项目】2016年，觉华岛续建项目4项。觉华岛陆岛交通码头二期工程，总投资5860万元，2月26日复工，完成投资3700万元。年末竣工。张家山岛整治修复与保护项目，总投资1245万元，3月26日复工，完成投资600万元，年末前码头主体竣工，道路竣工。海洋公园景观大门工程，投资90万元，3月20日复工，年内竣工。觉华岛消防站和边防派出所周边工程，总投资50万元，年内完工。

【新建项目】2016年，觉华岛新建项目12项。觉华岛海干及纪念品市场，投资50万元，年内完工并投入使用。觉华岛供水管线工程，总投资1350万元，完成投资1100万元，年末竣工。觉华岛市政污水管网工程，总投资 1580 万元，年内完成投资 200 万元，年末完成 4 公里管线铺设工作。觉华岛跨海供水、通信及电力管线铺设工程，总投资 5239 万元，年内完成工程设计、招投标工作并开工，进行管道基础砌筑，完成投资 350 万元。觉华岛南山码头建设工程，总投资 1293 万元，年内道路部分完工，码头在建，完成投资 340 万元。杨家山岛码头建设工程，总投资 1990 万元，完成工程设计、招投标工作并开工，浇筑预制构件，年内完成投资 100 万元。杨家山岛木栈道及沙滩浴场服务设施工程，总投资 910 万元，完成工程设计、招投标工作。觉华岛渔船停靠码头修复项目，总投资 60 万元，4 月开工建设，5 月工程竣工。觉华岛张拉膜工程，总投资 25 万元，主要在码头区域建设两个张拉膜结构设施，年内完工并投入使用。觉华岛古营城道路工程，总投资 25 万元，铺设 1500 平方米青砖路、路边石安装等，年内完工并投入使用。觉华岛消防站采暖安装工程，总投资 34 万元，年内完工并投入使用。觉华岛金嘴子帆船娱乐度假区项目，总投资 1.81 亿元，年内累计完成投资 4000 万元。

【景区管理】2016 年，觉华岛管委会创新机制，加强管理，提高景区开发建设和旅游服务水平。加强软环境建设，整顿旅游市场秩序和旅游交通秩序，打击饭托、欺客宰客以及无照经营、无照运营等违法违规行为，处理非法营运车辆 8 台。加大景区环境改造力度，增加服务设施，打造精品景区。加强旅游从业人员特别是导游员业务培训工作，提升旅游从业人员素质。建立健全景区管理机构，明确岗位职责。加大对外宣传、营销力度，在主流媒体和主要客源地媒体投入广告宣传；制定相关促销政策，同时出台相关政策激励旅行社为觉华岛输送客源。科学规划旅游路线，合理安排旅游线路，科学设置站点，探索公交化运营模式，解决好运力不足问题。全年，全区接待游客 22.1 万人次，旅游无重大投诉事件。

【社会事务管理】2016 年，觉华岛管委会党建工作围绕“两学一做”学习教育，切实加强党风廉政建设和干部队伍建设，提高党员干部素质能力，提升社会管理服务水平。完善社保体系，给岛上 60 岁以上老人每月在原有补贴基础上增加补助 100 元，90 岁以上老人增加 150 元。推进医疗卫生工作；加大教育投入、护林防火及病虫害防治工作；加强社会治安综合治理；开展综合环境整治工作，治理违章建筑；加强安全生产工作；做好群众教育工作、村村通道路建设、雨水回收利用工作。

觉华岛旅游度假区管理委员会领导成员

·觉华岛旅游度假区工作委员会·

工委书记　任守民（2016 年 7 月离任）
　　　　　赵家鹏（兼，2016 年 7 月任职）

·觉华岛旅游度假区管委会·

主　任　任守民（2016 年 7 月离任）

　　　　袁国相（2016 年 7 月任职）

专职副主任　奚耀贵（2016 年 7 月任职）

副主任　张　飒　琚荣兴

·觉华岛旅游度假区管委会工作部门·

综合办公室

主　任　孔　佳

经济发展局

局　长　周　威

招商局

局　长　李建华

财政局

局　长　杨兴周

交通局

局　长　崔连明

海洋局

局　长　杨文汇

规划建设局

局　长　王立东

副局长　蒋力伟　刘　峰　张　泽

执法监察大队

大队长　　王　超

副大队长　王　师

国库收付中心

主　任　李志强

（张笑）

中国人民政治协商会议兴城市委员会

【概况】2016 年，政协兴城市委员会组织开展“两学一做”学习教育，开展 4 次专题研讨活动和 21 次党组学习扩大会、机关党员干部学习会，先后召开以“回头看”和汲取辽宁拉票贿选案沉痛教训为主题的政协党组民主生活会、机关组织生活会。全年召开政协全会 2 次、常委会议 3 次，主席办公会议 16 次。组织开展专题调研、视察、考察活动 11 次，提交委员提案 163 件，上报社情民意信息 265 条。

【参政议政】2016 年，市政协就全市重点建设项目、校园安全和提案办理等工作进行视察，围绕树立生态文明理念、大力推进生态文明建设、宗教文化如何促进旅游业健康发展、社区矫正工作和设施农业发展、古城保护开发、政协基层组织建设等进行专题调研、考察，参与委员 210 多人次。在关于兴城重点项目的视察报告中，提出打造优质投资环境，营造亲商、养商、优商氛围，强化兴城区位优势、资源优势的宣传等意见；关于设施农业考察报告，提出狠抓品种结构调整、优化区域布局，创新管理模式，构建完善的蔬菜产业链等建议；关于宗教文化促进旅游业健康发展的调研报告，提出“三个结合”“两个融合”“一个突破”的建议；关于树立生态文明理念、推进生态文明建设的调研报告，提出明确生态文明建设内容、着力构建目标导向体系、着力构建规划引领体系、着力构建产业支撑体系、着力构建生态保障体系的意见；关于社区矫正工作情况的调研报告，提出强化社区服刑人员的“四种意识”和传统文化教育，成员单位要齐抓共管形成合力，建立健全社区服刑人员衔接和监管机制等建议；关于校园安全的视察报告，提出普及校园安全知识、建立校园安全管理体系、打好校园安全“防御战”等意见。

【协商民主】2016年，市政协搭建各党派、各界别委员知情明政、协商民主的平台。不断深化专题协商、对口协商、界别协商、提案办理协商，提高协商实效。建立政协委员列席常委会制度，历次设有协商讨论关于经济社会发展重点工作议题的常委会，都邀请部分委员列席，代表不同界别群众发表意见、建议，参与协商讨论。

【社情民意】2016年，市政协加强信息员队伍建设，定期召开信息员工作座谈会，就如何提高社情民意信息质量进行研讨。全年收集、整理、上报社情民意信息265条，其中，被全国政协采用1条，省政协采用2条，葫芦岛市委、市政协采用21条。政协兴城市委员会被葫芦岛市政协评为2016年度反映社情民意信息工作先进集体二等奖。

【政协兴城市七届四次会议】2016年1月5日至7日，政协兴城市七届四次会议在人民会堂举行，240名委员出席会议。市委、市人大、市政府、滨海经济区领导，省和葫芦岛市驻兴政协委员，市人武部、法院、检察院领导出席会议。会议听取并审议政协七届三次会议以来常务委员会工作报告；听取并审议七届三次会议以来政协委员提案工作情况报告；委员们列席市人大七届四次会议，听取并协商政府工作报告和其他报告；听取政协兴城市第七届委员会第四次会议提案审查情况的报告；审议通过关于政协兴城市第七届委员会常务委员会工作报告的决议、关于政协兴城市七届委员会第三次会议以来提案工作报告的决议。市委书记赵家鹏发表讲话。

【政协兴城市七届五次会议】2016年12月27日至29日，247名委员出席政协兴城市七届五次会议。兴城市委、市人大、市政府领导，觉华岛旅游度假区管委会、兴城滨海经济区管委会领导，省和葫芦岛市驻兴政协委员，兴城市公安局、法院、检察院领导出席会议。会议听取并审议政协七届四次会议以来常务委员会工作报告；听取并审议七届四次会议以来政协委员提案工作情况报告；委员们列席市人大七届五次会议，听取并协商政府工作报告和其他报告；听取政协兴城市七届四次会议提案审查情况的报告；审议通过关于政协兴城市第七届委员会常务委员会工作报告的决议、关于政协兴城市七届委员会第四次会议以来提案工作报告的决议。补选郑艳春为市政协七届委员会主席，补选王晓峰、李建夫、张丽娟、康国栋、金宝亮为政协兴城市第七届委员会常委。市委书记赵家鹏发表讲话。

2016 年 12 月 27 日，政协兴城市七届委员会第五次会议召开

2016 年政协兴城市第七届委员会历次常委会议表

七届常委会议	召开日期	议题
第十五次会议	2 月 26 日	传达全市项目建设年工作动员大会精神；审议通过《兴城市政协常委会 2016 年工作要点》；通报 2015 年委员履职量化考核情况；崔海明主席讲话
第十六次会议	7 月 13 日	学习习近平总书记在庆祝建党九十五周年大会上的重要讲话；审议通过《关于挖掘宗教文化资源促进旅游业更好发展的调研报告》；崔海明主席讲话
第十七次会议	12 月 19 日	听取市政府关于市政协七届四次会议以来提案办理情况的通报；审议市政协七届五次会议相关文件；审议《关于树立生态文明理念、推进我市生态文明建设的调研报告》和《关于我市社区矫正工作情况的调研报告》；听取委员变动情况的说明，通过人事任免事项；市政协党组书记、主席崔海明讲话

政协兴城市第七届委员会常务委员会组成人员

主　席　崔海明

副主席　赵志民　王晓章　吕　伟（女）
王华松
郑艳春（女，2016 年 12 月任职）

秘书长　张跃进（2016 年 6 月离任）

常　委　丁桂清（女）
于秀丽（女）　弓　箭
王　英（女）　王华宝　王宏伟
王学文　王建忠　王维达
王振兴　石忠厚　卢国境
邢云涛　刘彦芳　刘铁开
樊殿斌　纪红茹（女）　苏东瀛
杜永顺　李　丹（女）　李　岚（女）
李　娜（女）　李春彬　李秋艳（女）
李爱华　沈文辉（女）　何世维
张　春（女）　张大鹏　张立松
张学智　陆丽君（女）
陈晓冬（女）　欧阳永乐
周　佳　单　新　赵月春
赵秉收　赵德付　徐利徐
宏滕玲（女）　郭　建
郭海英（女）　崔建华
韩玉祥　熊波澎　殷海涛
王晓峰　李健夫　张丽娟
康国栋

·政协工作机构·

办公室

主　任　王振兴

副主任　杜立新

经科办

主　任　沈文辉（女）

副主任　李永生

提案办

主　任　弓　箭

宣教办

主　任　单　新

副主任　马恩伟

委员联络办

主　任　纪红茹（女）

文史学习办

主　任　于清勇

（马恩伟）

中国共产党兴城市纪律检查委员会

【**概况**】2016年，兴城市各级纪检监察机关保持惩治腐败高压态势，全年共受理群众信访举报270件次，立案173件，结案173件；查处大要案29件；给予党政纪处分178人。

【**严明政治纪律**】2016年，市纪检监察系统抓好巡视整改落实工作，中央第三巡视组转交办的信访件全部按时办结。强化换届风气监督，对市七次党代会“两委”换届的348名党代表逐一进行廉政审查。在全市范围内开展“两代表一委员”和党员受刑事责任追究和治安行政处罚排查工作，18个党委（党组、党工委）因履行主体责任不到位被问责。

【**调整内设机构**】2016年，市纪委监察局按照省市纪委要求，对原有9个内设机构进行调整，保留3个、更名6个、增设2个。调整后，纪检监察室人员占机关总人数32.3%，纪检监察室和其他从事监督执纪人员占机关总人数的61.3%，机构职能发散、名称不规范、力量分散等突出问题得到有效解决。

【运用“四种形态”】2016年，市纪委监察局运用“四种形态”，先后约谈乡镇街道、市直部门主要负责人13人次；提醒警示谈话22人次、批评教育21人次、谈话函询13人次、写出书面检查8人次；开展诫勉谈话12人次。

【廉政宣传工作】2016年，市各级党组织和纪检监察机关学习中共十八届中央纪委六次全会精神，党委（党组、党工委）书记带头讲廉政党课；把警示教育纳入全市村（社区）书记、主任培训的重要内容；市纪委组织宣讲团，由委局领导担任宣讲员，深入到市直机关、乡镇街道专题辅导廉洁自律准则、纪律处分条例；抓好宣传教育阵地建设，更新充实兴城市警示教育展馆内容；组织观看换届纪律警示教育片；在全市党员领导干部家庭中开展“树良好家风、建廉洁家庭”活动；加强纪检监察对外宣传工作，在省市县三级媒体刊发20余篇工作动态和理论文章，其中被省级媒体采用13篇；向全市党员领导干部发送廉政短信12000余条。

【七届一次纪委会议】2016年7月29日，在中国共产党兴城市第七次代表大会上选举产生第七届纪律检查委员会。中国共产党兴城市纪律检查委员会七届一次全体会议于2016年7月29日上午召开，会上王春颖、苏文波、赵殿柱、冯欢、王力群、齐兵、赵德付当选为中国共产党兴城市第七届纪律检查委员会常务委员会委员。王春颖当选为中共兴城市纪委书记，苏文波、赵殿柱当选为中共兴城市纪委副书记。选举纪委委员15名。

【严查侵害群众利益问题】2016年，市纪委监察局聚焦扶贫领域，对2012年以来涉农扶贫领域资金及村级财务管理情况进行专项检查，重点抽查20个乡镇20个村；开展整治和查处侵害群众利益不正之风工作，重点对民政、扶贫、水利三类惠农资金、教育资金使用、执法部门的执法情况开展专项督查。对发现的问题和群众反映的问题线索进行认真查处，全年共查处发生在群众身边的违纪案件37件，给予党纪处分36人、政纪处分1人。通报典型案例4起7人。

中共兴城市纪律检查委员会组成人员

书　记　王春颖（女）
副书记　宋　丹（女，2016年3月离任）
　　　　苏文波（2016年3月任职）
　　　　赵殿柱
常务委员　冯　欢（女）　王力群　齐　兵
　　　　　赵德付（2016年3月任职）
委　员（按姓氏笔画排序）

王力群　王永飞（2016年7月任职）
王春颖（女）
王维达（2016年7月任职）
王德鑫（2016年7月离任）
冯　欢（女）
毕　伟（2016年7月任职）
齐　兵
苏文波（2016年3月任职）
李　杰（女）
李文政（2016年7月离任）
李以君（2016年7月离任）
李希扬（2016年7月离任）
李爱华（2016年7月任职）
宋　丹（女，2016年7月离任）
张曼颖（2016年7月离任）
张新华（2016年7月离任）
陈秀生（2016年7月离任）
杨明宇（2016年7月任职）
杨德军（2016年7月任职）
赵志刚　赵殿柱
赵德付（2016年3月任职）
姜修非（2016年7月离任）
郭永海（2016年7月离任）

监察局

局　长　苏文波（2016年3月任职）
副局长　赵德付（2016年3月离任）
　　　　冯启超（2016年3月离任）
　　　　白　健（2016年3月任职）
　　　　佟寿棠（2016年3月任职）

（周新雨）

·小资料·

周家住宅

位于古城南门里西顺城胡同路北，省级文物保护单位。建于20世纪30年代。原主人周永吉是当地较为富庶的人家，农商兼务。住宅是辽西地区标准的囤顶四合院，结构严谨，布局合理。有门房五间，中开门洞；正房七间，出廊抱柱；东西偏房各三间。院中间有一道花墙，中间有一小门。正房室内基本按原来样子陈列桌椅柜橱等物品，体现当时的生活状况；东偏房是客厅，现在是器物展览；其他房间为展室。

群众团体与民主党派

兴城市总工会

【概况】2016年，兴城市总工会发展农民工会员2000人，新建工会6家。其中，事业单位工会2家，区域性工会联合会1家，行业工会联合会1家（涵盖会员单位22家），企业工会2家。工会主席实现全部直选。截至年末，全市实名制工会组织619家，涵盖法人单位1340家，总会员51162人。其中，区域性工会27家，行业工会6家（泳装行业、旅行社行业、高家岭石材行业、沙后所服装行业、建筑行业、餐饮行业）。4月28日，葫芦岛市总工会召开劳模表彰大会，兴城市有30人，4个先进集体获奖。截至年末，全市有县级以上劳模227名，其中全国劳模3名，省部级劳模15名，市级劳模146名，县级劳模63名。

【全委会选举主席】2016年4月27日，兴城市总工会第三届十五次全委会召开，参会委员33人，增补付国等8名委员，补选付国为兴城市总工会主席。

【餐饮协会行业工会成立】2016年11月11日，兴城市召开餐饮行业会员代表大会，成立兴城市餐饮协会行业工会，会员656人，参会代表48人，选举产生餐饮行业工会的第一届委员会，委员7人，赵兴华当选为兴城市餐饮协会行业工会主席。

2016年11月11日，餐饮协会成立

【劳动竞赛】2016年，市总工会开展以劳模精神为号召的职工“安康杯”劳动竞赛活动，深化“工人先锋号”创建活动。在活动中，凯森蒙集团曹敬萍等人被评为葫芦岛市“优秀班组长”；沈阳阿尔卡特电信有限公司兴城分公司被授予葫芦岛市“工人先锋号”称号；兴城市水泵制造有限公司工会被评为葫芦岛市“群众性经济技术工作先进集体”，曹连福等30人被评为葫芦岛市劳动模范；泳装行业协会等4家单位被评为葫芦岛市先进集体。市总工会和市卫计局组织兴城市基层卫生岗位练兵和技能竞赛活动，全市28家基层医疗机构150名基层医护人员参加岗位练兵，推送12名卫生技术人员参加葫芦岛市技能竞赛并全部获奖，兴城市总工会被葫芦岛市授予特殊贡献奖和优秀组织奖。兴城市粉末冶金有限公司“汽车齿圈自动化生产线改造”项目获葫芦岛市职工技术创新一等奖，DCT双离合粉末冶金同步器齿毂开发项目荣获葫芦岛市职工技术创新二等奖，汽车同步器齿毂模具的制造工艺获葫芦岛市职工技术创新三等奖。

【安全生产】2016年，市总工会在27个乡镇、街道设置乡级工会劳动保护群众监督检查站，每个乡镇设置1名首席工会劳动保护群众监督检查员，在规模较大企业成立工厂——车间——班组三级工会劳动保护监督检查委员会，设置一批专兼职安全生产群监员，同时市总工会投入资金2万元购置安全生产劳动保护器材和安全生产教育材料下发给各检查站。

【帮扶活动】2016年，元旦、春节期间，市总工会组成送温暖慰问组走访困难职工1198户，投入帮扶资金57.1万元，发放大米15000公斤。“金秋助学”活动助学困难职工(农民工、劳模)子女76人。其中，省级和葫芦岛市级工会救助34名，发放救助金102000元；兴城市级工会救助42人，发放救助金42000元。暑假和中秋期间，工会慰问组走访12家企业，为一线农民工送去慰问物资共计6万余元。接待上访和咨询近百人次，为调解职工劳动争议提供法律援助。

【基层工会建设】2016年6月，通过葫芦岛市总工会“3+X”的验收，兴城市总工会培育基层工会活力建设项目典型单位31家，其中省级典型单位10家，市级典型单位6家，兴城县级典型单位15家，行业工会典型1家。职工代表大会、厂务公开方面，全市应开展的事业单位244家，建制率100%;国有、集体及国有控股企业33家，建制率100%；全市非公有制企业776家，建立职代会制度740家，建制率95.4%；大中型企业40家中，建立厂务公开制度16家，建制率40%。全市国有、国有控股及集体企业共有公司制企业2家，工会主席进入董事会、工会副主席或职工进入董事会的有2家，建制率100%。集体合同（工资集体合同）方面，全市共有740家企业签订集体合同，建制率95.4%。区域26份，行业4份，独立42家，其中30家泳装行业进行“工资专项集体合同”二级协商。组织建设方面，全市实名制工会组织619家，其中区域性工会27个，行业工会6个（泳装行业、旅行社行业、高家岭石材行业、沙后所服装行业、建筑行业、餐饮行业），实现工会组织全覆盖，企业建会率100%。

兴城市总工会领导成员

主　席　赵兴华（2016年3月离任）
　　　　付　国（2016年3月任职）
副主席　佟德元　殷海涛　徐大志
　　　　聂　锋（挂职）

（钱莹瑾）

共青团兴城市委员会

【概况】2016年，共青团兴城市委员会加强区域化团建工作，扩大基层团建覆盖面，逐步落实“1+100”制度，扎实协调推进“四个维度”工作格局，引导青少年树立正确的世界观、人生观和价值观。深化青年交友工作站建设，为单身青年搭建青年交友服务平台。团市委获得辽宁省“银团合作”工作优秀团组织、葫芦岛市“五四红旗团委”等称号。

【志愿服务建设】2016年，团市委每月28日定期开展“爱心兴城”志愿服务广场活动，服务群众6000人次。在市泳博会、房交会、电商节、国际万人徒步大会、世界花式台球锦标赛、创建全国文明城市迎检等大型活动中提供志愿服务近百场，共7500余名志愿者参与其中，服务时间累计超过2万小时。

【青年创业扶持】2016年，团市委利用辽宁省青创空间、示范性青少年综合服务平台，成立创业导师团队，开展青年电子商务培训、创业能力培训30余场，培训青年2000人次。实地参观1688实力创业产业园区、仓储物流中心和阿里巴巴农村淘宝服务站，让青年深刻了解兴城电子商务行业发展概况、发展方向和巨大潜力，解决企业用工难和青年就业创业问题。

【助力脱贫攻坚工作】2016年，团市委整合社会各界资源，发挥企业资源优势，引导社会各界青年投身爱心公益事业。募集希望工程资金30万元，物资价值20万元。累计为贫困地区小学建设希望工程图书室、图书角等工作项目30余个，300余名家庭经济困难的中小学生得到资助。

【共青团改革工作】2016年，团市委成立兴城共青团改革工作领导小组，做好改革方案的宣传解读工作；推进“网上共青团”工作提质增效，加强青年之声、团属微博、微信建设；完善青少年综合服务平台建设，以团中央青少年综合服务平台落户兴城的有利契机，推动完善管理运行机制；推动“团干部直接联系青年”活动常态化开展；严把团员入口关，严格发展标准，规范入团程序，提升学生团员发展质量。

共青团兴城市委员会领导成员

书　记　马　磊（女）
副书记　张大鹏
　　　　王　滢（女，2016年12月挂职）

（董晶）

兴城市妇女联合会

【概况】2016年，兴城市妇女联合会下辖乡镇妇联19个，街道妇联9个，社区妇联29个，村妇代会237个，市直机关妇委会35个，妇女之家297个。年内，市妇联发放贷款 2464 万元，308 名妇女获得创业资金扶持；资助贫困大学生 9 人。

【“双学双比”活动】2016 年，市妇联按照实际、实用、实效原则，因地制宜加大对农村妇女知识培训、技能培训和素质培训，全年举办各类培训班 21 场次，培训妇女 3100 人次，推广致富项目 5 类 11 个，培养妇女致富带头人 9 个，妇女科技骨干 56 人，累计发放科技资料 3000 余份。

【“巾帼建功”活动】2016 年，市妇联联合市劳社局、人事局、总工会等单位在劳动就业大厅举办春风行动春季大型用工招聘会，提供就业岗位 107 个，达成就业意向 83 个，签订就业协议 42 个。举办电子商务培训班，各乡镇电子商务经营者及妇联主席参加培训 70 人。

【表彰先进】2016 年，市妇联在“三八”节期间开展评选表彰先进妇联组织、先进妇女之家、优秀基层妇联干部活动。授予郭家镇妇联主席陈娜等 10 人为优秀基层妇联干部；东辛庄镇妇女联合会等 10 个单位为先进妇联组织；宁远街道老马路社区等 6 个妇女之家为先进妇女之家。

【“最美家庭”评选】2016 年 3 月，市妇联举办上年度“最美家庭”表彰暨 2016 年寻找“最美家庭”活动启动仪式，为评选出的 10 户“最美家庭”颁奖，并向全市发出创建最美家庭倡议；9 月，向各乡镇、街道和市直妇委会下发《关于开展兴城市“最美家庭”评选活动的通知》，在全市范围内开展“最美家庭”评选活动，寻找“最美家庭”典型。

【权益维护行动】2016 年 3 月，市妇联组织市法律援助中心、市妇幼保健所、各乡镇街道妇联和市直妇委会，在兴隆大家庭广场开展维权周宣传活动，现场法律咨询、卫生保健咨询及心理咨询服务，集中宣传《中华人民共和国妇女权益保障法》、男女平等及反家庭暴力、劳动就业等生产生活方面的法律法规和优惠政策，发放各类宣传资料 2000 余份，现场咨询宣传 100 余人次。全年受理来信来访和来电信访案件 28 件，其中婚姻家庭类 11 件，劳动权益及社会保障类 14 件，其他类 3 件，受理率 100%，调处率 98%。

【“两癌”免费检查】2016 年，市妇联对乡镇妇联主席、项目负责人、承担检查任务的专业技术成员进行“两癌”知识培训，在乡镇卫生院门前悬挂宣传条幅，并制作通俗易懂的宣传牌。组织妇女观看“两癌”防治知识光盘 286 次，覆盖 4916 人。年内，完成乳腺癌检查 10241 人，宫颈癌检查 9695 人，其中 3 名“两癌”患病妇女得到省妇联每人 5000 元救助，2 名“两癌”患病妇女得到葫芦岛妇联每人 5000 元救助。

兴城市妇女联合会领导成员

主　席　魏冬娜（女）

副主席 吴 健（女，2016 年 6 月离任）
李晓楠（女，2016 年 10 月离任）

（徐铮）

兴城市残疾人联合会

【概况】2016 年，兴城市残疾人联合会抓康复、扩就业、攻扶贫、强基层、重民生，各项工作稳步推进。为残疾人提供量体裁衣式个性化服务，残疾人无障碍工程超额完成任务，残疾人满意度得到提升。残疾人基本服务状况和需求数据动态工作在全葫芦岛市获第二名。为兴城市图书馆捐赠图书 10 万册。年内，残疾人艺术家刘希哲、赵静良书画作品在辽宁省展览中获得二等奖。

残疾人基本服务状况工作培训会

【残疾人康复服务】2016 年，市残联推进残疾人康复体系建设，整合康复政策和医疗资源，调查走访 246 医院、市医院及各社区有康复需求的残疾人家庭。通过模拟流程、政策宣讲等方式发挥区域康复医疗资源服务残疾人的作用。提升重度残疾人居家生活品质，开展残疾人康复服务进家庭活动，为全市残疾人发放康复辅助器具，为贫困白内障患者减免复明手术费用，为贫困精神病患者免费服药。

【残疾人就业】2016 年，市残联实施残疾就业扶持工程。多渠道促进残疾人就业，完成居家灵活就业，扶持残疾人社区就业，扶持残疾人自主创业。组织残疾人就业援助月活动，组队参加辽宁省残疾人职业技能大赛。

【残疾人民生工程】2016 年，市残联关爱残疾人民生工程全面完成，阳光家园托养能力大幅提高。资助贫困重度残疾人，发放居家安养护理补贴，开展阳光家园，提高精神、智力、重度肢体残疾人生活适应能力。保障低收入残疾人家庭基本生活。发放低收入家庭特困专项生活补助，救助重度精神病患者，助残日走访慰问，救助贫困残疾孩子上学。

爱耳宣传日

【残疾人宣传】2016年，市残联扶残助残社会环境进一步改善，社会各界支持力度进一步加大。兴城电视台多次报道残疾人事业发展状态，主题宣传报道3月3日爱耳日活动和5月8日助残日走访活动、自闭症日看望爱心康复中心的自闭症孩子们等活动。

兴城市残疾人联合会领导成员

理事长　　陈维政（2016年3月任职）
副理事长　王　辉

（王丽萍）

兴城市工商业联合会

【概况】2016年,兴城市工商业联合会（民间商会）第七次会员代表大会召开，大会审议并通过第六届执行委员会所作的工作报告，选举产生第七届执行委员会领导机构。工商联引导会员参与“扶贫帮困献爱心”活动和公益活动。年初，组织30余名会员走访药王乡杜屯村慰问29户贫困户，捐助慰问金1.45万元。配合政府组织广大民营企业家为元宵节灯会捐款活动，捐款100余万元。年末，兴城市工商联获得“全省五好县级工商联”称号。

【重点企业座谈会】2016年，市工商联与市委统战部共同组织召开民营企业家座谈会，加强与民营企业的沟通、交流，听取民营企业家的意见和建议，研究加快民营经济发展，鼓励支持民营企业进一步提升质量、做大做强。兴城市委、市政府、滨海经济区管委会全体班子成员、21家政府职能部门主要领导、40位民营企业家参加座谈。

2016年12月26日，兴城市工商业联合会（民间商会）第七次会员代表大会召开

【开展“千企联千村·同走致富路”活动】2016年，市工商联按照中央、省市要求，组织开展“千企联千村”精准扶贫行动，帮助和协调18家企业与12个贫困村签订帮扶协议。实施“捐赠帮扶”“产业帮扶”和“就业帮扶”。全年，各企业投入帮扶资金43.2万元，实施产业帮扶3项，投入项目资金7470万元，帮助解决就业100余人。开展就业帮扶，鼓励和引导广大会员企业，增加资本投入、扩大生产规模，开展以商招商、以商引商和引导他人创业投资建厂的全民创业、全民招商活动。全年通过资本增加投入方式解决当地农民就业1000余人。

2016年8月26日，扶贫对接仪式举行

【开展“组团式服务进企业”活动】2016年，市工商联组织部分工商联副主席、执委和工商联法律维权中心资深律师等组成服务团队，深入到全市非公企业40余次，进行多元化、精细化、个性化服务，帮助解决众多企业需求和急待解决的实际问题。协调鼎新集团洽谈投资光伏发电项目。组织泳装、服装加工等行业部分企业家，赴义乌、晋江对服装加工业企业融投资、嫁接全球资源、转型升级等进行考察和洽谈业务。推进项目帮扶，引导鼎盛置业有限公司投入6000万元在帮扶村三头村建设黄家湾生态旅游休闲项目开发。引导玄宇食用菌有限公司在帮扶村绿化村建设大棚养殖项目。

【民营企业家守法诚信活动】2016年，市工商联根据省委、市委统战部、工商联统一安排部署，结合兴城实际，深入开展兴城民营企业家守法诚信教育实践活动。制定《兴城市非公有制经济人士守法诚信教育实践活动实施方案》，明确参加主体和具体活动内容。6月13日，采取以会代训加座谈的新形式，组织召开以守法诚信为重点的非公有制经济人士理想信念教育实践活动动员会。采取主席、副主席分片包干形式，从7月初开始，分别指导各分会、商会结合实际，相继召开民营企业家守法诚信教育实践活动会，进一步促进全市民营企业家守法诚信教育实践活动的开展。7月1日，组织部分党内非公经济人士举办庆祝中国共产党成立95周年“守法诚信廉洁自律”座谈会。与新闻媒体合作，专门设立企业家风采专栏。围绕“守法诚信、廉洁自律”主题，介绍广大非公经济人士和企业，展现全市广大民营企业家守法诚信的经营理念。

【产业帮扶】2016年，市工商联做大服装加工业的产业优势，为新农村发展服务。

利用下辖的泳装商会和沙后所服装商会两个平台，引导广大企业从人才、技术、资金方面向农村倾斜。年内，在商会带动下，产业不断壮大，从沙后所、东辛庄、曹庄、羊安等城郊乡镇和企业集中地，迅速向全市辐射，小型加工厂和加工作坊延伸到三道沟、药王等偏远山区乡。为帮助农村企业发展，各商会班子成员经常组织会员带领高层次管理和技术人员，深入到农村企业和加工作坊，帮助解决生产经营中遇到的困难和问题。

兴城市工商业联合会领导成员

主　席　李秋艳（女，2016年12月任职）
党组书记、常务副主席
赵云山（2016年12月离任）
李文政（2016年12月任职）
专职副主席　王建忠（2016年12月离任）
石宏声（2016年12月任职）
副主席（不驻会，姓氏笔画排名）
马世宇　王秀娟（女）　王学文
王艳红（女）　刘彦芳
李玉莲（女）　李纯明　李宝武
李海峰　杨卫东　张　新
张丽娟（女）　陈志强
陆丽君（女）　赵云成
彭德武
秘书长　石宏声（2016年12月离任）
于　帅（2016年12月任职）

民间商会第七届领导成员（姓氏笔画排名）

会　长　李秋艳（女）
副会长　李文政（驻会）　石宏声（驻会）
（不驻会，按姓氏笔画排名）
马世宇　王华宝　王秀娟（女）
王学文　王宝兰（女）
王艳红（女）　毛忠良
石忠厚　刘彦芳
刘雪艳（女）　苏东瀛
李玉莲（女）　李纯明
李宝武　李海峰　杨卫东
张　新　张丽娟（女）　陈志强
陆丽君（女）　郑兴刚　赵云成
彭德武
秘书长　于　帅

（于帅）

兴城市归国华侨联合会

【**概况**】2016年，兴城市归国华侨联合会把为侨服务、维护广大归侨侨眷的合法权益放在第一位，秉承“参政议政、维护侨益、海外联谊、群众工作”工作职责，以《中华人民共和国归侨侨眷权益保护法》为依据，把凝聚侨心、汇聚侨智，发挥侨力作为重点工作来抓。年初，市侨联与云南云投生态环境科技股份有限公司（上市公司）建立联系，并于1月和6月先后两次邀请该公司副总经理到兴考察，拟定多项兴城古城项目投资意向。

【**为侨服务**】2016年，市侨联为侨眷办实事解难事，搞好侨界扶贫帮困、走访慰问工作，发挥凝聚侨心作用。全年接待归侨侨眷来访、帮助其解决实际问题16件次。市侨联先后多次深入到各乡镇、街道等处，调查了解归侨侨眷的工作生活情况。针对个别侨眷生活条件较差、患有重病等实际情况，省及葫芦岛、兴城两市侨联在春节前夕为全市生活困难侨眷发放帮扶慰问金1万元。同时，经常到生活负担较重的侨眷家中，了解归侨侨眷的生活状况，及时提供致富信息，鼓励其依靠科技手段脱贫致富。

【**侨情普查**】2016年，市侨联为了准确掌握全市侨情变化情况，充分发挥侨务资源在资源配置中的作用，采取多种形式全面开展侨情普查工作。通过下基层调研和播发“侨情普查通知”、手机、电话联系等多种方式在全市开展侨情普查工作。历时2个多月,普查到全市归侨侨眷有1450户、5010人，海外侨胞422人。兴城市海外侨胞主要居住在美国、英国、日本、加拿大、新加坡、朝鲜、澳大利亚、泰国、法国、韩国、新西兰等国家。

【**侨法宣传**】2016年，市侨联重视侨法宣传工作，把宣传《中华人民共和国归侨侨眷权益保护法》及其《实施办法》等法律法规及有关文件精神作为侨联工作的一项长期工作内容，先后利用电视台、电台、网络等新闻媒体大力开展宣传活动，在全市积极营造尊侨护侨氛围。

兴城市归国华侨联合会领导成员

主　席　吕　英

副主席　赵月春

（赵月春）

兴城市红十字会

【**概况**】2016年,兴城市红十字会弘扬“人道、博爱、奉献”的红十字精神，认真履行红十字会各项职责。在全市范围内大力开展红十字知识竞赛、应急救护培训、逃生避险等丰富多彩的红十字青少年活动。5月8日“世界红十字日”在全市中小学开展“2016年全国红十字青少年防灾避险知识竞赛”，全市22000人参赛，有23个参赛组织获得中国红十字总会颁发的荣誉证书，其中一等奖7个，二等奖6个，三等奖10个。年内，市红十字会获中国红十字总会颁发的“最佳组织一等奖”。在葫芦岛红会系统的绩效考核活动中成绩再次位居第一。在中国红十字总会的报刊宣传工作中获三等奖。

【**红十字宣传**】2016年，市红十字会采取多种形式，形成立体宣传格局。通过各媒体宣传红十字精神，兴城市电视台新闻频道9次报道红十字会；报纸报道相关信息10篇（《葫芦岛晚报》2篇、《葫芦岛日报》1篇，《葫芦岛日报·兴城新闻》7篇）；向市委办、政府办、市机关工委报送信息23条；在红十字会网站发布相关活动信息

20条。充分利用"世界红十字日""防灾减灾日"等纪念日开展宣传活动。与市科协、妇联、团委等部门紧密合作，通过举办广场宣传、座谈会、社区服务等活动发放红十字知识宣传单5000份，大病救助宣传单1000份，艾滋病预防宣传册500册，提高社会公众对红十字会工作的知晓率和认知度。组织中小学、社区、红十字家园等红十字志愿者，走上街头宣讲自救互救、防灾避险等知识；组织冠名医疗机构的医务人员走进社区、乡村开展义诊，为当地群众送去健康。与市综治办、摄影家协会、辽核总院联合举办"健康杯"摄影大赛。

【人道救助工作】2016年，市红十字会在"博爱送万家"活动中，争取上级配发的605袋大米，605桶食用油，分别下发给27个乡镇、街道生活比较困难的群众，受益百姓1210人。自筹款项1.4万元购置40袋大米、40桶食用油，分别发放给碱厂乡和红崖子镇的20户特困家庭，同时发给每户慰问金500元。对32位到会求助的贫困群众给予一定的救助。整个活动款物共计6.4万元，受益430户，受益人数达1270人。全年资助贫困学生281人，资助金额共计44.53万元。7月20日，市红十字会与葫芦岛市红十字会领导第一时间赶到受灾严重的碱厂乡进行灾情核实评估，将省里的救灾棉被120床、毛毯120条，总价值28800元的物资，发送给受灾严重的碱厂乡。为2名先天性心脏病贫困患儿申请沈阳武警医院免费心脏手术；同时为2名血液病儿童争取到国家红十字总会的小天使救助基金每人3万元；4名患儿申请省红十字会基金救助。

义卖义捐活动启动仪式

【红十字项目】2016年，市红十字会在葫芦岛市红十字会的帮助和支持下，成功申报四家村"红十字大家园项目"，建立应急避险培训基地、红十字书屋、文化广场等。成功申报国家红十字总会生命健康安全教育项目，9月12日在市南一小学举行项目启动仪式。全年，市红十字会在建海社区、老干部局、安居小区、温泉街道欣和园开展救护员培训班12期，培训学员800人，在南一小学开展2期亲子讲座，培训学生和家长1000人，40个班2000人的学校安全教育与体验活动工作完成。10月15日，组织红十字北斗救援队在建海社区进行群众性地震逃生救援演练活动，进一步推进兴城市红十字防灾减灾知识的普及，提高社区居民防震避险和自救互助应对能力。10月16日，在建海社区开展生命健康安全教育项目主题宣传活动，发

放宣传资料1000余份。为辽宁工程技术

红十字北斗救援队演练

大学成功申报中国红十字青少年生命健康安全教育项目，推动宣传预防艾滋病等健康知识。

【“三献”工作】2016年，市红十字会组织开展“三献”工作（义务献血、捐献造血干细胞、人体器官捐献）。8月8日，卢

人体器官捐献工作推进会

默在北京空军总医院为1名外国人成功捐献造血干细胞。卢默为兴城市第1例、葫芦岛市首例涉外造血干细胞捐献者。清明节期间，发放器官与眼组织捐献手册1000余份。向各机关发出《致全市广大党员干部的倡议书——器官捐献，生命永续》文件。在清明节前夕做一期有关器官捐献的百姓访谈节目。年内，市红十字会为了更

兴城市首例造血干细胞捐献者赴京欢送会

好地推动全市器官捐献事业发展，联合市文物局向人体器官（眼组织）捐献志愿者免费开放兴城文庙和古城。

5月8日“世界红十字纪念日”在兴隆大家庭门前举行“三献”活动，献血量9300毫升，发放宣传单、册1000余份。全年，有3人成为遗体捐献志愿者并在公证处公证，3人成为器官捐献志愿者。

【红十字培训】2016年，市红十字会参加葫芦岛市红十字会师资复训4人，在市医院培训助教47人，成立一支技术过硬的助教专家库。在市医院培训的助教采取“新老师资结对子”“先考核后上岗”等形式强化师资培训。对兴城市一、二、三高中新生培训3期，3570人取得救护员证。开展红十字北斗救援队培训活动，培训队员22人，成为全市应急救护、抢险救灾队伍。

兴城市红十字会领导成员

会　长　　王月娟（女）
常务副会长　李秋艳（女，2016年12月离任）
秘书长　　田俊仁

（张丽君）

兴城市科学技术协会

【概况】2016年，兴城市科学技术协会围绕“节约能源资源、保护生态环境、保障安全健康、创新创业、科技惠民”等工作主题，主动开展科普宣传工作。利用学校、街道、社区等科普阵地组织专项科普宣传教育活动20余次。为整合科普资源，以企事业单位创新需求为导向，以两院院士及其团队为核心，依托省内研发机构，联合进行科学技术研究的高层次科技创新平台建设工作。加大院士专家工作站建设力度，历时20余日，建立葫芦岛地区第一家院士专家工作站。打造院士与企业合作新平台，推动科技与经济结合，带动地方和企业项目实施、基地建设、人才培养的一体化，推进科技合作的组织化、制度化、长效化。

【科普宣传】2016年，市科协开展群众性、社会性主题科普活动，把优质科普资源更多地引向农村、社区和中小学校，引入基层，组织开展全国科普日系列活动。以“心脑血管的疾病预防”为主题，开展社区百姓大讲堂活动。通过食品安全知识宣传和讲座活动，增强公众的食品安全意识，提高公众的食品安全防范知识，有效预防影响食品健康的疾病。发挥科协优势，通过各种有效的科技手段加大科学技术的普及推广力度，开展“科普之冬”“科技活动周”“科普惠农兴村”、“建家创优工程”等活动，设立科普益民服务站，提高公众的科技意识和水平。整合社会资源，发挥科协网站和科普橱窗的普及宣传作用，通过网络、报纸、科普期刊、展示会、光盘、科普画廊、农超对接等手段，把专家、农民、技术及产品与需求紧密结合起来。

【特色科普】2016年，市科协以特色科普活动为载体，营造全民参与的良好科普氛围。针对科学普及的五大群体，开展科普进广场、科普进校园、科普进农村、科普进社区、科普进企业活动。在宁远广场摆放节能减排、低碳生活、反对邪教等内容的科技展板，邀请科技人员现场开展技术指导、咨询、义诊服务和发放科普资料。以核电讲座、悬挂科普挂图展板等方式，在实验小学开展防灾减灾科普宣传及防震避险应急演练。在三道沟乡为村民讲解老年病的防治。在锦绣社区开展中医心脑血管保健讲座，讲解伪科学及保健器材鉴别常识，为社区群众义诊，传授防病保健等有关医学知识。在园区企业为企业职工讲授申请专利的相关法律知识。9月全国“科普日”期间，在宁远广场举办“蓝天碧水，绿色兴城”全国科普日启动仪式晚会。

【青辅协工作】2016年6月，市科协组织青辅协会员到葫芦岛科技馆参加科普剧和科普秀的剧本创作指导培训。并组织全市科技辅导员观摩葫芦岛市第四届“核电杯”青少年科学表演赛，教师们教学水平通过培训和观摩学习得到提高。

【“中国流动科技馆”活动】2016年9月，市科协组织开展以“体验科学”为主题的“中国流动科技馆”活动。活动得到中国科协、财政部、省科协、葫芦岛市科协的大力支持，10月11日，“体验科学”中国流动科技馆兴城巡展活动在市二高中体育馆启动。辽宁省科技馆副馆长吕宪杰、辽宁省科技馆科普大篷车工作部部长李绍杨、葫芦岛市科协副主席刘毅、兴城市委副书记陈国民、兴城市全民科学素质领导小组成员单位主管领导与南一小学500余名师生代表一起参加启动仪式。兴城市40余所中小学校的学生参观科技展，参观人数达2万余人。

【科普校园行活动】2016年，市科协利用科普大篷车为载体，做好校园科普活动。贴近生活、启发智力，营造学、爱、用科学的良好氛围。年内，利用科技周、科普日活动，相继开展“流动科技馆”进校园、科普秀排练演出、科普实验课等活动，参与师生6000人，发放纪念品2000余份，使学生了解节约能源资源、保护生态环境、防灾减灾、保障安全健康等方面的科学知识，培养低碳意识和热爱发明创造的科学发展观念，推进未成年人科学素质的提高。

【科技创新大赛】2016年，市科协推动青少年科普教育深入开展。在“第31届辽宁省青少年科技创新大赛”中，葫芦岛市中小学共获得金银牌11枚，兴城市高家岭满族乡中心小学独得8枚。六年级学生高崇发明的“脉冲迷雾植保机”获发明金奖，五年级学生杜孟哲发明的“防止被忘锁于车内安全校车”获发明金奖。高家岭满族乡中心小学被评为“辽宁省青少年科技教育创新学校”。

【农业科普活动】2016年，市科协全力推进送科技下乡系列活动，先后成功举办“放心农资下乡”“农技知识进农家”“科技三下乡”等大型送科技下乡活动。4月，市科协参加读书节活动，到南大乡赠送图书3000余册；5月，开展“科技书屋进农村”活动，利用农村集市，向村民发放《家庭应急手册》《新农村安全生产生活手册》《主要农作物科学种植技术手册》等科普图书8000余册，惠及全市13个乡镇。

【农业科技示范样板】2016年，市科协改变以往以培训为主的工作方式，注重科技成果的推广和使用。4月，联合沈阳大光科技公司、省农委“12316”首席专家姜大光到碱厂乡、红崖子镇为农民进行花生高产新技术培训讲座，并在碱厂乡、红崖子镇建立花生科学示范田，跟踪指导农户利用新技术种植花生。7月，市科协随大光科技公司对花生示范田的花生生长情况进行对比、记录、考察，做好档案记录。9月，市科协邀请兴城市农业技术推广中心副主任、研究员级高级农艺师王艳霞对花生示范田花生进行测产、评估，最高每亩增产达到94公斤，农民每亩增收200多元。

【城镇居民科普教育】2016年，市科协在科技周、科普日活动期间，积极开展科普进社区活动，各社区形成科学、文明、健康的社会风尚。在锦绣社区、兴海桥社区等多处组织“节约能源资源、保护生态环境、保障安全健康”“心脑血管保健”等知识讲座12场，加强社区科普学校和阵地建设，增强居民疾病防控意识。

【公务员科普教育】2016年，市科协开展促进领导干部和公务员科学素质提升工作，利用手机短信、微信平台、网站等新型媒介，传播科学知识，提高其科学素养。截至年末，发送科普短信100余条，微信信息300余条，普及人群3000多人，网站的浏览量达到55000人次。

兴城市科学技术协会领导成员

主　席　李春生

副主席　高桂秋（女）

（李赛）

兴城市文学艺术界联合会

【概况】2016年，兴城市文学艺术界联合会有直属会员单位14个，其中9个协会分别为作家协会、曲艺家协会、书法家协会、美术家协会、摄影家协会、音乐家协会、舞蹈家协会、戏剧家协会、民间文艺家协会，5个学会分别为老年书法家学会、历史文化学会、收藏家学会、诗词楹联学会、手风琴学会，企业文联为辽宁省核工业总医院（原核工业二四六医院）文联。年内，市文联组织安排多场文艺活动，主要有“送文化三下乡活动”“义写春联”“送春联、年历到困难户”“送书下乡”、开展兴城市文艺志愿服务基层行系列活动。

2016 年 2 月 22 日，兴城市文学艺术界元宵节联欢会召开

【文联机关活动】2016 年，市文联组织多名文艺志愿者赴全市 9 个乡镇巡回演出，宣传农村淘宝政策。1 月 18 日，文联组织筹划将 1000 多件书法、工艺品葫芦、剪纸、泥塑、木雕、根雕、花丝线等工艺品上架布展。2 月 3 日，文联参与策划编导一年一度的兴城春节联欢会，各协会文艺骨干参加演出。结合元宵节，文联组织《百花迎春》联欢会于 2 月 22 日在兴城人民会堂举行。2 月 23 日，文联编辑的《幸福兴城》出版，收录 4 次创建文明城市获奖征文的优秀作品近百篇。组织全市文艺志愿者“深入生活，扎根人民”文艺服务基层行活动，在“五一”前夕，举办“走进兴城市水泵制造有限公司”专场文艺演出，文艺志愿者会员为工人表演歌曲、二胡、舞蹈等节目。为了落实省委宣传部、省文联提出的《“唱响中国梦、舞出我精彩”迎“七一”党的生日百姓健康舞活动》的通知精神，5 月 28 日，百姓健康舞蹈培训班在市体育馆举行，全市 100 余人参加。7 月 23 日，兴城“城市之窗”青少年才艺大赛在兴城大红门拉开战幕，168 名选手参赛；7 月 30 日，评出一等奖 4 名，二等

庆“五一”专场文艺演出

奖6名，三等奖8名，优秀奖22名。为庆祝兴城市第七届党代会，市文联组织策划并举办兴城风光摄影展，展出兴城风光摄影作品66件。8月8日，由市体育局、市文联、时讯社、广播电视台共同举办的兴城第二届全民健身展示成果展演在全民健身中心举行。8月16日，亚洲万人徒步大会暨兴城风光摄影展新闻发布会在北京新闻大厦举行，展出作品60余幅。8月29日，兴城市“农村商业银行杯”城乡文艺会演在银象宁远城拉开帷幕。全市20多个乡镇、街道、民间文艺团体代表队参加比赛，有100多个节目参赛，18个节目获奖。11月17日，兴城市庆祝红军长征胜利80周年暨乡镇文艺会演颁奖联欢会在兴城人民会堂召开。

兴城市“农村商业银行杯”城乡文艺汇演

【书法家协会】2016年2月2日，兴城市书法家协会组织15位书协骨干会员走进兴城兴隆大家庭，为前来购物的广大顾客义务书写春联200余幅。2月4日，组织8名骨干会员为市直机关干部义务书写春联300余幅。4月12日，第十届书法临帖作品展在宁远书院开幕，展出作品110件。6月1日，“关爱明天，普法先行”兴城市中小学生书法大赛在宁远书院开幕，展出作品85件。

【摄影家协会】2016年1月4日至8日，兴城市“农商银行杯”第十届摄影艺术展在兴城人民会堂隆重展出。同时，为了弘扬体育精神，促进兴城全民健身事业的发展，举办“兴城农商银行杯”兴城第二届精彩健身瞬间优秀摄影作品大赛，评出一等奖2个，二等奖4个，三等奖9个，优秀奖65个。7月1日，为庆祝中国共产党成立95周年，举办辽核总医院“健康杯”兴城摄影大赛颁奖仪式。大赛收到作品1000余幅，评出金奖2名、银奖4名、铜奖11名、优秀奖83名。举办辽宁核电杯“爱护家乡环境、造福兴城人民”摄影大赛。摄影大赛征稿历时1年，收到作品500余幅,有16幅作品分别获金、银、铜奖。作品从不同侧面反映兴城城市建设、城市风光、古城、温泉、首山、觉华岛、海滨、兴城河、湿地等四季风光及辽宁核电风光、建设者风采。

【作家协会】2016年1月18日，由贝瓦儿歌（KIDS'CHOICES）主办的中国首届“儿歌盛典”在北京水立方拉开帷幕。著名儿童文学作家、诗人樊发稼、尹世霖、张春明、盖尚铎应邀出席“儿歌盛典”活动。年内，杜志刚、李季当选辽宁省作家协会会员（2015年度）。周锦文当选中国作家协会2016年新会员。8月14日，兴城市作协与兴城农商行组织文化采风活动。在滨海经济区，参观泳装国际仓储中心8000多平方米的库房。同时，到玄宇食用菌繁育基地采风，参观“灵芝”大棚和深加工车间。

【**舞蹈家协会**】2016年1月31日，兴城市舞蹈家协会、体育舞蹈协会在绿园大众舞厅举办迎新春联欢晚会，市文广局、市文联、市体育局领导应邀参加晚会。3月27日，市舞蹈家协会在银象宁远城举行百姓

百姓健康舞

健康舞会演，近500余名舞蹈爱好者参加。4月23日，舞蹈家协会全体成员组织兴城各艺术团和各广场领队到兴城海滨采风，现场教跳新版百姓健康舞。5月8日，市舞蹈家协会在兴隆大家庭广场举办“靓妈上场舞动精彩”庆祝母亲节大型百姓健康舞展演活动，有28个广场舞队、600多人参加演出。兴城市文艺志愿者响应中国文联、中国文艺志愿者协会的号召，于5月29日，在华商广场举行“到人民中去”专场文艺演出。8月11日，舞蹈家协会送文艺下乡到南大乡前五台村，指导村舞蹈队学习百姓健康舞。

【**音乐家协会**】2016年6月22日，市音乐家协会主席团召开会议，筹备“歌声飘过那些年”专场音乐会。8月9日晚，庆祝中国传统情人节——七夕，在兴隆大家庭一楼举办“爱的歌会”，有32名选手参加，活动设一等奖1名，二等奖2名，三等奖3名。

【**美术家协会**】2016年7月16日，兴城市美术家协会在兴城体育馆举办“小童心·大艺术”兴城市首届艺术节儿童画展，展出儿童作品545件。年内，为繁荣兴城美术事业，提高全市美术家协会会员的创作能力，美术家协会会员于10月10日至14日赴绥中加碑岩采风。

【**诗词楹联学会**】2016年1月27日，兴城市诗词楹联学会年会暨“兴城农商行杯”有奖征文颁奖会在兴城市政协五楼会议室召开。3月8日，兴城市诗词楹联学会会长张志友、副会长郭欲仑等到四家村参观民俗建筑。6月12日，兴城市张志友加入中国诗歌学会，成为中国诗歌学会会员。6月26日，市诗词楹联协会到海滨乡台里采风。7月19日，张志友的诗集《乡愁》由燕山大学出版社出版。

【**历史文化学会**】2016年，兴城历史文化学会举办的“纪念中国人民抗日战争暨世

界反法西斯战争胜利70周年”征文活动揭晓。评选出一等奖3名，二等奖5名，三等奖10名，优秀奖15名。9月21日，召开会长办公会议，通报上半年学会在学习交流、社会活动、文史考察、文史宣讲等方面的主要工作，并就下一步深入基层文史考查，搜集整理相关历史资料，编辑出版徐大堡镇文史专刊等项工作进行研究。

【戏剧家协会】2016年6月29日，兴城市戏剧家协会到葫芦岛兴城光荣院慰问老红军、抗美援朝老兵、老战斗英模、老党员，送去精彩文娱节目。

【曲艺家协会】2016年8月7日，兴城市曲艺家协会在银象宁远城成功举办第二届少儿曲艺大赛。报名人数近100人，选出18名选手进入决赛。

【手风琴学会】2016年，兴城市手风琴学会应邀派团队参加辽宁省第八届“佰笛杯”手风琴锦标赛，获优秀展演金奖。学会会长冯家齐被特聘为大赛青年演奏组评委。市文联获优秀单位组织奖。

【民间文艺家协会】2016年9月9日至13日，兴城市民间文艺家协会副主席王峰在沈阳国际会展中心参加东北三省旅游文化工艺精品展暨第十六届中国沈阳国际农业博览会。

【收藏家协会】2016年10月2日，兴城市收藏家协会在兴城市爱心儿童特殊教育学校教室举行玉石佩件让利展卖献爱心活动。将让利展卖所得部分400元，当场捐给兴城市爱心儿童特殊教育学校。

兴城市文学艺术界联合会领导成员

主　席　李　丹

副主席　赵　嵩

秘书长　魏　民

（李丹）

中国国民党革命委员会葫芦岛市委员会兴城市支部

【概况】2016年，中国国民党革命委员会葫芦岛市委员会兴城市支部集中组织学习《中华人民共和国反分裂国家法》《中国国民党革命委员会章程》《中共中央关于进一步加强中国共产党领导的多党合作和政治协商制度建设的意见》，坚定广大党员政治责任感和历史使命感。年内，民革兴城市支部对药王乡4名困难家庭学生进行资助，为郭家镇贫困户捐款6000元。

【党员本职工作出色】2016年，民革兴城支部党员立足岗位，以实际行动为社会作贡献。李翠翠工作成绩突出，被组织上提拔为兴城实验小学主任；新党员宋健被组织部门提拔为兴城市农村土地承包仲裁办公室主任；市民营企业家陈志强为低保人员和失学儿童捐款、捐物。

中国国民党革命委员会葫芦岛市委员会兴城市支部领导成员

主　委　吕　伟（女）

副主委　侯玉环（女）　苏登科

（卢国境）

中国民主同盟兴城市总支部委员会

【概况】2016 年，中国民主同盟兴城市总支部委员会发挥参政党作用，开展社会服务、引资引智和爱岗敬业等活动，鼓励和引导盟员勤奋工作，为盟增光。年内，开展教师节和重阳节医疗义诊咨询服务；开展文化、法律、心理咨询进社区活动，扩大与社区共建的服务面。

【第二次盟员大会】2016 年 10 月 14 日，民盟兴城市总支部召开第二次盟员大会，

2016 年 10 月 14 日，民盟兴城市总支部第二次盟员大会召开

选举产生新一届总支部委员会成员，王月娟、赵霄循、郭海英、董芳芳、程东浦当选为第二届总支部委员会委员。兴城市副市长、盟员王月娟当选为兴城总支部委员会主任委员。

中国民主同盟兴城市总支部委员会领导成员

主　委　张亦喆（女，2016 年 10 月离任）

　　　　王月娟（女，2016 年 10 月任职）

副主委　赵霄循　郭海英

（程东浦）

中国民主促进会葫芦岛市兴城基层委员会

【概况】2016 年，中国民主促进会葫芦岛市兴城基层委员会在葫芦岛市、兴城市两级政协全会期间共提交提案 14 件，全部立案。全年递交社情民意信息 170 条，新闻信息条在辽宁民进网站发表 1 条，在葫芦岛政协网站发表 22 条。3 名委员被民进辽宁省委评为 2016 年参政议政工作先进个人。年内发展会员 2 名。

【民进参政议政主题年】2016 年 4 月 14 日，民进兴城基层委员会参政议政事迹宣讲活动在兴城市政协四楼会议室举行。活动由民进葫芦岛市委主委刘德兴主持，兴城基层委员会主委纪红茹介绍基层委员会特色工作，3 名优秀信息员就各自参政议政事迹进行宣讲。民进辽宁省委驻会副主委赵佼在会上讲话。

【社会服务】2016年，民进兴城基层委员会于春节、重阳节期间看望兴城市刘台子乡前刘村98岁抗战老兵方焕章和绥中县东大老年公寓抗战老兵陈瑞麒，送去营养品、米面油等慰问品。8月27日，民进兴城基层委员会到兴城市第一高级中学开展“爱心圆梦”助学活动。看望从药王中学刚刚考入该校的贫困学生张启慧和李月，每人送去1000元助学金。民进兴城基层委员会与药王中小学开展为期8年“爱心圆梦”助学活动，第一轮资助的学生全部进入高校，年内资助药王乡贫困学子5名。

中国民主促进会葫芦岛市兴城基层委员会领导成员

主　委　纪红茹（女）

副主委　张　伟（女）　范国志

（纪红茹）

中国农工民主党兴城支部委员会

【概况】2016年，中国农工民主党兴城支部委员会党员20名参加各项活动10余次，提交社情民意信息20份。李海峰被省委宣传部评选为“辽宁好人·最美振兴发展带头人”，齐向明获批辽宁省教育厅人文社会科学项目和“一三五”规划科研项目各1项，并指导学生获得辽宁省“创青春”创业大赛金奖。

【社会服务】2016年，农工党兴城支部开展“送医送药下乡活动”2次，组织心内科、外科、眼科等市内医疗专家20余位、护理人员10余位，携带血压计、血糖仪、心电图等便携式仪器，为村民进行免费体检和诊断。免费发放价值5000余元药品，累计体检、诊断150余人次。在药王乡杜屯村开展植树活动，与村党支部共建文化广场，捐助3名贫困大学生6000元。

中国农工民主党兴城支部委员会领导成员

主　任　李秋艳（女）

副主任　王艳霞（女）　刘彦芳

（任磊）

地方武装

人民武装

【概况】2016年，兴城市人民武装部以推动强军目标在基层落地生根为着眼，以能打仗、打胜仗为目标，强信念、练打仗，促准备、保稳定，出色完成民兵整组、军事训练、兵员征集、正规化建设、抢险救灾和支援地方经济建设等各项工作任务。

【政治工作】2016年，市人武部开展“学党章党规、学系列讲话，做合格党员”和“改革强军”主题教育，研究讨论“新体制、新职能、新使命”和“政治工作发挥生命线作用”新课题，突出以政治规矩和政治纪律为底线的党性觉悟。先后8次组织集中学习讨论习近平主席“七一”重要讲话和中共十八届六中全会精神。7月1日，到兴城烈士陵园缅怀先烈，重温入党誓词。针对军委《意见》明确的12个重大是非问题进行讨论辨析，每名党员撰写对照检查材料，集中组织观看8集大型反腐败教育片《永远在路上》。

【双拥共建】2016年，市人武部协调驻兴部队在捐资助学、扶贫帮困、新农村建设上捐资捐物5万元。组织部队开展送医送药送温暖“三下乡”活动，走访慰问7个乡镇的5个敬老院、1个新农村示范村、13个困难家庭和20余户“三老”军人，为157名老人做体检。维护军人的合法权益，先后为758名复员军人核实身份，帮助落实相关待遇。协助教育部门为32名军人子女落实中考加分政策，完成150余名报考军校和国防生政治考核工作。

【军事工作】2016年，市人武部投资10余万元购买各种应急应战战备物资，完善战备设施配套，人武部战备库室被军分区确定试点观摩单位。完成军分区赋予的3大类55支分队2490人的民兵整组任务。海上民兵侦察分队的编组做法得到省军区和军分区首长的肯定。组织民兵参加辖区嘉

战备执勤分队训练

山和东砬子山等7次山火扑救和“7·20”“7·25”两次抗击洪涝灾害行动，扑灭山火33余公顷，转移受困群众800余人。按照能打胜仗的要求，高标准完成海上民兵侦察分队编组任务，配齐配强装备物资。

民兵应急机动分队紧急出动演练

【从严治军】2016年，市人武部在坚持正规的一日生活制度基础上，每天早上对全天工作进行筹划部署，每天下午对保密载体、车辆派遣、值班日记登记等落实情况进行检查。落实每周学习1次条令法规，每月进行1次考核，每季度进行1次学习讲评制度，不断用条令法规督促干部职工遵规守纪。跟进学习军委国防动员部和省军区安全稳定工作电视电话会议精神，系统研学国防动员部管理规范性文件，对人武部日常管理进行重新规范。先后3次集中对人武部安全隐患进行大排查，发现并整改问题隐患29个。

民兵应急分队培训

兴城市人民武装部领导成员

部　长　吴玉勇（2016年7月离任）

党委第一书记　赵家鹏（市委书记兼）

政治委员　孟凡华

副部长　魏春岩

（陈诗宇）

人民防空

【概况】2016年，兴城市民防局按时完成电台的通信联络任务，警报鸣响率100%，完成人防七种专业队伍整组工作，被葫芦岛市委、市政府，葫芦岛军分区评为爱国拥军模范单位。

【抓好人防宣传教育】2016年，市民防局深入开展人防知识进校园、进机关、进党校、进社区、进企业“五进”活动，完成对初级中学学生的防空知识教育。利用“9·18”警报试鸣日，组织人员上街开展人防知识宣传活动；利用广播、电视等大众媒体，加强人防知识的对外宣传。

【**指挥通信体系建设**】2016年，市民防局更新一批老旧设备，增设统控系统，提高新时期民防通信水平，完善《兴城市防空袭预案》，制定兼顾防灾要求的防护措施，有效应对现代化战争和重大灾害事故的能力。加强防空防灾应急演练，提高全民自救互救能力。

兴城市民防局领导成员

局　长　王光辉

副局长　沈文丽（女，2016年6月离任）

　　　　裴文海　王　峰

（刘敬）

·小资料·

兴城古城——将军府

兴城古城内东南隅有一座保存完好的四合院，其东侧有一座花园，总占地面积约4000平方米，这就是郜师长住宅，人称郜家住宅。属于省级文物保护单位。

郜师长名郜汝廉，字浚泉，生于1875年，卒于1961年。他是兴城西关人，早年参军，先在直系，后来在张学良将军部下，曾任东三省镇威军第三、四方面军中将参谋长，东北军第十一师师长等职。“九一八”事件变前解甲归乡，于宅园内创办斌英女子中学。日伪统治时，面对日伪当局的威逼利诱，托病不出，拒任地方官吏。1955年，他被辽宁省政府聘为参议室参事。1956年，周总理在接见他的时候，称赞他辞官隐居，不为日本侵略者利用，不做伪满官吏的高尚情操和民族气节。

郜家住宅南有照壁，长10米，上面堆塑的丹凤朝阳等图案依然精美。门房五间，大门洞在中间，黑漆木门两扇，门旁原有石狮，现仅存石座，门墙上部砖雕细腻，但有少部破损。门房建于青灰石的台阶上，青砖起脊大瓦房，带有几分威严。院中一道青砖起脊花墙，中间用板瓦砌成图案，正看是铜钱连贯，侧看是朵朵四瓣花序。花墙正中是二门，门北是第二进院，正北是正房五间，中间三间出廊抱柱，两侧长方形窗户，上部半圆形，外围砖雕及堆塑的图案极具民国建筑特色。前墙下贴以彩色瓷墙，光彩夺目。正房下两侧有厢房各三间，均为青砖起脊大瓦房。院内芙蓉树高大，芳草凄凄。从东墙小门可进入郜家花园，称“幺园”。园中有八角凉亭、假山，以及辽西最大的一株银杏树、养鱼池、古槐树、古柳树等。

法 治

政法委及综治

【概况】2016年，兴城市政法各部门司法体制改革、网格化管理工作取得新成效，完成全国“两会”、中共十八届六中全会等一系列重大节点的安保维稳和信访稳控任务。全市政法各单位开展“两学一做”“四讲四有”“学习毛丰美专题活动”和干部教育培训活动。编写兴城法学论文选编。

【社会稳定风险评估工作】2016年，是辽宁省社会风险稳定评估推进年，市委政法委维稳办公室在上年的基础上，进一步健全由各相关职能部门参与的社会稳定风险评估机制，继续加强项目报备工作，强化专家队伍建设，完成13个工程项目的社会稳定风险评估。

【破解进京非访难题】2016年，市委政法委按照省委、省政府提出的抓实“两套机制”、落实“两项措施”、解决“两个一批”的工作要求，在化解非访工作中坚持“四个到位”，即诉求合理补偿到位、困难帮扶救助到位、说服教育挽救到位、依法打击处理到位。充分整合公、检、法三部门力量，维护信访秩序。全市进京非访1案次，没有长期滞京信访人员。

【矛盾纠纷化解】2016年，市委政法委完善司法调解、行政调解、人民调解联动工作体系，搭建市、乡、村三级矛调网格。依托农村司法所、人民调解委员会、党员治安责任区、村工作站、网格化服务管理平台等组织机构，及时调解矛盾纠纷。在全市开展为期4个月的“矛盾纠纷排查调处专项行动”。全年共调解案件1341件，成功调解1335件，成功率99%，无一起因调解不到位而导致群体性上访事件和“民转刑”事件。

【网格化管理工作】2016年，市委政法委完善市、乡、村三级综治组织机构，在27个乡镇、街道全部建立综治信访维稳中心，在237个村、29个社区全部建立综治工作站。全面开展“网格化服务管理建设推进年”活动，出台《兴城市网格化服务管理方案》，制定网格化服务管理“六项制度”（网格长职责、网格员职责、网格化微信平台管理制度、网格员例会制度、网格员培训制度、网格员管理制度）。按照“一村一格”要求，完成网格员登记1104名。

【治安防控体系建设】2016年，市委政法委加强社会面治安防控，构建社会面立体治安防控网。组织公安民警24小时不间断巡逻。武装巡逻警力980余人次，出动巡逻车辆242辆次，服务群众160余次。按“警务一张图”工作要求，做到1分钟、3分钟、8分钟警情处置，10分钟、20分钟完成封控，实现治安防控联动。推进“天眼工程建设”，全市安装高清探头344个，做到“城市外围无露点，重点部位全覆盖”。

中共兴城市委政法委员会领导成员

书　记　赵兴华（2016年3月离任）
　　　　佟佰钟（2016年3月任职）
副书记　于宝兴（2016年3月离任）
　　　　万国春（2016年3月任职）
　　　　冯　刚（2016年3月任职）
　　　　赵友谊（兼）　明志旭

兴城市社会管理综合治理委员会办公室

主　任　赵友谊
副主任　曹旭东

兴城市维护社会稳定工作领导小组办公室

主　任　陈志成
副主任　张世文

兴城市国家安全工作办公室

主　任　明志旭

（张树栋）

公　安

【概况】2016年，兴城市公安局始终保持严打高压态势，集中开展一系列专项打击行动。全市发生刑事案件1106起，破案736起（破案率66.5%），其中发生现行命案6起，破获6起；五类侵财案件发案866起，破案433起;抓获各类网上逃犯128人;刑事拘留436人，治安拘留893人，取保候审317人；公诉各类犯罪嫌疑人447人，其中公诉侵财类犯罪嫌疑人64人。

【突发事件处置】2016年，市公安局专门制定《兴城市公安局处置恐怖袭击事件工作预案》，从指导思想、工作原则、组织指挥、适用范围、处置方法、程序及警力配置和保障措施方面建立应急机制，适时组织开展集中技战术演练，增强反恐实战能力。全年未发生暴力、恐怖、邪教事件和群死群伤安全事故。

【武装巡逻】2016年，市公安局出动武装巡逻警力2640余人次，出动武装巡逻车辆630台次。夜间出动巡逻警力5320余人次，出动巡逻车辆1680余辆次，帮助群众解决困难110次，接受锦旗5面，收到感谢信8封。

【治安管理】2016年，市公安局加大对21名涉枪重点人员、6名涉爆重点人员的管控措施，严密监控重点人员动态。检查各类涉危、涉爆企业68家次；收缴仿真枪5支，子弹861发，雷管842枚，炸药3228公斤，管制刀具59把。对全市歌舞厅、桑拿浴、麻将馆、旅店、废旧金属收购等场所检查1053家次，发现隐患107处，整改隐患107处。严厉打击非法制贩、存储、运输、燃放烟花爆竹等违法行为。户政办理大厅实行全天候服务，推行AB岗制度建设。审批办理户口主项业务21户，为群众办理第二代居民身份证8460张，其中军人身份证135张，临时身份证803张。办理出国护照3322本，港澳台通行证2615本。

【**交通管理**】2016年，市公安局开展春季客运、校园周边及校车专项整治，行人闯红灯、酒驾、无证驾驶、工程运输车专项整治，道路客运安全年专项整治，“打非治违”和“两节”“两会”、春节灯展、高考、中考、国家领导人视察等交通安全保卫工作。共出动警力21480人次，警车7060台次。查处各类交通违法行为25072起，刑事拘留48人，行政拘留77人。全市共发生各类交通事故1121起，死亡61人，受伤1004人，直接经济损失8.781万元。全年未发生一次性死亡3人以上的特大交通事故。

【**消防管理**】2016年，市公安局扑救火灾426起，抢险救援56起，社会救助21起，抢救、疏散群众74人，无火灾伤亡。检查单位25678家次，督促整改火灾隐患或违法行为4024项，下发《责令改正通知书》12235份，下发《行政处罚决定书》211份，责令“三停”26家，行政拘留58人，警告156人，罚款47.53万元，下发《临时查封决定书》69份。在市级电视台播发新闻及专题片10次，在各级报刊和电台播发稿件4篇。开展大型宣传活动6次，开放消防队站10次，设立宣传栏、橱窗14个，悬挂条幅标语1200条，受教育群众近6万人。

【**校园安全管理**】2016年，市公安局协调市委政法委、市综治办、教育局领导，召开联席会议，在充分讨论和调研基础上，形成《关于加强校园安全保卫工作所需资金的请示报告》，市政府批示拨款145万元用于城区16所校园“三防”建设。市公安局采取整合警力资源，巡特警大队及派出所民警定责分包16所城区学校和幼儿园，返聘13名退休民警驻校警务室，巡特警分段巡逻守护、交警设岗疏导交通，合力开展校园安全勤务工作。交警大队每天在学生上下学高峰时段派出20名民警和辅警，到学校门口和周边道路站岗及巡逻管理，指挥和监督检查接送学生校车和其他车辆按点停放。

兴城市公安局领导成员

局　长　张月林（2016年5月任职）
政　委　王志才（2016年7月离任）
　　　　包中州（2016年12月任职）
副局长　赵志刚
纪检书记　赵志成

副局长 杨承列（2016年3月离任）
安 宝 李洪刚
张 伟 李一强

（商航 郭忠华）

检 察

【概况】2016年，兴城市人民检察院推进检务公开，方便群众办事和监督，推动开展检察网络与其他执法机关的网络互联和信息共享，延伸检察监督触角。全年召开检委会18次，讨论案件44件，研究重大事项2次2项。

【刑事案件】2016年，市人民检察院依法批捕各类刑事犯罪134件166人，起诉321件365人。一是严惩危害人民群众利益的严重暴力性犯罪、多发性侵财犯罪和毒品犯罪。批捕杀人、强奸、抢劫等严重暴力犯罪15件22人，起诉13件13人；批捕盗窃、诈骗等多发性侵财犯罪和毒品犯罪83件97人，起诉57件67人；批捕聚众斗殴、寻衅滋事等严重破坏社会管理秩序犯罪6件7人，起诉4件6人。二是严惩危害食品、药品安全犯罪和破坏生态环境犯罪等侵害民生民利的犯罪。批捕生产销售伪劣产品犯罪案件1件1人，起诉19件19人；起诉生产销售有毒有害食品犯罪案件7件7人；起诉破坏环境资源犯罪案件1件1人。三是严厉打击电信网络新型犯罪，批捕2件2人，起诉1件2人。年内，市检察院贯彻宽严相济刑事政策，对犯罪情节较轻的依法作出不批捕决定43人，不起诉8人。开展释法说理工作，批捕环节办理刑事和解14件14人，起诉环节办理刑事和解10件10人。

【法律监督】2016年，市人民检察院强化立案监督、侦查活动监督和审判活动监督。拓宽立案监督线索来源渠道，把群众反映强烈的案件列为监督重点。开展引导取证工作，完善落实重大案件介入侦查机制，适时提前介入侦查机关的侦查活动11次。提起抗诉案件5件，其中3件得到葫芦岛市检察院支持，1件改判。对监管安全、刑罚执行等各项工作纠正违法26次，办理羁押必要性审查案件9件10人，发出检察建议书2份，得到办案部门采纳。调取抽查审判机关近两年来的执行卷宗700余本，对司法行为不当的，经检委会研究发出检察建议6份。

【查办和预防职务犯罪】2016年，市人民检察院以查办发生在群众身边的腐败案件为重点，抓住群众反映强烈、腐败问题突出的重点领域，尤其是涉农、扶贫、惠农等领域加大打击力度。反贪局深入查办“家电下乡”补贴领域和“普九化债”资金领域的贪污犯罪，受理案件线索22件24人，发现涉案人员23人，其中涉及“家电下乡”补贴领域贪污线索19件19人，立案1件1人；反渎职侵权局受理线索并初查9件，在扶贫领域立案1件1人。

兴城市人民检察院领导成员

检察长　叶　蓬

副检察长　李　杰（女）　闻志刚

　　　　　黄　勇　毕姗姗（女）

纪检组长　王　哲

（刘欢）

法　院

【**概况**】2016年，兴城市人民法院深化司法改革，顺利实施法官员额制，实现“由审理者裁判，由裁判者负责”的改革目标。深入开展“两学一做”学习教育，把学习教育成效体现到履行好执法办案职责上来。全年受理各类案件6569件（含旧存1511件），审执结4921件。

总结表彰暨工作部署会

【**刑事审判**】2016年，市人民法院受理刑事案件421件，审结361件。严惩危害社会治安的暴力性犯罪、多发性侵财犯罪和毒品犯罪，审结该类案件66件，判处罪犯102人。严厉打击社会危害面广、群众关注度高的食品、药品安全犯罪，18名被告人因生产、销售有毒有害食品罪被判处刑罚。坚持罪刑法定、疑罪从无法律原则，依法裁定准予检察机关撤回起诉案件5件。依法落实宽严相济刑事政策，做到罚当其罪，全年共宣告缓刑、免予刑事处罚案件61件。推进社区矫正工作,按照教育为主、惩罚为辅的原则，审理未成年人刑事犯罪案件5件7人。

【**民商事审判**】2016年，市人民法院受理民商事案件3978件，审结3169件。依法妥善审结劳动争议、医疗纠纷、交通损害赔偿等关系民生案件520件。审结婚姻家庭、抚养继承等案件662件。审理涉及宅基地、相邻关系等权属、侵权纠纷案件539件。注重协调化解矛盾，将调解贯穿立案、审判、执行、信访等各个环节。全年以调解撤诉方式结案1339件，调撤率42.25%，对不宜调解、调解不成的案件，及时依法作出裁判。全年审理民商事案件通过繁简分流简易程序适用率80%，缓解案多人少的矛盾，提升裁判效率。

【**行政审判**】2016年，市人民法院全面落实新行政诉讼法，应对诉讼案件增长压力，做到依法维护行政相对人合法权益的同时，注重支持行政机关依法履行职责，对合法行政行为及时予以确认和保护。强化与行政机关的良性互动，及时分析新法实施后行政诉讼案件的特点及存在问题，向行政机关提出应对建议，开展非诉执行等工作，助推依法行政。全年受理行政诉讼案件188件，审结142件，审查非诉行政案件43件。注重行政争议实质性化解，加大行政案件协调力度，促成和解撤诉21件。

【执行工作】2016年，市人民法院受理执行案件1982件，执结1249件，执结标的9307.16万元。加快对新收案件的执结，对拒不履行生效法律判决、裁定的被执行人依法采取强制措施，司法拘留15人次。拓展对失信被执行人联合信用惩戒的范围和深度，形成多部门、多行业、多领域、多手段联合信用惩戒工作新常态，最大限度压缩被执行人逃债空间。运用财产申报、公布失信名单、限制高消费等威慑机制，督促当事人尽快履行义务。全年公布失信当事人150人，其中6名被曝光当事人主动履行义务。

【法官员额制改革】2016年8月，市人民法院正式启动与审判权运行机制改革配套的人员分类和法官职业化改革，实行员额制。通过法官入额摸底调查、自愿报名、笔试面试、民主测评等程序，遴选出法学理论功底深厚、审判实践经验丰富的法官31名，作为主审法官组建审判团队，独立办案，并对办案质量和效率负责。全国10余家法院先后到兴城学习交流改革经验。

兴城市人民法院领导成员

院　长　项　雷（2016年12月离任）
　　　　赵志刚（2016年12月任职）
副院长　汪希林　杨明宇
　　　　李　霖（2016年3月离任）
　　　　孟凡斌（挂职，2016年7月离任）
　　　　宋冬梅（女，挂职，2016年12月离任）
纪检组长　毕晓秋（女）

（张彬）

司法行政

【概况】2016年，兴城市司法行政各部门做好人民调解、法律宣传、社区矫正、法律服务和党风廉政建设工作。红崖子司法所被评为“全国模范司法所”，旧门司法所被评为“辽宁省优秀司法所”，郭家镇调委会获“辽宁省防止民间纠纷激化工作集体一等奖”，温泉街道调委会被省司法厅、省高级人民法院评为“辽宁省优秀人民调解委员会”，市司法局获“辽宁省基层司法所建设工作先进单位”称号，市司法局总支部委员会被省司法厅授予“辽宁省司法行政系统先进基层党支部”称号。

【人民调解】2016年，市司法局以继续开展“运用法治思维和法治方式推进社会矛盾纠纷排查化解”专项活动为载体，全面排查化解社会矛盾纠纷。全年调解各类矛盾纠纷1897件，成功调解1880件，调解受案率100%，调解成功率99%以上；矛盾纠纷涉及当事人5608人，开展矛盾纠纷排查1344次，预防矛盾纠纷453件，有效避免矛盾的升级扩大和激化。

【法治宣传】2016年，市司法局在农民工维权月、“三八”妇女节、5月15日政务公开日、儿童节、重阳节等重要时段开展普法宣传教育。联合关工委共同举办“关爱明天、普法先行”青少年书法大赛，组织在校学生及家长在文庙开展传统文化及法治宣传教育；联合机关工委聘请辽宁来源律师事务所主任苏来源为讲师，组织司法所长和中小学校长参加青少年普法讲座培训活动。辽宁来源律师所自筹资金10000余元购买“七五”普法书籍300余套，发放到所有村（社区）和乡镇、街道。组织法律进校园活动，深入到26所中小学以主题班会、法治讲座的形式进行普法宣传；组织法律进社区活动，联合明城律师所律师先后在四家、东关、东辛庄等社区及宁远广场等地组织法治宣传讲座，现场为群众解答法律问题；组织法律进机关活动，联合关工委聘请辽工大法律专家教授在兴城市教育局会议室共同举办普法讲座。组织法律进乡村活动，为构建和谐社会营造良好的法治环境。

【社区矫正】2016年，市司法局与各司法所长签订《社区矫正目标管理责任书》，以百分制考核的形式量化社区矫正工作职责和目标，防止社区矫正工作中出现行政不作为、执法不规范、管理不严格等现象。根据社区服刑人员的表现情况、心理状态、行为特点，分级开展个别教育和心理辅导。累计开展个别教育11期共计56人次，心理辅导3人。年底，全市接管社区服刑人员1473人，解除社区服刑人员1168人，其中2016年接收社区服刑人员240人，无一人重新违法犯罪。落实刑释解教人员无缝对接制度，建立大型刑释解教人员安置帮教基地。全年接收刑满释放人员392人，其中社区矫正转入272人，由司法所从监狱接回101人，自返19人。省内重点帮教对象衔接率100%，一般帮教对象衔接率80%以上，帮教率100%。

【法律服务】2016年，市司法局办理各类公证7976件，其中民事类1042件，经济类6538件，涉外类396件。加大法律援助宣传，开展“三八妇女节维权宣传活动”“法律援助进乡村系列宣传活动”“政务公开日法律宣传活动”“法律援助条例颁布十三周年宣传活动”以及“法律进基层”等大型法律援助宣传活动。发放宣传资料4100余份，解答群众法律咨询240人次，全年办理法律援助案件272件，其中诉讼案件121件，非诉讼151件。加强对律师执业行为监管，确保律师严格依法办事，全年共受理各类案件51件，其中刑事案件12件，民事案件39件。

兴城市司法局领导成员

局　长　丁桂清（女）

副局长　苏玉国

　　　　张志学（2016年3月离任）

　　　　张雪松（2016年3月任职）

（杨晓伟）

旅 游

旅游开发

【概况】2016年,兴城市实施旅游发展“六个一”工程，首山丽汤温泉、高家岭汤上温泉、徐大堡金沙湾浴场、红海滩生态观光廊道等一批重点项目全面推进。宁远驿馆对外开放，民俗博物馆建设完成，古城东门外生态停车场投入使用。开展旅游宣传推介，规范旅游市场秩序，全年接待国内外游客750万人次，实现旅游综合收入41亿元，兴城市被评为省级旅游产业发展示范县，进入国家首批全域旅游示范区创建名单。

【旅游重点项目建设】2016年，兴城市完成古城东门外生态停车场项目，11月30日竣工。徐大堡镇金沙湾浴场公共服务设施建设项目位于兴城市徐大堡镇台里村台里东港以南、核电基地以北、滨海公路以东的滨海区域。项目总用地规模4.1445公顷，建筑面积27605平方米，总投资26638万元。项目分为二期，一期包括滨海风景区及智能化停车场；二期包括温泉度假区和山地观光区。滨海风景区总建筑面积8934平方米，主要建筑包括接待中心（三层，建筑面积6336平方米）、服务中心（双层，建筑面积1375平方米）、卫浴中心（单层，建筑面积905平方米）、运动中心（单层，建筑面积318平方米）、集装箱营地、房车营地及木质栈道。智能化停车场设停车位550个。年内项目完成投资1.03亿元，完成服务中心工程、洗浴中心工程、人工湖挡土墙工程、停车场工程及80%绿化种植。兴城市红海滩生态观光廊道位于兴城市市区南侧渤海岸边，滨海经济区曹庄镇境内，项目总投资1.1亿元，建设内容包括1000延长米亲海木栈道，2.4万平方米航母景观平台，生态停车场、绿化景观带、旅游服务区等。年内投资3600万元进行木栈道和景观平台建设。

【旅游宣传】2016年，市旅游局强化旅游宣传促销，提高兴城旅游知名度。4月10日至17日，在呼和浩特、乌兰察布、大同、朔州、忻州等五市进行旅游推介。借助电视媒体广泛宣传。连续3年投入资金近2000万元在中央电视台播放兴城城市形象广告；在沈局管内（沈阳动车所管辖）1组京沈线上运行的动车做兴城城市形象宣传广告；中央电视台10套《地理中国》栏目、台湾亚洲卫星电视台等均到兴城拍摄专题片，扩大兴城旅游资源、旅游产品的影响力。出版《兴城导游》。参加旅游博览会，推出精品旅游线路，发放旅游宣传资料，吸引旅游客源地更多旅行社和游客到兴城观光。

旅游服务

【概况】2016年，兴城市启动金沙湾浴场、红海滩生态木栈道、张作霖别墅3处景点建设；首山丽汤、高家岭汤上拉斯维加斯温泉小镇2个温泉旅游项目；四家博物馆、古城博物馆2处民俗博物馆建设；徐大堡镇、刘台子乡等沿海乡镇农家乐建设；推进董宁满绣旅游精品化进程及徐大堡风情小镇建设工作。年内，市旅游局启动《兴城滨海旅游度假区总体规划》和《兴城市全域旅游“十三五”规划》编制工作。完善旅游统计制度，完成旅游月报、季报、年报工作。按时完成国家重点旅游项目库和省重点旅游项目库的填报工作。兴城市被评为省级旅游度假区。

【旅游厕所革命】2016年，市旅游局为配合国家旅游局提出的“厕所革命”计划，推动全市“旅游厕所革命”工作,开展“文明如厕”宣传活动。积极推动景区景点、交通沿线、农家乐片区、重点项目区厕所建设工作。在古城景区、金沙湾浴场、汤上拉斯维加斯温泉小镇、古城宁远驿馆4处新建设旅游厕所10处，旅游厕所投资超1000万元；“十一”黄金周期间，在市重点景区古城景区、海滨景区开展“文明如厕，从我做起”的主题宣传活动。

【乡村旅游】2016年，市旅游局加快乡村旅游开发工作，实施旅游扶贫工程。以乡村旅游为平台，以标准化建设为抓手，坚持乡村旅游与旅游项目开发相结合、乡村旅游与精准扶贫相结合，引导和市场推动，提高全市乡村旅游组织化程度和特色化、品牌化水平，提高旅游扶贫的精准度和有效性。通过发展乡村旅游，实施旅游扶贫工程，打造一批以旅游业支撑乡（镇）村。指导高家岭温泉小镇、徐大堡风情小镇参加辽宁省旅游特色小镇申报工作。启动白塔乡塔沟村、老边村，碱厂乡白庙子村、杨树村，徐大堡镇方安村、台里村，刘台子乡潘山村、闫家村、蚂蚁村，高家岭镇汤上村10个村开展旅游示范村创建工作。通过旅游项目建设，加快乡村旅游产品的品质提升；推进南大乡禅意小镇项目、药王天逸山庄、高家岭拉斯维加斯温泉小镇项目、兴城杏园山庄、宏通嘉益家庭农场、碱厂张家沟干果园建设，促进乡村旅游接待设施提质升级。

【油菜花观赏节】2016年5月中旬，兴城市举办油菜花观赏节，市旅游局与刘台子乡协助蚂蚁村油菜种植合作社在主观赏区召开旅游推介会，邀请葫芦岛电视台、《葫芦岛日报》《葫芦岛晚报》、兴城电视台等多家新闻媒体到场；同时邀请10余家旅行社、旅游群工作人员参加。在观赏节期间，接待游客近6万人次。

【旅游行业管理】2016年，市旅游局加强行业管理力度，提升旅游服务质量。强化旅游安全责任意识。3月9日，在铁道部兴城疗养院召开旅行社规范经营暨旅游安全生产会议，加强旅游安全管理，与所有旅行社和星级宾馆签订管理目标责任书，并对安全生产工作提出明确要求。不定期、不定时对全市涉旅企业进行安全生产大检查，发现问题及时整改，有效保障游客的生命财产安全。加强旅游安全监管工作。4月28日，该局联合市场监督管理局、公安局、消防大队等14家相关单位，对各景区景点、星级酒店、旅行社等涉旅企业进行安全生产大检查。7月14日，对觉华岛景区进行安全大检查。7月20日，配合市旅游委、公安、消防、卫生等相关部门到徐大堡镇、刘台子乡等海滨浴场进行联合安全大检查。9月30日，配合省旅游局和葫芦岛市旅游委对海滨景区和金种子宾馆等涉旅企业进行安全大检查。年内，该局举办导游员岗前培训班和旅行社经理培训班。对兴城市所有旅行社责任险情况进行监督检查，投保率达到100%。加大旅游市场稽查力度。全年检查团队1500余个，接到投诉9起，投诉结案率100%，满意率100%，上三级投诉为零。

兴城市旅游局领导成员

局　长　李文政（2016年12月离任）
　　　　王维达（2016年12月任职）
副局长　范越博　张晓克　邢宝臣
　　　　周大伟（挂职）

（张虹）

风景区管理

【概况】2016年，兴城市风景区管理局按照市委、市政府加速发展旅游经济要求，以景区规范管理为落脚点，坚持“景区围绕旅游建设、管理围绕旅游服务”的发展战略，创建“和谐景区、平安景区、文明景区”。着力治理硬环境，提升软环境，提高管理服务水平，对景区内各景点实施维护和维修，加强景区规范管理，切实履行管理职责，提高景区服务档次。全年接待游客115万人次。

【软环境建设】2016年，市风景区管理局以党建工作为抓手，坚持全面治党、从严治党，努力提高党员的政治素质。为加大党建工作创新力度，增强联系群众、服务群众的自觉性，强化干部职工作风建设。为加强主体责任的落实，进一步树立党委书记作为党建第一责任人的责任意识，建立定期议党、专题议党制度。围绕工作抓党建，抓好党建促工作，全面提高广大党员的政治素质。扎实推进为民服务，帮助群众解决实际问题。

【设施建设】2016年，市风景区管理局以海滨浴场升级改造为着力点，提升景区旅游环境。集中全力实施升级改造工程，利用铲车、挖掘机和筛沙机等设备对兴海浴场1500米的海岸沙滩进行全面清理，清理沙滩深度0.5米到1米，将沙滩内掩埋的垃圾以及海冰溶化时掺入的石头、贝壳全部清除。维修维护海滨浴场内的救生瞭望塔，制作各类警示宣传牌48个。完成景区绿化修剪工作。对三礁揽胜亮化设施和海滨广场音乐喷泉进行维修维护。另外，在景点危险区域设置安全标志，海滨浴场、兴海栈道严格交通管理，有专人值班值守。并在树干、游客休闲座椅上挂贴禁烟防火警示牌，为游客提供安全的旅游环境。

【**景区安全**】2016年，市风景区管理局以安全、综治工作为着眼点，建立平安景区。将护林防火作为第一要务，坚持执行全员上岗护林防火制度，严格执行《护林防火方案》。增加巡查、排查频次，确保林区安全。在4月8日夹山火灾中，全局干部职工投入火灾现场，组织疏散兴海栈道群众，安排人员日夜坚守监控火情。在综治工作中与边防派出所联防联治加强治安管理确保一方平安。在景区内集中宣传国家安全、消防安全、生产安全、食品卫生安全等与群众自身利益相关的法律法规，营造群众自觉守法用法的社会氛围。在海滨浴场、龙回头、兴海栈道景区多次清缴大批“法轮功”宣传品并予以销毁，对木栏杆及墙壁上的反宣标语及时处理。开展生产安全隐患大排查大整治等活动，在消防领域、水上运营、景区的旅游交通等安全工作中，反复多次排查隐患，整治坚决，安全生产日常化、常态化。

【**景区管理**】2016年，市风景区管理局发挥综合执法大队的职能作用，依法管理、集中整治、维护景区旅游环境。对海滨景区的商铺进行认真排查，检查饮食服务各类行业38户。对景区内各摊点的物价及是否明码标价等工作进行检查，未出现游客投诉现象。对景区入口两侧商铺的物品摆放，每天进行检查，予以规范，对流动商贩不定时进行清理，杜绝零散商户临时摆放摊点，保证景区内经商有序。整顿景区内步道秩序，加强对景区内车辆停放管理，对道路狭窄地段的车辆进行疏导，保证景区内良好的交通秩序。联合有关部门对饭店和私搭乱建现象进行集中整治，对滨海公路两旁的个别饭店、违法搭建的大排档、简易棚强令拆除9家，对景区内室外大排档改造及亮化8家。对景区入口的出租车进行统一管理，乱停乱放及卸客现象明显好转，海边路口的拥堵现象基本得到解决。协调公安局和边防派出所对景区入口拉客现象进行集中整治，行政拘留30余人。

兴城市风景区管理局领导成员

局　长　陈晓东

副局长　吕　佳

　　　　武继利（2016年3月离任）

　　　　李占东

（陈德刚）

经济管理与监督

发展和改革

【概况】2016年，兴城市发展和改革局加强项目管理，优化服务环境，提高行政效能。收集、整理、筛选重点项目，形成总项目119个。编制完成《兴城市2016年重点项目表》，总投资701.4亿元。其中，续建项目67个，总投资540.4亿元；新建项目52个，总投资161亿元。复工项目28个，总投资480.2亿元，完成投资108.2亿元；新开工项目7个，总投资22.5亿元，完成投资4.4亿元。节能审查登记表备案项目23个，节能评估报告表审查项目2个。核准招标事项项目11个，招标公告审查项目62个。

【项目审批】2016年，市发改局优化审批流程，提高办事效率，为项目单位提供优质服务。权限内审批项目21个，总投资192722.43万元；备案项目52个，总投资923249万元。其中，兴城市金沙湾公共服务基础设施项目投资26638万元、秦沈客运专线兴城西站配套基础设施建设项目投资50801.01万元、兴城市高家岭满族民俗小镇建设项目投资38810万元、兴城古城保护和利用工程建设项目投资70000.6万元、兴城市金葫芦农产品有限公司农产品加工（谷物磨制）项目投资18359万元、四季温泉水乐园项目投资52025万元、葫芦岛红海湾国际养老中心项目投资228796万元、兴城大红门物流商贸城项目二期工程（交通物流园区）项目投资34000万元。葫芦岛市审批项目2个，新增千亿斤粮食产能规划田间工程建设项目和兴城市污水处理厂提标改造工程项目，总投资6951.59万元。

【资金争取】2016年，市发改局争取中央预算内投资项目4个，争取资金3122万元。主要包括：兴城市新增千亿斤粮食产能规划田间工程建设项目1440万元，兴城市沿海防护林工程建设项目830万元，兴城市温泉街道首阳社区老年人日间照料中心建设项目144万元，国网葫芦岛供电公司兴城市10千伏及以下农网改造升级工程（2016年）建设项目708万元。同时，分两批向国家发改委报送专项建设基金项目14个。

【投资项目管理】2016年，市发改局配合国家发改委稽查办对兴城市档案馆项目稽查整改情况进行复查；接待辽宁省审计厅对市内宁海街（河东路至南关苗圃路）道路工程建设项目专项审计调查；专项督察兴城市上年中央预算内投资的棚户区改造配套基础设施建设项目和兴城市宁海街道路工程建设执行情况；同时对涉农项目进行自查自纠，并形成查纠报告。

兴城市发展和改革局领导成员

局　长　吴海清（2016 年 12 月离任）
　　　　张晓坤（2016 年 12 月任职）
副局长　许佳成　李向荣　宋　英（女）
　　　　代镇华（2016 年 6 月挂职）

（哈光峪）

统　计

【**概况**】2016 年，兴城市统计局以提升统计服务水平为目标，以提高统计数据质量为中心，以强化统计基础建设为保障，全面推进统计工作科学发展，较好地完成各项目标任务。全年全市实现生产总值 104.4 亿元，按可比价格计算，比上年增长 3.6%。其中，第一产业增加值 24.6 亿元，同比增长 18.5%；第二产业增加值 15.1 亿元，同比下降 19.2%；第三产业增加值 64.6 亿元，同比增长 6.0%。固定资产投资实现 45.1 亿元，同比下降 17.9%。规模以上工业总产值实现 67.6 亿元，同比下降 51.8%。社会消费品零售总额完成 83.8 亿元，同比增长 8.2%。

【**统计服务**】2016 年，市统计局编撰完成《2015 年国民经济和社会发展统计公报》；编印《2015 年度兴城市统计资料汇编》以及各季度《兴城市国民经济主要指标》小册子 800 份；撰写统计分析 28 篇、信息 45 篇，其中《葫芦岛日报·兴城新闻》发表 8 篇，中国葫芦岛网站采用 17 篇。

【**资产投资统计**】2016 年，市统计局紧抓固定资产投资计划，对已立项和备案投资项目及时入库并跟踪监测，确保开工一个、统计一个。建立报表审核评估制度，不定期对辖区内涉及统计报表企业进行走访了解。年内开工项目 76 个，其中建设项目 26 个，房地产项目 50 个。

【**服务业统计体系**】2016 年，市统计局进一步完善服务业统计工作网络，健全服务业统计调查制度，对 31 家限上批零住餐企业、31 家限上产业个体和 25 家重点服务业企业进行业务培训和指导服务，逐步理顺报送渠道，搞好数据衔接。加强对限下服务业统计工作，对被纳入调查样本的 59 家限下服务业企业、740 家服务业个体经营户基本信息进行全面核对，确保有效样本上报率。

【**农业普查**】2016 年，第三次全国农业普查工作正式启动。市统计局完成县乡村普查机构的组建，省选定的农业普查试点，普查指导员和普查员选聘，普查业务培训，普查区、普查小区划分与绘图；清查摸底和普查宣传动员工作，涉及全市农业人口近40万人，13.12万户，普查小区1500个，下派普查员和普查指导员1000余人。

【**统计执法检查**】2016年，市统计局对20余家企业进行统计基础工作执法检查，立案6起，结案6件。按照统计法案卷管理要求，建章立制，责任到人，立案归档，建立规章制度11项。

兴城市统计局领导成员

局　长　　韩铁征

副局长　　马　永　肖兴海

总统计师　张　茵（女）

（赵娣）

招　商

【**概况**】2016年，兴城市招商局创新招商引资方式，提高招商引资效率，招商引资工作取得可喜成绩。全年全市共引进省外内资项目4个，实际到位资金22.08亿元。其中，工业项目1个，到位资金10.09亿元，占内资总额52.23%；商业地产项目3个，到位资金9.23亿元，占内资总额47.77%；投资项目全部过亿，位于葫芦岛市第一名。外贸出口8670万美元，比上年增长6%。

【**拓展招商范围**】2016年，市招商局“走出去”到长三角的南京、无锡、苏州、上海、杭州及周边合肥、芜湖、马鞍山和珠三角的深圳、广州、东莞及京津冀地区开展招商活动18次，“请进来”招商12次。洽谈项目12个，签约项目5个。

【**招商引资举措**】2016年，市招商局充分利用跨境电子商务出口试点城市、国家电子商务进农村示范县和辽宁省首批电子商务集聚示范区的政策优势，推动“大众创业、万众创新”，推进“互联网+”在兴城各领域延伸发展。围绕“京津冀协同发展”战略，“一带一路”倡议，大胆走出去、请进来，以情招商、以诚感商、以商引商，在教育、医疗、养老、新材料、电力能源、物流、电子商务等方面实现新突破。

兴城市招商局领导成员

局　长　郜永刚

副局长　李　俏（女，2016年12月离任）

　　　　潘国良

（鲁雨欣）

物　价

【**概况**】2016年，兴城市物价局加强市场监督检查，规范市场价格秩序，努力做好为民价格服务，有效化解社会价格矛盾，全力维护价格水平稳定。全年减免低保户殡葬费45万元，减轻企业及个人负担1000万元，收缴上年违法收入240万元。

处罚乱收费停车场罚金5000元。接待来电来访及上级转办案件42件，其中民心网13件。回复办结率100%，群众满意率100%。

【价格认证】2016年，兴城市物价局开展价格政策咨询、大宗商品信息、原材料价格、水电气价费等各类价格认证鉴证服务167件，认证金额1625584元。

【市场监测调控】2016年，市物价局把稳定价格总水平作为价格工作重中之重。建成监测点5个，对粮、油、肉、蛋、菜、奶六大类35个品种进行监测。严格执行市场价格监测一周两报制度，及时跟踪市场价格动态，分析预测价格走势。发送价格监测数据80次，为上级宏观决策提供基础数据。

【水价调整】2016年，市物价局对市自来水公司近年供水成本情况调查测算，形成《关于我市自来水价格调整并实施居民生活用水阶梯价格的方案》并上报省物价局及市政府批准。12月1日，新的居民水价正式实施。第一阶梯水价2.10元/立方米，水量为每户每月15立方米（含15立方米）以下；第二阶梯水价为3.15元/立方米，水量为每户每月15~18立方米（含18立方米）；第三阶梯水价为6.30元/立方米，水量为每户每月18立方米以上。对执行居民水价的非居民用水户暂不执行阶梯水价，水价按基础水价1.1倍执行；对经民政部门确认的低保户及低保边缘户家庭按第一阶梯水价收取水费；非居民水价调整3.80元/立方米，特殊行业水价8元/立方米。

兴城市物价局领导成员

局　长　邓育先

副局长　于立群　寇文会　王长军

（靳雯越）

市场监督

【概况】2016年，兴城市市场监督局以推进登记制度改革为切入点，以“四个”安全为主线，扎实履行监管职能，依法规范各类市场经营行为，市场监管各项工作取得较好成绩。实现企业执照“四证合一”“五证合一”，个体工商户“两证整合”，节约行政成本，提升行政效能。全市新增各类市场主体5497户。其中，个体工商户

颁发首张“两证合一”营业执照

4070户，各类企业1244户，农民专业合作社183户。发放企业“五证合一”营业执照562户，个体工商户“两证整合”营业执照381户；推进企业、个体工商户年报工作，全市参加年报个体户7986户，农民专业合作社350户，企业3242户，年报率90%，超额完成省、市局85%任务指标；开展休眠企业清理工作，吊销企业779户，激活企业226户；统筹推进转企升级，办理“个转企”187户，完成全年任务目标的129%。

【助企发展】2016年，市市场监督局开展股权出质和动产抵押登记，帮助企业解决融资难题。全年办理动产抵押登记46笔，为企业融资2.918亿元，办理股权出质登记3笔，出质股权金额1100万元，被担保债权金额5130万元；面对面帮扶市重点招商引资企业——金沙湾海滨旅游度假区，提早介入、现场指导，让企业少走弯路。为外省销售产品指标错判企业挽回损失5万余元。

【商标兴市】2016年，市市场监督局围绕商标兴市战略，开展商标培育和续展工作。新申报省著名商标企业1户，市著名商标企业1户，申报省著名商标续展认定企业6户，续展市著名商标13件。围绕“质量强市”战略，不断加大市名优企业、知名品牌培育扶持力度。审核推荐申报辽宁省名牌产品企业5家，申报葫芦岛市名牌产品企业4家。年内，全市荣获辽宁省名牌产品企业12家，葫芦岛市名牌产品企业13家，获得省著名商标36件，市著名商标42件。

【红盾护农】2016年，市市场监督局细化监管责任，成立红盾护农专项整治工作领导小组，强化农资市场信息化建设。标记农资户351户，录入农资信息99户；开展化肥质量抽检工作，协助省、市局抽检经营单位3家5个批次化肥品种，检测不合格1个批次；促进监管模式规范化。督促农资经营者建立和完善“两账两票一卡一书”制度，农资台账发放率100%，全市235家农资户建立台账率100%，均按规定进行索证索票。“红盾护农”活动中，全局检查农资经营户235户次，抽检化肥5个批次，查处农资违法案件9件，移送公安部门1件、罚没款2.8万元，全面净化农资市场环境。

【计量器具检定】2016年，市市场监督局加强计量宣传，开展以“动态世界中的计量”为主题系列宣传服务活动，为社区居民免费检定血压计20台、人体秤5台、调试台秤10台。强制检定计量器具7752台件，非强制检定计量器具1600台件，涉及医疗卫生、环境监测、贸易结算、安全防护4个方面20余种。

【规范市场经营】2016年，市市场监督局严格执法，大力整顿各类市场经济秩序，查办各类违法案件440件，当场行政处罚

281件，罚没款入库86.7256万元，其中万元以上案件27件。

【食品安全创建】2016年，市市场监督局筑牢食品安全城市创建工作根基。筹措资金50万余元，印刷食品安全材料、检测更新设备。投入资金10万余元，印发食品流通、生产等各环节相关文书、展示板、表格5万余份。发放食品安全现状调查问卷560份，回收560份，回收率100%；发放食品安全宣传册300册，宣传单500份，解答群众咨询120人次；印制《食用农产品市场销售质量安全监督管理办法》宣传单1500份，示范文本170份，销售专业凭证170份；发放保健食品、化妆品安全知识宣传资料350份。年内，该局出动宣传人员400余人次，发放各类宣传单3000余份，开展咨询讲座5次。

【严格市场准入】2016年，市市场监督局加强窗口管理，高效快捷为各类市场主体办理食品许可发放业务。新受理食品经营许可业务1238件，办结1186件，注销1503件，建立食品经营许可档案1186件；新发放餐饮“食品经营许可证”497家；生产环节新增获证企业4家，延续换证10家，食品生产加工小作坊转型升级1家，“多证合一”企业7家，注销66家；保健食品化妆品环节办理保健食品经营许可证33家，化妆品备案证23家。年内，全市有食品流通经营单位2599户，食品餐饮服务单位850户，食品生产企业57户，食品生产经营小作坊421户；有医院40家，其中市内医院28家，农村中心卫生室21家；诊所417家，其中市内诊所99家，农村卫生室318家；药店126家，其中市内药店73家，农村药店53家。

【风险监管】2016年，市市场监督局强化食品生产、流通、食用农产品、餐饮风险等级划分，实行分级分类监督。完成生产企业风险分级57家，风险等级A类企业0家、B类企业25家、C类企业24家、D类企业8家；摸底调查食品生产经营小作坊419家，风险等级A类187家、B类150家、C类82家。划分流通环节食品销售者信用等级2599家，其中A级2194家、B级286家、C级118家、D级1家；划分流通环节食用农产品信用等级2525家，其中A级2248家、B级217家、C级60家。完成餐饮服务单位食品安全量化分级850家，其中A级12家、B级257家、C级375家，总体量化分级管理评定率100%。

【落实主体责任】2016年，市市场监督局“双随机”检查食品生产企业218家次，发现问题70余项，下达责令改正通知书123份；摸底调查食品生产经营小作坊419家，规范率100%；检查流通环节食品经营单位3123户次，落实主体责任30.89%。完成72户学校食堂、17户大型餐饮服务单位“明厨亮灶”创建工作。监督抽检食品安全抽样121个批次，食用农产品抽样240个批次，药品监督抽样32个批次。完成药品监督抽验39批次，上报药品不良反应68例，医疗器械不良事件14例。开展药品医疗器械保健品和化妆品专项整治，检查医疗机构386家，药品经营企业130家，医疗器械经营企业58家，保健品化妆品经营使用单位50余家，责令改正141家。

【检验检测】2016年，市市场监督局投入资金27.62万元，购买食品快速检验设备6套。投入资金21.24万元，更新检验检测中心陈旧设备和试剂，保障人民群众身体健康和企业正常发展。年内，检测中心检验产品230批次，其中抽查食品企业19家，检验食品95批次，产品批次合格率100%。

【专项整治】2016年，市市场监督局开展食品药品专项整治，打击各种违法违规行为。处理食品投诉举报案件32件，办结率100%。食品专项整治26次，出动执法人员2500余人次，执法车辆700余台次，检查各类市场主体4298余户次，立案查处各类食品违法案件148件（含酒专卖案件127件），罚没款15.5619万元。药品专项整治6次，出动执法人员1200余人次，执法车辆1224台次，检查药品经营企业96家，诊所224家，查办药品案件351件（含当场行政处罚281件），罚没款入库25.4921万元。

【食品安全保障】2016年，市市场监督局综合执法大队为“大美北方，兴城绽放”“2016县域生态电商节”“2016中国·兴城万人徒步大会”等重大活动提供食品安全保障20余次，出动监厨人员1300余人次，监管车辆400余台次，提供食品安全保障6万余人；处理餐饮突发应急事件27件，其中承办省、市举报各6件；出动应急处理人员320人次,应急车辆80余台次，调查涉嫌餐饮单位27家，调查发病人员84人。

【特种设备监管】2016年，市市场监督局接收安装告知114份，特种设备注册申请155份，发放各类特种设备使用登记证466份。受理各类气瓶注册申请10份，注册氧气、氩气等各类气瓶4512只，液化石油气钢瓶10275只。审核发放特种设备作业人员证377个。受理液化石油气充装许可申请1份，维护特种设备动态监管系统设备信息1450条;开展“百日治理”“冬季攻势”“压力管道、大型游乐设施”等各类专项整治7次。出动执法人员684人次，检查各类特种设备使用单位441家（次），检查锅炉、压力容器、压力管道、起重机械、电梯、厂内机动车辆1261台件，检查各类特种设备作业人员490人次，立案9起，罚没款入库9万元；查出事故隐患43条，整改事故隐患43条，整改100%;下达《特种设备安全监察指令书》46份，重点监控设备覆盖率100%，全年特种设备事故率为零。

【商标广告】2016 年，市市场监督局加大对新《中华人民共和国广告法》落实力度，严厉打击各类商标广告违法行为，开展商标印制行业、户外广告和印刷品广告等专项整治 3 次，受理涉及商标、广告投诉举报 16 件，责令停止发布违法广告 281 条次，下达责令改正通知书 45 份，立案 5 件，切实维护良好商标广告市场经营秩序。

【市场监管】2016 年，市市场监督局加强商品交易市场规范化管理，登记注册市场主体 9 个；检查旅游市场经营主体 40 户，印发落实主体责任告知书、送达登记表 821 份；检查城乡市场 33 个，排查市场经营户 680 户，取缔无照经营 4 户，下发限期整改通知书 2 份，立案 2 件；加强网络交易平台监管，巡查网站 268 户，进行数据判定入库 136 户；查处取缔无照经营，检查各类市场主体 8510 户次，规范办照 609 户，立案查处 18 户，罚没款入库 9.56 万元。

【整治不正当竞争】2016 年，市市场监督局集中整治商业贿赂、虚假宣传和利用互联网电商平台实施侵害知识产权、虚假宣传和不正当有奖销售行为，立案 3 件，罚没款 11475 元，没收违法所得 1475 元；消除侵权商品名称、包装和装潢 932 个。开展国 V 净油、打击“走私贩私”和侵犯知识产权、制售假冒伪劣商品专项整治行动，检查成品油经营单位 30 余户，现场抽样成品油经营单位 1 户，检查“走私贩私”相关企业 3 户，办理侵犯知识产权案件 4 件，制售假冒伪劣商品案件 9 件。

【标准化工作】2016 年，市市场监督局开展商品条码注册与续展工作，新办理商品条码 5 家，续展条码 4 家，办理胶片 50 个；开展国家级渔业水产品养殖标准化示范区第九批“兴城市现代渔业园区养殖业行业协会多宝鱼示范区”试点工作，材料上报省标准化处；上报《地理标志产品碱厂乡南果梨嫁接技术规程》地方标准；开展团体标准试点工作，为企业产品检测提供依据。

【质量监管】2016 年，市市场监督局监管工业产品生产企业 17 家、食品相关产品企业 2 家，经现场评审考核，确定 16 家企业为 B 类企业，3 家企业停产；开展农资、建材、食品相关产品和洗涤用品等专项整治 4 次，检查相关企业、商场 16 家，立案 4 起；开展“两节”“两会”期间烟花爆竹、危险化学品安全隐患排查工作，检查烟花爆竹批发企业 3 家，危险化学品生产企业 2 家，责令整改存在问题；强化流通领域商品质量监管。对成品油、电动自行车等 7 类 76 个批次商品进行质量抽样检验，抽检合格率 43%，立案 8 件；立案查处使用非工业用盐加工虾皮等涉及产品质量案件 4 起，罚没款入库 6500 元。

【打击传销】2016 年，市市场监督局继续保持打传高压态势，利用广播、电视等传播媒介，宣讲传销危害后果，增强群众自我防范意识，形成群防群治社会环境；健全打击和防范传销工作责任制度，对易发生盗窃地段及涉传人员聚集地等主要地点重点巡查，出动巡查人员30余人次、巡查车辆10台次，打造全方位、立体式打击传销格局，全年未发现涉传案件，有效遏制传销活动回流和反复，继续保持无传销县（市）区称号。

【消费维权】2016年，市市场监督局接待消费者投诉、申诉、举报218件，解答群众咨询300余次，为消费者挽回经济损失4万余元，受理投诉举报按时办结率100%，诉求满意率100%；联合动监、农发局等4个部门举行纪念“3·15”国际消费者权益日宣传活动，发放宣传单2000份，宣传册2500册，解答各类消费者咨询40余人次。开展“3·31”省食品药品投诉举报主题日、《辽宁省消费者权益保护条例》宣传活动，解答群众咨询122条，发放《条例》学习读本100本，张贴宣传画50余张；开展“12315五进”工作，新

2016年6月3日，为企维权获赠锦旗

建“12315”消费者维权服务站15个，制作维权公示板20余块。

兴城市市场监督管理局领导成员

局　长　崔作军

副局长　李海军（2016年3月离任）

王育斌　邹宝明　梁　军

凌　源　雷　凯　龚　健

沈国靖　朱晓松

（王鑫）

国土资源管理

【概况】2016年，兴城市国土资源局严格规范管理，提升服务水平。全年规划全市县级规模用地75.2815公顷、项目用地36宗。核实可划定耕地面积1259.7333公顷。年检矿山99家，征收各项涉矿收费总计342.43万元。办理出让用地30宗40.3475公顷，收取土地出让金3.3984亿元；收储土地24宗71.3616公顷，支付征地补偿费2.021亿元。查处各类违法行为28件；调查土地卫片监测图斑598个，总面积241.8公顷。颁发不动产登记证书3594本，他项权利证明2248份。

【土地规划】2016年，市国土局编制完成《兴城市土地利用总体规划修改方案》，确保城市周边优质耕地、已建成高标准农田全部纳入永久基本农田划定范围。划定永久基本农田耕地面积1259.7333公顷，划

定比例50.73%。提前归还“兴城市徐大堡镇建设用地增减挂钩试点项目”周转指标18.6767公顷。开展项目用地权属调查、用地数量核查和地类审核，踏勘项目用地4宗81.6公顷。

【土地利用】2016年，市国土局办理出让用地手续30宗40.3475公顷，收取土地出让金3.3984亿元。其中，协议出让7宗12.3211公顷，出让金0.1112亿元；挂牌出让23宗28.0264公顷，出让金3.2872亿元；办理划拨土地10宗47.1021公顷。项目用地审核报批11个批次，单独选址项目1个，面积35.0165公顷。全市供地率67.85%，项目开工率91%、竣工率95%。土地收购储备24宗71.3616公顷，支付征地补偿费2.021亿元。

【矿政管理】2016年，市国土局办理探矿权、采矿权范围划定、出让、延续和变更43家54项，年检矿山企业99家，全部合格。收缴采矿权使用费1.05万元，采矿权价款117.33万元，矿产资源补偿费64.81万元，土地复垦费75.58万元，矿山地质环境恢复治理保证金83.66万元。编制并公布实施《兴城市2016年度地质灾害防治方案》，开展地质灾害应急演练。7月20日、7月25日两次特大暴雨，无一人因地质灾害伤亡。

【执法监察】2016年，市国土局强化执法监察网络体系建设，落实动态巡查制度，查处违法案件28件，闲置土地处置率100%。调查监测图斑598个，总面积241.8公顷，依照法规处理4宗，土地执法卫片占耕地比例为6.8%。调查矿产卫片图斑3个，全部合法。受理各类信访事项40件次，接待上访人员100余人次，息访率98%、满意率90%。

【普法宣传】2016年，市国土局全面实施国土资源“送法工程”。结合“4·22”地球日、“6·25”全国土地日、“12·4”全国法制宣传日以及“两学一做”学习教育活动等契机，深入大寨乡集贸市场、兴城南关商业区等地，悬挂张贴宣传标语，开展法律咨询服务，并通过葫芦岛广播电台政风热线、“12336”国土资源热线等形式，深入开展普法宣传。发放宣传手册1万本，悬挂条幅50余条，制作宣传展板20个。

【不动产登记】2016年，市国土局开始不动产统一登记试点工作。委托辽宁万朋测绘地理信息科技开发有限公司搭建不动产统一登记信息平台，对接处理全市海洋、林业、草地和农村房产登记数据、档案。6月30日颁发全市第一本不动产权利证书。8月26日，正式成立兴城市不动产登记中心（同时成立曹庄、东辛庄、高家岭、碱厂、旧门5个分中心），属自收自支事业单位，核定事业编制199人。11月1日，全面开始停旧换新，实现受理、初审、复审、收费、测绘、颁证流程化服务。截至年末，受理各类登记业务6550件，颁发不动产登记证书 3594 本、他项权利证明 2248 份。

兴城市国土资源局领导成员

局　长　沈朝辉

副局长　陈晓峰　彭　程　张福贵　王爱兵

（赵越）

审　计

【**概况**】2016 年，兴城市审计局全面履行审计监督职责，完善审计制度，实行审计全覆盖。除固定资产投资审计外共完成审计单位 65 个，出具审计报告 53 篇，查出问题金额 50310 万元。其中违规金额 1939 万元，管理不规范金额 48371 万元，损益不实金额 801 万元，审计期间整改金额 575 万元，处理处罚金额 46750 万元，归还原渠道资金 211 万元。应上缴财政金额 314 万元，其中罚没金额 8 万元，应调账处理金额 46224 万元。提出审计意见建议 108 条，被采纳审计建议 85 条。

【**预算执行审计**】2016 年，市审计局预算执行审计 4 个单位并延伸下属单位，出具审计报告 4 个。2015 年全市“三公经费”支出 3852.96 万元，比上年 4373.62 万元减少 11.9%。存在问题有银行账户利息收入未缴入国库、公共财政预算收入和公共财政预算支出挂账未结转、借款管理不规范等。

【**经济责任审计**】2016 年，市审计局对高家岭镇、刘台子满族乡、望海满族乡、教育局、人事局等 29 名党政领导干部依法实施离任经济责任审计，查出主要问题金额 3046 万元，违规金额 355 万元，管理不规范金额 2690 万元；提交工作报告 29 篇，提出审计建议 68 条，被采纳 55 条。任中经济责任审计 7 个单位 11 名党政领导干部。

【**固定资产投资审计**】2016 年，市审计局紧跟城市基础设施建设步伐，加大政府性投资审计力度。查阅最新定额标准，严格按照固定资产投资审计基本准则和工程预算定额标准进行审计。完成 319 个工程项目结算审计，项目报审金额 159500 万元，审定金额 145634 万元，审计核减额 13866 万元，审减率 8.69%；完成 35 个招标控制价审计项目，项目报审金额 18627 万元，审定金额 17913 万元，核减 713 万元，审减率 3.83%。

【**清理偿欠款**】2016 年，市审计局控制政府建设资金流失风险，实现政府性投资效益最大化。组织开展清理偿还政府欠款专项工作，切实解决政府拖欠企业工程款、物资采购款、保证金等问题，涉及乡镇 6 家、街道 2 家、开发区 2 家、部委办局 9 家，总资金 2.4 亿元；审计 6 家卫生院回归公益事业确认负债资产；完成兴城市医疗保险基金审计工作；配合纪检委查办白塔乡塔沟村修桥及修路工程审计项目1个；配合组织部检查审计省委组织部村部建设专项资金审计调查项目1个；兴城市人民法院办公楼竖向工程建设银行借款利息审计项目1个；通城房地产公司于市财政局借款事宜审计项目1个，交通局关于幸福山庄动迁补偿审计项目1个。

兴城市审计局领导成员

局　长　杨德军

副局长　　郭玉春　王晓民

　　　　　王新忠（2016年6月挂职）

总审计师　王振华

（梁园）

·小资料·

兴城海滨

兴城海滨自古就是辽西著名的港湾。千百年来，兴城人民在海上通航、捕鱼，在海岸上繁衍生息。20世纪80年代，兴城海滨辟为旅游景区对外开放。

兴城海滨浴场绵延14公里，有兴海湾、港口湾、邴家湾、老龙湾四个浴场，是我国北方最大的天然浴场、国家4A级景区。海滨浴场内无明石暗礁，岸边沙滩细软洁白，晶莹如玉，海水深浅适宜，水稳波清，清澈见底，海岸地势开阔，绿树掩映，是大海送给人间的一片天然乐园。

步入海滨第一浴场，即兴海湾，举目望去是一座四柱三门三楼单檐庑殿顶式正门，牌坊上边是著名书画家范曾题写的“洪波涌起”和“古城在望”八个大字。走过此坊，便走进如诗如画的兴海湾。兴海湾入口处一尊用花岗岩雕琢的高大的菊花女塑像正颔首相迎。菊花女就是“菊花杀恶龙”传说中的菊花姑娘，她是美丽、善良、勇敢、智慧和自我牺牲精神的化身，是人们心目中的英雄。

兴海湾北侧的松林中还辟有兴海公园，公园呈南北长、东西狭的长方形，占地38公顷，内有5万株松树，使兴城海滨成了一个天然的负离子空气过滤器，能使人们消除紧张，减轻压力，缓解疲劳。

兴海湾南端有“三礁揽胜”，在起伏绵亘的三座盘踞海中的明礁上，建有造形幽雅的观海亭，一曰“雪浪亭”，一曰“迎霞亭”，亭名由著名书法家王骋所书。各亭之间桥桥相连，真可谓是“三礁石恋大曲桥，百皱岩戏千重浪”。桥上游人来往不绝，或登亭观潮听浪，或依亭背海摄影，或蹲坐礁石静心垂钓。倘若赶上落潮，“三礁揽胜”里侧的海水退却，海滩半隐半露，还可拾贝、捉蟹，更是乐趣横生。

农村经济

农 业

【概况】2016年，兴城市粮食作物播种面积38333.33公顷，玉米减少4000公顷，产量23.7万吨；花生等经济作物种植面积37933.33公顷，产量近15万吨；水稻种植面积600公顷，产量0.54万吨；薯类种植面积3400公顷，产量3万吨。设施蔬菜播种面积2333.33公顷，产量35万吨。争取上级各类惠农项目26个，其中重点项目22个，项目资金19332万元。完成新建及续建省级现代设施农业小区10个，新建及改扩建设施小区140个，省级蔬菜标准园3个，市级蔬菜标准园5个。

【秸秆利用】2016年，全市建设秸秆直燃锅炉1座，为4栋108户高标准住宅小区提供集中供暖，年减少燃煤100吨；建设秸秆压缩储运场1处，购买秸秆压缩机1台；建设北方农村清洁采暖模式5户，以生物质炉+吊炕+水暖空调模式做示范，建设光伏发电试点1个，并网运行，通过试点示范，在全市乡村推广。

【农业产业化】2016年，全市规模以上龙头企业31家，省级13家，市级18家；以花生为主的农产品出口总额500万美元。年内，政府设立农业引导资金500万元，搭建农产品销售平台，促进品牌建设。全市成功申请到农产品产地初加工补助项目，补助农户、家庭农场和农民专业合作社建设32座初加工设施，补助资金300万元，新增果蔬贮藏能力2910吨。

【农业执法】2016年，市农发局加强护农打假专项执法检查，出动执法人员150人次，执法检查车辆50次。检查种子、化肥、农药经营户118户，发放经营合格证70户，处理调解农户上访事件4起。

【农村科教】2016年，市农发局举办各乡镇技术指导员科技示范户培训班10次，发放技术资料1000份；举办农村实用人才和农业行业职业技能培训班3次，参训人员300人次；带动各类农业科技示范户1000户，建设农业科技试验示范基地2个。在葫芦岛市农委举办的基层农技人员农业知识竞赛中，兴城市名列第一。

【农产品监管】2016年，市农发局强化农产品质量安全监测，全市“三品一标”认证38个，生产面积46466.67公顷，绿色食品生产企业38家。无公害农产品复查换证续展企业4家，4个品种；新认证无公害农产品企业3家，4个品种。绿色食品复查换证续展企业3家，认证企业4家。完成水果综合示范县建设及23个乡镇监管站项目。随机抽检5大类10个蔬菜品种600个蔬菜样品进行农药残留速测，抽检合格率98%。

【**粮食产能工程**】2016年，市农发局实施上年新增千亿斤粮食生产能力规划田间工程建设项目，在碱厂乡长岭村，刘台子乡山西村、山东村、闫家村、凤鸣村建设高标准农田666.67公顷。打井67眼，方塘9座，蓄水池25座，修田间作业路5.454公里，铺设管道19.833公里。

【**水果产业**】2016年，市农发局栽植各种果树88.12万株。其中，苹果51.1万株，梨14.72万株，葡萄11.5万株，桃9.34万株。果实套袋1亿个。全市果园推广生草覆盖面积20%，应用果树壁蜂授粉技术25%。在围屏乡建设县级高效精品苹果科技示范园1个26.67公顷；南大乡乡级精品苹果科技示范园2个13.33公顷，在11个乡镇建设村级示范园20个，面积41.87公顷。年末，全市种植果树8613.33公顷、600.38万株。水果产量10万吨，产值2.5亿元。

【**农机化工作**】2016年，全市农机装备水平达到23.4万千瓦，农机总值3.12亿元。综合机械化水平达到74.5%，完成农机深松整地作业面积8666.67公顷，保护性耕作面积1533.33公顷，完成农机购置补贴资金发放720万元，受益农户432户，农机安全生产隐患排查3200台次。

兴城市农村经济发展局领导成员

局　长　闫守庆

副局长　王建海　陈井军　李贵军

（孙柳）

扶　贫

【**概况**】2016年，兴城市扶贫开发办公室按照“五个一批”“六个精准”要求，分类施策、多措并举，实施“33466”精准扶贫工程，完成贫困人口脱贫1.3万人、贫困村摘帽5个的扶贫开发任务。其中，产业扶持实现脱贫9736人，就业扶持实现脱贫300人，移民扶贫脱贫365人，教育扶贫3120人，健康扶贫27000人，社会保障兜底做到全市贫困人口全覆盖。

【**项目到户扶贫**】2016年，市扶贫办围绕资源上项目，着力发展“山上经济”建设，打造万亩经济林果；围绕区域上项目，因地制宜做强高粱、地瓜等耐旱作物产业项目333.33公顷；开展庭院经济等传统产业项目，发展庭院养殖，投资600余万元，带动12个乡镇5000多户贫困户。并在沙后所镇率先启动集中饲养试点工程，以“扶贫农场”带动贫困户脱贫，让贫困户收益最大化；围绕特色上项目，打造农业生态产业基地，建设优质玉米、花生基地各 2000 公顷，贫困户人均增收 800 元至 1000 元。

【移民扶贫】2016 年，市扶贫办对居住分散、地处偏远、交通不便、居住危房的贫困户，采取移民搬迁、危房改造等措施，解决安居问题。完成 140 户 365 人移民扶贫。其中，移民搬迁 40 户，危房改造 100 户。筹集调动资金帮助 57 户建档立卡户翻建水毁房屋，实现贫困户住房保障。

【教育扶贫】2016 年，市扶贫办把扶志和扶智相结合，投入 172 万元对贫困家庭在校就读子女实施教育扶贫资金补助，资助贫困学生 3120 人。落实 313 名就读高中贫困学生免除学杂费政策，实现教育有保障，减少因学致贫、因学返贫现象的发生。

【健康扶贫】2016 年，市扶贫办以“政府引导、财政补贴、市场运作、贫困人口受益的方式”，提高贫困人口风险保障水平，减少扶贫开发中面临的因病、因灾返贫现象发生。投入 398 万元为全市 39870 名贫困人口进行全覆盖保险，将新农合报销比例从 70% 提高到 80%，对建档立卡贫困户新农合 27000 名个人缴费部分按相关规定和标准由财政给予补贴，实现医疗有保障。同时，建立完善低保、残疾和扶贫对象核查对接机制，实现救助与扶贫开发政策无缝对接，对 1318 个建档立卡扶贫对象实施有效扶持。

【金融扶贫】2016 年，市扶贫办与兴城农村商业银行合作，争取扶贫金融贷款 1 亿元，精准帮扶贫困乡镇、贫困村、贫困户发展优势产业和特色产业。使用到户项目资金 200 万元，用于贷款补偿，撬动金融贷款 2000 万元。实施金融产业项目 13 个，带动贫困人口脱贫 5000 名。

【社会帮扶】2016 年，全市有 140 个定点帮扶单位、50 个驻村工作队，新增省级对口扶贫单位 3 家，帮扶资金 323.05 万元，有效扶持帮助贫困村、贫困户脱贫致富。

兴城市扶贫开发办公室领导成员

主　任　朱庆贵

副主任　李绍中（2016 年 12 月离任）

　　　　杨丽莉（女）

　　　　马志壮（2016 年 12 月任职）

（康丽丽）

移民安置

【概况】2016 年，青山水库兴城市移民安置办公室签订移民安置协议 3 户，共签订移民安置协议 3128 户，占总户数 98.6%。按照市委市政府主汛期前移民必须全部迁出库区要求，与三道沟乡政府及各移民村共同配合，动员剩余未拆除房屋移民户8户按时全部拆除。同时，解决把家村集体方塘等遗留问题6件，调查完成粮库、中药材等补偿问题。

【完善基础设施】2016年，青山水库水位上涨至76米，为方便移民对淹没线以上土地管理，经过公开招标，修建黄埃子村淹没线以上作业路2.131公里。加固头道、水泉等后靠点工程，其中修建头道后靠点加固护坡60延长米，水泉后靠点加固护坝200延长米。安装戏台、西门等两个后靠点路灯各20盏。

【移民资金】2016年，全市发放移民资金2745.77万元。其中，基础设施建设资金588.19万元，长效补偿资金1390.77万元，移民个人和集体安置补偿资金251.62万元，移民后期扶持直补资金515.19万元。

【扶贫工作】2016年，市移民办出资为头道沟村头里屯修建水泥巷路11715.29平方米，安装太阳能路灯20盏。与市劳动和社会保障局、市科协帮扶头道沟村栽植富士苹果24株。

青山水库兴城市移民安置办公室领导成员

主　任　张永强（兼）

副主任　金　锋

　　　　王　迎（2016年5月任职）

（金锋）

林　业

【概况】2016年，兴城市林业局扎实开展造林绿化、资源林政、森林病虫害防治、森林防火等林业重点工作，加快全市造林绿化步伐，森林资源得到有效保护。年内，全市完成造林任务3600公顷。其中，人工造林1600公顷，封山育林2000公顷；完成绿化示范村建设20个。义务植树100万株，全民义务植树尽责率90%以上。裸地育苗265.57公顷,产苗量3179.3万株。其中，新育13.9公顷，产苗量250万株；留植251.67公顷，产苗量2929.3万株。

【植被清理复种】2016年，市林业局从5月1日至6月27日，历时58天，全面完成夹山火场清理植被恢复工作。清理面积62.53公顷，清除树木81500株，蓄积1743立方米。完成栽植面积57公顷，完成栽植苗木97927株，其中大油松7.33公顷，栽植苗木12100株；桧柏4公顷，栽植苗木1500株；小油松24公顷，栽植苗木72000株；五角枫2.07公顷，栽植苗木5177株；侧柏17.27公顷，栽植苗木6.6万株；火炬2.33公顷，栽植苗木5950株。

【资源林政】2016年，市林业局完成上年中央财政补贴公益林抚育项目33.33公顷，年内中央财政补贴公益林抚育项目66.67公顷，割灌除草53.33公顷。森林面积达到63400公顷，实现森林覆盖率30.2%，森林蓄积保有量133.6万立方米。消耗森林经营采伐蓄积41250立方米。查处林政处罚案件12起，收到罚没款116260元。

【经济林建设】2016年，市林业局完成上年千万亩经济林工程补植补造任务2666.67公顷。其中，碱厂乡327.7公顷、围屏乡364.59公顷、元台子乡200公顷、南大乡223.29公顷、药王乡65.84公顷、旧门乡184.49公顷、三道沟乡63.25公顷、高家岭镇35.93公顷、羊安乡23.97公顷、白塔乡79.19公顷、东辛庄镇15公顷、郭家镇226.94公顷、红崖子镇205.75公顷、大寨乡7.13公顷、华山街道20公顷、曹庄镇4.78公顷、闻家林场20.67公顷、南关林场2.13公顷、国营兴城市果树农场580公顷。同时，完成年内果业强市任务200公顷。其中，郭家镇106.67公顷、华山街道40公顷、碱厂乡13.33公顷、药王乡6.67公顷、旧门乡13.33公顷、围屏乡20公顷。

【森林防火】2016年，市政府投入资金405万元，配备进口灭火机10台、对讲机10台、防火服50套、油锯2台，出动宣传车78台次，刷新固定标语528处，新建森林防火标语牌20块，设置固定防火宣传牌294块，悬挂临时标语800多条，印发防火宣传单8万多份，发放防火旗5万面。组建控制野外火源巡查小分队60支，重点区域设立临时防火检查站68个。加大巡查和打击野外违法、违规用火力度，做到见烟就查、违章就办、犯罪就抓。办理刑事案件4起，刑事拘留5人，行政案件32起，行政拘留30人。

【退耕还林】2016年，市林业局对上年退耕地补助资金“一卡通”进行验收，核对全市退耕地农户合格面积、发放金额及“一卡通”信息。核查全市退耕地面积443.91公顷。其中，生态林面积282.92公顷、经济林面积160.99公顷。

【森林补偿】2016年，全市国家森林生态效益补偿面积4817.3公顷。其中，国有国家森林生态效益补偿面积3617.3公顷，集体和个人所有国家森林生态效益补偿面积1200公顷。补偿资金72.2万元。全市省级森林生态效益补偿面积19333.33公顷。其中，国有省级森林生态效益补偿面积5600公顷，集体和个人所有的省级森林生态效益补偿面积13733.33公顷，补偿资金189.2万元，全部发放到户。

【有害生物防治】2016年，全市有森林面积48693.33公顷。其中，发生病虫害面积16726.67公顷，发生率34.4%，防治面积16726.67公顷，防治率100%。无公害防治率99%，生物防治率53%，化学防治率1%。苗木产地检疫率100%，疫株率控制0.1%以下。

【国有林场改革】2016年，市林业局对全市3家国有林场改革前人员编制、职工社保、林场债务、固定资产、职工工资等情况进行翔实的调查摸底。完成集体林改57333.33公顷，完成率100%，确权率100%。完成森林保险面积33800公顷。国有林场改革专项社保资金604.03万元，全额拨付到位，用于解决全市国有林场职工多年拖欠养老保险问题。

【资源管护】2016年，市林业局全力维护林区稳定，打击涉林违法犯罪活动，森林采伐1.2万立方米。完成国家公益林资源监测小区4个、监测小斑12个；做好森林资源培育，扩大森林面积，全市森林面积达到6.34万公顷，实现森林覆盖率30.2%，森林蓄积保有量133万立方米。

兴城市林业局领导成员

局　长　闫久利

副局长　陈云峰

　　　　周汉伶（2016年6月离任）

　　　　张福军（2016年6月离任）

　　　　李荣臣

总工程师　马志宇

（孙昊）

动物卫生监督

【概况】2016年，兴城市动物卫生监督管理局围绕确保畜产品市场供给、确保无重大动物疫情、确保畜产品安全这一中心，发展规模化、标准化养殖，加快结构调整，加强基础设施建设和技术推广，强化动物疫病防控，做大做强畜牧产业，实现全市畜牧业健康稳步发展。年内，全市猪、牛、羊、家禽饲养量分别为猪74万头、牛1.54万头、羊36.2万只、家禽1633万只。肉蛋奶产量8.65万吨，畜牧业总产值14.57亿元。

【畜禽养殖小区建设】2016年，全市新建畜禽养殖场（小区）17个，改造升级畜禽养殖场（小区）9个。发放上年生猪调出大县奖励资金440万元，同时获得本年生猪调出大县奖励资金379万元。申报望海金鑫畜牧养殖专业合作社等7家养殖场（小区）为畜禽规模养殖场（小区）标准化生态项目建设单位，该项目被列入葫芦岛市民生工程。申报东晟肉鸡养殖专业合作社等2家合作社为辽西北五市畜禽标准化生态养殖场（小区）项目建设单位。获得辽宁省2016年畜牧业农民专业合作社省级示范社2家，每家获奖励资金20万元。获得生猪健康养殖模式综合配套技术推广项目（阳光猪舍）补贴资金12.5万元，建筑面积1000平方米，生猪良种补贴项目资金100万元，畜牧技术推广体系改革与建设项目补贴资金30万元。

【畜禽保险】2016年，市动监局继续做好养殖业保险工作，参保牲畜130885头，收缴保费421.74万元。其中，育肥猪122785头，能繁母猪7964头，奶牛133头，保险理赔9116头，减少养殖户经济损失

328.99 万元。

【检疫监督】2016 年，市动监局全力做好动物检疫，切实提高检疫率。产地检疫猪 113273 头、牛 1248 头、羊 14668 只、鸡 1041 万只。屠宰检疫猪 64252 头、牛 169 头、羊 2840 只、鸡 3474 万只。出动执法人员 700 余人次，车辆 200 余次。排查处理乱丢乱弃死猪 438 头，鸡 387 只。打击经营病死动物“蓝盾行动”，巡查排查 25 次，无害化处理死因不明动物，病害动物产品 38000 余公斤。动物卫生监管平台、追溯平台全面投入使用，11 个点视频监控点和 16 个动物及动物产品运载车辆 GPS 定位系统运转正常。

【畜产品监管】2016 年，市动监局全面开展畜产品安全监管工作，开展禁用兽药大整治、“3・15” 打假月等活动。悬挂条幅 37 条，发放宣传材料 9000 余份。强化经营场所和从业人员管理。出动执法人员 404 人次，执法车辆 132 车次。加强畜产品安全实验室标准化建设，实现实验室面积 120 平方米，检验人员 8 人，重要仪器设备 27 台，投入资金 45.43 万元。全年培训企业人员 400 余人次，干部职工 100 余人次，签订承诺书、保证书等 300 余份。全市全年监督检查饲养场、兽药、饲料生产经营企业、屠宰企业 200 余家，查办案件 1 起，完成“瘦肉精”监测试纸条检测 58000 批次，酶联检验 1650 批次，确保全市畜产品质量安全。

兴城市动物卫生监督管理局领导成员

局　长　崔俊海

副局长　韩玉祥　王志强

　　　　李连鹏（2016 年 3 月离任）

　　　　张志学（2016 年 3 月任职）

（张丽卓）

海洋与渔业

【概况】2016 年，兴城市渔业经济总产值 24.62 亿元（含觉华岛 2.82 亿元），水产品产量达 20.39 万吨（含觉华岛 2.89 万吨），其中养殖产量 15.6 万吨（含觉华岛 2 万吨），捕捞产量 4.79 万吨（含觉华岛 0.89 万吨）。渔业经济总产值比上年增长 6%，养殖产量比上年增长 6.3%。年内，扩建小坞国家一级渔港项目通过国家组验收。争取国家项目资金 4000 万元，用于刘台子东翔渔港、徐大堡台子里东港扩建成国家二级渔港。100 吨级中国渔政 21508 号执法船到位。

【海洋生境生态修复】2016 年，市海洋与渔业局实施兴城河口湿地与红海滩建设项目通过验收。该项目经国家批准，资金总额 10160 万元。其中，国家投入 8500 万元，地方配套 1660 万元。种植和改良红海滩 170 公顷。其中，底质改良 57.2 公顷，挖掘槽沟 8 条 6430 米，翅碱蓬种植 106 公顷，沙蚕底播放流 35 公顷，微生物培养剂包埋 29 公顷。构建 3 米宽的滨海栈道 7300

米，海岸防护带3101.6米，地方追加资金2356.32万元构筑海上景观平台14403平方米。岸滩取水井管网改造120眼。

【渔业生产】2016年，全市成立渔业安全生产组织34个，其中县级1个，乡镇7个，村屯22个，渔港4个。市、沿海乡、渔业村、船主逐级签订渔业安全生产责任书，签约率100%。建立海洋渔业抢险救助船队22个，建立通信网络组织27个，全市846条渔船，按照作业海域划分为101个组，日常生产中坚持编组生产作业。开展海洋渔业安全检查20次，查处重大安全隐患2起，一般安全隐患2起，非法运输砂安全隐患1起。

【海域管理】2016年，市海洋与渔业局受理31宗3250公顷海域使用权审批确权发证工作（续期2宗），催缴上年海域使用金20宗90万余元。征缴海域使用金3000万元。年内，海域动态监视监测中心建设进入最后国家验收阶段，增加电脑、打印机、扫描仪、摄像望远镜、可定位照相机、全站仪、水准仪、视频会议室等设备。

【海监执法监察】2016年，市海洋与渔业局坚持陆路、海域定期巡查，累计派出检查车辆730台次，行程1786公里；出动执法船舶52航次，航程640海里。立案查处违法案件2起。其中，未经审批占用海域1起，填海案件1起。

【渔政管理】2016年，市海洋与渔业局审验正式捕捞许可证405本，征收渔业资源保护费55.2万元，收取海蜇专项基金22.8万元。伏季休渔暨海蜇资源管理期间，出动宣传车180台次，人员720人次，张贴宣传标语200余幅，发放宣传单2000余份。渔政执法人员昼夜驻守在重点渔港，确保伏季休渔工作顺利进行。出动宣传车80台次，人员320人次，同大马力（88千瓦以上）渔船签订保证书119份，确保全市渔船越界捕捞率为零。加大违规违捕案件查处力度，在小坞码头设立违规渔船看护点，查处违规渔船300余艘，罚款180万元。

【渔用燃油补贴】2016年，市海洋与渔业局渔用船舶燃油补贴发放圆满完成。应发放捕捞渔船491艘，实发486艘，未发5艘；应发放养殖渔船7艘，全部发放。应发放金额3451.075万元，实发放金额3433.31万元，未发放17.76万元。

兴城市海洋与渔业局领导成员

局　长　张曼颖

副局长　李健伟　范越宁　李学东

　　　　李宝东

（卢玉杰）

水　务

【概况】2016年，兴城市水务局坚持“求真、务实，高效、廉洁”工作方针，为建设创业兴城、宜居兴城、文化兴城、活力兴城、幸福兴城提供水务支撑与保障。全年农建工程投入建设资金15997万元。其中，用于灌溉工程6821万元，水土保持工程4453万元，防洪工程4066万元。完成土方199万立方米、石方11.6万立方米、混凝土1.54万立方米。

【河道治理】2016年，市水务局综合整治元台子乡水系连通工程1.1公里，清淤疏浚1.1公里，新建石笼护岸2075米，总投资294.6万元；白塔乡项目区综合整治及水系连通工程治理长度4.83公里，清淤疏浚1.8公里，加固堤防5.42公里，总投资1150万元；烟台河（新民至史树林段）河道治理7.74公里，加固堤防15.97公里，新建穿堤建筑物4座，总投资997万元；红崖子镇水毁修复1.6公里，修建护岸左、右岸2980米，总投资315万元。

【民生水利】2016年，市水务局在曹庄镇、围屏乡和碱厂乡实施灌溉2166.67公顷，完成方塘4座；在三道沟乡黄埃子村移土造地0.8公顷；在临海街道中兴村修建文化广场1处；在沙后所镇荒地村和桃园村修路2条，总计4280米。

【维修养护】2016年，市水务局完成中央资金维修养护工程方塘、塘坝、堤防、闸门、大口井等20项，土方2.79万立方米、石方0.53万立方米、混凝土0.064万立方米；完成省资金维修养护工程24项，土方2.8万立方米、石方0.55万立方米、混凝土0.07万立方米。

【水土保持】2016年，市水务局完成水土流失治理面积7000公顷。其中，水保林及其他植树造林3973.33公顷、封禁治理1920公顷、果梯台田980公顷、等高耕作413.33公顷，拦蓄坝4座，石谷坊50座，修作业路8.61公里，沟壑多功能开发治理1条。全部工程完成土方21.11万立方米，石方9651立方米。投入劳动力25.62万个，机械台班6930个，投资3770万元。其中中央财政资金875万元，省市级配套311万元，省财政专项补助资金12万元，群众投入劳动力自筹资金692万元，林业部门投资1880万元。

【城市供水】2016年，市水务局管网改造老小区32个，共计5153户，总投资618.36万元；在烟台河打大口井1眼，日增加供水3000吨，总投资70万元；新铺设3个小区给水管线1750米；迁移滨河御景、香蒲商业街600管线520米，500管线230米，总投资80万元。年内，试行营业大厅收费。

【水资源管理】2016年，市水务局严格水资源管理制度，打击非法采砂及盗采地下水资源违法行为。开展安全生产大检查54次；开展河道执法巡查420人次，与江河公安大队、交警大队联合执法38次，查处水事违法案件59起，结案59起。

兴城市水务局领导成员

局　长　徐铁军（2016年3月离任）
　　　　程树志（2016年3月任职）
副局长　杨春成　陆　宏　翟玉光
　　　　郑永福

（韩德权）

气　象

【**概况**】2016年，兴城市气象局按照“全覆盖、零容忍、严执法、重实效”要求，共对全市122处场所进行防雷检测，出具报告122份。检测易燃易爆场所102处，出具报告204份，检测覆盖率达到100%。开展行政执法21次，其中，施放气球5次，防雷16次。办理各类行政许可2件，无超期办结、两头受理、投诉事件发生。

【**人工影响天气**】2016年，市气象局严格按照相关规定对弹药进行存储和运输，全年无安全事故发生。强化人影作业指挥人员培训，抓住有利天气时机，开展兴城辖区内人工增雨抗旱作业。全年成功组织实施火箭人工增雨作业12次，出动车辆22台次，出动作业人员70人次、成功发射火箭弹66枚（WR-98型火箭弹20枚，BL-1A型火箭弹46枚）。

【**气象与农业**】2016年，兴城气候总特点降水偏多，气温正常，日照正常。春季回暖速度较快，春末夏初出现短期干旱，春季第一场透雨出现在5月3日。夏季6月至9月降水量为538.5毫米，较历年降水偏多将近4成；6月至9月平均气温为22.5摄氏度，较历年22.9摄氏度低0.4摄氏度。夏季降水量充足，暴雨导致部分地区出现涝灾，影响大田作物产量。

【**气象服务**】2016年，全市经历“7·20”“7·25”“8·7”“8·18”四次暴雨过程，降水总量421.7毫米，为常年同期降水量2.4倍多。其中“7·20”是有气象记录以来首次区域性降水过程即达到大暴雨量级。市气象局对4次暴雨过程均提前一周制作发布天气预报并连续滚动发布，提前5~24小时制作发布包括降水量级、落区、时间段的精细化预报。累计启动气象灾害（暴雨）Ⅳ级、（暴雨）Ⅲ级和（暴雨）I级应急响应命令，升级应急响应命令2次，制作发布重要天气报告7期。主汛期发布决策信息、雨情信息、预警信息137条，累计发送4.39万余人次。

兴城市气象局领导成员

局　长　孔令军
副局长　朱苗苗（女）　于志东

（李伟）

工　业

经济信息化

【概况】2016年，兴城市经济和信息化局坚持“稳增长、调结构、优服务”发展主线，力促工业经济平稳健康发展。年内，全市规模以上工业企业84户，完成规模以上工业增加值7.6亿元，同比下降43%；完成规模以上工业总产值67.6亿元，同比下降48.4%；产品销售收入64.6亿元，同比下降46.7%。规下工业企业81户，其中营业收入500万元以下企业52户，500万元～2000万元企业29户。完成营业收入48237万元，同比增长14.8%。5月，兴城市被中国纺织工业联合会授予“2015年度纺织行业创新示范集群地区”称号。

【服务企业】2016年，市经信局调研摸底全市规模以上工业企业，进企服务20余次，发放企业情况调查表87份，建立企业信息库，帮助企业协调解决问题。为辽宁海洲药业有限公司项目建设召开银企对接协调会，解决企业4000万元贷款难题；解决海思科、海州药业等企业历史遗留问题3件；为兴城九州塑业协调解决生产用电问题；宏兴制衣、亿科型材等企业消防验收问题。建立企业合作联盟，促进兴凯农业用化工皂化渣生产温室砌块与葫芦岛方大化工皂化渣处理建立合作协议。

【搭建平台】2016年，市经信局组织九州塑业参加第四届中国国际新材料产业博览会，首钢东华对接中国五矿集团项目，安迈汽车参加韩国釜山汽车零部件企业代表团经贸合作洽谈会，兴城水泵厂参加辽宁省大小企业协作配套洽谈会等；组织英华泳业作品“孤独的王者”、佰宏制衣作品“POLOVI”等企业产品参加2016年度中国优秀工业设计奖评选；编制《兴城市重点工业产品目录》，收集涉及装备制造、建材、食品等行业企业产品28类；推荐重点企业产品11种列入辽宁省推广应用本地工业产品目录。

【技术创新】2016年，市经信局鼓励企业开展技术创新体系建设，增强企业活力。推荐首钢东华、安迈汽车、火力速旋等5户企业的相关产品列入年度“专精特新”产品（技术）培育计划。年末，5户企业6个产品被认定为2016年辽宁省中小企业“专精特新”产品（技术）；粉末冶金有限公司引进8000KN（千牛）全自动粉末压机并聘请国外专家进行技术指导。

【项目建设】2016年，市经信局完善领导联系项目制度、重大项目月调度制度，推进重大项目建设，定期跟进5000万元以上项目，协调解决建设中困难和问题。海兴隆水产品深加工基地、九州塑业10吨木质素板材一期工程、海源水产品即食海参等一批项目建成投产，成为新的经济增长点；首钢东华输油管线及全自动高速电梯导轨、菊花女食品海产品深加工产业化、小松游艇、优泳科技国际仓储物流中心二期等一批重点项目顺利推进；海洲药业乳酸菌素3S基地产业链、兴凯农业环保建材、首钢东华轨道交通高铁桥梁支座一批新开工项目成为投资有力支撑。

【国际泳装展】2016年7月，兴城市成功举办第五届中国国际泳装展，并被中国服装协会授予“中国服装行业‘十三五’创新产业示范基地”称号。展会整体规模1.2万平方米，参展国内外厂商230家，线上线下市场品牌150余个。展品涉及泳装、泳具、沙滩装、运动内衣、健美服装、泳装设计、泳装面辅等。来自西欧、东欧、东南亚等的21个国家和地区专业买家参观采购，全国38家贸易机构及品牌采购团前来观展。年内，全市有泳装企业723户，从业人员6万余人，泳装产业集群销售收入130.2亿元，同比增长3.5%。

【泳装行业转型升级】2016年，市经信局在工业经济下行压力下，引导泳装企业转型升级，加快两化融合进程。阿里巴巴全球速卖通兴城跨境品牌专区和1688实力产业群示范园区落户兴城，天诚泳业法兰克福海外仓落成运营。兴城市优泳网络公司国际仓储物流中心二期建设项目列入辽宁省首批智能服务企业，有35个品牌商进入物流中心，实现收货、检验、储存、分拣、配送一体化。泳装小微企业互助合作基金持续发挥作用，为企业贷款8300多万元，解决30多户泳装企业融资难问题。

兴城市经济和信息化局领导成员

局　长　李旭明

副局长　刘　义（2016年12月离任）

　　　　韩继成（2016年3月离任）

　　　　张立松（2016年3月任职）

　　　　龚常军（2016年3月任职）

（王欢）

工业管理

【概况】2016年，兴城市工业局争取市政府扶持资金，将民族靴鞋厂、轻工纸箱厂职工改制企业资产出售环节发生的土地出让金、税金部分返还给企业，弥补职工安置费用不足。有效解决两家企业改制跨度时间长、历史遗留和遗漏问题多、人员流动性大、债务纠纷不清等诸多问题。年末，资产过户手续办理完毕，有效安置企业职工233名。

【定点扶贫工作】2016年，市工业局到三道沟乡凉水泉村定点扶贫3次，走访农户，收集群众意见建议，了解扶贫工作存在的困难问题。筹措资金1万元，帮助协调解决该村桃树苗7000余颗，购买水泵2台。

【招商引资】2016年，市工业局招商注册辽宁品缘食品有限公司。年内，该公司在徐大堡镇海滨村转包土地33.34公顷，签订土地流转合同15年，租赁暖大棚6个，培育芦笋苗种0.47公顷。完成商标设计、税务登记等工作。

兴城市工业局领导成员

局　长　王　立

副局长　刘　华

　　　　陈洪山（2016年6月任职）

（任辉）

安全生产监督

【概况】2016年，兴城市安全生产监督管理局强化责任、严格监管，切实防范重特大生产安全事故的发生。检查重点行业领域25次。培训非高危企业主要负责人和安全管理人员118人，高危企业主要负责人和安全管理人员104人，特种作业人员45人。春节期间培训烟花爆竹经营业主114名，发放烟花爆竹经营许可证114个。被辽宁省安全生产工作目标考核领导小组授予“2015年度安全生产目标管理先进县区”。

【重点行业整治】2016年，市安监局针对地区高危行业多、易发生事故的特点，开展综合性大排查大治理。出动检查组198

2016年11月11日，兴城市迎接国务院安全生产巡查汇报会

组，参检人员688人，检查单位场所（车辆船只）1343个，对重点地区和单位暗查暗访15次，夜查7次，有效消除安全隐患。下达各类法律文书625份，发现一般生产安全隐患834处，全部整改完毕。新办乙种危险化学品经营许可证14户，审查更换乙种经营许可证38户。

【信息化建设】2016年，市安监局启用兴城市安全生产综合监管平台系统---“互联网+安全监管”新模式，全市221家重点企业纳入监管，全市井工矿山、危化品等重点行业企业全部实现安全监管在线监测、预警防控和监管执法一体化信息管理，有效缓解监管力量不足问题，提高监管质量和效率。平台系统中企业上报隐患自查8136项，发现隐患281项，整改隐患281项，整改率达100%。利用监控功能强化安全监管，加大对隐患治理上报不力和网上视频监控违章违规的企业处罚力度，查处案件26起。

【安全生产宣教】2016年，市政府聘请安全专家对全市23家涉粉重点企业开展安全诊断30余次，及时消除问题隐患。年内，市安监局探索安全教育新思路，开展安全生产文艺巡演活动2次。全市重点企业、泳装行业等42家企业员工代表及市民近5800多人观看演出。为基层单位印制分发安全知识手册2450册，印制悬挂安全生产宣传条幅480幅，制作宣传展板200张，安全生产宣传挂图500套，发放安全知识宣传单15600余份，向国家、省、市相关部门信息网发送工作动态信息43篇。

安全月宣传文艺演出

兴城市安全生产监督管理局领导成员

局　长　王华日

副局长　张东兴

孟宪利（2016年3月离任）

张汝生

张福军（2016年6月任职）

（杨明）

热　电

【概况】2016年，兴城热电有限公司以市场开拓为龙头，以强化内部管理为主线，以管好工程，修好设备，强化考核为手段，狠抓安全生产，节能降耗。各项主要指标均达到历史最好水平，实现安全经济平稳运行。全年实现发电量1034万千瓦时，厂用电量539万千瓦时，上网电量491万千瓦时。供暖面积228.34万平方米，比上年增加20.77万平方米，总耗煤10.56

万吨，耗酸 9.1 吨，耗碱 6.6 吨。总收入 8014 万元，总支出 8547.4 万元。

【设备检修】2016 年，热电公司夏季检修锅炉本体、输煤系统、除灰系统、风机系统等 37 项。3# 炉预热器低温段换管 1748 根；大修 5# 炉刮板机 3 台。化机车间 12 人检修 8 个系统、112 个项目、180 台件设备。2# 及 3# 热网泵采取机械密封原位复位处理方法，获得成功。管网车间清洗换热器 80 台，更换站二环支线阀门及三环小站阀门 64 台；大修 48 个自管站内设备及循环泵、补水泵 34 台；更换轴承 20 架，更换二环支线阀门 24 台，更换压力表 20 台，处理二环漏点 24 处，三环漏点 100 余处，更换锁阀 200 台；维护电机 60 台。

【冬季运行】2016 年，热电公司冬季供暖处理三环漏点 284 处，换管焊接 37 处，更换锁阀 240 台，铁球阀 72 台，放风阀 20 台，清理二、三环除污器 90 余台次，洗换热器 2 台，加装交换器 2 台，维修站内泵 50 余台，维护电机 50 余台，更换轴承 4 架。

【窃热稽查】2016 年，热电公司管网稽查队排查窃热面积 5252 平方米，断阀面积 5746 平方米。收取暖费近 12 万元。企审科查出窃热用户 25 户，窃热面积 2800 平方米，为公司挽回经济损失。

【铁西热源厂】2016 年，热电公司铁西热源厂接管西域华府三期和四期、恒大二期、沁园春等用户，并新建沁园春换热站。完成供暖收费面积 36.6 万平方米，比上年增长 14.7 万平方米；取暖费收缴 767 万元，耗煤 22000 吨，耗水 2 万吨，耗电 112 万千瓦时。

【园区热源厂】2016 年 6 月、热电公司接管园区热源厂。改造小锅炉与大锅炉之间回水管道，保证小锅炉达到良好备用状态。清洗外网交换器 13 台，除污器 59 台，改造 202 站，增加节能泵 1 台，交换器 1 台，有效增加周边供热能力。铺设园区市场、中兴服装厂供暖管道。增加循环泵跳闸报警，为冬季运行提供安全保障。年内取暖面积达到 29.4 万平方米，取暖费收入 766.4 万元，收费率 100%。

兴城热电有限公司领导成员

经　理　马　春

（王芳）

城建·环保

城乡建设

【概况】2016年，兴城市城乡规划建设局按照城市“东移北上南拓”总体发展战略，开展民生重点工程及城市基础设施建设。完成城市道路改造1.5公里，铺设人行步道1.4万平方米，新装路灯198基，临河大街北延2.5公里，新增绿化18公顷，修建东关大型生态停车场。征收动迁古城东门外、首山湖、南辛庄等6个片区232户，面积2.9万平方米，植栽树木29000株。

【城乡生态环境】2016年，市城建局开展城乡环境综合整治和垃圾清洁月活动，投资335万元对全市235个行政村积存垃圾进行清除，清理路边、宅边、河道636千米，清理垃圾3.3万吨，并对29个农村集贸市场环境卫生进行集中治理，打造市级宜居示范村5个、达标村55个。专项治理古城内卫生环境，彻底清除古城北二街建筑垃圾4.18万立方米，平整土地2.7万平方米，规范沿街流动商贩4万余次，清理违规摆放、占道经营2181处。投资665万元改造农村危房358户，为500户发放廉租住房租赁补贴108万元。

【城市管理】2016年，市城建局规范流动商贩计39597次，规范管理7个临时市场和早、夜市，清除小广告和门窗上的贴纸贴字计69567张，制止店外摆放、店外加工728起，对临街商户发放《告临街商户责任书》2386份，清理店外摆放与店外经营2181处。

【房地产发展】2016年，市城建局举办房交会，成交商品房247套，销售额1.23亿元，去库存23万平方米。严格监管全市13个房地产38万平方米在建项目，23个结转工程74万平方米重点项目。银象宁远城和三和荣郡等9个单位工程被评为辽宁省优质工程，实现安全生产无事故。

兴城市城乡规划建设局领导成员

局　长　王代林（2016年12月离任）
　　　　李宏伟（2016年12月任职）
副局长　吴成林（2016年3月离任）
　　　　计旭鸿　顾天强
　　　　刘洪涛（2016年3月离任）
　　　　李　宇（2016年3月任职）

（周世文）

城乡规划

【概况】2016年，兴城市城乡规划局规划城市空间、功能和建设用地布局，组织实施城区控制性规划编制，保证用地规划及项目建设指标满足城市总体规划要求。完成华山街道、郭家镇、碱厂乡和望海乡四个乡镇总体规划；完成东辛庄镇东关站村、曹庄镇后湖村、华山街道羊草村、碱厂乡白庙子村等26个乡村《美丽乡村示范村规划》。提出建设用地规划条件20余项，规划总用地面积60公顷。依法完成天沐水上乐园等项目用地规划条件变更4项。

【修建性规划】2016年，市城乡规划局为加强城镇化建设和发展，组织编制临河综合服务楼（占地2.49公顷，建筑面积3.72万平方米）、滨河御景住宅小区（占地7.78公顷，建筑面积15.69万平方米）、四家小微园区（占地17.24公顷，建筑面积11.22万平方米）、星河小镇二期（占地3.59公顷，建筑面积6.045万平方米）修建性详细规划及修建性详细规划调整共88项。编制规划用地面积71.9公顷，规划总建筑面积近93.4万平方米。

【道路和市政规划】2016年，市城乡规划局编制完成城市规划区内道路和市政单项工程规划。道路和市政规划出图55项，其中，兴城市河西路0.4千米、殡仪馆道路1千米、兴城市环河路3.6千米、铁路西客站广场占地6.67公顷、西客站连接线6.29千米、首山东路山海湾段1千米；兴城市红海开发区污水管网建设、新奥燃气中压管线敷设、自来水管线改造等市政项目；住宅小区管线规划综合及调整43项（滨海经济区6项），小区内管线规划总里程近30千米。

【测绘工作】2016年，市城乡规划局勘测定界丽汤首山温泉度假区项目，测绘面积31.35公顷；兴城市旧门粮库项目，测绘面积4.24公顷；兴城市大红门商贸物流项目，测绘面积7.60公顷；兴城市顺鼎盛房地产建设项目，测绘面积2.27公顷。完成勘测定界图46幅，总用地面积91.24公顷。完成用地条件图26幅，总用地面积90.78公顷。核实验收竣工成图工作，完成竣工项目32个，总竣工建筑面积78.78万平方米。

【地理信息工作】2016年，市城乡规划局完成兴城市城区范围内管线二维及三维查询系统建设工作，完成围屏乡、望海乡、郭家镇和华山街道数字化地形图成图工作，成图面积20平方公里，向省测绘地理信息局提交LNCORS入网申请。

【建设项目审批管理】2016年，市城乡规划局核发《建设项目工程选址意见书》10项，总用地面积125.80公顷。核发“建设用地规划许可证”36件，用地83.64公顷。核发“建设工程规划许可证”59件，总建筑面积67.72万平方米。市政规划审批5

项，个人建房（危房翻建）5户，建筑面积566.62平方米。验收公建项目31个，总验收面积95.6万平方米。放验线建设项目10个，面积20.25万平方米。为民建验收53户，建筑面积7815平方米。

【工程档案管理】2016年，市城乡规划局与开发建设单位签订《报送建设工程竣工档案责任书》76份，签发“建设工程竣工方案初验合格证”56份（36家），核发“建设工程档案合格证”37份（20家）。接收进馆档案2005卷，上架入库1055卷。接待档案利用63人次，提供档案80余卷次。

【来信来访】2016年，市城乡规划局接待上访群众100余人次，处理信访案件3起、民心网案件4起、民心网联网平台案件1起、市人民政府咨询及投诉问题转办单1起、政务信息公开案件2起、行政诉讼案件6起、葫芦岛市政府服务热线反映问题1起。

兴城市城乡规划局领导成员

局　长　赵更民

副局长　周　莉（女）　韩　冲

姜笑海（2016年3月任职）

（陈国利）

滨海温泉新城开发建设管理

【概况】2016年，兴城市滨海温泉新城开发建设管理办公室负责滨海温泉新城及全市相关建设项目的开发、建设和管理。年内抓好项目开工、续建等工作任务，完成比基尼广场建设工作；完善邴家湾回迁楼小区消防及建设工作，确保回迁百姓正常入住。完善滨海温泉新城配套基础设施建设，促进全市新城区经济发展，树立温泉新城开发办的良好形象。年内，答复并解决人大代表、政协委员就滨海新城建设提出的相关提案、议案4件。

【滨海新城项目建设】2016年，市滨海新城开发建设管理办公室狠抓项目进度，确保工程质量。兴城比基尼广场项目持续开工建设，总建筑面积26694.71平方米。年内展览中心、1#商业、2#商业完工，并通过竣工验收。挑篷及2#海滨服务区完工，1#演出服务区、2#演出服务区基本完工，室外景观绿化工程及停车场工程全部完工，对广场绿植进行刷白等养护工作，确保树木安全过冬。邴家村回迁楼小区项目占地面积112014.53平方米，总建筑面积240442.18平方米。年内一期、二期、S1、S2、37号楼及小区内基础设施全部完工，具备入住条件，正在准备各项竣工验收工作。年内，7号路铺设完成，12号路到比基尼广场实现全面通车。新建日供水2万吨的配水厂完工。铺设完成邴家湾小区配套排水管线5公里，并接入市政排水管网；铺设燃气管线3公里，全部安装入户，具备使用条件。完成2号路及16号路1.2公里，共62盏路灯安装工程。完成

16号路绿化工程，绿化面积2500平方米，种植银杏40棵、云杉40棵。

【接待工作】2016年，市滨海新城开发建设管理办公室接待市委、市人大、市政府、市政协及上级有关部门视察兴城市比基尼广场6次，配合相关部门在国际比基尼广场展览中心成功举办第六届中国（葫芦岛·兴城）国际沙滩·泳装文化博览会、兴城市第三届房交会及首届电商节；在展览中心举行葫芦岛中信银行成立20周年文艺演出。

兴城市滨海温泉新城开发建设管理办公室领导成员

主　任　蒋继友（2016年12月任职）
副主任　蒋继友（2016年12月离任）
　　　　武继利（2016年12月任职）
　　　　李绍中（2016年12月任职）

（宋雨泽）

环境保护

【概况】2016年，兴城市环境保护局争取到2个环保项目和1.9亿元上级资金落户兴城。全年开展环境专项整治行动20余项，收缴排污费121万元，全年空气环境质量优良率达到91.7%，水源地水质合格率达100%。清理整顿环保违规建设项目66个，其中备案完善14个，整改规范15个，淘汰关闭37个。年末，兴城市通过辽宁省级生态市验收。

【大气污染治理】2016年，市环保局完成辽宁省拆除10台燃煤锅炉指标和7台大供暖锅炉脱硫除尘设施升级改造任务，对12台小型工业锅炉进行限期整改，全年减少粉尘38.93吨，二氧化硫55.41吨，氮氧化物15.86吨。严禁秸秆燃烧，强化抑尘防尘力度，加大混凝土搅拌厂、沥青搅拌厂、煤炭交易中心等工业企业生产过程中扬尘监管，有效解决建筑工地尘土飞扬问题。

【水污染防治】2016年，市环保局强化排污口整治、涉水企业执法和污水处理厂提标改造力度，制定《兴城市排查取缔“十小”水污染企业实施方案》。对重点污染源、重点行业企业进行全面彻查。开展近岸海域污染专项整治，全面排查所有入海排污口，摸清底数，建立管理档案。取缔非法及不合理排污口9个，对3家违法排污单位依法进行查处。加强污水处理厂监管，确保污染物处理设施正常运转，推进污水处理厂提标升级。

【环境执法】2016年，市环保局强化执法人员培训，落实网格化管理制度、双随机抽查制度和案件合议制度，排查全市重点企业、国控企业，建立一企一档。出动执法人员3800余人次、车辆1900余台次，环境违法行为立案28件，收缴罚没款26万元，处理环境信访案件98件，答复各级人大、政协委员提案16件，民心网案件21件，各方满意率98%以上。

【环境监测】2016年，市环保局在免除小微企业收费同时，开展域外有偿监测服务，承接葫芦岛市多个企业委托，创收52万余元。同时加大监测能力建设，建成空气自动监测站，实现PM2.5等污染物实时监测，提高环境监测能力和重污染空气应对能力。获得有效监测数据6万余个，为排污收费、行政执法和行政审批提供可靠保障。

【机动车尾气防治】2016年，市环保局扶持大红门机动车检测有限公司环保检测线建设，缩短调试周期。严把机动车环保检测“质量关”，建立视频远程在线监控系统，实现对2家环检站远程实时监控。开展专项检查行动，确保检测线正常运行。对高排放车辆监督抽查，年内淘汰黄标车236台。

兴城市环境保护局领导成员

局　长　张永强
副局长　谭友顺（2016年3月任职）
　　　　刘占一（2016年3月离任）
　　　　张立松（2016年3月离任）
　　　　张　良
　　　　韩继成（2016年3月任职）

（佟雨）

·小资料·

兴城海滨——菊花女雕塑

海滨浴场口有座菊花女塑像，菊花女身姿婀娜，美丽温柔，堪称雕塑精品。传说，古时渤海里住着龙王三太子，经常兴风作浪祸害百姓，每月要吃一个童男童女，每年更要一个十七八岁的姑娘做老婆，残忍的是过后就被杀害。人们无力对付三太子的淫威，只好纷纷背井离乡去躲灾。

那年，菊花姑娘主动提出要和三太子成婚。三太子一见到这个眼如星、腮如霞，鬓如墨的姑娘大喜过望。恨不得立刻成婚。新婚酒宴上，三太子神魂颠倒，酩酊大醉。菊花把偷偷收藏的筷子劈成两半，用尽力气一下子插进三太子的耳眼内，将之杀死。随后，菊花逃出龙宫，不久身后巡海的夜叉来追。菊花见没有机会逃脱，把心一横，“砰”地撞死在礁石上。这时，海底“轰”地响起一声炸雷，一个海岛矗立在了海上。

第二天早晨，人们发现了海岛，岛上开满了菊花。人们为了纪念这个勇敢善良的菊花姑娘，给这个岛起名为菊花岛，在岸上立了一座石像来纪念她。

交　通

公　路

【概况】2016年，兴城市交通局全力推进全市公路建设和公路改造，公路总投资9767.8万元。县级公路大修13.2公里，县道汤李线中修13.2公里；乡村公路大修42.3公里，中修72.6公里；精准扶贫道路6.2公里，乡村公路维修改造工程121.3公里,安全生命防护工程25.5公里。完成国道102线曲河大桥改建工程，省道丹绥线中修工程12.46公里，危桥改造277延长米/12座。

【道路修复】2016年7月20日和25日两次暴雨袭击，全市道路交通遭到严重破坏。冲毁农村公路271处，桥梁12205延长米/207座，涵洞25道，路基塌方7万立方米，有56条乡村级公路交通中断。国道102线曲河大桥便道冲毁，县级公路汤李线李良峪中桥受损严重，部分村屯成为孤岛。交通系统全体职工重点抢修水毁道路，受损农村公路和过水路面得到及时恢复。

【公路养护】2016年，市交通局采取春、秋两季以会战形式养护县以上公路，完成县以上公路管养325.67公里。其中，国省干线公路167.676公里，县级公路157.994公里。

【运输服务】2016年，市交通局延长2条公交线路。其中4路高速路口终点站延伸至大红门物流，17路东电疗养院终点站延伸至银象宁远城。新增公交线路2条，9路辽宁财贸学院至临海产业园区，K3路辽宁财贸学院至葫芦岛北站。全年完成客运量249.8万人次，无安全责任事故。严守黄标车治理标准，取缔黄标客运车辆7台。新增货车282台，审验货车2266台。地方铁路过轨车皮1050车，过轨货物运输量52500吨。

【交通行政执法】2016年，市交通局严格执行“软环境”建设要求，查处违法营运车辆913台、改装车辆334台；受理投诉、举报案件2608件。查处违法运输船只8艘，罚没款40万元。上路巡查2000人次，纠正、查处路政违章58件，清除路障27次；检查车辆1700台，处罚超限运输车辆300余台次。

【安全生产】2016年，市交通局加大经常性安全监管工作，排查危险品运输企业6家，危险品运输车辆149台，查出隐患问题71项，整改隐患71项，整改率100%。全年未发生安全生产事故。年内，市交通局回复人大代表议案11件，回复政协委员提案10件；办理民心网投诉件34件，其中参与评星的15星1件，5星25件。政民互动网友留言26件，回复率100%。通过12328交通服务监督电话受理各类信息咨询、投诉举报106件，办结满意率90.57%。

兴城市交通局领导成员

局　长　侯九肖

副局长　张　昕　李忠华　陈英凯

（揣红刚）

铁　路

【概况】2016年，兴城火车站为办理客运业务三等站。全年发送旅客93万人，接发列车81216列；客运总收入5600万元。

2016年兴城站旅客列车时刻表

上行		下行	
车次	运行区间	车次	运行区间
K976	哈尔滨东——襄阳	K727	昆　明——哈尔滨
K1062	哈尔滨——重庆	K915	北京东——阜新南
K916	阜新南——北京东	K1533	东营南——乌兰浩特
K2288	长春——昆明	K7347	山海关——大连
K96	抚顺北——北京	K7591	山海关——丹东
K50	齐齐哈尔——杭州	K7383	山海关——赤峰
K1452	牡丹江——日照	K959	临汾——沈阳
K40	海拉尔——北京	K1061	重庆——哈尔滨西
K490	佳木斯——天津	K1393	烟台——佳木斯
K1302	满洲里——北京	K339	北京——佳木斯
K1394	佳木斯——烟台	K429	北京——通化
K2048	沈阳北——西安	K2047	西安——沈阳北
Z622	沈阳北——北京西	K189	上海——沈阳北
K7384	赤峰——山海关	K1301	北京　满洲里
K190	沈阳北——上海	K667	福州——沈阳北

续表

T134	大连——上海	K49	杭州——齐齐哈尔
K7346	沈阳——山海关	2589	北京——松原
K2388	长春——南宁	K497	北京——加格达奇
K668	沈阳北——福州	K567	东莞东——齐齐哈尔
K928	哈尔滨东——郑州	K975	襄阳——哈尔滨东
K1572	长春——重庆北	1229	上海——阜新南
1230	阜新南——上海	K77	宁波——长春
K7348	大连——山海关	T367	广州——大连

2016 年兴城站暑运增开临时列车表

车次	运行区间	车次	运行区间
K4010	大庆西——山海关	K5086	锦 州——山海关
K4729	北 京——海拉尔	K5051	山海关——阜新南
K4987	山海关——包 头	K4009	山海关——大庆西
K5052	阜新南——山海关	K4730	海拉尔——北 京

（姜丽红）

路 政

【概况】2016 年，辽宁省葫芦岛公路路政管理局兴城分局强化路巡监管，完善治超机制，强化基础管理。查获非法超限车辆 512 台，分卸载货物 13338.65 吨，罚没款 148.63 万元；路产及处罚案件 16 件，办结路政许可 16 件，发现路巡事项 55 件，立案 16 件，破案率 100%。收缴公路路产路赔补偿费 237.86 万元。拦截检测运输车辆 4.5 万余台，处罚超限车辆 207 台，卸载分装超限货物 1486.45 吨，处罚金 21.54 万元。新建 140 余平方米仓储库 1 处。

【路政管理】2016 年，兴城路政分局加大对涉路工程监管，专项治理辖区干线公路路域环境。对京哈线 K371—K426、丹绥线 K1201—K1263 路段两侧非公路标志进行地毯式拆除。所有未经审批的大型广告牌、公路用地内洗车修车牌、旅游导向牌、商业广告牌进行统一清理，夯实路域环境治理成果。限期清除公路控制区可视范围内垃圾、堆占和临时棚户摊点。规范凌兴线小六家子骑路市场，创建凌兴线路政管理规范路20公里，路政管理规范村2个。统一粉刷沿线硬隔离墙和院墙，改变村屯环境。

【路警专项整治】2016年，兴城路政分局为有效减少执法盲区，压缩超限超载车辆运输空间，成立路警联合执法工作领导小组。开展路警联合治超48天，联合执法546人次，执法车辆116台次，查获非法超限车辆61台，分卸载货物1487.7吨，罚没款3.03万元，扣195分。强化重点路段周边沙场、石场、码头等货物集散地监管，加大非法超限车辆查处力度。

【流动治超】2016年，兴城路政分局以治超固定站为依托，探索超限治理新模式，成立流动治超执法大队。站长统一调度，抽调分局流动治超人员2名，拨付专用执法车辆1台，不定时巡查、治理，有效打击绕行逃避检查等不法行为，切实保护辖区路桥及周边乡村公路安全。

葫芦岛公路路政管理局兴城分局领导成员

局　长　滕　玲（女）

副局长　刘立志　温　浩

（许建）

·小资料·

兴城温泉——汤上温泉

汤上温泉位于兴城市高家岭镇汤上村，于明代万历年间被开发利用，当时称“热水汤”，清康熙二十五年（1686）改称汤上温泉。乾隆五年（1740）于此创建汤泉寺一座，并用花岗岩条石砌成泉井和浴池。

汤上温泉蕴藏量十分丰富，水温在52℃—54℃，属偏碱型，透明、无色、无味，不含硫化物，水中含15种人体需要的矿物质，属优质矿泉水。近年来，这一宝贵资源逐渐被重视起来，得到了很好的开发，现在汤上村不仅利用温泉水发展旅游疗养事业，而且利用温泉水养殖罗非鱼，效益良好。汤上温泉已逐渐成为吸引游人趋之若鹜的又一旅游景点。

电 力

城乡供电

【概况】2016年，兴城供电分公司狠抓企业管理创新、电网发展建设、电力营销管理和优质服务，累计实现安全生产8526天，未发生人身轻伤及以上事故，未发生大面积停电及重大设备事故。售电量8.44亿千瓦时，同比增长3.06%；综合损失率8.56%，同比上升1.03%；售电平均单价600.98元/千千瓦时，同比下降9.51元/千千瓦时；电费回收率100%；追补电费和收缴违约使用电费83.08万元。更换智能表5.5万块，电网投资2.75亿元。

【安全监管】2016年，兴城供电分公司加强作业现场安全监督管控，规范现场作业秩序。整改各类隐患105项，保障电网安全运行。结合“春秋检”及“安全日活动”，重点检查大客户2户、高压用户1780户、低压用户3890户，发现客户各类隐患29件，整改率100%。

【电网建设改造】2016年，兴城供电分公司高效推进新增、农网改造升级工程及中心村、机井通电、学府变、海滨变、兴城变基建联网工程20项，改造兴城地区配电网运行超过30年以上老旧线路设备，规划新建变电所线路网架结构，优化负荷分配，总投资2.75亿元。

【营配贯通工作】2016年，兴城供电分公司全面完成兴城供电范围内全部中低压线路以及24万户高低压用电客户营配贯通现场采录、GIS系统录入工作，完成率99.32%。开展数据治理，及时整改采录过程中发现的问题，保证数据完整性与准确性；强化营配异动协同机制，稳步推进营配贯通数据治理。

【“两学一做”活动】2016年，兴城供电分公司结合自身实际制定“两学一做”学习教育活动实施方案，开展集中学习7次，专题讨论4次，撰写心得体会50余篇。开展“支部书记上党课”“微型党课”等活动，分公司领导讲解党课4次，受教育人数230人（次）。

兴城供电分公司领导成员

经　理　于学文（2016年3月离任）

　　　　王志宏（2016年3月任职）

书　记　李　忠

副经理 朱连勇

姚德强（2016年7月离任）

王延波（2016年7月任职）

苏天昌

工会主席 王 钰

（杨柳迪）

徐大堡核电

【**概况**】2016年，中核辽宁核电有限公司徐大堡核电项目整体进展顺利，稳步推进执照申领、电厂设计、设备采购、现场施工准备、新能源开发等工作。项目核准所需支持性文件全部取得，并通过中咨公司核准评估，一期工程准备工作就绪。厂区非核心区域10兆瓦分布式光伏发电项目完成并网发电。

【**光伏发电项目**】2016年，辽宁核电有限公司在完成厂内非核心区域光伏项目一期3.5兆瓦并网发电基础上，完成1.5兆瓦、3兆瓦、2兆瓦3个分布式光伏项目，达到10兆瓦，并全部实现并网发电，开创国内核电与光伏发电一体化建设先河。

【**抽水蓄能项目**】2016年，辽宁核电有限公司探索核蓄联营新模式，兴城抽蓄项目被列入国家能源局组织编制的全国抽水蓄能电站发展“十三五”规划，是辽宁省计划“十三五”期间开工建设重点项目之一。公司对项目原规划站址进行技术优化，解决站址限制性因素，并开展站址保护。与国网新源有限公司确定以合作形式共同开发兴城抽水蓄能项目。

【**核电供热**】2016年，辽宁核电有限公司探索核电供热专题研究，完成《北方核电供热专题研究报告》并通过专家评审。在核学会组织的“核供热项目技术方案”研讨会上，与会专家审议辽宁核电“核供热项目技术方案”，形成“有条件的地方鼓励发展商用核电机组热电联供”意见，并完成徐大堡核电厂一期供热工程厂内部分初步设计工作。

【**预备操纵员培训**】2016年，辽宁核电有限公司把预备操纵员人事关系转入所在培训电厂，解决公司自主培养电厂首批SRO难题。7名学员取得核电厂操纵员执照，开创待建电厂具有自主培养操纵员先河。

【**工程建设**】2016年，辽宁核电徐大堡核电站稳步推进工程建设，完成1#核岛底板FCD前实体及保温棚搭设、CR10模块台架整体拼装、混凝土配比试验、FCD混凝土原材料全部进场，CA20模块拼装有序推进；完成BOP方面重件道路Ⅲ类路和1#核岛Ⅱ类路的铺设及CV、CA第一批模块运输区域场地硬化，符合FCD及首批模块运输条件，满足随时FCD要求。

【**企业文化**】2016年，辽宁核电有限公司树立用文化管企业、以文化兴企业理念，以企业文化力增强凝聚力，推动执行力，提升发展力。开展中国核电“卓越”文化体系学习宣传贯彻、“辽核大讲堂”专题讲座、公众沟通与科普宣传工作。公司申报的论文《文化在企业发展阶段的探索与实践》在中国企业文化研究会主办的“第十届中国企业文化百人学术论坛”上，通过专家评审，荣获科研成果一等奖。

中核辽宁核电有限公司领导成员

总经理、党委书记　徐　力
副总经理　戚屯锋　葛政法　周建虎
纪委书记　俞　江（2016年7月任职）
总会计师　颜志勇（2016年9月任职）
副总经理　石　岭（2016年12月任职）
总经理助理　王海平
　　　　　　王　凯（2016年9月任职）

（杨威）

风　电

【**概况**】2016年12月24日，国电和风电开发有限公司兴城风电场实现安全生产运行365天、连续安全生产运行3337天。发电量12952万千瓦时，上网电量12429万千瓦时，购网电量48万千瓦时，综合场用电量2万千瓦时；厂用电率4.41%，等效可用系数99.65%。完成风机设备维护585台次，发生风机缺陷585次，消除缺陷585次，消缺率100%。

【**风机维护**】2016年，兴城风电场完成升压站设备保护试验15套，安装35千伏2/3/4/5号线43台风机直梯护笼。清洗所有风机散热器，更换温控阀，有效缓解风机齿轮箱油超温降低出力现象。对38台风机进行发电机中、碳刷更换水冷系统维护、加注油脂，提高风机运行可靠性。清洗风机散热器，更换温控阀，有效缓解风机齿轮箱油超温降低出力现象。更换风机齿轮箱2台，发电机5台，发电机轴承13套，变频器2套，变桨滑环12个，齿轮箱油泵电机14台；外委修复16台油泵电机，节约材料费8万元。

【**反措核查工作**】2016年，兴城风电场完成远动设备升级改造、电能质量检测装置升级及双时钟对时装置完善等工作，安装AVC控制平台设备。风电场平均得分123分，由原来D级风电场升为B级风电场，基本满足反措核查要求。

【**电量损失情况**】2016年12月24日，兴城风电场因调度限负荷损失电量1273万千瓦时，低于上年（1473.51万千瓦时）；单位容量限电损失电量171.91万千瓦时，低于公司单位容量限电损失电量的平均水平（334.16万千瓦时）。风机设备非计划停运影响电量37万千瓦时。风机设备计划停运影响电量87万千瓦时。非计划停运和计划停运损失电量之和低于上年124万千瓦时。

【**员工培训**】2016年，兴城风电场根据工作特点，坚持每月定期对员工开展技术培训与安全培训，理论与实际结合，全面提升员工实际操作能力，做到适合各种工作岗位。利用网络培训平台进行学习自主培训，员工综合知识能力得到有效提高。全年完成培训202次，定期进行安全月度考试。

国电和风电开发有限公司领导成员

总经理　　任井利

党委书记　张云峰

工会主席、纪委书记　赵　爽（女）

副总经理　孙　波　付　彪

（丁凤君）

核电办公室

【概况】2016年，兴城市核电项目办公室全力协助核电企业做好国家最后核准前各项准备工作。协调供水部门帮助核电企业完成徐大堡核电项目一期工程水资源论证报告，并通过专家评审。协调国土、规划、城建、徐大堡镇等部门，帮助核电企业做好徐大堡核电一期工程规划选址工作，取得省住建厅出具的规划选址意见书。协助海洋部门做好徐大堡核电项目一期工程用海工作。协调相关部门帮助核电企业做好核电供暖前期论证工作，完成徐大堡核电向绥中主城区供暖的可行性研究报告和预可研报告，并通过专家评审。10月9日，辽宁徐大堡核电一期工程项目（申请报告）核准评估会在沈阳召开，并通过中国国际工程咨询公司组织的评估，为项目核准奠定了基础。徐大堡镇核电施工企业生活区与兴城滨海温泉新城核电兴海湾生活区一期工程全面完工交付使用。

【清洁能源科普宣传】2016年，市核电办配合核电企业从保护环境出发，开展核、蓄、风、光等清洁能源知识宣传。结合百姓关注话题，开展核电写生“一笔绘核”“核电拇指画”娱乐活动，使娱乐休闲与清洁能源相结合。开展网络媒体人话舆情交流活动，加强舆情监测力度，促进与网络媒体人交流。组织开展宣传员技能大赛，提高宣传员专业技能水平。协助核电企业开展“兴城之夏”、全国科普日等活动。

【推进核电项目】2016年，市核电办参与协调解决国网新源公司与中核辽宁核电有限公司开发权争议问题，寻求解决双方争议办法，争取兴城抽水蓄能项目早日开工建设。同时，加大力度保护兴城蓄能电站站址，提请政府召开协调会在项目区内禁止新增实物量、禁止审批村民宅基地、禁止户口迁入。支持核电企业完成核电厂区内二期光伏发电项目建设实现年内并网发电，协调相关部门配合核电企业做好场外光伏项目选址工作。

兴城市核电项目办公室领导成员

主　任　徐忠臣

副主任　裴志凌

（张超）

信息产业

联 通

【概况】2016年，中国联合网络通信有限公司兴城市分公司实施技术创新、产品创新、服务创新，全面提升服务水平。提速降价，实行“当月流量不清零”，推广宽带中国和互联网+业务，宽带速率升级50M至100M，加大4G网络建设，真正实现上网快、覆盖广，增强综合竞争力和可持续发展能力。

【签订大项目合同】2016年，联通兴城分公司利用当地及联通公司资源优势，本着平等资源、公平、合法、诚信原则，在充分协商和友好合作基础上，与电子商务进农村管理办公室在农村电商、O2O体验中心等领域进行深入合作，签订项目合同，成为战略合作伙伴，促进兴城市现代服务业发展和“互联网+流通”融合。

【实现“全光市”目标】2016年，联通兴城分公司加大力度推进普通电缆改光纤（简称光改）工程项目，建立一套由维护部门、市场部门、工程公司共同组成的光改响应体系，确保工单流转及时、工程进度加快。同时，保证工程质量，PON口分光比不得大于1:64，到达用户光衰不超过-26DB；用户皮线光缆绑扎在多钩上，设备布线整齐规范等。年内，完成8个街道、20个乡镇光改工程项目，实现“全光市”目标。

中国联合网络通信有限公司兴城市分公司领导成员

总经理兼书记　孙　宁

副总经理　季政宝　杜仲骞　王　丹

（韩静）

移动通信

【概况】2016年，中国移动通信集团辽宁有限公司兴城分公司（以下简称兴城移动公司）紧抓4G发展新机遇，落实“集团客户拓展提速、4G发展行业领先、光宽带能力提升”三大工程，增强营销服务、网络建维、运营管理、队伍建设四种能力，实施“存量经营、流量经营、集客经营”，推动语音经营向流量经营转变，开启数字化服务，保持和创造竞争优势，实现收入和规模“双领先”。

【4G领航信息消费】2016年，兴城移动

公司深化4G网络建设，实现辖区4G发展新跨越，助推兴城“农村淘宝”示范县迈入新阶段。公司4G基站建设量达到2G基站二十年建设量总和，覆盖率达2G水平，下载速率领先全省，各项主要指标均跻身全市前列。重点区域及高铁、高速沿线实现4G全覆盖，保障辽宁工程技术大学葫芦岛校区、渤海船舶职业学院、辽宁财贸学院等三所院校4G网络及中国国际泳装展、中国北方首届县域生态电商节顺利举办。

【光宽带管线建设】2016年，兴城移动公司重点服务辖区家庭宽带市场，推进兴城区域光宽带管线建设。打造“和家庭”品牌，按照地域属性，结合端口、存量、人员配比等因素，落实社区网格化看管机制，实现宽带和家庭产品“营装维”一体化运作，确保24小时内开通业务并上门装机。同时，打造产品融合营销通路，推广高清视频通话、魔百和互联网电视、智慧家庭等产品，打造低价高质光宽带，实现小区光纤入户，有线宽带进入大学校园。

中国移动通信集团辽宁有限公司
兴城分公司领导成员

经　理　李艳梅（女，2016年4月离任）
　　　　费　聪（2016年4月任职）
副经理　黄　敏　马　来

（佟志强）

电　信

【概况】2016年，中国电信集团公司辽宁省葫芦岛市兴城分公司全力加强4G网络建设。精心打造专业化流量营销团队，提升流量规模，移动网市场用户数量持续、稳步增长，宽带融合业务覆盖全市各乡镇，实现全新突破。全年完成全业务收入1803万元。

【发展市内合作宽带】2016年，兴城电信分公司电信宽带覆盖21个乡镇，实现基本饱和。合作宽带拓展重点转向市内，利用合作杠杆优势，将县内部分区域独立规划为宽带“自贸区”,实现创新发展。年末，“自贸区”用户达到1311户，快速提升市场份额，拉动固网收入增长，全面开展融合业务。

【四级运营管理】2016年，兴城电信分公司实行四级指标分配承包制。四级单元发展步伐和内驱力一致，细化每一项指标，即收入细化、用户量细化、指标细化、责任细化、职权细化、人工成本细化，杜绝指标分配不合理导致各承包单元完成情况参差不齐情况发生，通过科学数据管理实现发展经营。

【借力翼支付】2016年，兴城电信分公司部署近百家翼支付商铺，从营业厅到一般商铺，从县内洗车场到乡镇村屯小卖店，创建完成翼支付环境。借力翼支付，发展本网用户，维系老用户，提高用户发展质量和粘性。

中国电信集团公司辽宁省葫芦岛市兴城分公司领导成员

总经理　　郭　健

副总经理　李　文

（李冬丽）

邮　政

【概况】2016年，中国邮政集团公司辽宁省兴城市分公司以经营为重点，以效益为中心，圆满完成各项收入指标。实现邮政业务收入4677万元。代理速递物流类业务实现收入72.67万元，比上年增长46%;代理金融类业务收入实现3984万元，比上年增长7.1%。

【邮储类业务】2016年，邮政兴城分公司函件业务收入49.47万元，包件业务43.19万元。报刊发行业务144万元，电子商务收入246万元，代理车险保费52万元，集邮业务收入48万元。集邮品鉴会，开发兴城风光个性化邮折，弥补集邮收入缺口，实现收入24万元。机要业务确保机要通信安全，安全率100%。分销业务实现收入261万元。

【农村电商】2016年，全市建成村邮乐购店191个，活跃度77%，800种以上商品占比100%，有A类掌柜136家，B类掌柜11家，总交易额16320万元。点均交易7.12万元，累计批销下单171家，完成批销额28万元，批销上架商品110种。微商城发展会员192人，特色商品海蜇上架葫芦岛馆。合作社34个（20个乡镇），社员7100人，社员总资产10500万元，社员人均资产1.5万元；合作社累计销售农资520吨，形成分销收入156万元，社均4.8万元；累计开展一社一会21场。

【仓储建设】2016年，邮政兴城分公司启动仓储建设，整合办公用房17间，仓储面积900平方米，入驻电商客户9家。其中，泳装客户8家，海干客户1家。年内，入驻商家累计发送国内小包和标快近2万件，平均日发送量100件。

【代理金融类业务】2016年，邮政兴城分公司储蓄业务实现收入2892万元。储蓄余额18亿元，活期储蓄占43.1%，当年余额净增长6815万元；代理保险、理财、储蓄短信、结算与银行卡业务实现收入1092万元；销售保费21487万元，折算规模保费19353万元，完成年计划103%；销售中邮保费1791万元，其中中邮期交产品568万元;销售理财类产品6406万元，其中销售国债3082万元；金融总资产完成3.56亿元，比上年增长1.2亿元，增幅52%。

中国邮政集团公司辽宁省兴城市分公司领导成员

总经理　　刘学峰

副总经理　高　曼（女）

（马跃）

广电网络

【**概况**】2016年，北方联合广播电视网络股份有限公司葫芦岛分公司兴城公司着重实施城市双向网络改造，农村网络改造，农村各乡镇及古城内用户数字平移，同时紧抓高清机顶盒销售、增值业务推广及电视机销售等营销业务，实现经营收入2248.49万元。其中，增值业务收入85.48万元，电视销售收入179.66万元。销售高清机顶盒3504个，农村数字平移29134户，城区数字平移2514户，城市新楼盘增户5256户。全市实现城乡数字用户137461户。其中，数字用户96206户，高清用户37982户，模拟用户17255户，剩余为报停和罚停用户。

【**城乡网络改造**】2016年，广电网络兴城公司进一步拓展业务范围，城市双向网改造铺设光缆200公里，安装交接箱78个；农村网络改造完成郭家、碱厂、红崖子、三道沟、南大、大寨、围屏、高家岭、华山、旧门、药王11个乡镇，铺设光缆1743公里。城乡网改1943公里。

【**网络维护**】2016年，广电网络兴城公司强化网络维护。农村网络由各乡镇农线维修员和农村维修部负责，实行工资效益挂钩，奖罚分明。保障城区故障当天排除，农村故障24小时内排除。

北方联合广播电视网络股份有限公司葫芦岛分公司兴城公司领导成员

经　理　　　梁会林

常务副经理　查福英

副经理　　　张　军　王秀苹（女）

　　　　　　李宝剑

（张春燕）

财政·税务

财 政

【概况】2016年，兴城市财政局围绕全市经济社会发展各项目标，坚持稳中求进的工作总基调，高标准开展财政各项工作。注重部门配合，强化收入征管。围绕财政收入目标任务，协调配合国税局和地税局，应对经济下行和“营改增”等体制改革影响，促进财政收入任务完成。全年，全市一般公共预算收入累计完成92401万元，同比增收4357万元，增幅5%。其中，税收收入完成74428万元，非税收入完成17973万元。

【财政支出】2016年，市财政局严格预算执行工作，优化支出结构。实现地方财政支出规模不断扩大。全年一般公共预算支出累计完成300648万元，同比增加支出20782万元，增幅7.4%。实现财政支出结构不断优化，以“保工资、保运转、保民生、保重点”为目标，努力压减一般性支出，重点保障民生领域支出需求。全力确保全市公教人员工资、增资及时足额发放，确保市、乡两级政府正常运转的基本支出，确保市委、市政府确定重点项目的必要支出。

【财政资金争取】2016年，市财政局加大专项资金争取力度，拓宽融资渠道。全面贯彻落实“项目建设年”会议精神，深入理解和准确把握上级有关文件精神，全年争取上级补助资金23.5亿元，较上年同比增幅12.9%。大力争取地方政府债券资金，全年争取地方政府债券资金9.73亿元，有效降低债务成本，优化债务结构，缓解地方政府偿债压力，弥补重点项目建设支出缺口。开展政府和社会资本合作（PPP）工作，兴城河及两岸景观带日常管护项目于7月与社会资本方签订特许经营权协议，合作期限20年。全年盘活存量资金6811万元，提高财政资金使用效益，缓解收支矛盾。

【财政惠民】2016年，市财政局持续改善保障民生，加大财政投入力度。推动社保工作全面进步，投入107014万元用于社会保障和就业支出，按照国家政策调整社保对象待遇标准，确保离退休人员、城乡低保对象等各类保障对象待遇按政策、按标准发放到位。支持教育事业优先发展，投入66706万元用于教育支出，加大教育基础设施建设投入力度，保障全市中小学公用经费、学前免费教育、家庭困难学生补助、义务教育寄宿生生活补助等各项支出。保障公共卫生人人享有，全年医疗卫生支出19999万元，重点用于医疗卫生机构建设，支持推进新型农村合作医疗，改善居民就医条件，提升全市公共卫生服务水平。促进就业创业稳步提升，完成全年妇女创业人员小额贷款担保贷款贴息工作，发放贷款2464万元。积极推进住房保障体系及城市基础设施建设，投入资金8749万元，用于棚户区改造及保障性住房工程。投入资金70166万元，用于保障城市管网、道路建设、供水供热、污水处理等重点基础设施建设。落实购房补贴优惠政策，全年发放契税补贴5000万元，改善人居生活环境。

【财政惠农】2016年，市财政局深化农村综合改革，全面落实惠农政策。按时发放各项惠农补贴，全年发放补贴资金2.95亿元，享受补贴待遇15.2万人。推动宜居乡村建设，年内争取“一事一议”村内道路奖补资金3228万元，新修道路134.1公里。争取项目奖补资金1820万元，用于26个行政村“美丽乡村”项目建设，安装太阳能路灯1504盏，新修文化广场28个，文化墙8530平方米。争取项目资金4000万元，用于徐大堡国家建制示范镇试点基础设施建设。

【财政监督】2016年，市财政局强化财政监督职能，提升资金管理水平。完成全市22所中小学工程款和5家乡镇幼儿园工程款全面监督检查，收回多拨付资金55万余元。加强国有资产监管，组织全市281家单位进行国有资产业务培训，全力做好国有资产清查工作。完成全市90家单位公务用车改革工作，保留321个车编，收缴公务用车184辆。加强政府采购管理，全年全市实施采购项目128项，总预算金额5826万元，同比增长15%。

兴城市财政局领导成员

局　长　任学林
副局长　徐　利　王春海　张　春（女）
　　　　王永飞
　　　　王洁丽（女，2016年10月挂职）
总会计师　杜丽娟（女）

国资局

局　长　徐　利（兼）

（邓璐）

税　务

·国家税务·

【概况】2016年，兴城市国家税务局负责兴城市行政辖区内纳税人的国税征管工作。全局设有11个行政科室（办公室、人事教育科、监察室、党办、税政法规科、征收管理科、纳税服务科、收入核算科、信息中心、纳税评估科、财务科），2个征收单位，下辖9个分局（古城、四家、宁远、曹庄、沙后所、华山、东辛庄、高家岭、临海）。现有在编人员134人，承担着9976户纳税人的税收征管工作。局内设有20个党支部，党员97名，党组织覆盖率100%。年内，被辽宁省政府评为首批“全省国税系统法治税务示范基地”。

【税收情况】2016年，市国税局克服经济减速、结构减税、行业减收的压力，坚持依法征税，坚守不收过头税的红线，收入规模首破4亿元大关，实现全口径税收收入43404万元。其中，中央级收入完成24545万元，公共财政一般预算收入实现18859万元。

【便民办税春风行动】2016年，市国税局全面落实《全国税务机关纳税服务规范》，大厅增设5个综合窗口，实现13个综合

办税窗口

窗口全面开放，提高服务质效，构建起全员、全程、全方位的“大服务”格局。实行“精准服务”，举办小微企业税收政策辅导3期，培训企业人员390人次。发放《小微企业税收优惠宣传手册》1500份。对红崖子花生米收购加工行业提供“订制式”服务，与当地政府联合开展政策宣传，共同推动地方品牌发展。推行“二维码”一次性告知制度，降低纳税人成本，赢得纳税人称赞。年内，局办税服务厅先后被评为辽宁省“三八红旗集体”和葫芦岛市“巾帼文明岗”称号。

【国地税合作】2016年，市国税局稳步推进《深化国税、地税征管体制改革方案》全面落地，深入开展国地税合作，落实《国地税合作工作规范（3.0版）》，破解合作

国地税合作办公

难题。通过整合服务资源互设窗口，优化业务流程联合办税，完善合作机制，拓宽服务领域，实现纳税人“进一家门，办两家事”。制定“两代”工作联系制度。全年，委托地税代开具增值税普通发票241份，增值税专用发票34份，代征增值税90.91万元。联合评定A级纳税人14户，B级纳税人1841户。联合开展税法宣传，开展“蓝色包裹进万家”活动，发放蓝色普法税宣标志8000余份。构建起服务深度

2016年5月1日，兴城市推行营改增升级工作

融合、执法适度整合、信息高度聚合的合作平台。

【营改增平稳落地】2016年，市国税局顺利推进“营改增”平稳落地。完成纳税人信息确认、增值税发票管理新系统推广、培训辅导及宣传舆情应对工作。5月1日“营改增”全面推行，兴城市实现税制转换。打赢营改增“开好票”“报好税”“分析好”“总结好”四大战役，圆满完成重大改革任务。全年新增“营改增”纳税人1256户，入库增值税税款19435万元。

【税收优惠】2016年，市国税局不折不扣落实各项税收优惠政策。办理民政福利企业退库51万元，资源综合利用企业退库459万元，发生征前减免6200万元，办理出口企业退库91960万元，着力提升税收服务经济建设的能力，服务供给侧结构性改革。小微企业减免增值税5万户次，减免增值税1346万元；小微企业减免企业所得税180户，减免企业所得税106万元；福利企业、风电等即征即退减免增值税509万元；高新企业减免所得税124万元。

【依法治税】2016年，市国税局坚持“放管服”三管齐下，助力企业轻装上阵，涵养经济发展税脉。加大简政放权力度，推行无纸化退税，落实行政审批制度改革，全面推行商事制度改革，全年办理“三证合一”849户，个体工商户“两证合一”53户。利用金税三期系统和数据信息共享，加强注销后续管理，共计查补税款及滞纳金25.24万元。通过推出网上申报、网上查询、发票预约等服务，从纳税人需求出发，推出10类24项便民举措，让纳税人办税“痛点”变亮点、办税“堵点”变通途，实现纳税人在家办税。同时，加强依法治税基础建设，打造全覆盖、全链条、全追踪的依法治税闭环管理模式。深入推行税收执法权力清单制度，公开税务行政处罚简易程序和一般程序流程，将依法行政贯穿税收工作的事项、流程、节点三环节，严格规范执法行为，防范税收执法风险。

【税收征管提质增效】2016年，市国税局夯实征管基础建设，全面贯彻《全国税收征管规范》，推动税收征管规范化、标准化建设。做好税源与征管状况监控分析工作，堵塞征管漏洞。加强纳税评估工作，对省、葫芦岛市局发布的疑点数据和该局自选风险数据进行分类评估，将泳装生产及辅助行业、金融、房地产企业作为年度风险评估工作重点。全年，共计开展纳税评估151户次，评估入库税款388.24万元，滞纳金20万元，调减增值税留抵税额7万元，调增所得额344万元，评估抵缴税款89万元。扎实开展出口企业核查工作。根据葫芦岛市局工作要求，通过向出口函调系统发函，对泳装企业购进原材料业务的真实性进行核查，经对方税务机关回函，有6户企业存在风险疑点，进项税额转出139.75万元，补缴增值税57.59万元。提高风险应对质量，利用系统数据分析，对总局推送21户次和自行发起的43户次进行评估检查，通过推送风险数据责成纳税人自查更正补税318.88万元，滞纳金15.07万元，调减留抵税额677.25万元，异常扣税凭证暂不允许抵扣进项99.42万元。通过税企联动共同排查涉税风险，增加税收收入的同时，最大限度减少纳税人的经济损失，实现税企双方的共赢。增强反避税工作力度，选择内关联交易项目进行核查，对海思科药业与总公司关联交易合理性进行审查，通过三级税务机关联合约谈，该企业改变原核算方式，全年缴纳增值税、企业所得税2609万元，同比增加1458万元。切实提高企业纳税遵从度，增加地区的财政收入，维护税收权益。

兴城市国家税务局领导成员

局　长　李慎飞

副局长　栗恩和　陈晓辉　王焱竑（女）

陈海鸥（2016年10月离任）

刘　刚

齐　骥（2016年10月任职）

（王昕桐）

·地方税务·

【概况】2016年，兴城市地方税务局内设办公室、人事监察科、计划征收科、综合业务一科（税收违法案件举报中心）、综合业务二科、税源管理科、社会保险费科、管理科8个科室及稽查局，下设宁远分局、曹庄分局、沙后所分局、东辛庄分局、红崖子分局、华山分局、四家子分局、钓鱼台分局、临海产业区分局9个分局，共有人员编制148人。负责征收城市维护建设税、房产税、契税、城镇土地使用税、土地增值税、车船税、企业所得税、个人所得税、印花税、资源税、耕地占用税，以及教育费附加，地方教育费、文化事业建设费14种税、费。代征社会保险费、残疾人保障金及工会经费。年内，市地税局先后获得葫芦岛市委、市政府颁发文明单位，葫芦岛市纪检委廉政文化建设示范单位，葫芦岛市地方税务局先进单位，兴城市委、市政府市直机关目标责任制优胜单位、社会管理综合治理工作标兵单位等荣誉称号。

【**税收收入情况**】2016年，市地税局坚持组织收入原则，强化税收监控，提高税收预测准确率，做好旬预测、月分析、季调度。科学合理地编制、分解、落实全市2016年度分征收单位、分税种的税收计划。年末，实现全口径税收收入66160万元，同比增收93万元，与上年持平。实现公共财政预算收入57800万元，同比减收2224万元，下降3.7%；剔除营改增因素，同比增收12688万元，增长28.1%。

【**税收专项清理**】2016年，市地税局加强对房产税、土地使用税两税管理。进一步开展房产税、土地使用税清理工作，修改房土两税税源登记信息。针对兴城滨海经济区企业多年由政府代缴土地使用税的现状，并召开企业座谈会，详细讲解税收相关政策，从2016年起全面征收土地使用税，规范经济区企业的纳税行为。以国土管理部门提供的企业占地资料为依据，开展一次清理核实企业占地情况，区别不同情况进行数据维护，防止税款流失。加强个体户房产税管理。针对商业用房点多面广，租金差别大、阴阳合同多、征管难度大的现象，要求在从租计征的方式下，按照不低于葫芦岛市局核定标准的原则，完善租金标准、建立台账的方式征收房产税。加强营业税管理，随着“营改增”的展开，该局组成16个小组对全市房地产开发企业和建筑安装企业营业税纳税情况进行专项清理。

【**清欠工作**】2016年，市地税局全方位加大清欠力度，查处税收违法行为。召开专题会议，针对不同情况采取不同的欠税清理措施，对日常催报催缴后仍不能按期缴纳的纳税人将依法依规采取税收保全措施、税收强制执行措施，最大限度压缩陈欠、防止新欠的发生。同时，充分发挥稽查职能作用，完善稽查工作机制。加大对“营改增”试点行业稽查力度，重点开展房地产、建筑业和驾校等行业的专项稽查工作，提升稽查的打击震慑作用。

【**税收优惠**】2016年，市地税局全面落实优惠政策，发挥税收职能。加大对小微企业扶持力度，贯彻落实优惠政策，通过电视台宣传发放宣传资料，到商业街进行税法宣传等形式进行税收优惠政策的解读和宣传，并让管理员制作发放宣传手册登记表。4 月 16 日，专门召集企业会计和管理员对小微企业税收优惠政策进行培训，培训内容包括营业税、企业所得税、印花税、房产税、城镇土地使用税等税收优惠政策，减免税流程，审批和备案所需资料等。年内，对兴城市水泥有限公司等 30 户企业减半征收 2015 年房产税、城镇土地使用税 4217050.35 元，其中房产税 459847.34 元，城镇土地使用税 3757203.01 元。在办税服务厅设立小微企业税收优惠政策落实咨询服务岗、开辟绿色通道，安排业务熟练人员随时解答纳税人问题，及时为纳税人办理减免税业务，实行“首问责任制”。

【**税源管理**】2016 年，市地税局做好税收风险应对，提高税源管埋水平。成立税收风险应对领导小组，局长担任组长，制定《兴城市地方税务局税收风险管理工作实施方案》，并对异常信息进行监控分析。对于重点税源管理，定期将纳税数额在全局前 100 名的重点税源企业进行税收进度统计，分析比较同行业重点企业的税负情况、并与往年同期的收入情况进行对比分析，撰写分析报告，预测重点税源企业下一征期的税款入库数据，为制定收入计划起到积极参考作用。

【**土地地段等级调整**】2016 年，市地税局针对全市存在部分区域土地使用税税额标准与该区域经济发展及地价水平不相适应，税额标准过高以及同一行政区域内企业土地使用税税额标准不统一的问题，企业反映税负不公，税费负担过重的情况，对全市城镇土地使用税的情况进行深入调查。拟对兴城滨海经济区、兴城市沿海经济带徐大堡镇（中核辽宁核电有限公司、国电兴城市风力发电有限公司）及兴城市曹庄镇工业园区（葫芦岛首钢东华机械有限公司、华润雪花啤酒有限公司葫芦岛分公司、辽宁海思科制药有限公司、辽宁热驰新能源有限公司）城镇土地使用税土地等级和适用税额进行调整，适当降低税负，达到降本增效。

【**税收服务**】2016 年，市地税局创新税收管理方式，提高办税服务质量。完善国税、地税部门互相委托代征有关税收的办法；完善首问责任、限时办结、预约办理、延时服务；推行“二维码”一次性告知制度；合理简并纳税人申报缴税次数。国、地税互派税务人员、互设窗口办理业务，在国、地税服务大厅统一受理国、地税的登记、申报、认证、抄报税等涉税业务，避免纳税人重复奔波于企业和两个税务机关之间。在“前台统一受理”的同时，纸质资料和电子信息按照业务性质实行“后台两家分离”，由国、地税部门分别进行审核审批等后续流转环节。发票业务具有特殊的重要性，暂时按“受理统一、实物分离”或“受理、实物两分离”的方式办理。实施“三证合一、一照一码”改革。统一办证，国、地税使用一个共同的税务登记号，“一家办证，两家认可”，推进“一证一码”工作。实现网络平台国地税信息共享。对于非“三证合一”纳税人，税务登记实现与国税纳税识别号一致。把房产窗口搬到纳税服务厅，真正做到方便纳税人，提高工作效能和服务水平。同时，组织办税服务厅前台人员参加《纳税服务规范》专业培训，强化税务人员组织性和纪律性，建立工作制度督促落实，营造良好征纳关系。

【社保费征收】2016年1月，市地税局对社保费征收主体进行调整，将社保费征收工作由过去社保科负责征收调整为各征收单位按辖区征收，要求税费统征，统一管理，并将任务落实到每户企业及每个税收管理员。社保科负责政策的支持和计划的下达，负责对内、对外的组织协调。通过前期工作，几户拖欠社保费企业均能按月缴纳。同时，加大征收力度，全年完成社保费及各费收入40926万元。其中，企业养老保险完成35200万元（省级养老保险费1500万元，市级养老保险费3700万元，县级养老保险费30000万元），事业单位养老保险费完成980万元，失业保险费完成500万元，医疗保险费完成3180万元，工伤保险费完成480万元，生育保险费完成110万元，残疾人保障金完成126万元，工会经费完成350万元。

【社保费清缴】2016年，市地税局努力挖掘费源，清缴社会保险费。认真落实5月25日葫芦岛市政府召开的社会保险费专题会议精神，从6月1日起，不再实行养老保险费社会统筹缴费基数先核定后征收的征管方式，养老保险费社会统筹实行企业自行申报，依法征收，做到税费同步征收、同步管理、同步检查、同步落实、同步考核。同时，召开局务会，专题研究社保费征收工作并与各征收单位签订责任状。从6月份起，各征收单位深入企业对养老保险费征收方式调整进行宣传，并辅导企业对养老保险费缴纳情况进行自查，要求企业补齐2016年按实发工资总额20%未缴或少缴的养老保险费统筹部分。8月份，各征收局约谈各个企业，对于企业在8月末之前主动补缴的费款，不再课征滞纳金。8月至12月份，稽查局将对所有企业缴纳社保费情况进行大排查，稽查时限为2013年至2015年。稽查的重点是参保企业是否严格执行关于企业基本养老保险费缴费基数的相关政策，将全部工资总额作为缴费基数，缴费基数是否准确，费额计算是否正确。检查企业有无不申报、迟申报、瞒报的问题，检查企业有无不缴、迟缴、漏缴的问题，企业欠费是否如实挂账等。摸底调查与专项稽查并举，确保社保费征缴工作纳入正常轨道。做好社会保险费知识的宣传工作。该局积极与市劳动和社会保障局有关业务部门进行协调沟通，联合编写社保费有关问题的宣传材料，由市劳动和社会保障局安排专人组织进行编写并装订成册。

兴城市地方税务局领导成员

局　长　臧永军（2016年1月离任）
　　　　谷维民（2016年1月任职）
副局长　于慧江（女）　周启生　徐春明
　　　　程树仁（2016年3月离任）
纪检组长　贾国伟

（陈素梅）

·小资料·

兴城温泉

据史料记载，自辽代以来，兴城的温泉水就被广为利用，人们在这里建有致爽亭、汤泉寺。1926年，北宁铁路局局长为讨好奉系军阀张作霖，在汤泉寺旧址修建一座别墅，被称作“张作霖别墅”。该别墅建筑风格典雅，工艺精萃，院内草木扶疏，古树参天，兴城最早的一口温泉水井就开在这里。

兴城温泉，古称“汤泉”，位于古城和海滨之间。温泉是因地下溶岩的作用而形成的天然矿泉。泉水清澈透明，无色无臭，水温67℃左右，酸碱度为7.4，泉水比重为1.006，属于高温弱碱性食盐矿泉。泉水中含有钾、钠、钙、铵、镁等多种矿物质，还含有一定数量的放射性元素氡和镭。泉水可以口服、冲洗和浸浴。对风湿性关节炎、大骨节病、神经衰弱、高血压、皮肤病和慢性妇科病以及外科手术后恢复，均有显著的疗效。健康人沐浴温泉，可以爽身提神，解除疲劳。

兴城温泉疗养区不仅有充足的温泉水，而且风景十分秀丽，北靠挺拔峻秀的首山，东临烟波浩渺的渤海，西望雄伟壮观的古城。温泉疗养区现已发展到床位2万张，成为全国最大的海滨温泉疗养区。

八十年代以来，各地慕名而来的疗养者和沐浴者与日俱增。把温泉水视为“圣水”的蒙古族兄弟，每逢端午节前后便结伴而来，少则几天，多则月余，以领略温泉水的神奇。

金 融

人民银行

【概况】2016年，中国人民银行兴城市支行围绕金融服务实体经济的本质要求，以基层央行履职为中心，认真贯彻执行货币政策，维护辖内金融稳定，改进金融服务，提高金融服务水平，努力建设营造良好的金融环境，引导各金融机构加大金融支持地方经济发展力度。截至12月末，全市各项存款余额为2700525万元，同比增加397856万元，增长17.28%；各项贷款余额为1823264万元，同比增加195611万元，增长12.02%。

【货币政策】2016年，人行兴城支行充分运用货币政策工具，支持“三农”和小微企业发展。促进全市“三农”经济发展与产业结构的调整，种植业、养殖业、农事龙头企业和现代农业得到快速发展，全辖经济平稳发展，同时带动一些大项目如期开工。对辽宁兴城农村商业银行和兴城长兴村镇银行发放支农贷款4笔，金额54500万元，余额24500万元。办理再贴现业务3笔。

【金融服务】2016年，人行兴城支行贯彻落实工商总局等六部委联合下发的《关于贯彻落实〈国务院办公厅关于加快推进“三证合一”登记制度改革的意见〉的通知》文件精神，审核单位银行结算账户统筹衔接有序。全年开立各类单位银行结算账户2042户，销户653户，变更607户，合计3302户。根据《葫芦岛市国家税务局中国人民银行葫芦岛市中心支行关于退税和免抵调库有关问题的通知》文件精神，进一步简化国库退税手续，优先为中小型企业办理退税业务。开辟国库退税绿色通道，企业更快获得流动资金用于投资再生产。办理地税退税71笔，金额4301万元；办理国税退税527笔，金额10010万元，其中出口退税317笔，出口退税金额9101万元。做好国、地税横向联网工作，确保各级税收及时、准确入库，配合国、地税税收工作完成。全年国库部门办理各级预算收入138583笔，金额218340万元，其中国税完成预算收入32414万元，地税完成预算收入61730万元，财政非税收入完成52378万元。办理调拨收入556260万元。办理各类更正业务2161笔，金额474734万元。办理财政支出27832笔，金额713756万元。协助财政部门做好财政集中支付工作，全年财政集中支付办理直接支付12488笔，金额115997万元；授权支付13124笔，金额118786万元。

【金融宣传】2016年，人行兴城支行着力构建和谐支付环境，满足金融市场需求，进一步改善支付结算服务。11月18日至25日开展支付宣传周活动，辖内各金融机构发放由人民银行统一印制的宣传折页，在营业网点显著位置张贴宣传海报，并配以LED播放滚动字幕等，以“全方位、多角度”形式向社会公众介绍大、小额支付系统知识，阐述现代化支付系统快捷服务功能，群众更多的了解现代化支付系统。加强国债管理，推动辖内国债有序销售。在销售网点采用告示、宣传栏、条幅、LED屏滚动播放等形式向群众及时讲解各类国债的选购方式与利率水平。同时，在网点周边通过发放宣传资料、折页并配以专门业务人员以现场讲解答疑等方式进行宣传国债。让更多的投资者了解国债，熟悉国债。

【征信工作】2016年，人行兴城支行加强征信宣传工作管理，立足“拓展宣传深度广度，营造社会诚信环境”宣传目标。紧扣“珍爱信用记录，享受幸福人生”宣传主题，开展多种形式征信宣传活动。通过发放问卷、挂宣传条幅标语和在LED彩屏滚动征信知识问答等方式，开展金融知识进农村、进社区、进学校、进商场大型宣传活动宣传。做好征信查询窗口服务工作，扩大个人、企业信用信息影响力。截至12月末，受理查询个人信用信息11347人次，企业信用信息110户次，办理机构信用代码证1408户。

【反假币和洗钱工作】2016年，人行兴城支行加强对人民币反假、反洗钱工作的宣传和管理。9月18日在营口银行股份有限公司兴城支行川北路广场举办“反假货币”现场宣传活动。全辖内各金融机构制作人民币反假知识及新版人民币相关知识宣传板40块，设置宣传咨询台30余个，配备宣传咨询人员近100人，组织订制发放各种宣传材料7000余份，现场宣传咨询人数达2000人次，金融机构网点参与69个，参与宣传的车站站点9个，公共汽车参与11辆，出租车参与30辆。同时，为了规范辖内银行业金融机构假币收缴鉴定行为，支行对临柜人员的反假币上岗资格证进行考试认证。针对人民币收付情况、假币收缴鉴定情况和人民币净化工程工作进行2次人民币流通管理现场检查。

【金融监管】2016年，人行兴城支行依法履行国库监督职能，加大非现场检查力度。在办理财政拨款、国地税税款入库、预算收入退库以及更正等业务时，严格执行款、项、目合规的规定。全年退回不合规税票31笔，金额共计3554万元，退回不合规更正1笔，金额7.4万元，不合规退库13笔，金额共计2.5万元。9月1日至10月30日期间，该行开展支付结算执法检查，对辖内的营口银行兴城市支行、葫芦岛银行柳城支行2家金融机构进行支付结算执法检查。检查支付结算制度18个，各类登记簿16本，各类报表8份，分户账5户，调阅单位结算账户开户档案基本账户28户，一般账户25户，专用账户11户，个人银行结算账户557户，会计凭证影像资料10份，巡视ATM机6台，做询问笔录6人。对检查中发现的问题要求金融机构限期整改，并下发《执法检查意见书》，同时以“回头看”的方式对整改情况进行监督检查。

中国人民银行兴城市支行领导成员

行　长　王　青

副行长　刘　飞　魏云海

（万全）

工商银行

【概况】截至2016年12月末，中国工商银行兴城市支行各项存款余额114380万元，其中储蓄存款余额100704万元，较年初增加3462万元，较上年同期增加2436万元，市行排名第二；日均余额98923万元，较年初增加1682万元，市行排名第五。对公存款余额13677万元，较年初增加464万元，市行排名第三；日均余额12195万元，较年初增加10万元，市行排名第七。各项贷款余额48898万元，较年初减少5080万元。其中，对公贷款余额27745万元，较年初减少2755万元；个贷余额21153万元，较年初减少2325万元。中间业务收入372万元，完成计划的89%。实现利润1072万元。

【存款工作】2016年，工行兴城支行继续强化个金基础地位，按照存款基础性发展战略，组织推出一系列稳存增存措施。抓存款、抓旺季，召开旺季营销调研大会，制定旺季营销方案。在全员揽存过程中，行长、主管行长深入网点督战，个金部每日统计揽存数据并及时通过NOES进行通报，充分调动员工揽存的积极性。全行80名职工，有70人参与揽存活动，共揽存款8000多万元。充分抓住元旦和春节两大传统节日，倾力做好营销工作，分层进行走访。该行领导陪同葫芦岛市行行长、主管行长走访500万元以上客户4户；支行行长、主管行长走访100万元以上高端客户38户，揽存1500余万元；客户经理、网点负责人走访优质客户150户，揽存8000余万元。该行高度重视个人客户经理的营销主力军作用，实行客户经理周例会制度，召开2次客户经理专题会议。

【存款拓户工作】2016年，工行兴城支行全力拓户，精准营销，增加存款的源头活水。大力开展代发工资业务，把代发工资任务落实到网点，作为一季度旺季营销方案中的重点工作，要求每个网点至少成功代发1户人数在50人以上的代发工资户，将其纳入网点负责人季度考核的内容之中。同时，实行全员发动，深度挖掘员工的营销潜能，促进代发工资的开展。全年，营销代发工资户6户，458人，月代发额130多万元。继续开展“拓户工程”，对各层级认领的客户通过多种方式进行维护和营销，保证客户资源的稳定性。加强对公客户的公关，努力做好对公存款的营销工作。抓源头，利用各种资源，加强与当地职能部门沟通联系，推动营销，抢占市场。抓信息，拓宽源头，及时掌握新建户、招商引资等企业的信息。

【个贷工作】2016年，工行兴城支行把个贷拓户工作作为重点工作，充分调动个贷客户经理的工作积极性，坚持拓户、放贷一起抓。多次召开个贷专业会议，传达葫芦岛市行相关会议精神，研究布置拓户工作，并结合实际，对信贷员管户模式及人员结构进行调整，制定支行客户方案，调动客户经理的工作积极性。同时，领导带头营销，保证贷款资源的稳定增长。行长、副行长主动营销，通过公私联动、主动走访等措施，加大对当地新开楼盘的营销力度。其中，万兴置业10万平方米，可贷资源4000万元，9月开工；浩博地产5万平方米，可贷资源2000万元。

中国工商银行兴城市支行领导成员

行 长 张 杰（2016年1月离任）
刘佰成（2016年1月任职）
副行长 张 军（2016年1月离任）
鲍 莉（女，2016年8月离任）
行长助理 李晓东（2016年6月任职）
盖华芳（女，2016年6月任职）

（于力君）

建设银行

【概况】2016年，中国建设银行兴城市支行以存款为第一要务，抓客户、重产品、控风险、优服务，工作力求“多”“快”“稳”“细”，各项业务稳步健康发展。全口径时点新增余额265208万元，比年初新增22841万元，其中对公存款时点新增13487万元，个人存款时点新增9354万元。全口径日均新增47633万元，其中对公存款日均新增29834万元，储蓄存款日均新增17829万元。各项贷款余额58068万元，比年初新增38069万元，其中对公机构贷款28500万元，小企业贷款余额1060万元，个人住房贷款余额28458万元。年内，完成中间业务净收入1755万元。公司全量客户达到570户，新增113户；个人全量客户达到93394户，新增5266户。手机银行活跃客户新增10459户，网上银行活跃客户新增3952户，微信客户新增3021户。交通龙卡新增2306户，循环分期352.2万元，专项分期507.7万元。电话POS机安装119户。

【个人存款和产品营销】2016年，建行兴城支行正确理解和把握政策导向，以存款发展为第一要务，加大客户维护力度，夯实客户基础。潜心研究产品特点，用心征询客户需求和收益预期，客观地评估客户的风险，发挥特色优势吸引行外资金。截至年末，理财产品余额54994万元；累计销售基金2996万元，累计销售保险10192万元，大额存单余额19060万元，聚财存款余额10367万元。强化代发工资业务，锁定存款源头。行领导班子成员带头营销，新开发300多户的代发工资业务，月代发金额100多万元。年内存量代发个人客户4000多户，月入代发工资存款1500万元。电子银行业务落实移动优先战略，做好客户签约激活工作。各网点开展“一日一点20签”、三“80”活动促进移动替代率的提升，电子银行业务平稳发展。各网点开展交通龙卡发卡和OBU安装竞赛活动，全力做好装修分期和现金分期业务，外拓营销，发展商户。私人银行业务坚持精细化管理，按名单建立档案，100万元以上客户新增50户。

【对公存款和产品营销】2016年，建行兴城支行强化对军警客户营销力度，签订长期友好合作协议书。定期开展慰问走访，通过公私业务联动，做好理财产品、公务卡、八一龙卡、账单自助、对公一户通等产品的推介，深化与客户的合作关系。以行长为组长的对存量企事业单位综合影响团队，深入到泳装相关企业、房地产开发企业、公检法司、医院等机构客户发展业务。成功营销葫芦岛南票区紫砂行业协会、兴城市妇女儿童医院、兴城市中医院在该行开立账户。同时，争取多家经销泳装的小商户开立银行结算账户。加强对政府部委办局账户的营销工作，注重发掘和政府有关的客户。11月，新增公务卡800多张。通过工商信息通平台对新注册单位开展精准营销，利用账户管理费用全免的优惠政策吸引客户，帮助客户解决新成立公司遇到的各种难题。年内，该行把泳装企业国际业务作为营销重点，仔细筛查当地外汇企业，做到服务细致入微。当年新增国际业务客户9户，全年结算量1300万美元。

【贷款业务】2016年，建行兴城支行公司类贷款实现新突破，9月，地方债资金落户该行，成功发放贷款28000万元，并开立相关结算账户4户，增加中间业务收入1555万元。个人类贷款实现跨越式发展，个贷业务逆势上扬，全年新营销准入楼盘6户，发放贷款448笔，贷款余额28458万元，较年初净增8879万元。

中国建设银行兴城市支行领导成员

行　长　陈丰山

副行长　白凤朝

　　　　薛　艳（女，2016年6月离任）

（王春燕）

农业银行

【概况】2016年，中国农业银行股份有限公司兴城市支行以绩效分配为契机，狠抓业务经营，夯实管理基础，加强队伍建设，确保各项工作平稳开展，业务经营持续向好。截至12月31日，各项存款余额282655万元，较年初净增36088万元。其中，储蓄存款时点余额258744万元，较年初增加255586万元；储蓄存款日均余额251184万元，较年初增加25863万元。对公存款时点余额23912万元，较年初增加10367万元；对公存款日均余额17910万元，较年初增加7149万元。全行各项贷款余额51918万元，较年初增加12129万元。其中，法人贷款余额13679万元，个人贷款（不含农户贷款）余额26363万元，农户贷款余额4416万元。全行实现中间业务收入（不含委托清收）1691万元，完成计划的118.67%；实现拨备后利润1514万元，完成计划的86.51%。

【“三农”经营中心】2016年，农行兴城支行发挥“三农”经营中心的带动作用，接触的法人类客户20余户，实现小微企业新增7户，新增用信金额3170万元。主动退出潜在风险客户2户，收回贷款2700万元。截至12月末，全行“三农”贷款余额为51917.72万元，较年初净增12128.97万元，完成计划的185.18%；国际结算量较上年同期上升500万美元，对公中间业务收入同比提高200余万元。个贷中心新准入楼盘3个，新投放个人贷款5743万元。其中安家贷净增5523.2万元。农户贷款、小微企业净增户数全部完成年度计划。政府增信工作成功开立账户，增信资金到位100万元。

【工资分配机制】2016年，农行兴城支行一直将工资分配列入全行重点工作，紧跟上级行工作部署，加强基层网点工资分配的指导考核，强化工资分配考核执行和市场竞争。全年销售白银30483克，黄金6097克，实现贵金属中间业务收入27万元。销售代理保险实现中间业务收入157万元，现金管理客户净增249户，三方存管净增1175户，人民币结算账户净增294户，对公理财日均余额净增20634万元，实现中间业务收入152万元。新增信用卡3079张，其中辽通卡2572张。汽车专项分期714万元，完成计划的178%。实现电子银行收入327.88万元。

【后台管理专业化】2016年9月，农行兴城支行启动后台管理专业化试点工作，以稳定高效为主要工作方向，结合全行情况，在机构设置、人员数量上仔细推敲，在岗位职责上深入研究，用1个月的时间完成试点工作。通过组建专业化管理团队，实现风险专人管理；通过整合分散在各个部门风险管理职能，实现风险专业管理；通过明晰岗位和团队职责，实现风险专责管理。四家子分理处上报为省行、总行“三化三铁”单位，红崖子分理处上报为省行“三化三达标”单位。

中国农业银行股份有限公司兴城市支行领导成员

行　长　宋　杰

副行长　罗　锐（女，2016年8月离任）
李　民　杨海鹏
纪委书记、副行长
李迎春（2016年10月任职）
行长助理　欧阳苹（2016年3月任职）

（冯颖）

中国银行

【概况】2016年，中国银行股份有限公司葫芦岛兴城支行加大对个人中高端客户及优质公司客户的营销工作，发展特色业务，利用现有金融产品优势及外汇结算优势，在吸收存款的同时加大对客户的监管力度，依法合规办理各项业务。对公存款主要增长点为行政事业及部队存款。对私存款主要增长点为部队代发工资及大客户存款。截至12月31日，全行各项人民币存款余额为105597万元，其中储蓄存款余额为70784万元，企业存款余额34813万元，各项人民币存款较年初增长9023万元，其中对私存款较年初增长5016万元，企业存款较年初增加4007万元。

【内控及业务检查】2016年，中行兴城支行定期开展内控检查及制度、案例学习，组织员工进行合规测试。上级行采用电子报表、远程监控、OCR影像检查等非现场检查，结合现场检查、飞行检查等方式，对该行国内结算业务、个人结售汇业务、境外汇款、贷款业务等方面进行全面查检。对于检查出的问题采取补充资料、邀约客户进行重新填写、加强业务学习与督导等方式进行现场整改或期限内整改完成。成立整改小组，针对关注贷款，采取每日电话催收，并及时关注偿还情况；针对不良贷款，对提起诉讼的案件，一方面催促律师方面的诉讼进度，另一方面对借款人进行电话或上门催收；对于未进行诉讼的不良贷款，每笔落实责任人，进行电话催收，并每日由催收组长督促催收进度。截至12月31日，关注贷款余额367万元，关注率1.15%；不良贷款余额191万元，不良率为0.6%。

【贷款情况】2016年，中行兴城支行新增个人贷款6420万元，贷款投向为个人房屋贷款及个人消费贷款，年末个贷关注贷款余额367万元，关注率1.15%；不良贷款余额191万元，不良率0.6%。与上年相比，关注类贷款下降81万元；不良贷款增加133万元。该行委托律师对4笔不良贷款提起诉讼，其中2笔在执行中，2笔在诉讼中；有4人共14笔助学贷款依法核呆中。截至12月31日，公司类贷款余额14460万元，其中平台融资贷款余额8000万元，中小企业贷款余额6460万元，较上年下降6720万元。其中平台贷款回收8000万元，中小企业贷款新增1280万元。当年新增中小企业授信1户。

【财务情况】2016年，中行兴城支行营业收入2595.2万元，较上年减少179.5万元，其中利息收入5181.62万元，利息支出2950.81万元，手续费及佣金净收入364.39万元，营业支出782.84万元，营业利润1812.36万元，利润总额1811.51万元，税后利润1340.64万元。利润主要来源于利息收入及基金、保险、理财等手续费收入及佣金收入。

中国银行股份有限公司葫芦岛兴城支行领导成员

行　长　黄瑞珍（2016年3月任职）
副行长　王　飞（女，2016年1月离任）
　　　　薛丹丹（2016年1月任职）
　　　　董　宇（2016年4月任职）

（赵鹏）

农村商业银行

【**概况**】2016年，辽宁兴城农村商业银行股份有限公司以开展“两学一做”学习教育活动为契机，扎实推进各项经营指标，全面完成年度计划。截至12月31日，各项存款增量205470万元，完成全年增量计划的273.96%；各项存款日均增量111559万元，完成全年计划的148.75%。各项贷款增量242886万元，完成全年计划的323.85%。其中，涉农贷款增量234792万元，完成全年计划的335.42%。不良贷款率1.75%，较年初下降0.36个百分点。实现中间业务收入671万元，完成全年计划的237.94%。经营利润同比增加1858万元，完成全年计划的105.47%。

【**业务创新**】2016年，兴城农商行充分挖掘传统业务新的利润增长点，通过创新存款业务产品，做大“兴农通”等贷款产品市场规模；对电子金融业务实行“现买单”考核等方式，实现存、贷款和电子金融业务的跨越式增长。相关业务指标按季超额完成阶段性增长计划，业务规模和增量均在葫芦岛市金融机构中排名靠前，在兴城市金融机构中排名第一。把握股份制地方性银行的市场定位，成功开办公务卡业务。票据、债券、同业等资金业务创造可观利润。在全省农商行系统中牵头研发国际结算业务，在组织招标采购的基础上，加快推进系统上线测试、行政许可等工作进程。保管箱、贵金属、特约商户等新业务均全面完成开办准备工作。

【**顶层设计**】2016年，兴城农商行优化顶层设计，全面适应省联社新的管理思维。围绕省联社KPI考核框架，进一步优化该行的经营绩效考核策略，在科学调整原有业务指标考核权重的基础上，充分关注经营指标与监管指标的协调增长，并引入合规管理考核内容，实现效益与质量并进的考核目标。主要业务指标全面完成省联社核定计划，主要监管指标连续4个季度持续达标，KPI考核得分超过上年水平。围绕省联室部门设置，年初对机关部室设置进行整合，先后成立个人金融业务部和公司金融业务部，并重新规范资金营运部、纪委办公室、监察保卫部、法律合规部等部门和岗位职责。突出党委的领导核心，于8月下旬顺利完成党委、纪委换届选举工作。落实监管要求和“两加强、两遏制”内审意见，完善行长办公会议事规则，细化监事长的履职内容，并对公司章程中董事会职责等八项内容进行修订，巩固法人治理架构。

【**金融管理**】2016年年初，兴城农商行按照省联社党风廉政、案件防控等重点工作部署，围绕银行业全面风险管理等监管要求，进一步强化合规理念，将风险管控、合规管理作为开展各项工作的基本准则。在层层签订《党风廉政建设责任状》《案件防控责任状》《厉行节约反对浪费承诺书》基础上，严格执行安全保卫和案件防控相关标准，加大专项资金投入，按时开展学习、演练和安全隐患排查，及时通报并整改存在的各类隐患，实现全年零事故、零案件。做实内审和专业条线检查工作，稽核部全年开展专项稽核12次，现场稽核190个工作日，对经营成果真实性、案件防控、抵质押贷款、专项业务竞赛、科技信息风险、反洗钱、个人征信等重点领域的内审实现全覆盖、零死角，并圆满完成“两加强、两遏制”的内审任务。同时，会计、信贷、电子银行、科技信息、消费者权益保护等专业条线的检查做到按季检查、及时通报和整改，有力地规范全辖的合规经营管理秩序。加强制度建设，先后修订或完善差旅费管理、大额招标采购、资金业务管理等11项内部管理制度或业务流程，从制度层面对重点业务进行严密管控，堵塞漏洞，防范风险。加大不良贷款清收力度，清收管理中心与公安、司法部门紧密沟通，全年累计清收不良贷款1000余万元。先后获得辽宁省安保工作先进集体、葫芦岛市文明单位、兴城市综合治理先进单位等荣誉称号。

【**信贷服务**】2016年，兴城农商行强化信贷服务，推动金融精准扶贫。围绕县域经济发展战略和该行市场定位，把握泳装产业集群等优质客户，科学调整贷款增长结构，在保障春耕生产等基本信贷服务的基础上，重点支持设施渔业、泳装、花生等形成产业集群优势的优质小微客户和农事龙头企业，小微企业贷款增量实现143299万元，占全部贷款增量的60%。落实省联社、人民银行等部门金融扶贫指导意见，加强与当地政府和扶贫办沟通，通过扶持食用菌等现代农业项目等途径，全年累计投放金融扶贫贷款8726万元，直接或间接带动228户困难农户走上致富道路，为国家精准扶贫政策在兴城落地做出的贡献，打造金融服务品牌。全年，全行各项贷款增量实现242886万元，完成计划的323.85%。加强信贷等岗位人员培训、规范前中后台操作流程等方式，提高信贷等重点业务领域的合规运营水平。

辽宁兴城农村商业银行股份有限公司领导成员

董事长　李　刚

行 长 郭 建
副书记 王锦会
监事长 戴 强
副行长 徐宏伟
刘学文（2016 年 11 月离任）
金 丽（女，2016 年 1 月任职）

（陈帅）

农业发展银行

【概况】2016 年，中国农业发展银行兴城市支行加大中长期项目贷款营销力度，突出抓好现有客户维护，切实防范信贷风险。全年总收入 7468 万元，总支出 6975 万元，账面盈利 493 万元。中间业务收入完成 25 万元，较上年减少 36 万元。国际结算业务完成 55 万美元，较上年减少 154.98 万美元。企事业存款日均余额 6520 万元，完成全年任务的 72.06%。地方财政补贴均实现及时足额到位，其中挂账利息补贴应到位 170 万元（按财政口径的 90% 计算），实际到位 170 万元，实现 100% 到位（其中 1992 到 1998 年新挂账利息补贴到位 42 万元，1998 年 6 月以后挂账贷款利息补贴到位 128 万元）；地方储备贷款利息补贴应到位 99 万元，实际到位 99 万元。全年各项贷款余额 14.39 亿元，其中各项挂账贷款 0.43 亿元，粮油储备贷款 13.96 万元，

【客户营销工作】2016 年，农发行兴城支行鉴于德泰花生有限公司贷款存在隐性风险，企业严重亏损，资不抵债。根据相关管理要求，对其组织催收工作。多次与兴城农商行接触，研究双方合作事宜，达成合作协议，贷款于 8 月 31 日实现本息“双结零”。年内，新营销政府类中长期贷款项目 5 个，贷款资金 14.3 亿元。其中 2 个“棚改项目”共需资金 6 亿元贷款，于 12 月 23 日将作业监督流程上报至省行。

【信贷工作】2016 年，农发行兴城支行突出理性发展，全力防控信贷风险。全行有粮油企业 2 户，重点建设基金 1 户。按照贷后监管相关要求，客户部门定期组织相关人员，对企业库存进行实地检查。在粮油巡查系统上线后，更加严格按照要求逐仓、逐囤进行扫描，并做好记录，确保粮油库存数量真实，有效防控信贷风险。各级储备库存，做到账账、账表、账实相符；葫芦岛馨予现代农产品深加工企业基金 1470 万元，完成投放 1302 万元。

【业务基础管理】2016 年，农发行兴城支行突出信贷电子化，把好监测关，注重信贷业务操作与应用。运用信贷管理系统，进一步加大信贷运营综合管理与分析，提高信贷管理的精细化水平。完成年度开户企业评级授信工作，评出 AAA 级信用企业 1 户，A 级信用企业 2 户。同时全力做好客户营销与维护工作，通过召开“银企座谈会”“客户走访”等活动，了解客户需求，强化风险预警，对于将到期的贷款，提前督促企业，并监测展期情况。全年完

成现金业务21笔，转账业务1282笔，其他业务11054笔，汇款业务1617笔，费用账1010余笔；处理反洗钱大额交易195笔，排除可疑交易202笔；报表100余张，全部实现安全无差错。稳妥维护大小额支付系统，搭建快捷、高效、安全的支付结算平台，提高跨行支付结算业务的速度。完善金融服务设施，规范服务标准和行为，提高服务质量和服务效率。

中国农业发展银行兴城市支行领导成员

行　长　王日营（2016年7月离任）
　　　　邱忠孝（2016年7月任职）
副行长　张东民（2016年6月离任）
　　　　王碧岩（2016年6月离任）
　　　　苏　轩（2016年6月任职）
　　　　王　伟（2016年6月任职）

（邱忠孝）

·小资料·

兴城温泉别墅

兴城温泉别墅位于城东2.5公里处，现为省级文物保护单位。俗称张作霖别墅。张作霖系辽宁海城人，出身绿林，官至东三省巡阅使及中华民国陆海军大元帅。民国9年至10年（1920至1921）奉天铁路局选中兴城温泉，为张作霖修建了这座别墅。

别墅是一所背北面南的小建筑群，围绕兴城最早的温泉水井而建，设有门厅、前厅和后厅三层套院。门厅和前厅都是砖木结构的尖顶铁瓦平房，后厅为两层楼阁并有外廊与东西厢房相能，建筑规模虽不大，然工艺精萃，小巧玲珑，布局合理。它既有东洋建筑的色彩，也有西方建筑的风韵。坡顶屋面错落有别，平楼台阁幽雅别致，还有高大的围墙。全部建筑面积2000多平方米，占地面积5000多平方米。

张作霖因一直忙于战事，并没有在这座别墅住过，但张学良将军曾携赵一荻小姐来此小憩，并在别墅西侧亲植下虎皮松两棵，今有一棵尚存。

日军侵占兴城后，强占了张作霖别墅，并在这里设立了“大和旅馆”，实际为日本特务机关。“八一五”光复日本投降后，国民党曾一度把这里作为兵营，使别墅遭到很大破坏。

兴城解放后，人民政府把张作霖别墅改为铁路疗养院，现部分建筑物得以保存。

商贸流通

商贸服务业

【概况】2016年，兴城市社会消费品零售总额完成837958万元，比上年增长8.2%。批发零售贸易业实现零售额728500万元，比上年增长6.9%；住宿餐饮业实现零售额109458万元，比上年增长17.2%。城镇实现零售额582969万元，比上年增长13.9%；乡村实现零售额254989万元，比上年下降2.9%。市服务业局先后荣获“葫芦岛市2015年度市级基层平安示范单位”“葫芦岛市优秀基层党组织”等荣誉称号。

【“农村淘宝”项目】2016年1月20日，兴城市“农村淘宝”项目首批村级服务网点及综合服务中心正式运营，成为辽宁省首个农村淘宝启动县（市）。从项目签约到正式运营，用时3个月，创造“兴城速度”，打造农村淘宝“兴城模式”。6月22日，兴城大英堡子服务站合伙人成功开展旺农贷，成为兴城第一贷，同时也是辽宁第一贷。截至9月末，全市村点总代购单数近16万单，交易额1878万元；旺农贷授信12笔贷款，总计58万元。年内，投资3000万元，建设兴城市电子商务进农村综合服务中心，具备物流服务、特色产品及企业展示、文化宣传等功能，接待外地考察团队40余次。全市发展村级服务网点87个，其中旗舰店7个，分布于全市16个乡镇。同时，为所有开业网点提供视频会议、取暖、桌椅、货架、宣传板等物料，为村淘合伙人提供第一年的房租费用、网费、电费等，并定期对销售业绩突出的合伙人进行激励。利用微信、网络、电视、广播、大型广告牌、报纸等媒体，开展广泛、持久的宣传推广工作，做到“全覆盖、无死角”。

【跨境电商销售】2016年，兴城市泳装跨境电商规模不断壮大，泳装跨境电商平台前三季度通关43.3万单，出口102.5万件泳装，出口额达652.5万美元，累计出口退税560.4万元人民币。前三季度泳装跨境出口额超过上年全年泳装跨境出口额。7月，阿里巴巴1688（兴城）实力产业群示范园区正式运营，澳洲商品体验馆、韩国商品体验馆开业。年内入驻园区近100家企业，打造线上平台+线下产业园“互联网+实力产业群”的创新模式，直接拉动地方经济发展，建设电商商业生态。年内，兴城市与阿里巴巴跨境销售平台速卖通签订协议，共同建设跨境品牌专区。

【电子商务平台体系】2016年，市服务业局利用产业优势形成合力，优化电子商务发展环境，加快电子商务人才培养，提高电子商务公共服务和市场监管水平。以“农村淘宝”、天诚泳装公共服务平台、天喜电商服务平台、馨予农业网、泳装跨境电商平台等为依托，打造以泳装、农产品为主，家具建材、日用化妆品、食品为辅的电子商务平台体系，推进电子商务产业全面快速发展。

【服务业重点项目建设】2016年，市服务业局对接项目单位，掌握项目进度，确保服务业重点项目建设进展顺利。3月，大红门家居建材城正式营业；菊花女城市物流配送中心、华联商厦、泉海御龙湾一期等项目主体完工，进行内外装修及安装生产设备；8月，首山丽汤温泉度假区温泉木屋别墅、丽汤会馆试营业；馨予农产品深加工基地、华山食用菌冷链配送中心、比基尼博览中心一期等项目完工并投入使用。

【会展经济】2016年4月1日至5月4日，市服务业局组织开展以“增强供给能力，促进消费升级”为主题的消费促进月活动，兴隆大家庭、海后商厦、小桃泳装等10家大型商场、餐饮、电商企业参加活动，组织“春夏服饰节”“五一优惠购”“万人空巷抢格力”“夜宴汇”等10项促销活动，累计销售额达3777万元，其中线上销售额379万元。5月11日至12日举办“大美北方·兴城绽放”2016县域生态电商节，该活动为阿里巴巴农村淘宝项目实施以来在国内举办的首次大型展会活动，100余个农村淘宝重要商家和1000名农村淘宝合伙人参加。7月17日至19日，在兴城比基尼国际会展中心举办第五届中国国际泳装展，吸引国内外230家厂商参展，150余个线上、线下品牌集体亮相，总展览面积达12000平方米，展品涉及泳装、泳具、沙滩装、图案设计、泳装面料以及兴城地方农特产品等，达成意向成交额3亿美元。8月20日至23日，在兴城比基尼国际会展中心举办2016兴城房地产交易会，27家房地产企业参加交易会，开展购房优惠活动，并推出限量特价房，总交易额1.23亿元。

【农产品现代流通体系建设】2016年，市服务业局扶持壮大馨予现代农产品深加工有限公司、玄宇食用菌野驯繁育有限公司2家农事龙头企业，推广“公司＋农户＋基地”创新生产经营模式，鼓励企业采用先进的深加工及冷链技术。优化全市农产品流通布局，强化产销对接，培育市场流通主体，加快建设设施先进、功能完善、流转顺畅、标准化程度高农村集贸市场，构建起高效、畅通、安全、有序的农产品现代流通体系。全年，争取农产品现代流通体系建设资金855万元。

【服务业安全生产检查】2016年，市服务业局先后组织“春节、元旦安全生产大检查”“3·15维护消费者权益日活动”“五一期间安全生产大检查”“中秋、国庆两节期间安全生产检查”等多项安全生产检查，对全市20余家大型商场、市场、酒店等服务性企业以及近30家加油站进行安全隐患、消防隐患排查，有效遏制安全生产事故的发生。

兴城市服务业局领导成员

局　长　隋文发

副局长　李博学　马学斌　邢　罡

　　　　张　静（女，2016年6月挂职）

（邢罡）

供销合作经济

【概况】2016年，兴城市供销合作社联合社结合“两学一做”学习教育活动及市社实际，把握城乡一体化发展和新农村建设机遇，创新工作思路，扎实推进各项工作任务，全力服务兴城社会经济发展。截至12月31日，全系统实现销售总额2.66亿元，实现利润总额147万元。新建农民专业合作社3个，其中供销社参股2个；新建改造基层供销社2个；完成农产品收购总额2451万元，连锁销售额6895万元，再生资源回收额3541万元，并均按规定时间节点登记到统计平台。

【农资供应主渠道】2016年，市供销联社充分发挥自身统筹协调的组织优势，货源渠道和配送网络的经营优势和综合配套的服务优势，储备化肥12000余吨。同时，加强农资配送中心建设，新建成大寨供销社兴旺综合服务社，依靠当地各种蔬菜及甜玉米生产基地，采取订单式一条龙服务，方便当地农民。完成闻家供销社改造，改造营业室面积300平方米，新建库房400平方米，储存农资5000吨。开展科技助农活动，聘请相关专家深入各乡镇、村屯开展20余次宣传培训和技术指导，引导农民科学种植、防治病虫害、理性购买和科学使用农资产品，提升农民质量安全意识和维护自身利益能力。截至年末，销售农药780吨，销售额1500万元；销售化肥24413吨，销售额7895万元。农药、化肥以批发价格销售给农民，为农民节省购肥资金200余万元。

【新网工程】2016年，市供销联社加快新网工程发展进程，强化经营网络体系建设。在新网工程建设中以农资经营网络为重点，农产品、日用品经营及再生资源回收网络为辅助，逐步完善四大网络经营。加强生活服务网络体系建设，促进城乡经济统筹发展，在农资经营网络方面，逐步扩大村级覆盖率，发展农产品及农村日用消费品流通网络，本着成熟一个发展一个的方法，稳步推进，全年新增村级销售网点10个。再生资源回收网点保持现有21个的规模，同时发展废旧汽车拆解业务。

【**基层供销社工作**】2016年，市供销联社整合基层社资产资源，改造恢复基层社，加速社有经济发展。对现有供销社进行现状及发展思路的可行性分析，实行开放办社、联合办社的形式，寻求与社会资本和民营企业合作。改造现有基层社的剩余闲置场地，争取上级资金扶持，抓住小城镇建设的契机，把农资市场引入供销社院内。年内，完成红崖子和闻家供销社改造项目，红崖子供销社改造营业室面积180平方米，新建业务洽谈室120平方米，库房面积450平方米；闻家供销社改造营业室面积300平方米，新建库房400平方米。两个基层社改造投资总额124万元，其中争取财政扶持资金60万元。强化农民专业合作社规范发展。坚持以农为本，加强农民经纪人队伍和农村合作经济组织建设。发挥专业合作社的组织、协调、服务作用，不断提高农民的组织化程度和农产品市场化程度。采取供销社领办、参股等形式，对发展前景好、经济实力强、社会信誉高的专业社加大支持力度，发展农村专业合作社。全年全市系统新发展农民专业合作社3家，其中供销社参股农民专业合作社2家。

【**安全保卫工作**】2016年，市供销联社加强安全管理，确保企业安全生产无事故。定期开展安全大检查活动，对本系统烟花爆竹和民用爆破公司做好防爆、防火、防盗等安全工作。维护库区内防爆土堤80延长米，并对库区内的蓄水池进行维修加固。在重大节假日、重大会议或重大活动期间，实行领导带班制，安排人员24小时值班，确保信息畅通随时处理突发事件。完善应急预案，做好应急处理准备，最大程度地减少各种损失，为社有企业生产创造良好安全环境。

兴城市供销合作社联合社领导成员

理事会主任　张玉山
监事会主任　张云山
理事会副主任　佟艳民
　　李连鹏（2016年3月任职）

（居国昌）

粮食流通

【**概况**】2016年，兴城市粮食局按照国务院颁布的《粮食流通管理条例》等相关法规赋予粮食行政部门的职责、权限，对兴城市区域内涉粮企业业户的经营活动实施常态监督检查、办理粮食行政许可事项、开展社会粮食购销统计等日常监管、指导、服务工作。粮食经营常态监督检查。年内，对辖区内持有“粮食收购许可证”的国有和非公企业业户在粮食收购、储存、加工、销售等业务环节的遵纪守法行为进行随机检查，重点检查在粮食收购活动中是否对售粮农户有压等压价、克扣粮款行为。6月初，按照省、市粮食主管部门关于开展

2016年粮食库存检查的通知要求，对红崖子粮食储备库及其旧门分库、军供站等国有企业的粮食库存数量、质量及保管状态等情况，进行逐货位全面检查，兴城市国有粮食企业库存粮食达到账实相符，质量合格率为100%。并检查结果上报省、市粮食主管部门。依照《粮食流通管理条例》等法规，发放“粮食收购许可证”。年内，审核持证涉粮企业业户14家，其中国有企业4家，非公企业业户10家。依照粮食流通法规、政策，开展兴城市区域内社会粮食收购、销售（转化）情况统计。截至年末，14家涉粮企业业户收购粮食（玉米）计73944吨，其中国有企业储备粮轮换收购入库574吨，非公企业业户收购73370吨；销售（转化）玉米计81438吨（含上年库存），其中国有企业轮换出库销售4730吨，非公企业业户销售（转化）玉米76708吨。

【**储备粮监管**】2016年，市粮食局按照储备粮管理相关法规，监控、检查储备粮油质量、数量，确保储备粮油达到质量良好、数量准确、安全储藏的要求，为地区粮食安全提供粮源保障。全市国有粮食企业承储储备粮油共15165吨。其中，国家临时储备玉米5515吨，葫芦岛市级储备玉米3500吨、食油100吨；兴城市县级储备玉米6000吨、成品粮（大米、面粉）指标200吨，实储50吨。

【**储粮基础设施建设**】2016年，市粮食局争取辽宁省“粮安工程”专项资金1161万元，用于兴城市红崖子粮食储备库及其旧门分库改扩建新储粮仓房建筑面积共4920平方米，新增储粮容量5万吨。该项目7月中旬开工施建，至11月中旬主体工程完工。争取军粮供应体系建设项目资金63万元，用于兴城市军粮供应站实施恒温库项目建设，于10月末完工。经验收，项目工程质量合格，专项资金的投放和使用合规、合理，未发生挤占、挪用等违规现象。

【**粮油质量检验监测**】2016年，市粮食局抽检葫芦岛市和兴城市两级储备玉米代表数量9500吨；抽检军供大米代表数量50吨，面粉20吨，抽样质量合格率100%。完成秋粮收获质量调查、品质测报工作。调查、采集望海、旧门、沙后所、红崖子4个乡镇12个行政村65户农户的玉米收获样品质量，形成玉米质量调查样品10份，品质测报样品4份，收获环节粮食质量安全监测样品13份，会检样品3份。调查、采集红崖子镇4个行政村25户农户的花生收获样品质量，形成花生质量调查样品5份，检测结果均上报葫芦岛市粮油检测中心。

【**涉粮企业安全生产监管**】2016年，市粮食局按照安全生产属地管理的原则，从粮食行业特点出发，把消防安全作为保安全的重中之重，对全市区域内涉粮企业安全生产实施监管。深入涉粮企业进行安全生产集中大检查5次。1月份，按照中共兴城市委制发的《兴城市安全生产“冬季攻势”专项整治行动监督检查实施方案》和葫芦岛市服务业委《关于在全市服务业系统进一步做好安全生产“冬季攻势”专项整治行动的通知》要求，制定《兴城市粮食行业安全生产“冬季攻势”专项整治行动实施方案》，成立专项整治行动领导小组，深入15家涉粮企业，帮助和指导企业逐一排查隐患，进行自检、自查、自改。3、4月份，以春季防火为重点，排查整治涉粮企业消防安全隐患，对消防设施设备完好、堪用状况消防制度落实情况逐一进行检查，指导企业进行消防演练等。夏季，按照省、葫芦岛市和兴城市政府关于做好防汛抗灾工作的要求，根据粮食行业特点，确定重点做好储粮区和储粮设施的防汛抗灾。粮食局成立防汛抗灾组织机构，层层建立防汛抗灾责任机制；召开储备粮承储企业领导会议，布置各承储企业加强汛期储备粮管理，确保储备粮安全度夏；深入涉粮企业检查汛期防汛抗灾组织、人员、物资等具体措施的落实情况，指导企业开展防汛抗灾演练。在“7·20”大雨前后检查粮食储存安全度汛情况，排查隐患，跟踪检查整改情况。全年，各涉粮企业均未发生安全生产责任事故。

【编制粮食应急供应预案】2016年，市粮食局为确保特殊情况下粮食的有效供给，维护正常的粮食市场秩序，依据《中华人民共和国突发事件应对法》《中华人民共和国价格法》《粮食流通管理条例》《中央储备粮管理条例》《国家粮食应急预案》《辽宁省突发事件总体应急预案》《辽宁省粮食应急供应预案》等要求，于11月，结合兴城市实际，修订《兴城市粮食应急供应预案》和《兴城市粮食局粮食应急供应方案》。粮食应急状态预警等级分为特别重大（Ⅰ级，红色）、重大（Ⅱ级，橙色）、较大（Ⅲ级，黄色）、一般（Ⅳ级，蓝色）状态的四级预警。

兴城市粮食局领导成员

局　长　周志华

副局长　张柏宁（2016年3月离任）

　　　　武继利（2016年3月至12月）

　　　　孟宪利（2016年3月任职）

　　　　王建忠（2016年12月任职）

（杜彬）

对外贸易

【概况】2016年，兴城市对外贸易局进一步转变外贸发展方式，继续做大外贸经济总量，着力提升全市外贸综合竞争力，确定创新、务实、发展、和谐与整合社会各方经营资源，为全市产品组织出口建立一种全新的运作经营模式。全年外贸出口交货值10711万美元，引进省外内资22.08亿元，实际利用外资100万美元。

【外贸服务】2016年，市外贸局转变职能，服务全市经济大局，严格落实机关干部职工岗位职责、办事程序、首问责任制、服务承诺制、限时办结制、绩效考评制、效能追究制等 7 项规章制度；对外提出 5 项服务承诺：职责范围内的事务，马上办结；材料和证件齐全的事务，当天办结；涉及职能部门的事务，协调疏通；受限于政策和法规的事务，合法变通；对已办事项不满意的事务，迅速纠正。同时，加强扶持，优化结构。局班子成员多次带领相关科室深入外贸生产企业，宣传党的经济政策，将扶企、惠企政策送到企业中，与企业负责人交流、沟通，共同研究拓宽外贸出口的渠道和途径的新方式。鼓励三奇、斯达威等泳装企业抓住全市泳装产业集群建设的有利契机，克服世界经济发展减缓、国际需求全面下滑的困难，不断开拓创新，大胆实践，拓宽泳装外贸出口渠道，拓展海外市场。针对全市出口企业申请国际商标注册的实际需要，主动为泳装企业寻求在俄罗斯市场申请国际商标注册，并帮助外贸出口企业办理进出口权等业务。

【党建工作】2016 年，市外贸局为切实加强局机关党建工作，专门成立党建工作领导小组，由局长任组长，选定政治素质过硬、熟悉组织工作的党员干部专门负责抓党建工作。进一步完善奖惩措施，加强对党员的教育和管理，激励党员爱岗敬业，有效发挥党员先锋模范作用。构建支部帮扶平台，加强支部与党员、党员与党员之间的相互交流，促进理解和支持，推动党建工作。在工作中不断加强干部职工的思想政治教育，引导全局干部职工牢固树立为人民服务的思想，强化涉外“窗口”行业的责任意识和敬业精神，努力创造热情、诚信、和谐、开放的人文环境，调动机关干部的积极性，把为人民服务的意识和为经济建设服务的意识落实在具体的工作实践当中。建立党建工作指导制度，制作“三会一课”制度板、党员谈心谈话制度板、组织生活会制度板等，支部工作制度化、规范化，让制度成为约束管理党员干部的有效载体。通过开展党员组织关系排查，理顺党员组织隶属关系，从严落实党员管理制度，规范党员组织关系管理，从源头上治理党员组织关系“空挂”“失联”等现象，解决“口袋党员”“隐身党员”等问题，确保每一名党员都纳入党组织管理之中。

兴城市对外贸易局领导成员

局　长　王　伟

副局长　马来林　巴永生

　　　　陈洪山（2016 年 6 月离任）

（穆涛）

石　油

【概况】2016 年，兴城经营部运营加油站 16 座，其中 12 座加油站与分公司签订小站经营目标责任制。有岗上员工 91 人，其中合同化用工 15 人，市场化用工 76 人。

截至12月31日，兴城经营部实现汽柴油纯枪量40183吨，完成全年任务的91%，比上年同期少销售541吨。其中，汽油完成29492吨，比上年同期多销售2746吨；柴油完成10691吨，比上年同期少销售3289吨。非油品业务实现销售收入257.1万元（不含税），比上年同期增加59.6万元，完成任务进度70%。实现润滑油销量17.6吨，比上年同期增加5.3吨，完成任务进度37%。

【销售任务和客户管理】2016年，兴城经营部按照各加油站周边市场所处环境变化情况、用油特点、客户构成及前3年销售完成量，分解布置全年各加油站的汽柴油、非油和润滑油全年任务指标。同时，落实客户群体开发和管理。推进客户普查，完善客户档案，将客户开发和管理工作落到实处。排查了解加油站周边市场的客户群体及竞争对手的情况，不断完善，更新加油站客户档案资料，针对不同群体开展有特色的营销措施和服务手段以及争取分公司政策支持，开发潜在客户。做好2016年《定点加油项目政府采购合同》履行工作，完善各项服务措施，保持长期合作关系。

【石油销售】2016年，兴城经营部按照省公司提出的“五个年”要求，着力发展纯枪销售业务，号召全员促销，推行开口营销，特别是推出98号汽油，要求一线干部员工行动起来，通过主动热情、方便快捷的服务，提高进站车辆回头率和油箱加满率。采取多项促销增效和便民服务的措施，应对市场变化，千方百计促销增量。城区大站开展“最红星期五”“油惠星期六”“10惠”促销等活动，并利用微信朋友圈推广宣传促销政策。北路加油站提前完成保万吨目标，全年实现汽柴油纯枪销量11150吨。充分利用好小油槽车的配送优势，开展小额配送业务，分别配送到矿山、企业、砂石场、机耕地、建筑工地、游船码头等地，实现纯枪量配送柴油610吨。

【非油业务】2016年，兴城经营部拓展非油业务和加大滑油销售力度。明确非油业务也是主营业务的发展定位，采取依托昆仑好客超市和找门路外销两条腿走路的办法。在旅游季节销售黑花生、海蜇、龟灵酒等当地土特产。抓住春秋两季机动车、渔船换润滑油时机，加大润滑油销售力度。完成非油销售任务11.4万元。运用“油惠辽宁”微信平台，策划微信营销，发挥“油卡非润气”联动效应和多方合作汇聚资源优势。同时，深挖农村市场潜力，开展化肥等农资商品的销售。1月25日，兴城经营部联合众城肥业专门召开“油肥互动”化肥知识讲解会。邀请沙后所镇、红崖子镇、围屏乡、白塔乡等乡镇的10多位化肥经纪人参加，众城肥业讲师现场为经纪人答疑解惑。架起经销商与客户之间沟通合作的桥梁，打开化肥销售渠道，多位经纪人现场签订化肥销售协议。

【加油站基础管理】2016年，兴城经营部加强加油站现场管理、6S管理、数质量管理和资金卡系统管理，要求干部员工按照规章制度和操作流程严格执行，确保各项工作高效、安全、有序开展。以深化HSE管理体系建设为主线，加强加油站安全管理，树立底线思维，强化“红线”意识，开展“我为安全作诊断”主题活动和安全生产月活动，开展各项应急预案演练和生产安全事故警示教育，普及安全知识，整改事故隐患，提高全员防范意识，落实安全主体责任。落实集团公司反违章“六条禁令”，狠刹“三违”“习违”行为。配合上级相关部门开展安全检查，提高兴城经营部的整体安全管理水平。

中油兴城经营部领导成员

经　理　　　　唐　尧
书记兼副经理　姚　博
副经理　　　　张　航

（王卫国）

烟　草

【概况】2016年，兴城市烟草专卖局（营销部）落实烟草行业工作会议上提出“向深挖市场潜力要效益、向提高市场控制力要效益、向提高规范管理能力要效益、向提高基础管理能力要效益、向提高岗位履职能力要效益”的工作部署，抓实五方面工作，完成阶段性任务目标。全年卷烟销售18700箱，同比降低9.6%，完成进度计划的100%。一、二、三类卷烟销售13090箱，同比增长2.3%，占总销量的70%。

【卷烟营销工作】2016年，市烟草专卖局（营销部）在经济下行压力增大、社会控烟意识增强的形势下，特别是5月起卷烟消费税上调情况下，变压力为动力，采取措施确保完成卷烟销售目标。开展调研工作，摸清不同地区、不同季节、不同业户、不同结构的增长空间，确定“农村较大村屯、重点工程工地、城市新建小区、大学城周边、旅游景区”五类重点地区，“重要节日、旅游旺季、施工旺季、农民工返乡季”四类重要季节，“较大规模无证户、销售大户”两类业户作为销量增长的重点，优化零售点合理布局，营造便捷、规范、放心的消费环境，为销量增长提供强有力支撑。提高拜访频次，掌握每户经营动态，进行针对性经营指导。以区域性优势品牌为依托，以提升上柜率为重点，培育重点品牌。以畅销品牌为重点，帮助合理规划库存、改进营销手段，促进销量增长。完善销售业绩考核办法，调动工作积极性。将销售总量、网上订货成功率、重点品牌上柜率3项指标进行合理分解，分配给客户经理，确保人人身上有责任、人人工作有目标。加强工作督导，确保调控及时。在市场调研、销售分析、科学预测的基础上，根据季节性需求变化，将年度销量指标进行月度分解。以月度销售目标为依据进行日常跟踪，及时掌握市场销售动态，以发展零售终端“六大功能”为主要任务，以推行终端软件为重点，加强指导和服务，年内有占9.4%的200家零售户达到现代终端水平或正在参与现代终端建设。

【专卖管理】2016年，市烟草专卖局（营销部）专卖管理工作以市场监管、证件管理、县级局职能建设为重点，抓住工作落实和手段创新两个关键，提升市场控制力。以深入落实“APCD”工作法为重点，加强打假打私体系建设和市场监管体系建设。一方面，在市场监管过程中全面引用“APCD”工作法，利用内部信息系统采集数据信息，提升“三员”信息意识，主动寻找市场动态信息，加强对信息的分析利用，创新整合监管手段，取得实效。另一方面，加强与公安、市场监督管理部门的联合，开展“百日”“节后”“端午”“取缔无证户”“全地区交叉互检”等五项专项行动。全年，查处各类涉烟案件243起，查获违法卷烟4931条，案值324827.516元，罚没款35646.6元，取缔无证经营户6户。完善工作流程，加强监督检查，提升证件管理工作水平。审查新办许可证，增加局长、副局长实地复查环节，杜绝人情证、徇私舞弊等不规范情况发生。开展4期新增户、重点销售大户、历史违规户法律知识和营销知识培训活动，零售户负责人全部参加培训，培训率100%。

【烟草规范工作】2016年，市烟草专卖局（营销部）严格按照《集体决策议事制度》要求，在涉及人事任免、岗位调动等重大决策上发扬民主作风，集体研究决定，扎实推进《办事公开民主管理制度》。将《局务公开制度》作为强化严格规范的治本之策，对公开的内容、范围、方式、时限和责任都做出明确规定，并得到全面落实。凡涉及财务收支、人事任免等重大事项，一律按时公示；凡绩效考核、考核评优等关系职工切身利益的事项，全部进行公开。严格落实国家局“六个严禁、一个严控”规定。发挥专卖内管、纪检监察、督查考评等部门职能，组织对企业内部卷烟经营行为的监督检查。加强对行业内人员套购倒卖卷烟、企业自营店和虚拟客户的监管，定期检查走访调查零售户240户，同级监管中随车走访72天，电话回访1750户，五类异常监管875户，调查核实异常数据88户，对自营店监管12次，核实处置异常线索88条，实地调查448家零售业户，形成核实工作底稿448份。

兴城市烟草专卖局领导成员

局　长　康忠生

副局长　李东奎（2016年2月任职）

　　　　刘　锋　江国庆

（柏晓刚）

科　技

科技工作

【概况】2016年，兴城市科技局以提高创新创业能力为重点，加大自主创新工作力度，为产业转型升级提供科技支持。健全科技投融资机制，发挥财政资金杠杆作用，通过市场机制引导社会资金和金融资本支持创业活动。发挥多层次资本市场作用，为创新型企业提供综合金融服务，加大对初创企业的引导和对科技型中小企业的扶持力度，参与拟定《兴城市创新创业引导基金方案》和《兴城市创新创业引导基金实施办法（试行）》。年内，全市申报2016年省级科技计划项目4项，6家企业完成科技成果转化项目入库，1家企业申报知识产权优势企业并申报专利产业化项目；获批高新技术企业2家，推荐申报省级科技进步奖1家；开展科技培训农民达1000余人，培育市级农业科技创新团队1个；全市专利申请量603件，其中发明专利申请量46件；全市新增授权专利424件，其中授权发明专利7件；全市有效发明专利拥有量达47件。

【农业科技工作】2016年，市科技局为增强人民群众的科技意识，加快科技普及和推广应用的步伐，协调配合农业技术推广中心和科研院所等科技人员，抓好推广、普及和培训工作。依托科技队伍，以科研院所为中心，围绕重点产业和群众的科技素质大力开展技术培训。通过科技下乡，培训农民达1000余人。培育市级农业科技创新团队，为农民提供科技咨询、新品种、新技术等服务，及时指导农业生产。拓宽渠道，为农民提供学习深造机会和平台。以合作社、协会、优秀农民骨干为重点，组织全市5名农民和农民企业家报名参加省科技厅2016年度的农民技术员培训班和农民企业家高级研修班学习。

科技下乡活动

【科技项目建设】2016年，市科技局以科技项目带动企业自主创新为重点，围绕提升主导产业创新能力，加强与上级部门的沟通，做好科技项目的征集、对接和申报工作。做好科技成果转化项目入库工作。对全市企业走访调查，征集6家符合条件企业完成入库，分别为葫芦岛火力速旋汽配制造有限公司的一种不生产电镀三废排放的镀铬生产设备项目，兴城市正祥食品有限公司的生物肥在种植、育苗中技术应用与推广项目，兴城市龙祥源水产养殖有限责任公司的海水池塘海参生态养殖技术示范与推广项目，兴城市聚农果蔬合作社的设施大樱桃标准化栽培项目，葫芦岛金龙湾水产品养殖出口销售专业合作社的HACCP食品安全体系在大菱鲆养殖中的研究与示范项目，辽宁晨光塑料有限公司的高光质太阳能增产大棚膜及其制法项目。有4家企业申报省级科技项目，分别为辽宁海思科制药有限公司、葫芦岛农函大玄宇食用菌野驯繁育有限公司、兴城市安迈汽车部件制造有限公司、中核辽宁核电有限公司。组织申报辽宁省省级科普基地1家，为兴城市文化广播影视局的兴城市图书馆科普基地项目。组织开展2016年国家“万人计划”青年拔尖人才申报推荐工作。推荐中国农业科学院果树研究所的安秀红博士申报2016年国家“万人计划”青年拔尖人才。

【产学研合作深化】2016年，市科技局科技合作跨出大步伐，组织企业参与高校、科研院所的成果对接活动。8月3至5日，组织5家养殖加工龙头企业负责人赴山东青岛中科院海洋所就项目建设、规划及渔业养殖技术需求等进行产学研对接。8月25日，组织5家渔业企业参加葫芦岛市人民政府与中国科学院沈阳分院“1+N”全面合作签约仪式及成果发布会，与中国科学院海洋研究所签订现代渔业养殖技术合作框架协议。

【高新技术企业培育】2016年，市科技局强化企业主体创新地位，依托重点企业，力促高校、科研院所和企业共同创新，争取资金扶持，加大研发力度，提升核心竞争力。组织包装申报国家、省、市高新企业，获批高新技术企业2家，分别为辽宁晨光塑料有限公司和九州塑业有限公司，推荐辽宁晨光塑料有限公司申报省级科技进步奖。

【科技创新平台建设】2016年，兴城市坚持把科技创新平台建设作为促进“大众创业、万众创新”战略实施的重要载体，集中力量建设兴城市创新创业示范基地和创业工坊兴城市众创空间示范基地。以辽宁财贸学院科技园（辽宁财贸学院学生就业创业孵化园）为依托，大力引进高尖端人才、科技创新企业、技术研发企业、软件开发企业，创建国际先进专利技术交流平台，支持高新技术产业孵化，努力把科技园打造成具有竞争优势的高科技项目承接地和人才聚集地。年内，有深圳视华科技有限公司等14家企业完成签约入驻。与大连创业工坊科技服务有限公司达成合作，建立创业工坊兴城市众创空间示范基地，推进“创业兴城”建设，搭建“双创”多元融资平台，为创业者提供包括创业教育、创业辅导、创业投资、团队融合、产品构建、技术与商业模式创新等多方面服务，助推创业企业发展。

【知识产权工作】2016年，市科技局为庆祝“4·26”第十六个世界知识产权日，在兴隆大家庭组织开展主题知识产权宣传活动，鼓励引导广大市民勇于创新，积极申报专利，保护创新成果。同时，通过集中宣传报道，引起广大市民对知识产权的关注，扩大知识产权的社会影响力，增强全体市民的知识产权意识。加强知识产权项目申报工作，培育申报知识产权优势企业1家（海思科制药有限公司），组织实施该企业专利产业化项目1个。完成全市专利申请补助发放工作。下发《关于发放2015年专利补助申请的通知》，受理全市2015年度发明专利申请、授权予以资金补助的企事业单位及个人25件，发放补助

2016年4月26日，知识产权宣传

金额33500元。根据《葫芦岛市知识产权局专利执法工作方案》文件精神，与葫芦岛市知识产权局联合，在兴隆大家庭开展专利执法检查活动。

【科普宣传】2016年，兴城市于5月中旬开展以“创新引领共享发展”为主题的“科技活动周”活动，通过科普广场和科技进校园、进社区、进乡村、进企业等活动，进一步普及科学知识，营造创新环境，激发全市创新创业活力，加快全市创新驱动发展。

（董晶晶）

地震监测

【概况】2016年，兴城市地震站加强地震监测，更新观测设备，关注和收集地震宏观信息，开展地震科普知识的宣传和普及，履行社会职能。改善办公环境，添置办公设备，完善后勤管理，防火防盗安全措施。加强站内环境管理，开展绿化安保工作，创建安全舒适的办公环境。加强业务学习和思想工作，建立完善业务会商和政治学习制度。

【业务监测】2016年，市地震站继续开展原有地震资料的整理及存档工作。进一步强化现有地震微观监测手段的观测。加强对宏观地震信息的收集及判断，加强业务培训，完成对地震宏观信息员的登记及更新。

科技活动周

【防震减灾工作】2016年，兴城市推进国家地震烈速报与预警工程项目的实施。按照国家地震烈速报与预警工程项目整体布局和安排，全市计划新建21个一般站，覆盖南大、围屏、四家屯等20个乡镇、街道，年内完成新建台站勘选和用地意向书签订。同时，开展防震减灾宣传教育活动。在防灾减灾宣传周期间，利用广场、学校等开展“5·12防灾减灾日”主题宣传和地震应急演练活动，加大教育宣传力度，提高社会公众的防震减灾意识。

【地震宣传】2016年，市地震站开展地震知识宣传及普及，向广大市民普及地震知识，掌握自救互救技能。联合市科技局、科协等部门，在宁远广场开展科技周科普知识宣传活动。纪念“5·12”汶川地震，在古城南关摆放宣传板，发放地震知识手册、宣传单等方式，开展地震知识宣传活动。在市实验小学，举行地震逃生演习，让广大师生更真实认识和了解地震自救互救知识。在宁远广场、体育场等地发放防灾减灾宣传用品。联合市场监督管理、科技、安监等部门于宁远广场举行安全月宣传活动。联合市红十字会，在建海社区开展普及地震知识进社区宣传活动，实施地震救生逃生演习，向广大社区群众宣传地震知识。完成葫芦岛市地震局布置工作，做好兴城市应急避难场所登记及应急救援队伍统计工作。完成省、市地震局关于在各乡镇街道安置测震仪器的规划，召开乡镇街道主要领导参加的会议，积极落实前期工作。

纪念“5·12”汶川地震及地震知识宣传

兴城市科学技术局领导成员

局　长　宋　毅

副局长　张雪松（2016年3月离任）

　　　　袁　伟

　　　　刘占一（2016年3月任职）

（张浩）

教育·体育

教 育

【概况】2016年，兴城市有各级各类学校125所，其中高级中学3所，职教中心1所，九年一贯制学校6所，初级中学20所，小学90所，幼儿园2所，特教学校1所，进修学校1所，电视大学1所。全市在校学生50356人，其中高中在校学生7243人，初中在校学生15615人，小学在校学生27498人。年内通过评选，有3所中、小学获“第二批全国青少年足球特色学校”荣誉称号，分别是望海乡中心小学、滨海经济区学校和第二初级中学。市教育局全年承办民心网诉求38件、互动件17件，群众来电来访58件、上级各部门交办的信访件14件，办结率均达到100%。

【创建义务均衡发展市】2016年4月，兴城市推进义务教育均衡发展工作通过辽宁省评估验收。9月，国家教育督导检查组莅临兴城市，检查验收义务教育均衡发展情况，通过检查兴城市创建义务教育均衡发展县的相关文件资料和数据，听取市政府专题汇报，组织召开全市人大代表和政协委员、校长、教师、家长代表座谈会等方式从不同侧面考察兴城市义务教育发展情况。检查组分组对南一小学、辽工大附中等10所学校进行实地查看。经评估，兴城市通过国家教育督导检查验收，在辽宁省参评的22个县（市）区中并列第六，位居全省参评县区前列。

【教育工程建设】2016年，兴城市教育建设工程总建筑面积13388平方米，总投资3417万元。其中，完成薄弱学校重点改造工程及幼儿园工程6项，总建筑面积10253平方米，总投资2130万元。薄改重点项目红崖子镇团山子小学、郭家九年一贯制学校、药王中心小学和兴城四中食堂新建及部分学校校舍维修工程。幼儿园工程分别为沙后所镇中心园、望海乡中心园、南大乡中心园。同时，完成温泉小学教学楼续建工程。上述工程均竣工并通过验收，其中温泉小学续建工程于9月1日正式投入使用。

【特殊教育学校】2016年年初，市教育局为促进兴城基础教育均衡发展，保障残疾儿童接受平等教育的权利，投资70万元将原来的西关小学改造成特殊教育学校，结束兴城市多年没有特殊教育的历史。改造后的特教学校设蒙氏教育、感统训练、心理辅导、卫生保健等8个功能教室，于9月14日正式揭牌。全校有聋哑、肢残、智障、唐氏综合征、自闭症等残疾儿童563名。

【教育安全工作】2016年，市教育局贯彻落实省教育厅、省公安厅《关于开展学校安全隐患“大排查大整治”活动确保学生安全的通知》精神，结合全市实际，开展校园安全隐患大排查大整治专项活动。对各校的校舍及教学设施、交通、住宿、周边环境、安全教育等进行督查与整改，及时消除各类安全隐患。为落实葫芦岛市“护校安园”工作电视电话会议精神，市政府投入资金143万多元，加强校园视频监控平台建设，确保设施设备运营正常。10月20日，辽宁省在兴城市举行教育系统学校安全教研员培训会议，与会人员参观兴城二中和南一小学，观摩安全精品课，分享两校的安全工作管理理念。11月，省政府教育督导办对兴城市校园欺凌专项治理情况进行督查指导。

·幼儿教育·

【概况】2016年，兴城市教育局加强学前教育管理，促进其稳步发展。扶持普惠性民办园，制定并出台兴城市普惠性幼儿园创建工作实施方案、认定条件和奖补办法，普惠性幼儿园覆盖率达到78%。其中，小海星幼儿园、商业幼儿园作为兴城市政府绩效考核项目，通过葫芦岛市验收。开展星级幼儿园创建评比活动。兴城二园被评为省五星级幼儿园，小海星等5所幼儿园被评为三星园；东辛庄中心园等8所幼儿园被评为二星幼儿园；高家岭中心园等8所幼儿园被评为一星园。贯彻落实《3~6岁儿童学习与发展指南》，探索科学保教的途径和方法。完成《指南》实验的总结验收和推广，在兴城一园成功召开《指南》实验工作成果汇报现场会，兴城一园、东辛庄中心园、一六四幼儿园分别在大会上交流经验。兴城一园在辽宁省《指南》成果汇报会上作经验介绍。

【幼儿教师培训】2016年，市教育局抓好幼儿教师培训，以赛促培，以赛代训，以赛促提高。组织开展葫芦岛市幼儿教师基本功竞赛活动，全市各级各类幼儿园在岗教师积极参与基本功大赛，该局获优秀组织奖。2016年教师课标教材提升水平考试，一园荣获团体一等奖，张丽、卢建华被评为先进个人。在葫芦岛市朗诵大赛中，二园获得集体一等奖。二园教师侯珊珊“甜蜜午睡”教学设计获全国第九届教师技能大赛特等奖。一园有2名教师分获辽宁省优质课一、二等奖，3名教师的论文分获省优秀论文二等奖。

·中小学教育·

【概况】2016年，兴城市教育局深化课程改革，全面推进素质教育，各级各类教育得到快速、协调、健康发展。年内，全市开展基础教育开放展示活动，促进学校内

农村学校开放展示活动

涵发展。展示主题为“落实标准强管理，彰显特色促发展”。从10月12日始，全市中小学有16所学校参加，各校展示内容包括学校办学特色、学校建设管理成果、课程改革发展成果、德育特色活动、社团活动等方面。兴城二中走“全面发展与特色办学相结合”之路，在打造精品校园文化上，分别开辟文化走廊、板报、宣传板、专栏等宣传阵地，提升学校文化品位，陶冶学生情操。在特色办学、打造精品教育上，南一小学以“艺润心灵美育人生”为核心理念，将社团活动课程化。做到班班有特色，人人有特长。曹庄小学“以体育智”，独轮车运动成为该校的特色。高家岭小学有效利用学科教学渗透科技教育的模式，以班级科技实践活动为育人平台，以各种竞赛为评价与交流机制。白塔、元台子、拣金等小学各具特色办学。各初中学校结合实际特点，立足学生的兴趣，开设各种社团活动，8所初中展示61个社团（小组）活动。药王中学的轮滑活动、闻家和药王中学把经典诵读融入音乐元素、羊安中学的合唱表演、元台子中学的幻彩大课堂活动、三道中学的根雕小组、大寨中学的舞蹈队。辽工大附中和兴城二中作为全市优质初中，社团活动在省市竞赛中名列前茅，开放展示中分别展示13个和15个社团及小组的活动。

【**高考和中考**】2016年，兴城市高、中考工作再一次实现“零事故、零违纪、零投诉”的三零目标，高考，学子成绩斐然。一高中二本以上进线人数1212人，其中一本485人，二本727人。二高中本科进线人数445人，其中一本15人，二本430人。三高中本科进线人数24人，其中一本2人，二本22人。全市考生600分以上有77人，葫芦岛前10名考生中兴城占5人，其中一高中4人，二高中1人，均在670分以上。葫芦岛理科高考状元被兴城市一高中考生田翊辰夺得，为687分，被清华大学录取。中考分数线大幅度提高。一高中、二高中统招分数线分别提高14分和41分；定向最低控制线分别提高41分和45分。农村教学质量有所提高，丢标数量减少。校际间定向分数线差距逐步缩小，农村学校定向分数线提高幅度大，全市单科平均分两级分差呈缩小趋势。

【**艺术教育**】2016年4月11日，全国第五届中小学生艺术展演活动在山东青岛落下帷幕。兴城市实验小学五年级学生李梓宁的绘画作品《海边拾贝》荣获小学甲组一等奖。4月份，教育局组织承办葫芦岛市中小学生管乐比赛，南一小学、兴城二中获一等奖，兴城三中、实验小学获二等奖。5月份，“敦善杯”辽宁省第二届中小学生管乐比赛在大连召开，南一小学荣获小学组一等奖，实验小学荣获小学组二等奖，兴城二中荣获中学组一等奖。7月份，曹庄小学斑海豹童声合唱团参加第十三届中国国际合唱节暨国际合唱联盟合唱教育大会，荣获童声组B级合唱团二等奖。兴城市教育局在全国第五届中小学生艺术展演和辽宁省第五届中小学生艺术展演活动中，分别荣获优秀组织奖和优秀组织单位荣誉称号。

斑海豹童声合唱团获二等奖

【中华优秀传统文化教育进校园】2016年，市教育局下发《兴城市中小学传承弘扬中华优秀传统文化培育和践行社会主义核心价值观实施方案》，各校按照方案，结合学校实际撰写实施方案。南一小学开展“传承艺术梦，共筑中国梦”主题大队活动；温泉小学开展“相约春天放飞梦想”寻美践美的活动；实验小学开展“孝德香满园”活动；药王小学“经典诵读启智育人”“十二五”国家科研课题申请结题；三道中学以校本课程《中华经典诗文诵读》为主要阅读载体，优化诵读的方式和方法；兴城四中打造“孝德——本根德育”的德育品牌；滨海学校开展“与爱同行，厚德弘善，共筑感恩中国梦”活动；华山学校开展以诚信为主题的系列活动，对青少年进行思想道德教育，每个村小都设立“诚信考场”，让学生做到诚信考试。3月，兴城市教育局在葫芦岛市德育工作会议上做题为《传承中华美德浸润经典人生》的经验介绍。南一小学、东辛庄小学、辽工大附中、华山学校被评为葫芦岛市德育工作先进集体，温泉小学、实验小学、药王小学、高家岭小学、东辛庄中学、兴城二中被评为少年传承中华传统美德先进集体。5月，兴城市教育局《传承中华美德浸润经典人生》经验材料在辽宁省德育工作会议上交流。实验小学在辽宁省经典诵读大赛中代表葫芦岛市参赛，获小学组第一名。

【艺体教育】2016年9月末，兴城市召开2016年中小学生田径运动会，推进全市中小学生阳光体育运动开展，提高中小学生体质健康和田径运动竞技水平。开幕式上南一小学等校的大型团体操表演，全面展示全市中小学生艺术教育成果。10月，辽工大附中和温泉小学通过辽宁省中小学生阳光体育展示省专家组的评估。11月，教育局代表队在“葫芦岛农商银行杯”2016年兴城市男子篮球联赛中获科局组第一名。举办兴城市中小学教师钢琴大赛和中小学生声乐大赛。年末，开展世界滑雪冠军郭丹丹等公益进校园活动，郭丹丹等人分别

2016 年 9 月 28 日，兴城市中小学生运动会开幕式团体操表演

到南一、温泉和实验小学推广普及奥林匹克文化和冰雪运动知识。

教师钢琴大赛

【德育工作】2016 年，市教育局开展“创文明校园·做最美少年”主题实践活动。刘台子小学把《中小学生守则》规范以童谣形式活化起来，在校、在家、在社会上结合孩子们喜欢的游戏活动形式传唱；旧门学校开展“创文明校园”活动，通过抽测、评星、竞赛等使学生了解并养成良好行为习惯，培养学生良好的社会公德意识。在“创美”活动中，各校最美教师征文上传 1140 篇，评选出省级最美教师候选人 19 人，葫芦岛市级候选人 45 人。最美少年征文上传 1140 篇，评选出葫芦岛市级最美少年候选人 340 人。各校报送贯彻《守则》优秀教育案例征文 570 篇，中小学各评出兴城市级优秀案例 30 篇，上报到葫芦岛市 20 篇。兴城市评出 10 所贯彻《守则》先进校，上报葫芦岛市 4 所。

【高品质课堂理念】2016 年，市教育局下属各校在构建高品质课堂中，结合学校实际，让高品质入驻教学、入驻教师心灵。南一小学在侧重研究高品质课堂问题的设计和问题单元的处理策略基础上，注重提升教师处理教材能力，在教学辅导层次上实现文本、学生、教者三者直接对话。11月份，学校聘请李铁安博士深入课堂把脉问诊，真正让高品质课堂在南一小学落地生根。温泉小学围绕“走进高品质课堂,感受一路芬芳”主题，开展学校、学段、年组等多层次开放展示活动,通过条块结合方式,从磨课、上课,到评课进行深入研究。滨海经济区学校初中部确立“1213”（校本培训）教学改革体系，构建“五步六式、三位一体”课堂教学基本模式，狠抓教师理念转变与提升，校长亲自做校本培训。年内，沙后所中学被评为辽宁省课改示范校，南一小学、辽工大附中被确定为辽宁省全面深化义务教育课程改革研究基地学校。

【教学常规管理】2016年，市教育局加大常规工作管理力度，创新常规工作管理方式，学校教学常规管理日臻完善。各校严格执行省颁教学计划，开齐课程，开足课时。多数学校能够建立符合学校特点的教学规章制度，严格组织教学工作，对教师备课、作业、课堂教学、单元检测等进行检查、反馈、整改，细化教学各个环节管理，教学工作顺畅进行。南一、温泉、元台子、碱厂、南大等小学校长经常深入课堂、研究课堂，周听评课量均超过5节；滨海、华山、围屏学校加强备课管理，优化教师手写备课，教师备课实用有效；实验小学加大对教师二次备课检查和指导力度，改进和创新教学反思检查方式，真正把备课落到实处。各校积极开发校本课程，沙后所中学编写《蝴蝶之翼》《泳装的风采》《安全伴我行》，红崖子中学编写《初中生应知应会法律法规》《初中生不良违法行为与道德法律规范》，兴城二中编写《语文字词积累》《英语作文积累》等校本教材，力争校本课程精品化，社团活动课程化。

【教育研训活动】2016年，市教育局组织各校定期开展校本研训活动，结合学校教学实际召开教导会。从实际需要出发确定研训内容，明确研训重点，以问题解决为目标，以课堂教学为核心，开展有针对性的研训活动。旧门学校以解决教学实际问题为宗旨，以落实“集体备课、课堂教学、课后反思”三位一体的教研模式为根本任务，开展主题化、系列化、有效化、特色化教研活动；南一小学坚持定期开展单元评估课、亮点展示课、青年教师开放课为教师提供展示机会；温泉小学研训工作围绕“聚焦核心素养，构建高品质课堂”，做实做新校本教研,通过“1+x”立体推进,即围绕一个主题沿着一条主线多层面开展活动；辽工大附中选派教师参与高层次教学学术研讨活动，启动名师工作室，开展教学指导以及上研讨观摩课，带动教师团队全员发展。

·职业教育·

【初职教育】2016年，兴城市综合实践活动学科教师完成“一师一优课”的晒课、优质课录制任务，旧门学校杨帆、南一小学栗楠、郭家小学周宏伟3名教师在“一师一优课”评比中获得省级综合实践优质课证书，杨帆在2016年辽宁省综合实践学科年会上获得“辽师杯”教学大赛一等奖。11月21日，在实验小学召开“葫芦岛市小学综合实践典型教师第二次培训暨教学研讨会，兴城市省级学会综合实践课题中期成果展示会”。“农村小学综合实践活动课程校本资源开发与实施的研究”课题被列为辽宁省教育学会2016年度课题。

【**中职教育**】2016年，兴城职教中心招生1052人，在校学生2573人。年内职专215人参加高考，91人升入本科院校，升本率近50%，其中财会、酒店服务与管理、机械加工专业升本率100%。职教中心被评为辽宁省职业教育改革发展示范学校，获省拨专项建设资金400万元，获辽宁省职业教育改革发展教育质量提升项目专项资金200万元。

【**成人教育**】2016年，兴城广播电视大学成人教育春秋两季招生602人，在校总人数1429人，学校办学规模达到历史最高水平。年内有628名专、本科生毕业，毕业率99.5%。

【**民办教育**】2016年，市教育局重视民办教育工作，完善民办教育短期培训机构变更审批、备案和公告程序。对全市民办学校进行年检，规范办学行为。重点加强对民办教育短期培训机构办学项目增加、私设分校的监督检查。

·教　师·

【**概况**】2016年，兴城市教育局继续开展“一师一优课一课一名师”系列活动。进修学校组织教研指导，全市各校晒课率达100%，经过磨课、评课等阶段工作，通过平台按时将教研员推荐并且符合条件的270节优课，全部推优上报。兴城市被辽宁省教育部门推荐参加部级优课82节，在葫芦岛市各县市区中优课推荐数量居首。南一小学美术教师高飞参加在广东省举办的全国中小学美术学科优秀课评选，所做的《水墨游戏》一课被评为“国家级小学美术优秀课”。全国中小学“学科德育精品课程”征集展示活动中，兴城市上报28节学科德育精品课程，其中有2节获得部优，12节获得省优。旧门学校教师杨帆在辽宁省综合实践学科年会上获得“辽师杯”教学大赛一等奖。宁远小学教师魏巍代表葫芦岛市参加辽宁省小学英语学科课堂教学活动获得一等奖。

【**阳光招聘教师**】2016年，市教育局为加强中小幼特教师队伍建设，解决兴城市教师缺编问题，招聘中小幼教师90名，特教教师12名。招聘教师工作中，坚持公平、公开、公正和择优聘用的原则，严把入口关，全程阳光操作，确保优秀人才进入幼、特师队伍。

【参加全国教研工作会议】2016年1月12日，教育部在北京召开全国教研工作会议，兴城市教师进修学校作为全省唯一县级教师进修学校代表参加大会，其教研工作经验“优化教研工作思路，创新教研模式，着力提高教研质量；锻造教研团队，发展内在需求，着力提升教研发展实力；深化课程改革，聚焦教研实效，着力开展有效教研活动”在大会交流。

【教育科研工作】2016年，市教育局务实课题研究，狠抓过程管理。课题申报省级9项，通过1项；申报省级学会课题2项，全部通过；申报市级课题42项，通过33项。8项省级科研骨干专项课题，8项市级规划课题，3项县级课题全部顺利结题。张伟名师工作室省级学会课题《小学英语GLE导·学·评高效课堂教学模式研究》进入结题阶段。在2015年度省级以上教学成果评比中，全市中小学教师共计153人获奖。其中，国家级优秀论文47人，国家级优秀教学设计52人，省级54人。兴城市教育学会开展2016年度市、县两级论文评选，上交论文190篇，评出148篇兴城市优秀论文，推荐115篇参评葫芦岛市优秀论文。在省教育学会2015年度特色建设优秀案例评选中，进修学校职教部的《层级化管理与校本化实施双项互动整体推进综合实践课程改革》获得一等奖，师训部的《聚焦培训实效创新培训模式打造高素质专业化教师队伍》、辽宁工大附中的《自主质疑课堂教学模式的探究与实践》获得二等奖。兴城市教师进修学校、南一小学获得辽宁省“十二五”教育科研先进集体荣誉称号。

【教师提升考试】2016年8月30日，市教育局在南一小学组织全市中小学幼儿园教师课标与教材知识提升考试，全面检验和提升全市教师专业素养。考试设99个考场，参考教师2953人。覆盖初中、小学、学前三个学段的27个学科，其中小学57个考场，1690人；中学39个考场，1172人；幼儿园3个考场，91人。评出优秀团体17家和先进个人103人。

【师干训工作】2016年，市教育局成功举办兴城市中小学“研训有道”主题系列论坛——教学管理专场，全市中小学100多名主管教学工作的副校长、主任参与。同时，举办村级小学校长培训班，围绕课程改革与学校管理的理论引导等方面进行培训。11月，组织全市中小学校长赴京参观清华附中、附小2所名校。师训方面继续以全面提高教师素质、促进教师专业化发展为重点，进一步拓宽培训思路，创新培训方式，加强培训管理与服务。年内对2014、2015年上岗的新教师及2016年上岗的特教新教师进行三轮培训。组织召开“研训有道”主题系列论坛活动，开展校本培训、骨干培训、班主任培训、新教材培训等。

【教育信息技术】2016年，市教育局仪器站配合葫芦岛教育局全面实施葫芦岛市智慧教育建设。搭建葫芦岛教育专用网络，采用点到点独享带宽，初中小学带宽100M以上，高中、教育局、进修学校带宽500M以上，三通两平台核心应用通过教育专网访问，方便权限控制及带宽保证。以学科网全网资源为基础建设葫芦岛地区教育资源公共服务平台。在温泉小学建设1个精品智慧录播教室，在南大小学建成基于视频会议技术的1个中心校托3所村小的同步课堂。在教育局建成1个视频会议系统，可与上级部门进行视频会议对接。同时，在“辽宁省中小学教师信息技术应用能力提升工程”发展测评观摩案例评选中，兴城市荣获一等奖3名，二等奖2名，三等奖3名。在辽宁省中小学信息技术优秀课教学展评活动中，教师夏多芬执教的《漂亮的艺术字》荣获省一等奖。全市有3名实验教师在市装备中心组织的实验教学说课大赛中荣获2个二等奖，1个优秀奖。在葫芦岛市科协主办的“小牛顿科技竞赛”中，南一小学荣获团体一等奖，温泉小学荣获团体二等奖。

兴城市教育局领导成员

局　长　徐铁军（2016年3月任职）
副局长　白金霖（2016年6月离任）
　　　　周　旭　刘朋标　李久仁

（王玉娟）

体　育

【概况】2016年，兴城市体育局改进体育管理方式，继续践行体育惠民、科学健身、竞训争光、产业兴利“四大战略”，拉动全民健身、竞技体育、体育产业、体育文化“四驾马车”。完善乡村社区文化体育设施。完成2个笼式足球场、2个小篮板场建设，并向市民免费开放。争取省体育局资金及健身器材支持300万元，其中资金支持100万元，器材支持200万元。为30个行政村、7个社区配发健身器材307件、篮球架30套，小篮板工程设备2套。顺应体育与商业、旅游、传媒、城市发展融合的全球四大趋势，兴城市申报“国家体育产业基地”，被命名为首批“辽宁省体育产业示范基地”（全省仅3个市县区获殊荣）。2月20日，首批辽宁省体育产业基地在辽宁省体育局长会议上举行授牌仪式。6月19日至21日，兴城市组成考察团，赴国家体育总局进行体育产业招商，开展一系列体育产业推介、体育交流、拜访客商等活动，对接合作六大类、11个项目。

【重点体育产业项目】2016年，市体育局重点推进9个重点体育产业项目。其中，引进2个国际体育大赛项目。首届中国兴城万人徒步大会于9月16日成功举办，参加人数12000人。中国兴城世界花式艺术台球锦标赛项目，兴城市与北京华奥世体签约，未来4年承办首次引进中国、落户兴城的世界A级体育赛事。通过引进国际体育大赛项目落户兴城7个重大项目。郭丹丹冰雪嘉年华项目，华奥中体携手世界第一位滑雪冠军郭丹丹共同打造兴城“郭丹丹冰雪嘉年华”，位于首山脚下、占地面积8公顷的冰雪嘉年华项目于12月30日正式运行，该项目融大众冰雪活动、冰雪进校园、冰雪文化交流、冰雪旅游、冰雪培训、戏雪创意大赛六大类10余种冰雪活动。推进全市冬季体育运动全面发展和“冰雪+温泉+养生”特色体育旅游项目发展，冬季带动30000人上冰雪。冠军小镇项目，市政府与华奥中体、奥冠体育签订奥运冠军小镇项目。该项目位于海河大桥南西侧，占地23.33公顷，将郭丹丹冰雪嘉年华项目，“新晋巴西奥运会冠军赵帅、郑姝音跆拳道和自由搏击馆”项目，阿根廷足球国际学校项目植入该项目中。分为5个功能区：冠军之家区、奥运冠军博物馆、冠军产业孵化区、综合服务区、体育旅游区（奥运冠军雕塑，讲奥运冠军故事）。由北京华奥中体体育产业有限公司、华奥中体体育产业基金、北京傲冠联盟文化传媒有限公司、北京浩洋投资基金管理有限公司共同投资兴建，总投资12亿元，正在编制规划设计。奥运冠军公益认领国家地理标志证明商标“希林苹果”项目，该园25万公斤苹果全部销售。奥运冠军与全国知名作家共同打造高家岭全国首个网时读书小镇揭牌项目。

2016年9月15日，网时读书会授予高家岭“读书小镇”称号

·群众体育·

【**概况**】2016年，兴城市体育局构建全民健身中心公益性和市场性相结合的运行机制。全民健身体育场每天免费接待健身群众2000多人次，每晚7时LED大屏幕播放《新闻联播》。通过政府采购，安装国际篮联指定的电动液压“金陵牌”篮球架，维修体育馆原设计功能不健全的缺陷项目。立足主体责任，做严做实体育安全工作。遵循“谁承办、谁负责，谁训练、谁负责”的原则，坚持体育赛事、活动、训练安全生产“一岗双责”责任，确保安全零事故。

【**全民健身品牌**】2016年，市体育局持续打造全民健身品牌。6月17日，在全民健身中心正式启动2016年全民健身进机关、进企事业单位、进社区、进行政村、进学校、进家庭“六进”志愿服务工程。各体育协会的健身志愿者参加活动，为创建国家级文明城市注入活力，唱响“全城动起来，人人动起来”，活动持续到12月末。8月8日晚，“兴城农商银行杯”兴城市第

2016 年 9 月 16 日，中国·兴城国际万人徒步大会活动现场

二届全民健身成果展示晚会及第二届精彩健身瞬间优秀摄影大赛在市全民健身中心体育场举行。

·竞技体育·

【概况】2016 年，兴城市举办和承办高端体育赛事 27 项。其中，承办国家级 8 项，分别为 2016 年全国乒乓球后备人才基地分区赛、中国乒乓球俱乐部甲 C 比赛（第一站）、2016 年“红双喜·开拓杯”全国少儿乒乓球比赛、中国青少年体操赛、全国乒乓球苗子集训夏令营、“中国·兴城多宝鱼协会杯”全国象棋公开赛、全国空手道锦标赛、全国武术·跆拳道精英赛；承办省级 8 项，分别为 2016 年辽宁省县区青少年跆拳道比赛、中国三对三篮球联赛（辽宁赛区）兴城站、辽宁省国际式摔跤锦标赛、辽宁省毽球锦标赛、辽宁省县

2016 年 8 月 8 日，兴城市第二届全民健身成果展示晚会

区青少年摔跤比赛、辽宁省青少年田径锦标赛、辽宁省县区青少年柔道比赛、辽宁省拳击冠军赛；举办市本级11项，分别为兴城市全民阳光健步行活动、2016年兴城市中小学围棋赛、“兴城农商银行杯”第14届全市职工乒乓球比赛、2016年“兴城大红门物流杯”羽毛球邀请赛、2016年兴城市象棋比赛、“兴城农商银行杯”兴城市第二届全民健身成果展示晚会、“兴城农商银行杯”兴城市第二届精彩健身瞬间优秀摄影大赛、“兴城斯达威泳装杯”兴城市社会体育指导员技能表演赛、“葫芦岛农商银行杯”兴城市男子篮球赛、兴城市中小学生运动会、兴城市市直机关拔河比赛。

【竞技体育成果】2016年，在中国三对三篮球联赛（辽宁赛区）兴城站中，市体校的3支队伍分别获得第一、二、四名的好成绩。在葫芦岛市少年乒乓球比赛中，兴城市运动员获得女子甲组第一名。在辽宁省少年田径赛中，体校运动员代表葫芦岛市参赛，并取得1金、2银、3铜成绩。9月25至26日由葫芦岛市体育局主办的2016年葫芦岛市青少年田径比赛中，兴城市代表队获得团体总分第一名，并获得体育道德风尚奖。

羽毛球邀请赛

兴城市体育局领导成员

局　长　李春彬

副局长　万立锦　张依克

（蔡峰）

文 化

文化广播影视

【概况】2016年，兴城市文化广播影视局开展各类文化活动，完成兴城市2016年春节联欢晚会和元宵节游园灯会活动；成功举办2016年元宵节秧歌会演；组织“七一”慰问葫芦岛光荣院老红军、抗美援朝老兵、老战斗英雄、老党员；开展“公祭大成至圣先师孔子诞辰2567周年”活动；旅游旺季，文化馆评剧社在兴城文庙、督师府为游客演出近100场。年内，兴城市重点文化产业项目——兴城古城宁远驿馆于10月1日开业，宁远戏院庆“十一”演出成功。

【兴城之夏文化演出】2016年7月1日至9月23日，市文广局举办“让市民快乐幸福、让城市文明和谐”兴城之夏文化广场演出10场，其中包括“兴城市第五届乡

2016年9月28日，孔子诞辰2567周年公祭大典在兴城文庙大成殿前举行

元宵节游园灯会

村文化节”专场展演4场。7月1日，在市体育场举办“兴城之夏”系列演出活动的开幕式——农商行专场演出，1000余名表演者参加演出；7月11日，在曹庄镇广场举办“兴城市第五届乡村文化节”开幕式——曹庄专场演出；7月25日，在旧门乡广场举办旧门专场演出；7月29日，在宁远广场举办“八一”建军节专场演出；8月5日，在宁远广场举办阳光舞蹈学校专场演出；8月9日，在红崖子镇广场举办红崖子专场演出；8月16日，在宁远广场举办绿野公司专场演出；8月23日，在宁远广场举办占山铮苑专场演出；9月7日，在东辛庄镇广场举办“兴城市第五届乡村文化节”闭幕式——东辛庄专场专场演出；9月20日，在宁远广场举办“兴城之夏”系列演出活动的闭幕式——科协专场演出。

【第七届读书节】2016年4月至6月，市文广局组织开展2016年兴城市第七届读书节活动。4月23日，兴城市第七届读书节开幕式暨“阅读丰富人生、书香润泽心灵”诵读活动在兴城人民会堂举行，现场赠送图书1000余册。4月27日，在南大满族乡举办“兴城市第七届全民读书节科普图书进乡村”活动，向当地群众赠送图书1000余册。4月28日，在辽宁工程

2016年7月1日，兴城之夏文化广场演出开幕式

技术大学靖远楼301报告厅举行“兴城市第七届读书公益讲座进大学校园”活动。5月17日，在华山九年一贯制学校开展2016兴城市第七届读书节图书“七进”暨助力书香校园活动。6月19日，在辽宁工程技术大学举办兴城市第七届读书节“道德讲堂、爱心捐赠”活动，全体党员学生捐赠图书200余册送往贫困地区。

兴城市第七届读书节开幕式

【**文化惠民**】2016年，市文广局实施文化惠民工程，开展送戏下乡活动40余场，把丰富多彩的文艺节目送到乡间地头、厂矿企业、养老院等，丰富群众的业余文化生活。通过开展“科普图书进乡村”等活动，为南大乡、旧门乡、华山镇中学、桃花源小区图书站等地群众免费赠送图书1万余册。先后在武警8620部队、辽宁工程技术大学、华山中学、兴城人民会堂举办20多场公益讲堂，以《演讲口才培训——解说员技能培训》《传承孝道文化涵养良好家风》为主题，邀请专业老师主讲，收到良好社会效益。

秧歌会演

【**非物质文化遗产保护**】2016年，市文广局加强非物质文化遗产保护传承工作。非物质文化遗产代表性传承人王树槐通过省专家组审核，成为兴城全羊席省级传承人。完成辽宁省人民政府惠民实事工程——非物质文化遗产进校园进社区活动展演展示。协助完成省级非物质文化遗产兴城全羊席基地百年老店高家馆子二部剪彩揭牌仪式。

【**公益电影放映**】2016年，市文广局开展公益电影放映工作，精心订购和安排好每季度节目场次。在完成每村每月1场电影放映工作外，相继在全市开展“文化惠民送电影下乡”“爱国主义教育影片进校园”“敬老院放映专场”“社区电影专场”“留守儿童专场”“群众文化广场”“9·18专场放映”“国庆节专题放映”等一系列主题电影放映活动。全年，完成电影放映2950场次，拓展放映200余场次。

【**公共文化建设**】2016年，市文广局为丰富全市广大基层群众精神文化生活，将文艺业务骨干下派到农村、社区、企业、部队、学校等进行辅导、培训。每周2天在兴城市委老干部局老年大学为学员进行书法、声乐、合唱授课，并在全市多个社区辅导器乐学习。深入农村进行广场舞培训。常年培训部队、幼儿园的文艺人才，多次参加全市大型演出，“海之韵”老年合唱团多次代表葫芦岛市参加辽宁省、东北三省、全国合唱比赛。开通图书馆微信公众号，为市民读书提供新途径。通过平台及时发布图书馆的公共信息、科普数据库最新咨询、科普活动通知等内容，开启滨城人民公共阅读新方式。建立移送图书馆。读书节期间，兴城市图书馆将中文在线移送图书馆、超新星移动图书馆设备放置于人员流动量大的公共场所，市民可获取自己所需正版数字内容进行阅读。

【文化市场管理】2016年，市文广局采取集中整治和日常监管相结合的方式，深入开展净化社会文化环境、校园周边环境、出版物市场和“扫黄打非”专项整治行动和交叉执法，不断加强文化市场监督管理。全年，出动执法人员300人次，执法车辆60台次，检查各类出版物经营单位及印刷企业70家（次），收缴各类非法出版物及印刷品80余册（张）。警告处理5家网吧，依法处罚3家网吧。参加葫芦岛市综合执法大队组织的业务培训，执法人员执法水平得到提升。文化市场综合执法大队获2015年度葫芦岛市扫黄打非先进集体。

兴城市文化广播影视局领导成员

局　长　李以君

副局长　刘　伟　于秀丽（女）

　　　　张志友　郭树江

（郭瀚泽）

文物保护

【概况】2016年，兴城市文物局以文物保护、维修，景区旅游设施建设和服务两大工作为重点强化管理。全年，古城景区接待游客16万人次，景区门票及停车场和观光车总收入750万元。

【民俗博物馆竣工】2016年，市文物局完成兴城市民俗博物馆建设工作。总投入900万元，由原南一小学后楼改造而成（文庙、郜家住宅南侧），总面积2808.6平方米。8月开工，12月20日完工。民俗博物馆采用仿明清建筑风格，确定展室分5个部分，其中4个专题馆、1个综合馆。布展内容为奇石展（展示国内外具有观赏价值的奇珍异石、象形石等）、门券展（展示不同时期的各种门票，包含世界文化遗产、石窟、寺庙、红色旅游、博物馆、纪念馆、名人故居等）、古钱币展（展示不同时期的各种钱币）、书画综合展（展示书画、相册、像章等）、其他展品（民俗家具、生产工具、生活用品、不同时期的陶器、瓷器、木器等）。

【城墙申遗和文物发掘】2016年，市文物局完成兴城古城申遗单独文本的制作，并上报省政府、省文化厅。完成周家住宅、高家岭朝阳寺山烽火台修缮的建档归案工作。开展送文化下社区活动，在“5·18国际博物馆日”和“中国文化遗产日”举办宣传展览，展出国保文物图片2000余张。开展“5·15”政务公开日宣传活动，提供咨询，宣传文物法。配合省文物局做好青山水库的文物发掘和保护工作。组织协调中国明清城墙联合申遗第四次工作会议在兴城召开。

【古城开发】2016年，市文物局开展古城景区东门外生态停车场建设。项目地点在兴城市古城东门外瓮城至东南角魁星楼至南门瓮城的城墙外侧，总投资1267万元，总占地面积44153平方米，建筑停车场面积39084平方米。项目争取国开行一期到位资金1000万元，年内完成投资总量的90%。争取国家文物局“兴城古城瓮城地面修缮工程”项目资金354万元（资金到位）。启动古城东门外以北至东北角台的停车场建设项目。项目占地面积29200平方米，规划设计为古城保护、绿化、景观、休闲、集散等多功能停车场。启动兴城古城保护利用项目工程（城墙外围：自南门外瓮城至西南角台至西门瓮城至西北角台至北门瓮城至东北角台）的前期审批工作。规划实施城墙保护地带90米内保护、绿化、停车、休闲等项目建设。

【文物立项工作】2016年，市文物局针对兴城古城景区文物建筑相对集中，体量较大，建筑耐火等级低，房屋多为砖木结构，大量使用木檐、木柱、木楼梯及木地板，木材水分含量低，建筑年代久远、干燥易燃，用电线路老化；古城瓮城地面年久失修、残损严重，影响古城整体内涵等情况。经过论证实施“兴城古城文物消防安全工程”和“兴城古城瓮城地面修缮工程”，完成两项工程设计方案制作，取得国家文物局“兴城古城文物消防安全工程”和“兴城古城瓮城地面修缮工程”立项，分别争取国家文物局项目资金2292万元和354万元。

【古城景区整合管理】2016年，兴城市政府成立以政府主要领导为组长的“古城景区管理体制改革和环境综合整治工作”领导小组，成员由文物、城建、公安、财政、旅游等部门组成，将城管、交警、环卫保洁部门进行整合，与原单位脱钩，统一划归文物局管理。同时，加强文物安防、消防巡查力度，成立领导小组，制定预案，明确责任，不定期地对全市文物进行安全巡查，特别是重点文物和重点部门，把对外开放的景区景点文物安全作为重中之重。全年巡查11次，走访文物单位15家，宣传周边群众1000余人次。

【旅游宣传促销】2016年，市文物局加大古城景区旅游宣传促销力度，4月份参加市旅游局组织的旅游大篷车活动，到山西、内蒙古、河北等省、自治区多地进行旅游促销，召开多场旅游推介会，发放宣传手册10000余份，展示古城景区风采。

兴城市文物局领导成员

局　长　蒋　文

副局长　李　宇（2016年3月离任）

　　　　尹天武

　　　　张　伟（2016年12月任职）

（王伟）

报　刊

【**概况**】2016年，兴城时讯社围绕中心，突出重点，着力打赢新闻宣传主动战，不断探索新常态下新闻宣传新思路、新举措，全年《葫芦岛·兴城新闻》发表各类稿件（图片）4000余篇；《葫芦岛日报·兴城新闻专版》发表各类稿件（图片）400篇；对外宣传发表稿件26篇，有15篇稿件获葫芦岛市级以上好新闻奖；《葫芦岛日报·兴城新闻》发行3600份，为宣传兴城、提高兴城知名度创造舆论环境。

【**战役性报道**】2016年，时讯社围绕2016年政府工作报告和第七次党代会精神开展战役性报道。通过“两学一做在基层”“重点工程看进度”“年终岁尾看亮点”“扶贫攻坚见成效”等专栏，先后对城市基础设施建设、设施农业、交通水利、美丽乡村、精准扶贫等方面进行报道，推动重点项目开展。配合全市扶贫攻坚工作，开设“扶贫攻坚见成效”专栏，报道《三道沟乡建档立卡户靠山吃山——抱团取暖脱贫快》《药王乡精准扶贫“三管齐下”》《京白鹅助力贫困户脱贫》等20多篇稿件，深入挖掘、发现在精准扶贫工作中的鲜活经验和先进典型。配合在全市范围内开展“最美兴城人”评选活动，开设“寻找最美兴城人”专栏，发表稿件20多篇，《跨越国界的生命救援》《“玉米哥”勇救落水女》《为了父母的临终嘱托》等稿件的主人公进入重点评选范围。

【**新闻编采及出版任务**】2016年，时讯社紧紧围绕全市深入实施“创新驱动、城乡统筹、生态立市、文旅兴市、民生优先”五项战略，坚持以新思想、新观念武装头脑，组织稿件、开辟专栏、推出专版，全年出版《葫芦岛日报·兴城新闻》53期，《葫芦岛日报·兴城新闻专版》38期。同时在“两会”、党代会、抗洪抢险、泳装节、房交会、万人徒步大会等重大活动期间，增加新闻版面，扩大宣传效果。

【**对外宣传**】2016年，时讯社在完成《葫芦岛日报·兴城新闻》出版发行同时，重视对外宣传工作，自定指标，自加压力，通过分解任务、确定主题、制定激励政策，调动新闻记者外宣工作积极性，全年完成《葫芦岛日报》以上外宣稿件26篇。

【**开辟新专栏**】2016年，时讯社新增加“重点工程看进度”“年终岁尾看亮点”“扶贫攻坚见成效”等10余个专栏，全面展示城市基础设施建设、农业产业化、美丽乡村建设等方面工作新成效、新进展。广大读者阅读主题更集中、思路更清晰、理解更深刻、指导性更强。

兴城时讯社领导成员

社　长　高　峰

副社长　张亚新（女）　董绍壮

（董绍壮）

广播电视

【**概况**】2016年，兴城广播电视台在做好常态化宣传同时，逐步实现传统媒体+互联网融合，广播、电视、新闻网站、微信公众平台齐头并进。全天播出广播节目18小时，其中直播节目5小时30分钟。播出电视节目18小时，自办《兴城新闻》《梦想舞台》《百姓生活》《今日兴城》《恺新说古今》等一批品牌栏目。兴城台电视节目采用有线、无线、数字同步传输，无线发射功率10千瓦，是国内发射功率最大的县级广播电视发射台。有效覆盖半径150公里，覆盖人口600万人。同时，无线转播发射中央人民广播电台一套和中央电视台第七套节目。年内，该台获葫芦岛市2015年度广播电视安全优质播出先进集体；被兴城市委、市政府评为2015年度平安兴城建设示范单位；在省广播电视局和省记者协会举办的优秀新闻节目评选中有2篇稿件获一等奖，2篇稿件获二等奖，6篇稿件获三等奖；有1篇稿件获葫芦岛市新闻一等奖。荣获2016年度辽宁省“弘扬社会主义核心价值观，共筑中国梦”主题优秀原创网络视听节目优秀组织奖，《百姓生活》栏目获专业视听节目栏目类二等奖。

【**新闻宣传**】2016年，兴城广播电视台围绕市委、市政府中心工作，提升新闻质量，稳步推进新闻节目改革，转作风、改文风、沉下心、查实情、说实话、动真情，努力推出有思想、有温度、有质量作品。围绕项目年主基调，开设“大干项目年”专栏，全程跟进项目建设进展情况，展现全市上下抓项目、促发展力度和创新举措。围绕全市大力推进电子商务新兴产业发展的新定位，开设“电子商务进农村”“互联网上备春耕”“电商节进行时”等专栏，加大宣传力度，营造电子商务繁荣发展的良好氛围。围绕“两学一做”学习教育，开设践行“两学一做，做合格党员”专栏，及时报道全市“两学一做”工作部署、开展情况、先进典型和学习教育成果，推动“两学一做”深入开展。围绕全市重大活动、重点工作做好策划报道。推出“两会”、党代会专题报道，成立大会采访报道组，全程报道大会召开盛况，做到人机定位，责任到位，当天制作播出。围绕房交会、泳装节、国际万人徒步大会等全市重大活动主题，做好活动前期的宣传报道，对全市10家参展房企和泳装节准备等情况进行系列报道。全力做好抗洪防汛救灾等突发事件报道，新闻记者全员备战，深夜冒雨采访一线。强化民生新闻报道，开办“走基层百村行”专栏，记者走村入户，采写10多篇展现乡村变化，村民幸福生活的新闻。5月18日增上《小城拍客》节目，以新闻图片形式，每个市民都能参与到新闻当中，年内播发50多期。全年，播出新闻240期，1570多条。抓好对外宣传工作，提升兴城对外整体形象。有170多条反映民生实事和全市发展变化的稿件被葫芦岛市级以上媒体播发。强化新闻队伍建设，年初与每位编辑记者签订《新闻从业人员承诺书》。派出记者到专业培训机构学习，邀请辽宁工程技术大学新闻传播学院教授授课，不断提升新闻采编人员整体专业素质。

【专题节目】2016年，兴城广播电视台专题宣传重点放在《百姓生活》《今日兴城》《小城故事》《凯新说古今》四档节目上。民生新闻《百姓生活》年内播出46期。讲述社情民意，赞扬身边好人好事，曝光社会不文明现象，为百姓解决身边的问题，节目采用新闻热线以及微信公众号等平台拉近政府与群众之间的联系。《今日兴城》播出46期。节目以关注时政热点进行回顾梳理总结，同时对兴城发生的大事时事进行新闻深度报道。《凯新说古今》栏目立足于兴城丰富的历史文化底蕴，揭秘历史细节，追溯沧桑往事，挖掘历史文化。节目开播共播出210期（2015年至2016年）。8月，新开办一档访谈类栏目《小城故事》。年内播出20期，其中一期教师节人物专访《勤勤恳恳默默耕耘的李金玲老师》在广播电视网以及微信平台的点击率达到3000多人次。

【新媒体宣传】2016年，兴城广播电视台变革创新，谋求跨界融合，掌握舆论话语权。兴城广播电视网网站依托兴城广播电视台新闻和节目资源，采用文字、图片、音频、视频等多种媒体形态传递全市时政、社会、文化等综合信息。新闻类节目传播大政方针，汇聚社情民意，栏目有《兴城新闻》《图片报道》和《外宣要闻》。专题类节目强调地方特色，打造亲民品牌，包括《今日兴城》《百姓生活》《恺新说古今》《走进兴城——文化之旅》等专栏，节目全部由兴城广播电视台自办。4月，网站进行改版升级，升级之后的兴城广播电视网中文域名为：兴城广播电视网，英文域名为 http：//www.xcgdw.cn/，改版后的广播电视网把全台节目精华融合在一个页面，并新增《小城故事》等自办栏目。同时在网站速度、页面设计、资讯量和栏目设置上都与以往有变化，功能更趋完善，为用户带来新鲜资讯阅读体验。网站点击率每天近1000次。8月，兴城广播电视台特别推出微信公众号，多途径、多形式地扩大舆论宣传渠道，提升舆论引导能力。微信公众平台微信号为：xctvxmt，关注用户突破1500余人，2016兴城国际万人徒步大会活动点击率超过30500余次。

【电台工作】2016年，兴城广播电台完成

《兴城新闻》《资讯飞扬》《妈咪宝贝总动员》《供求热线》《生活点点通》《广播书场》等品牌栏目的制作和播出，安全优质地转播《中央人民广播电台新闻和报纸摘要》和《全国新闻联播》节目。同时，提升节目播出质量，强化人员队伍管理。着手实施主持人队伍引进，加强与电视节目融合。加强与商家和各部门沟通，不断扩大听众面，提高收听率。全年，电台播发新闻1570条，国内资讯6000多条，播发失物招领、寻人启事、务工需求等公益广告2000多条。

【**文艺节目引进录制**】2016年，兴城广播电视台加大引进优秀片源力度，丰富电视荧屏，活跃城乡群众文化生活。引进以传统儒学教育、文明经典、热播剧、农业科普知识、农民致富节目、法治教育节目和大力弘扬社会主义核心价值观为主的文艺节目，共6000多剧集，综艺节目9000多期。加强对全市大型文艺活动拍摄录制工作，全程拍摄“最美兴城人”、兴城春晚、读书节、文化广场活动、“两学一做”知识竞赛等16场大型文艺活动，录制播出时长达2500多分钟。

【**安全优质播出**】2016年，兴城广播电视台统一思想，把安全优质播出作为全台头等大事来抓，切实加强安全播出工作的组织领导，与各部门签订责任书，将责任细化到个人。健全完善《宣传管理制度》《播前三审制度》和《重播重审制度》等规章制度，并将制度上墙，责任定岗，规范安全播出管理。加强技术维护管理，设备保持良好工作状态。维护人员定期对设备进行检测、检修，及时排除各种事故隐患，做好周检、月检、季检、年检、重要播出和重大节日前的检修工作并认真记录。加强播出部门及机房的安全保障。严格执行值班人员24小时值班值宿制度、交接班登记制度，落实机房安全保卫职责。在安全播出重要保障期及重要播出时段，台长、主管副台长靠前指挥，做好应急预案。加强联络和沟通机制，总编室与发射中心、文艺广告中心与发射中心、技术维修部门与演播室保持畅通渠道，保证节目按时无误播出。严格岗位责任追究制度，一旦发生事故，采取倒查制，一层查一层，从源头查起，追究事故责任人责任，同时追究主管领导责任。全年，全台实现安全优质播出零事故。

兴城广播电视台领导成员

台 长 宋 平

副台长 江兴波 马 达

（赵鑫）

档 案

【**概况**】2016年，兴城市档案局深入贯彻落实《关于加强和改进新形势下档案工作的实施意见》，全面推进档案资源体系、利用体系、安全体系建设，加快档案信息化建设进程。同时，创新工作方式，推进档案服务再上新台阶。全年，优化档案查阅利用服务，接待阅档群众3300人次，出具档案证明1650份，免费复印档案资料4950页，帮助阅档人顺利办理房屋交易、户口迁移、独生子女证申领、贷款等相关事宜。

【档案利用】2016年，市档案局优化档案管理，档案资源体系建设效果显著。档案基础设施建设新配备电子光栅防盗系统、电子档案装订器、碎纸机、除湿机、底图柜、实物展示柜、电脑、光电扫描仪等专业设备，为档案科学管理、信息化建设提供硬件保障。加强公共服务信息相互衔接，与民政局、公证处、劳动与社会保障局等单位公共服务信息共享，共同推进婚姻档案、公证档案、社保档案的信息衔接，变“群众奔波”为“信息跑腿”。强化服务制度建设，推行节假日预约查档制度、在线咨询服务和AB岗值班制度，及时解答阅档群众疑问，减少查档等待时间，提高查档效率，确保档案查阅利用服务。政府信息公开工作稳步推进，公开《国务院公报》《省政府公报》等政府信息78条;依据《中华人民共和国档案法》规定，鉴定、开放市委、市政府等19个全宗的档案目录，总计235卷。

【档案管理】2016年，市档案局制定并下发《关于档案接收工作的通知》，安排部署年度档案接收工作。全年新增档案门类3项，接收温泉街道、沙后所镇、物价局、公证处等17家单位的文书档案、专业档案、声像档案总计5090卷、1689件；接收电视台移交的声像档案45.37KB；农村淘宝项目、海河湿地公园建设等重大活动档案全部应收尽收；全年征集图书资料75册。为加快推进档案信息化建设，专门购置软、硬件设备建成档案数字化工作室并投入使用，组织专人开展档案信息化建设工作。全年新增电子文件目录108205条，其中接收各单位移交的电子文件目录6779条，数字化录入电子文件目录101426条。馆藏132个全宗的档案案卷级目录数字化达到100%，民生档案、实物档案目录数字化达到100%。档案全文扫描工作有序开展，全年扫描档案34395页。实物档案库建成并投入使用。年内，将全市获得的各种荣誉档案及档案馆征集的各类实物档案均统一编号、定制标签、数字建档，实时监控库内温度、湿度，实现实物档案的全封闭保存和信息化管理。同时，有序开展档案日常维护与抢救工作。做好库房及业务股室的安全保卫工作，实时监测库房温度湿度，对纸质档案进行消毒、排序、整理、上架；对电子档案进行备份，全部导入档案数据库。年内库内投放防虫防霉药品1次，消毒纸质档案5090卷，整理案卷5090卷，编制检索工具12册。开展破损档案抢救工作，对馆藏6个门类、42个全宗、总计9160卷档案进行卷内修裱、更换卷皮、脊背修复等工作，延长档案使用寿命。

【档案指导】2016年，市档案局加强业务指导，档案监督执法水平稳步提升。强化督导考核制度，在抓好基础环节的同时，进一步完善档案工作考核制度，把档案工作纳入政府绩效考核指标，把各乡镇街道、村和社区的档案工作纳入年终考核目标。不定期对各部门、各单位档案室的工作制度、资料收集整理、信息化管理、安全保管等情况，进行全面督促检查，实行严格的奖惩制度，对督查过程中发现的不足，限期整改，保证档案工作持续、深入、有效开展。推进立卷改革工作，继续落实国家档案局“8号令”和“9号令”，对人事局、临海街道等48家单位档案工作进行指导，严格审查进馆档案质量标准，建立和完善业务规范和制度体系。扎实开展农业农村档案工作。根据省、葫芦岛市档案局工作部署，与市农发局联合以羊安乡为试点，开展农村土地承包经营权确权登记颁证档案工作，年内全市所有乡镇土地承包确权登记档案工作全面展开。同时，开展对农村精准扶贫档案工作的前期档案调研和农村五保档案的指导。加强法制和依法行政工作，依照《中华人民共和国行政许可法》和《中华人民共和国档案法》的有关规定，规范档案行政执法行为，坚持持证执法，对20家单位的档案工作进行执法检查。

【档案宣传】2016年，市档案局加大宣传力度，增强全社会档案法律意识。深入开展档案日活动，以第12个“国际档案日”和9月5日《中华人民共和国档案法》宣传日为契机，围绕“档案与民生”主题，举办档案进社区、进农村活动。通过活动展板、发放宣传资料等方式答疑解惑，提高社区、农村居民的档案意识。在电视台刊播宣传标语20条，在《葫芦岛日报·兴城新闻》上刊登标语18条。组织开展档案主题征文活动。加大档案信息宣传力度，在“中国·兴城”政府网站、《葫芦岛日报·兴城新闻》、兴城电视台、《兰台世界》杂志等媒体平台刊播兴城档案信息20余条，编写档案信息反馈实例42条。建立基层文档人员微信工作交流群，加强教育培训工作，集中举办农村土地承包经营权确权登记颁证档案工作培训班、全市档案业务培训班2期，培训文档人员286人次。

【年鉴工作】2016年，市档案局推进2015年度《兴城年鉴》的编纂工作，收集部委办局、乡镇街道等130余家单位稿件总计100余万字，经过编辑整理，形成30余万字的初稿。开展《兴城年鉴》（2015~2016）的出版准备工作，经过6次校对和排版，形成657千字的定稿，并送交印刷厂。年内，为《辽宁年鉴》《葫芦岛年鉴》提供2万字兴城部分稿件。

兴城市档案局领导成员

局　长　张旭辉（女）

副局长　王天月　赵宏宇

　　　　梁　婷（女，2016年6月离任）

（田宝凤）

卫 生

医疗卫生

【概况】2016年，兴城市提升医疗卫生服务水平，重点项目建设稳步推进。中医医院和妇女儿童医院主体完工。古城、四家、钓鱼台社区卫生服务中心和白塔、羊安卫生院投入使用。全市各级各类医疗机构共计478家（经葫芦岛市卫生计生委审批拥有麻醉药品印鉴卡有8家医疗机构），其中局直医疗机构5家、乡镇卫生院20家、民营医院7家、驻在医院5家、社区卫生服务中心8家、门诊部12家、预防保健机构3家、村卫生室318家、个体诊所98家。全市卫生系统有在职职工1833人（卫技1306人，工职527人），其中乡镇卫生院（社区）在编636人，市内在编1197人。有编制病床1712张，其中市内1360张，乡镇卫生院508张。年内，“两制度两项目一改革”（新农合制度、基本药物制度，基本公共卫生项目、计划生育政策落实项目，县级公立医院改革）稳步落实。

卫生重点项目建设

序号	项目	项目名称	占地面积（亩）	建筑面积（平方米）	总投资（万元）	中央预算（万元）	地方政府配套（万元）	进展情况
1	续建	中医医院	34	12000	5000	2460	2540	八层主体完工楼内装饰
2	续建	妇女儿童医院	19.5	8000	4000	720	3280	四层主体完工楼内装饰
3	新建	古城社区卫生服务中心	3	1000	300	160	140	2016年5月份投入使用
4	新建	四家子社区卫生服务中心	3	1600	320	190	130	2016年3月份投入使用
5	新建	钓鱼台社区卫生服务中心	3	800	160	95	65	2016年3月份投入使用

续表

序号	项目	项目名称	占地面积（亩）	建筑面积（平方米）	总投资（万元）	中央预算（万元）	地方政府配套（万元）	进展情况
6	新建	白塔卫生院	4	1000	200	100	100	2016 年 10 月份投入使用
7	新建	羊安卫生院	2	1000	200	100	100	2016 年 10 月份投入使用
8	新建	结核所	3	1500	450	拟选址北关村与元台子交界处，完成工程前期工作		
9	搬迁	血栓医院	搬迁至原计生服务站		60	装饰资金为自筹		装饰改造完毕 2016 年 5 月使用
10	搬迁	计生服务站	搬迁至原计生局		100	装饰资金为省级专项		装饰完毕 3 月份使用
11	装饰	村卫生室	共 50 家 每家 60 平方米		每家 4 万元为葫芦岛市级专项资金			2016 年年底完成

【新农合制度】2016 年，兴城市新农合筹资标准 560 元 / 人（个人 140 元，各级配套 420 元），筹资总额 2.1 亿元，常住农业人口参合率 100%。报销比例上调 5 个百分点，重大疾病病种增至 23 种，低保等民政救助对象限额范围内补偿比例由 70% 提高到 80%，封顶线由 8 万元提高到 10 万元。取消农合本，实行参合农民身份证就诊报销政策，推进大病商业保险制度，确保惠民受益。全年，全市门诊患者 80.4 万人次，补偿 6156.5 万元；住院患者 3.7 万人次，补偿 7655.8 万元；大病商业保险补助 3051 人次，补偿金额 1048.9 万元。

【基本药物制度】2016 年，兴城市公办医疗卫生机构和村卫生室全面实施国家基本药物制度，执行网上集中采购、零差率销售，基本药物品种达到 517 种，市直公立医院基药使用率为 35%，基层医疗机构基药使用率为 72%。截至年末，减收药品差价 1800 万元。

【医疗机构和人才建设】2016 年，市卫计局加强机构和人才队伍建设。根据省卫计委和省机构编制委办《关于优化整合妇幼保健和计划生育技术服务资源的实施意见》（辽卫发〔2014〕4 号）文件精神，为降低机构运行成本，避免职能交叉，实现技术资源共享，发挥综合效益，撤销药宣站、计生服务站和妇幼保健所，整合人员组建妇幼保健计划生育服务中心，前期工作完成。依法规范人才聘用管理。按照《中华人民共和国劳动法》对各医疗机构聘用人员进行规范管理，签订劳动合同。引进、招聘专业技术人才。筹备招聘城区防保站、农村防保站和基层医疗机构专业技术人才，并鼓励医疗专业毕业的大专毕业生到村卫生室工作，以改变村卫生室人员老化、技术力量薄弱的现状，筹备工作完成，特岗支援基层2人，引进医技人才5名。

公共卫生

【概况】2016年，兴城市卫生和计划生育局以霍乱防治为中心，以病毒性肝炎、肺结核、艾滋病、出血热和布病等疾病为重点，强化手足口病、麻疹、埃博拉和中东呼吸综合征等传染病防控工作。全年，全市报告乙丙类传染病14种956例，发病率为176.94／10万；一类疫苗接种率和扩大国家免疫规划疫苗接种率均达到98%；预防接种门诊信息化覆盖率100%；开展艾滋病免费自愿咨询和检查服务1416人次；对80例结核病患者及疑似患者进行专网管理，病人系统管理率和新发涂阳病人治愈率达到100%。

【基本公共卫生项目】2016年，市卫计局规范管理12项基本公共卫生服务项目，每人补助资金提高到45元，按季度先预拨后结算的方式落实全年基本公共卫生专项资金1276万元。重大公共卫生项目“五免一补”工作有序进行，为2366名备孕适龄农村妇女免费发放叶酸；为2474名孕妇免费检查预防艾滋病、梅毒和乙肝母婴传播；免费孕前优生健康检查1017对；免费为农村妇女避孕节育技术服务905例；免费为农村妇女进行“两癌筛查”，其中乳腺癌筛查10000人，宫颈癌筛查10000人；为1988名农村孕产妇住院分娩补助99.4万元。

【计划生育政策落实项目】2016年，市卫计局全面铺开“二孩政策”，对“三孩”待批工作严格把关。依法审核“奖扶特扶”对象，清退不再符合标准102人，新增录“奖扶特扶”政策2638人，为13210名符合“奖扶特扶”政策人员发放奖励扶助金1632万元。为1700名城市“双无”人员发放独生子女父母奖励费10.2万元，为300名城市“双无”人员发放独生子女退休补助金3.6万元；为1.8万户农村独生子女家庭发放独生子女父母奖励费108万元。

【爱国卫生】2016年，市卫计局巩固爱国卫生在全市“创城”工作经验和成果，对兴城市2016年创建国家级卫生城市工作基本情况进行摸底。开展第28个以“灭蚊防病，健康你我”为主题的爱国卫生月（4月份）活动，对城乡环境卫生开展综合整治，明确任务，落实责任，按照方案时间节点有序开展相关活动，如全民健步走、灭蚊防病宣传和清理冬季垃圾等。完成“四害”消杀及改水、改厕工作。

【卫生监督执法】2016年，市卫计局根据葫芦岛市卫计委、环保局联合下发《关于印发葫芦岛市医疗废物集中处置专项整治实施方案的通知》(葫环〔2014〕43号)要求，全面排查各医疗机构医疗废物处理和污水处置工作。购置环保医疗废物焚烧炉22台件，污水处置设备4套，对医疗废物及污水进行无害化处理，彻底消除隐患。全面排查全市二类疫苗购进情况。20家单位购进二类疫苗，全部为狂犬疫苗，均有生物制品批签发合格证且经营公司证照齐全，疫苗、采购、运输、贮存、发放、预防接种等工作科学规范。开展卫生监督蓝盾专项整治工作，对全市村卫生室进行拉网式检查，针对人员资质、卫生室布局、消毒管理等进行监督指导，检查298家次，整改62家。

兴城市卫生和计划生育局领导成员

局　长　李宏伟(2016年12月离任)
　　　　吴海清(2016年12月任职)
副局长　曹　锋　张　军　陈　勃
　　　　朱伟瑞
　　　　高景贵(2016年3月离任)
　　　　李　亮

兴城市计划生育协会

专职副会长　曹　锋
秘书长　　　田秀丽(女)

(杨继源)

·小资料·

兴城海滨——亲海木栈道

亲海木栈道从三礁揽胜至妈祖庙，沿海边礁石、沙滩修建，全长650延长米。涨潮时，海水可漫及栈道，游人可感受人在水上走、水在脚下流的美妙感觉。游人可沿兴城河入海口大坝徒步来到妈祖庙，从木栈道拾级而上，便可来到兴城海滨景区。亲海木栈道工程是兴城河入海口省级湿地公园建设的一部分，将成为连接兴城海滨景区和兴城河入海口省级湿地公园的纽带。

社会生活

劳动和社会保障

【概况】2016 年，兴城市劳动和社会保障局促进就业创业，压实就业绩效考核指标，深化公共就业服务，组织开展 2016 年“就业援助月”“春风行动”“高校毕业生就业服务月”等就业专项服务活动，提供用工信息发布、职业介绍、政策咨询、创业贷款等服务，力促多渠道、多形式实现就业，政府绩效考核的五项就业指标全部提前完成，保持就业形势总体平稳。年内，该局被兴城市委、市政府评为“2015 年度平安兴城建设示范单位”，被兴城市委授予先进党委荣誉称号。

创业贷款发放

【就业工作】2016 年，市劳社局抓好高校毕业生、城乡就业困难人员和农村转移劳动力等重点群体就业，全年组织 60 名高校毕业生参加就业见习，提前完成就业见习任务，高校毕业生总体就业率达 98%；开发公益性岗位 726 个，帮助 48 名零就业家庭成员实现就业，持续保持零就业家庭动态为零。全市城镇新增就业 3517 人，完成全年计划指标的 138%；农村劳动力转移就业 8.4 万人，完成全年计划指标的 105%；城镇登记失业率 3.93%，控制在 4.9%的年度目标内。全力打造“互联网+就业”创新创业平台，重点培育天喜泳装电子商务创业园、电子商务产业园区等电商创业孵化基地，网店、微商、快递等新业态、新产业吸纳就业能力进一步增强，农村电子商务成为带动返乡大学生、农民工创业的重要推动力，创业带动就业效果

高校毕业生就业服务月活动

明显，培育创业带头人 65 人，带动就业 661 人。

【养老保险】2016 年底，全市企业职工基本养老保险参保人数达到 7.2 万人，与上年同期相比增加 2884 人，城乡居民基本养老保险参保人数达到 23.55 万人，基本养老保险参保率达到 96%，基本实现参保人群全覆盖。加强基金征缴和管理，严格规范退休审批流程，开展常规化养老金领取资格认证工作，确保企业退休人员基本养老金按时足额发放。9 月末前完成企业退休人员基本养老金调整工作，从 1 月起月人均增加 131.8 元，增幅达到 7%，惠及企业退休人员 1.87 万人，年末全市企业退休人员基本养老金月人均水平达到 1913 元。加强社会保险管理服务，恢复组建机关事业养老保险经办机构，机关事业单位工作人员全部纳入社保体系，社会保障卡持卡人数突破 29.7 万人，覆盖 54.7%人口。

【医疗保险】2016 年，全市城镇基本医疗保险参保人数达到 11.3 万人，工伤保险参保人数达到 2.67 万人，生育保险参保人数达到 1.81 万人，

【劳动监察】2016 年，市劳社局深入实施劳动合同和集体合同制度，从 1 月 1 日起执行调整后最低工资标准，持续加大劳动保障监察执法力度，劳动者合法权益得到有效维护。全年，开展日常巡视检查用人单位 436 家，下达限期整改通知书 86 份，督促用人单位补签劳动合同 2350 份，立案查处拖欠农民工工资案件 60 件，依法移送公安机关 5 件，帮助 405 名农民工追讨工资 463 万元。

【劳动仲裁】2016 年，市劳社局切实提升仲裁机构规范化水平，劳动争议仲裁立案 38 件，仲裁案件结案率 100%。畅通劳动保障领域信访渠道，全力做好民心网投诉案件办理工作，办理民心网咨询诉求件 30 件，督促办理人大建议和政协提案 6 件，办复率、满意率达到 100%。

【机关事业单位社保中心成立】2016 年，兴城市恢复机关事业单位社会保险管理中心，隶属兴城市劳动和社会保障局，级别副科级。负责全市机关事业单位基本养老保险参保登记、申报核实、保险费征收、个人账户管理、关系转移、待遇核定与支付、基金管理；编制上报本级基金预决算，财务和统计报表；数据应有分析；发放待遇资格证；个人权益记录管理；审计稽核与内控管理；档案管理；咨询、查询和举报受理等工作。核定兴城市机关事业单位社会保险管理中心事业编制 10 名，其中管理人员编制 6 名，专业技术人员编制 4 名。

【扶贫工作】2016 年，市劳社局围绕扶贫工作任务，加强乡村劳动保障服务平台建设，实施农村劳动力远程培训，采取驻村工作队、走访调研、资金帮扶、就业帮扶、

技能帮扶、社保帮扶等措施，帮助贫困村和贫困户改善生产生活条件。全年，帮扶村开展调研5次，投入帮扶资金3万余元。

兴城市劳动和社会保障局领导成员

局　长　刘久生

副局长　王国华

王兴海（2016年12月离任）

刘锦忠

刘雪松（2016年12月任职）

（杨国强）

民政工作

【**概况**】2016年3月30日，兴城市民政局召开中国共产党兴城市民政局第八次代表大会，选举产生民政局出席中国共产党兴城市第七次代表大会代表2名。截至6月24日，6个党支部全部完成换届选举工作。完成2015年度福利企业年度资格认定工作。在平安兴城创建工作中，民政局被兴城市委、市政府评为“2015年度平安兴城建设示范单位”。

【**安全生产工作**】2016年，市民政局对全市范围内的养老机构和局属事业单位进行安全生产大检查，制定《民政局安全事故隐患排查整治“百日行动”实施方案》；各养老机构设立《消防安全管理十项规定》公告板；4所中心敬老院安装独立式烟感报警探头等消防设施。通过安全生产大检查，发现问题立即整改，完善消防设施，消除安全隐患。

【**社会福利工作**】2016年，市民政局完善各项福利设施，争取上级专项资金652万元，新建2个日间照料中心、14个农村幸福院、维修改造1所未成年人保护中心，翻建和维修改造3所中心敬老院。老龄保险方面，完成全市2960名城乡分散供养特困老人意外伤害组合保险工作。协助省、葫芦岛市慈善总会开展“情暖万家”“明德慈善行动救助”“蓓蕾慈善救助工程”“中国移动爱心行动”“杏林春雨辽宁行”“春雷慈善行动”“孚迪斯助你上大学行动”等救助项目，共救助83人，救助金额45.6万元。

【**社会治理**】2016年，市民政局稳步推进社会治理创新，完成兴城市2016年村民委员会换届选举工作，836人当选为新一届村民委员会成员。完善城乡社区建设，争取省级专项资金65万元，建设省级城乡社区2个，即红崖子镇红崖子社区服务中心和温泉街道首阳社区服务站，年内完工并投入使用。按照省、葫芦岛市民政部门要求，全面完成“两证合一”工作，对年检合格的社会组织换发新的统一社会信用代码证书。开展社会组织清理整顿，行业协会商会与行政机关脱钩。

·社会救济·

【**概况**】2016年，兴城市民政局扎实开展救灾减灾工作。针对全市遭遇严重水灾，受灾农田面积11525公顷、受灾人口85391人、农业损失67001万元、需要生活救助人口7.35万人的实际情况，下乡查灾、核灾，并上报灾情。全市水灾造成倒塌房屋、严重损坏房屋789户、需维修房屋375户，争取上级水灾建房补助资金，年内完工。落实社会救助各项政策，加强信息核对管理。居民家庭经济状况核对中心运用网络平台，开展城乡低保对象和五保对象信息核对工作，取消城乡低保2591户，取消五保对象245人；首次对优抚对象开展信息核对工作，对有退休金和职工养老保险的优抚对象予以取消，共取消67人。

【提标工作】2016年，市民政局按照上级文件要求，全面完成民政对象提标工作，从7月起，将城市低保标准由450元/月提高到480元/月，增长7%；农村低保标准由2820元/年提高到3245元/年，增长15%；分散五保供养标准由3500元/年提高到3800元/年，增长9%；集中五保供养标准由5100元/年提高到5500元/年，增长8%；将90周岁至99周岁老年人生活补贴标准由每人每月100元提高到每人每月200元，增长100%；完成优抚对象抚恤、生活补助和护理费标准的提标工作，从2015年10月份起补发。

【社会救助】2016年，市民政局按照省、葫芦岛市要求，开展城乡低保对象百日核查行动。全市共有城市低保对象4132户、6368人，农村低保对象21101户、24901人、截至12月末发放城市低保定期差额补助金2940.57万元，发放农村低保定期差额补助金5497.81万元；全市共有五保对象3836人，发放五保供养资金1481.19万元；完成全市4285名优抚对象提高抚恤补助及护理费标准，全年发放优抚对象定期定量补助金、抚恤金2334.39万元；为80周岁至89周岁低收入老年人发放补贴239.05万元，为90周岁至99周岁老年人发放补贴218.55万元；为157名60年代精简退职职工发放生活补助资金54.7万元；为75名孤儿发放生活补助资金61.8万元；为508名经济困难的失能老年人发放养老服务补贴46.6万元。

·双拥优抚安置·

【概况】2016年，兴城市民政局推进双拥优抚安置工作。在创建省级双拥模范城工作中，兴城市被辽宁省委、辽宁省人民政府、辽宁省军区评为辽宁省2012年至2015年度“双拥模范城”“爱国拥军模范单位”，蝉联省级双拥模范城“八连冠”。

【双拥工作】2016年，市双拥办公室开展科技进军营、国防教育宣传日、送医送药下乡、军地联谊等活动。春节和“八一”期间，走访慰问驻兴、驻葫部队。对随军未就业家属货币化安置工作有序进行。年内，该局对烈士陵园的基础设施进行改造和维护，解决消防问题；完成49名因公牺牲人员坟墓迁葬工作；9月30日，在烈士陵园开展烈士纪念日活动，发挥爱国主义教育基地作用。

【优抚安置】2016年，市民政局有序推进优抚安置工作。首次对4285名优抚对象进行身份信息采集，二代身份证信息采集率达到100%，并建立电子档案。完成2015年退役士兵178人档案接收整理工作，发放2015年163名退役士兵自主就业经济补助金253.54万元，完成2015年符合政府安排条件的退役士兵安置工作。

·专项社会事务管理·

【概况】2016年，兴城市民政局有序开展专项社会事务管理，继续开展全国第二次地名普查补调工作，完成菊花街道菩提巷等3条道路的命名。全力推进殡葬管理工作。按照省、葫芦岛市委部署，联合公安部门坚决禁止在城市内举办丧事活动，完善各项殡葬设施，大力推行火化、海葬等生态殡葬方式。年内，殡葬联合支部被兴城市委评为“先进基层党支部”。

【救助工作】2016年，市民政局建立未成年人保护中心。全年救助767人次，其中省内救助人员481人次，省外救助人员191人次，无法查明地址84人次；精神病人员149人次，跨省护送返乡30人次；对无法查明身份信息的救助人员，对其进行DNA信息采集。开展“在站寻家、让爱回家”主题开放日活动。

【婚姻登记管理】2016年，市民政局办理结婚登记1852对、离婚登记805对、补领结（离）婚登记4060件，管理和查阅档案105件。完成1990年以来婚姻登记历史数据补录工作。

兴城市民政局领导成员

局　长　郝大欣（女）
副局长　李贵海（2016年3月离任）
　　　　李红光（2016年7月离任）
　　　　王兴凡　崔建华
　　　　方洪文（女，2016年12月任职）

（闫丽）

民族工作

【概况】2016年，兴城市民族宗教事务委员会全面开展民族团结进步创建，举办民族团结进步进机关、进校园、进社区、进乡镇、进企业等活动。组织开展民族团结进步活动宣传、少数民族文艺巡演，宣传国家民族政策和相关法律法规。完善满语特色班，填补葫芦岛市满语教育历史空白。开展以“规范清真食品生产经营，净化清真食品市场环境”为主题的清真食品宣传月活动。协同市市场监督局对全市范围内清真饭店和清真屠宰场进行系统检查。年内，严格按照国家规定，为1名公民更改民族成分；为4名兴城户籍的在外求学学生出具民族成分证明。完成《民族乡统计制度》。为11家清真餐饮单位核发“清真食品生产经营准营证”。全年，民族专项资金整合500万元。

【专项资金扶持】2016年，市民宗委以产业结构调整为依托，促进民族地区特色产业发展。专项资金的使用侧重扶持能够促进产业结构调整的生产发展项目和民族地区基础设施建设，实施少数民族惠民工程。全年，少数民族发展资金受益户7087户，受益人口24478人，其中少数民族人口20359人，占总受益人口的83%。少数民族地区补助资金和民族乡发展资金项目，围绕民族地区的民生工程和少数民族传统技艺的传承进行投入。项目包括满族刺绣工艺培训生产基地、宁远驿馆、平欧大榛子与中草药立体栽培示范推广、葡萄生产小区恒温库建设、贫困村路基改造与便桥建设、野猪生态养殖项目、果蔬采摘园项目。

【民族地区建设】2016年，市民宗委以基础设施建设为重点，改善民族地区生产生活条件。为元台子满族乡药王村社会主义新农村建设，三道沟、大寨、碱厂、药王、旧门等满族乡建设，宋斗村、边壕子村等民族村经济作物产区和养殖示范小区的路基改造、便桥、护坝、打井及文化广场建设，望海满族乡酿酒葡萄育苗基地恒温库建设总计投入资金370万元。

【农民培训和扶贫】2016年，市民宗委围绕提高少数民族农民科技素质，培养致富带头人开展农村实用技术培训。利用农闲，结合产前、产中可能出现的选种拌种、土壤配方施肥、植物保护、农学、畜牧技术难点，带领农事畜牧技术专家深入田间地头开展现场指导，解决生产中遇到的各种实际操作难题。全年，培训人员1000余人。以扶贫开发为纽带，促进少数民族脱贫致富。在少数民族专项资金安排上，重点向少数民族贫困乡、村倾斜，优先安排少数民族贫困乡村的专项项目，集中资金，重点解决少数民族最迫切、最需要解决的问题。有5个少数民族发展资金项目被纳入省政府绩效考核。

【满族文化】2016年，市民宗委大力支持古城开发，为古城西北一隅的宁远驿馆申请民族专项资金100万元，建设中国满清文化院落孤本——满族特色砖雕、民族风俗戏院、满族婚礼城、满族民俗及宫廷礼仪培训。以满语教育为基础，开展少数民族语言与文化的传承和发展。在宁远小学开设满语特色班，购置教材，印制作业本、练习本，布置满族知识展室，设置满族文化与风俗宣传板。投入30万元开展满族刺绣培训，有100多名下岗女工实现再就业。开展宫廷御宴全羊席传承培训工作。

（隋春茹）

宗教工作

【概况】2016年，兴城市民族宗教事务委员会依法依规对宗教活动场所加强管理，对符合申报条件的2处基督教聚会正规化点办理手续。帮助沙后所天主教堂与地方政府和相关部门协调，促进天主教堂迁址工作进程，解决刘台子基督教聚会点建房问题。完成葫芦岛市人大调研组针对兴城宗教活动场所开展的“回头看”调研工作。下半年，按照市委、市政府要求与觉华岛管委会进行交接，收回觉华岛大龙宫寺的管理权。

【宗教管理】2016年，兴城市委、市政府为加强宗教活动场所管控，促进宗教活动场所更加法治化、正规化的健康发展，成立宗教工作领导小组，相关成员单位37家。成立民族宗教“三级管理网络和两级责任制”组织，将宗教管理工作深入基层，落实到实处，责任到人。随时掌控宗教动态，发现问题及时汇报、及时处理。形成乡、镇、街道主管，村、屯分管的模式，对宗教事务管理不留死角。圆满完成葫芦岛市民委（宗教局）组织各县（市）区之间针对宗教活动场所管理存在问题展开互检互查工作。民宗委利用4个月时间，完成宗教场所档案管理及相应制度建设。多次对宗教活动场所进行安全生产大检查，摸索整理出一套安全生产检查的创新办法，建立完善的安全整改检查细则。下半年，在统战、公安、城管、钓鱼台街道等部门配合下查封1家非法场所。

兴城市民族宗教事务委员会

主　任　徐　宏（2016年6月离任）
　　　　赵仲华（2016年6月任职）
副主任　赵仲华（2016年6月离任）
　　　　吴　健（女，2016年6月任职）

（张峰）

乡·镇·街道

羊安满族乡

【概况】羊安满族乡位于兴城市城区西侧，地处兴城河中下游西南岸，东与兴城市区毗邻，南与曹庄镇和沙后所镇相连，西与红崖子镇交接，北与白塔满族乡以河为界，属城乡接合部。京沈高速公路出口坐落在该乡境内，南北有国道102线、京沈高速公路、京哈铁路、京沈高速铁路通过，东西有兴西、兴洪县级公路穿过，地域优势明显。全境傍山沿河三分丘陵七分平原，土质肥沃，北部土质略呈黏性，总面积80平方公里。乡人民政府驻地柳蒿村，距市区7公里。该乡辖羊安、白铁、龙王嘴子、十八家子、辛庄子、佟屯、刘八斗、望宝、闫屯、芹菜、柳蒿11个行政村，39个自然屯，有汉族、满族、蒙古族、苗族、彝族、傈僳族等。2016年年末，全乡总户数7548户，总人口21498人。其中，男10660人，女10838人；农业人口20648人，非农业人口850人。人口自然增长率-0.65‰。

2016年，全乡公共财政预算收入实现728万元，同比增长4%；区域生产总值实现10.9亿元，同比增长3%；农民年人均纯收入实现11850元，同比增长1.03%。

【农业农村工作】2016年，羊安乡调整农业产业结构。花生、马铃薯等作物种植面积1080公顷；引进林下经济作物中药材皂角、桔梗和地葫芦，种植面积20公顷；打造绿色无公害特色农产品，以望宝村无公害葡萄，辛庄子村无公害韭菜，柳蒿村无公害西红柿为特色，发展绿色农业，打造无公害品牌；引进休闲农业采摘园项目，扶植家庭农场、种植大户和农民专业合作社发展；实施赤眼蜂玉米螟生物防治面积2660公顷；引导农民进行土地流转，全乡累计流转面积980公顷。防汛救灾工作投入资金12万元，动用人力180人，转移人口120人，修复漫水桥2座，修复路面1公里，加固河堤2处，重建住房9户，维修住房11户。发展林果业，完成望宝村引水上山项目；种植经济林面积24公顷，其中中草药13公顷，榛子9800株，核桃15000株，增加绿化面积20公顷。完成土地确权归档工作。

【发展民营经济】2016年，羊安乡十八家子、辛庄子、刘八斗、柳蒿等村的泳装加工业在产业规模和效益上均有新突破，泳装电子商务交易额不断增加；大红门建材城开业运营，成为兴城建材市场交易中心。落实安全生产管理主体责任，与辖区企业签订安全生产管理目标责任书，对122家企业和单位分行业领域进行4次拉网式大检查。

【宜居乡村建设】2016年，羊安乡开展全乡违章建筑专项整治工作，制止非法占地及违章建筑8起。新建文化广场2000平方米，安装健身器材30余套，绿化栽植优质树种200余株，铺设路边彩砖600平方米，新建文化墙220延长米，完成村屯路面硬化5公里，安装路灯60盏。开展"卫生清洁月"活动，全乡参加活动累计280余人，出动车辆210台次，投入资金22万元，清理河道15公里，马路边沟50公里，清除垃圾1800吨，整治柴草堆103垛，清理粪便堆22个，清理杂物堆61个。

【民生工程】2016年，羊安乡取消低保200户，新增63户。全年发放救灾款18万元，发放大病救济款8000元，发放助学金19000元，帮助15名学子完成学业；发放化肥1000公斤，种子750公斤，农药价值2万余元。举办农业生产技术、劳动技能培训班4次，培训365人。全年实现脱贫人口300人。完成用工转移4000人，组织劳务输出400人，办理就业失业登记52人，完成退休人员生存认证390人，办理求职登记100人次，新农保新参保79人，新农保新增退休人员197人。

中共羊安满族乡委员会

书　记　付锦川

副书记　李　彪

　　　　王　旭（2016年3月离任）

　　　　宋　喆（女，2016年3月任职）

　　　　关承杰（2016年6月挂职）

羊安满族乡人民政府

乡　长　李　彪

副乡长　刘　晓

　　　　陈　雪（女，2016年5月离任）

　　　　何　鑫（挂职，2016年10月离任）

　　　　赵梦影（2016年3月任职）

　　　　董　柏（2016年3月挂职）

　　　　邢贺松（2016年12月任职）

羊安满族乡人大主席团

主　席　程　德

（尹畅）

元台子满族乡

【概况】元台子满族乡位于兴城市境东北部，东临龙港区双树乡，南与古城街道相连，西和华山街道、白塔满族乡毗连，北与葫芦岛市连山区接壤，属城乡接合部。京沈高速公路、京沈高速铁路纵贯全境，区位优势明显，总面积111.5平方公里。乡人民政府设在药王庙村、田家屯村之间。该乡辖四方、药王庙、英昌、田家屯、元台子、灰山、五家子、姜女、八里9个行政村、44个自然屯。有汉族、满族、蒙古族、土家族等。2016年年末，全乡总户数6330户，总人口18285人。其中，农业人口17676人，非农业人口609人。人口自然增长率0.22‰。

2016年，全乡耕地面积2379公顷。公共财政预算收入实现240万元；区域生产总值实现9.5亿元，同比增长4%；农民年人均纯收入实现11000元，同比增长13%。辖区内有机械加工企业4家，泳装生产企业18家，豆制品加工企业4家。

【农业工作】2016年，元台子乡以农业发展为基础，引导群众进行一系列产业结构调整。在五家子、八里、药王、元台子等村实现土地流转100公顷，引进优质花生品种，种植面积533.33公顷。在元台子、田家屯两村发展棚菜小区2个，共计7.33公顷，在八里村发展畜牧养殖小区1个，占地2公顷，投资400万元。完成玉米种植者排查补贴1373.33公顷。举办各种农业技术培训班5次，培训果农200余人次，在西砬屯成功引进"961"优良品种苹果。在元台子村、田家屯村、姜女村修建方塘各1座。在元台子村修建塘坝1座，在四方村修建机电井8眼。在八里村、药王村完成高标准农田开发266.67公顷，其中在药王村修建方塘3座，在药王村、八里村修建塘坝2座，修建泵房4座，铺设地下管路3万米，铺设农田作业路2.8公里。共计完成河道治理2800延长米，修复水毁路1万余延长米。

【宜居乡村建设】2016年，元台子乡完成村屯道路硬化建设8公里，完成盖州屯至碳厂沟屯路基改造4.1公里，在白马石屯修建路边沟400延长米，新建垃圾池110个，安装路灯30盏，修建排水沟700延长米，在吴屯修建漫水桥1座，建设景观墙450平方米，栽种绿化树1000余棵。清理路边沟1000余延长米，清理垃圾60余吨，清理河道2300延长米。统一组织清扫垃圾90余人次，出动车辆30余台次，整治"三堆"60余个。

体育健身场地

【民生工作】2016年，元台子乡9个村全部建有文化书屋，图书总量达到2万册。田家屯村河东屯新建文化广场1座，占地面积900平方米，八里、灰山两村文化广场新安装体育健身器材共计10套。低保实行动态管理，新增低保13户，取消低保32户。向贫困户发放鸭雏13900只，鸡雏7000只，发放玉米种子1580袋，完成贫困户危房改造3户。年内，完成脱贫113户，共计300人，脱贫率30%。

中共元台子满族乡委员会

书　记　梁　爽

副书记　柏春辉（2016年4月离任）

　　　　金德鑫（2016年4月任职）

　　　　崔　浩（2016年3月任职）

　　　　李剑昕（2016年6月挂职）

元台子满族乡人民政府

乡　长　柏春辉（2016年4月离任）

　　　　金德鑫（2016年4月任职）

副乡长　马　浩（兼，2016年9月离任）

　　　　宋　喆（女，2016年3月离任）

　　　　吴　峰

　　　　李　强（2016年3月任职）

　　　　张　飞（2016年3月挂职）

元台子满族乡人大主席团

主　席　周洪斌

（刘壮）

白塔满族乡

【**概况**】白塔满族乡位于兴城市境东北部，东邻元台子满族乡，南与羊安满族乡隔河相望，西与红崖子镇、旧门满族乡为界，北与华山街道毗邻，总面积68.1平方公里。乡人民政府设在白塔村。该乡辖白塔、朗月、塔沟、上范、老边、清水6个行政村。2016年年末，全乡总户数4096户，总人口12219人。其中，农业人口11733人，非农业人口486人。人口自然增长率0.2‰。

2016年，白塔乡国民生产总值5.3亿元，粮食作物种植面积1236.5公顷，粮食总产量8840.2吨。经济作物种植面积223.1公顷。有蔬菜大棚15座。畜牧小区4个。羊存栏6523只，肉食鸡出栏5.7万只，蛋鸡存栏0.9万只；猪存栏14018头，生猪出栏2.1万头。农民年人均纯收入11500元。全乡工业企业29家，其中碎石厂1家，采石场3家，空心砖厂13家。泳装加工企业12家。工业总产值1.6亿元。

【**农业基础设施建设**】2016年，白塔乡投资19.55万元维修塔沟村西塔屯水毁挡土墙382米；清理河道内垃圾800余立方米，清理非法占河树木500余棵；春季出借抗旱水泵35台次、灌溉涂朔管4420米；汛期出借排水泵9台次、灌溉涂朔管1300米；在塔沟和老边村修筑石堤870米，在白塔村修筑土坝1500米，雇用铲车和钩机清理河道3000余米；维修水毁田间作业路3万米，修复水毁堤防700延长米，动用土方2000余立方米。

【**新农村建设**】2016年，白塔乡清水村被列入“美丽乡村”示范村建设，投资70万元，修建文化墙、文化广场，铺彩砖路灯、垃圾池等项目。全乡开展集中清理积存垃圾活动，出动铲车390台次，清运垃圾680车次，清理垃圾3100立方米。栽植杨树13000棵，柳树1200棵。修水泥路4.66公里。

【**惠农政策落实**】2016年，白塔乡农民农业保险投资15.86万元，获理赔130万元；协助农户购置农机具5台次；帮助妇女创业，发放小额无息贷款4人次；改造五保、低保、贫困及贫困边缘户危房，翻建房6户，维修房6户；为有饲养能力的贫困户共发放鸡雏3485只、鸭雏670只、幼鹅1340只。

中共白塔满族乡委员会

书　记　张立仁

副书记　王海滨　刘鑫焱

　　　　张　岩（2016年6月挂职）

白塔满族乡人民政府

乡　长　王海滨

副乡长　李晓波（2016年3月离任）

　　　　李铁雷（兼，2016年9月离任）

　　　　王　琪（2016年3月离任）

　　　　王　琰

　　　　李小东（2016年3月任职）

　　　　曹东旭（2016年3月任职）

白塔满族乡人大主席团

主　席　梁树华（2016年3月离任）

　　　　李晓波（2016年3月任职）

（谷艳飞）

望海满族乡

【概况】望海满族乡位于兴城市境南部，东与徐大堡镇相连，南与东辛庄镇接壤，西南与南大满族乡、围屏满族乡为邻，北与沙后所镇交界，总面积81.4平方公里。国道102线、沈山铁路、京沈高速公路、秦沈高速铁路从境内通过。乡人民政府设在望海村，距兴城市区27公里。该乡辖望海、范罗、柳家、新白、黑庄、于家、牛营子、朱家、曲河、四方台10个行政村，67个自然屯。2016年年末，全乡总人口20468人。其中，农业人口19636人，非农业人口832人。人口自然增长率6‰。

2016年，全乡耕地面积4116公顷，农业主产玉米、大豆、花生。加大农业种植结构调整，花生种植面积2000公顷，总产量6000吨。玉米种植面积1333.33公顷，总产量1.2万吨，创产值2600万元；葡萄苗种植面积扩大到146.67公顷，创产值4000万元，利润1600万元。

【农业生产】2016年，望海乡黑庄村新栽果树8000株；牛营子村新栽蓝莓面积4.67公顷，新栽葡萄苗木5.33公顷。在望海村新建葡萄采摘园1个，占地面积2.67公顷。曲河村东晟养鸡场新建鸡舍2个，占地0.27公顷。年内，该乡投资20万元，修建葡萄保温库1座。望海乡政府投入资金3万元，清理河道5公里，清运垃圾400吨；修复7月20日洪灾冲毁河堤60米，修建护坡120米，对烟台河护坡进行维修。千亿斤粮食项目落户在望海村、牛营子村，辐射200余公顷农田，新修方塘2座，田间作业路4公里，机井32眼，桥6座。

【加强村级公益事业】2016年，望海乡向上级争取资金70万元，确定朱家村为“美丽乡村”

贯彻党的十八大六中全会精神宣讲报告会

示范村，完成文化广场、文化墙、排水边沟、休闲长廊、水泥道路等项目建设。投资30万元在望海村、范罗村修建文化广场2个，安装太阳能路灯8盏。垃圾清运日产日清，新建垃圾收集池15个。完成望海乡农贸市场东侧部分改造，7个村铺设水泥路共6.4公里。

农贸市场改造启动

【民生工作】2016年，望海乡维修灾后困难户险房53户，翻建15户。为残疾人办理生活补贴185人，为重度残疾人办理护理补贴85人。为困难户建档立卡1456户。为妇女“两癌”免费筛查500多人，办理独生子女光荣证300户。发放1105公顷玉米种植补贴。

中共望海满族乡委员会

书　记　程树志（2016年3月离任）
　　　　李壮林（2016年3月任职）
副书记　李宏伟
　　　　李福全（2016年3月离任）
　　　　齐　冰（2016年3月任职）

望海满族乡人民政府

乡　长　李宏伟
副乡长　崔　浩（2016年3月离任）
　　　　刘明晔　马云国
　　　　王　琪（2016年3月至5月）

望海满族乡人大主席团

主　席　郭玉福（2016年5月离任）
　　　　王　琪（2016年5月任职）

（王怀东）

刘台子满族乡

【概况】刘台子满族乡地处六股河与渤海交接处，位于兴城市境西南端，东南临渤海辽东湾，南隔六股河与绥中县小庄子乡相望，西北与东辛庄镇接壤，东北与徐大堡镇毗邻，总面积40.2平方公里。地势东高西低，东部沿海，南以六股河起，北至徐大堡镇交界处，构成南北狭长低丘地，中西部为开阔的临河滨海平原。乡政府驻地刘台子乡潘山村，距兴城市区47公里。该乡辖前刘台子、李维、蚂蚁、蛇山、山西、山东、凤鸣、闫家、潘家、盐锅10个行政村。2016年年末，全乡总人口15028人。其中，农业人口13626人，非农业人口1402人。人口自然增长率3.74‰。

2016年，刘台子乡耕地面积1778.67公顷，两茬农作物面积183.33公顷。农业总产值27640万元。沿海滩涂面积333.33公顷。海洋渔业生产发展迅速，有大小船只62艘，小筏子114架，从业人员近2200人，主要盛产毛虾、海蜇及各种鱼类。发展淡水养殖业，完善村内鱼塘承包合同，海产品养殖产量18100吨。农民人均纯收入9880元。

【发展乡村旅游】2016年，刘台子乡举办第三届油菜花观光节，接待游客近6万人次，饭店、农家院接待就餐游客1.2万人次，比上年增加20%。8月中下旬，葫芦岛地区面积最大向日葵观赏园向游客开放，乡政府公众微信发布推送，与葫芦岛、兴城多家旅行社联系，观花游客达1.5万余人次。葫芦岛市、兴城市多家新闻媒体进行报道。年内，旅游旺季全乡22家农家乐日平均接待15人左右，每户接待600人左右，总计接待游客超过1万人次。全年旅游人数近10万人次，旅游收入超过150万元。

【推进精准扶贫】2016年，刘台子乡落实扶贫建档立卡工作，乡村干部逐村入户摸底调查，把真正符合条件的贫困户纳入扶贫工作范围，建档立卡扶贫470户765人。发放扶贫项目鸭雏12600只，鹅雏12400只。8户贫困户翻盖新房。年底脱贫230户350人。

【农业基础设施建设】2016年，刘台子乡投资2万余元对全乡的水利设施、沉井、机井、出水管道进行全面维修。打井76眼，保证农业种植户正常浇灌。调减玉米种植133.33公顷，增加油菜种植56.67公顷，增加稻田种植33.33公顷，葡萄育苗26.67公顷，二茬作物182.67公顷。建设千亿斤粮食项目333.33公顷，修建方塘3个，沉井47个，工程项目质量达到要求。全年完成土地流转800公顷。农业保险承保面积1502.27公顷，参保率95%。土地确权工作按照程序和时间节点，确权土地1786.67公顷。建设高效生态农业基地，两茬农作物面积200公顷。配合省土地整理项目办，修建农田作业水泥路9.4公里，修筑砂石路2.2公里，盐锅村段修建64米主道桥、拦河坝维修工程、菱角河河道1000米维修工程、腰刘1000米河道清淤工程。

【民生保障】2016年，刘台子乡低保调整工作清退65户67人，全乡有低保户625户725人。制定防汛预案和群众转移预案，在强降雨到来之前清空部分危房。“7·20”“7·25”两场强降水，转移群众806人次。城建危房改造25户，其中维修10户，翻建15户。民政水灾房改造40户，其中维修17户，翻建23户。计划生育奖扶人员550人，发放各类计划生育奖金40余万元。劳动力输出330人，就近就地转移就业3300人，失业证办理11人，办理求职登记112人，登记农村劳动力资源9188人。

中共刘台子满族乡委员会

书　记　李宝文（2016年3月任职）
副书记　万真东（2016年3月离任）
　　　　王　薇（女，2016年3月任职）
　　　　陈云新（2016年3月离任）
　　　　陈志强（2016年3月任职）

刘台子满族乡人民政府

乡　长　万真东（2016年3月离任）
　　　　王　薇（女，2016年3月任职）
副乡长　石　伟（2016年3月离任）
　　　　方　岩（2016年3月离任）
　　　　艾枫月（女）
　　　　张晓东（2016年3月任职）
　　　　裴大亮（2016年3月任职）

刘台子满族乡人大主席团

主　席　许少波

（杜岩）

大寨满族乡

【概况】大寨满族乡位于兴城市境西南部边缘，东和东辛庄镇相邻，西南和绥中县隔六股河相望，西北与高家岭镇相接，北和围屏满族乡交界，总面积78.3平方公里。沈山高速公路和秦沈高速铁路横穿该乡4个村，102国道在该乡东侧。乡人民政府设在新立村新立屯。该乡辖新立、大寨、吴家、郭家屯、王相、李相、贲家、沙河、花营、牛彦、张家、罗家、兴旺13个行政村。2016年年末，全乡总人口18255人。其中，农业人口17436人，非农业人口819人。人口自然增长率–0.04‰。

2016年，全乡耕地面积4870公顷。土豆种植面积867公顷，完成新品种改良100公顷，大根萝卜种植面积847公顷，裸地豆角种植面积600公顷。农民人均纯收入11800元。

【农业工作】2016年，大寨乡完成农业保险1566.67公顷，发放玉米螟蜂卡0.1公顷。完成确权4333.33公顷。实施郭家屯村土地整理项目，维修方塘3座，修建田间作业路10公里。对水灾损毁大棚进行维修和新建，共维修大棚50个，新建蔬菜大棚45个。实施节水滴灌项目,在张家、牛彦、新立、李相、贲家等村新建大口井6个，总投资200多万元。

【基础设施】2016年，大寨乡基础设施日臻完善。吴家村创建为省级“美丽乡村”示范村，新建文化广场2个，共4500平方米，安装太阳能路灯80盏，建设垃圾池10个,安装健身器材15台套。修建“一事一议”村内道路6公里，大修围兴线8.5公里，大修贲家村水泥路1.2公里，中修张家村到牛彦村2.7公里。修建贲家村桥梁1座，投资35万元；修建张家村、吴家村漫水桥3座，投资15万元。4月、8月开展环境整治，对境内主干道、垃圾池进行集中清理，共清理垃圾300余车。清理河道4.5公里，保证河道畅通。

【民生保障】2016年，大寨乡新农保参保1.3万余人，新农合参合率95%以上。全乡有低保1036人，五保户227人，办理困难残疾人生活补贴、护理补贴205人，为农村五保老人办理人身意外伤害险220名。农村危房改造、水灾建房、扶贫建房，共翻建房屋42户，维修房屋39户。新建文化广场2个，图书室13个。

【社会稳定】2016年，大寨乡健全隐患排查治理制度和事故责任追究制度，建立防火责任制，加强日常宣传和巡查，悬挂各类条幅标语200条，设立防火固定牌子20处，配备灭火机10台，防火服50套，铁锹50把，扫帚50把。全年未发生安全生产和火灾事故。以综治信访维稳中心为平台，及时化解各种矛盾纠纷，接待群众来信来访100余起，化解100余起，息访率99%。

【招商引资】2016年，大寨乡成功招商兴城市大寨乡龙腾食品有限公司，项目建设中，预算投资1000万元。洽谈项目2家，分别为投资3亿元至5亿元占地66.67公顷的大型养猪基地项目和投资5000万元占地0.67公顷的橡胶制品厂项目。

中共大寨满族乡委员会

书　记　孙　伟（2016年3月离任）
　　　　徐树强（2016年3月任职）
副书记　魏东升
　　　　周晓明（2016年3月离任）
　　　　冯启超（2016年3月任职）

大寨满族乡人民政府

乡　长　魏东升
副乡长　张晓东（2016年3月离任）
　　　　张　微（女）　刘　洋
　　　　方　岩（2016年3月任职）

大寨满族乡人大主席团

主　席　刘忠忱

（张微）

南大满族乡

【概况】南大满族乡位于兴城市境中心地

带，属烟台河流域，距兴城市区35公里，距京沈高速公路出口5公里，东通沙后所镇，南邸望海满族乡，西接围屏满族乡，北毗碱厂满族乡，总面积119.16平方公里。乡人民政府设在南大村柴家屯。该乡辖南大、前夹山、后夹山、北英、陈胖、北大、后五、水关、红旗、三家、前五台、新民、北岭、满屯、接火台15个行政村，70个自然屯。2016年年末，全乡总人口21134人。其中，农业人口20287人，非农业人口847人。人口自然增长率-0.46‰。

2016年，南大乡引进和发展电子商务、物联网等新兴市场体系，建成农村淘宝店3个，成立快递点1个。乡党委被兴城市委授予“兴城市先进党委”和“平安单位”称号，前五台村党支部被授予“兴城市先进基层党组织”称号。

【农村农业】2016年，南大乡农业经济稳中有升。花生种植面积2800公顷，比上年增加267公顷；两茬作物133公顷，较上年持平。赤眼蜂玉米螟防治田间产蜂率75%。成立森林消防队1支，成员11人，配备车辆2台。补植经济林66.67公顷，2个村实施果树高枝换头1万余株。建成苹果采摘园4个，葡萄采摘园1个，鲜杏采摘园1个。成立家庭农场8个，土地流转133.33公顷。完成土地确权实测面积6389公顷。实施“一村一合作社”工程，500余个大棚由4个合作社统一管理。争取上级资金45万元，维修方塘3座。修路边沟14公里，道路两侧栽景观树1500余株、灌木花树1500余株，建文化广场2个，面积5000平方米，建文化墙500平方米，安装路灯40盏，修垃圾池140个。

【招商引资】2016年，南大乡成功招商引资2家企业。南大乡果业示范基地建设项目，由兴城市丽方果品科技有限公司承建，总投资2000万元，占地27公顷。项目区主要为果树种植、鲜果采摘、果品深加工等。项目建成后形成域内集标准化果业种植、度假休闲于一体的现代化农业生态果园基地。农庄生态观光园建设项目，项目总投资1亿元，占地153公顷，为集垂钓、采摘、休闲、观光、认养、度假、餐饮、娱乐为一体的多功能绿色生态园。项目内容主要包括休闲木屋区、生态果园采摘区、休闲垂钓区、办公服务区、职工宿舍及仓储区等。年内完成投资2500万元，流转土地95公顷。

【扶贫开发】2016年，南大乡安排救灾款21万元，解决1135人无钱过年问题。为特困户发放临时救济款31300元，解决150人燃眉之急。免费为全乡不包括低保户、五保户在内的1266名建档立卡贫困人口缴纳新农合资金。以果蔬合作社为主导单位，向金融机构争取贴息贷款，帮助合作社扩大生产经营规模，提供更多的就业岗位，优先安排有劳动能力的建档立卡贫困人口就业。61户水毁房建设完工。

中共南大满族乡委员会

书　记　张大志

副书记 金玉志 薛喜东

马 健（2016年6月挂职）

南大满族乡人民政府

乡 长 金玉志

副乡长 吴立新（兼，2016年9月离任）

王 强 杜长成

王会良（2016年3月任职）

李元涛（2016年12月任职）

南大满族乡人大主席团

主 席 赵恩志

（王冠）

围屏满族乡

【概况】围屏满族乡位于兴城市境西南部山区，距兴城市区45公里，境内有沙高、围兴、望金等县级公路与国道102线连通，东和南大满族乡相邻，南与望海满族乡、大寨满族乡交界，西与高家岭镇毗邻，北与碱厂满族乡接壤，总面积112.46平方公里。乡人民政府设在围屏村。该乡辖北边、太平、往户、围屏、茶家、团瓢、陈良、云台8个行政村，92个自然屯。2016年年末，全乡总人口13139人。其中，农业人口12643人，非农业人口496人。人口自然增长率-4.8‰。

2016年，围屏乡耕地面积2443公顷，粮食作物面积751公顷，经济作物面积1518公顷，两茬作物及其他作物面积174公顷。林地面积5267公顷。全乡社会生产总值完成1.58亿元，比上年增长8%。农民人均收入实现8835元，比上年增长10%。

【农村基础设施】2016年，围屏乡争取市交通局大修项目1.3公里，对云台村台沟屯内道路进行水泥硬化。清理河道垃圾3处1200立方米。“美丽乡村”建设投资70万元，在团瓢村安装太阳能路灯55盏，建曹屯文化广场736平方米，杜屯文化墙134平方米，杜屯街面硬化1920平方米，新建垃圾池21个，排水沟226米。维修垃圾池83座。维修孔桥1座，过水路面5处，路基防护12处，660延长米。砂石化路基改造7处长4.1公里。

【扶贫工作】2016年，围屏乡录入贫困户1135户，贫困人口1856人。乡政府为贫困户发放鸡鸭鹅3.8万只，发展家庭养殖业。开展为贫困户修旧房、建新房工作，新建住房62户，维修旧房49户。安排贫困户就业300余人，实现脱贫500人。

【招商引资】2016年，围屏乡引进兴城市凯迪蓝冷饮食品有限公司，企业落户围屏村。公司总投资400万元，年产值150万元，带动就业80余人。

【换届选举】2016年，围屏乡完成第十二届村委会换届选举工作。全乡8个行政村共产生村委会成员24人，其中村主任8人，村委员16人。连选连任主任4人，新当选主任4人，妇女干部10人。

中共围屏满族乡委员会

书　记　张雨新（2016年3月离任）
　　　　吴孝公（2016年3月任职）
副书记　吴孝公（2016年3月离任）
　　　　周晓明（2016年3月任职）
　　　　魏军生

围屏满族乡人民政府

乡　长　吴孝公（2016年3月离任）
　　　　周晓明（2016年3月任职）
副乡长　陈　刚　赵晓爽（女）
　　　　张　明（兼，2016年9月离任）
　　　　王叙翔

围屏满族乡人大主席团

主　席　姚景馥

（赵晓爽）

碱厂满族乡

【**概况**】碱厂满族乡位于兴城市境西部，东与红崖子镇、南大满族乡相邻，南与围屏满族乡毗连，西与三道沟满族乡交界，北与郭家镇、药王满族乡接壤，总面积163.1平方公里。乡人民政府设在碱厂村白店屯。该乡辖白庙子、蒋家、朱家、长岭、杨树、四间、碱厂7个行政村。2016年年末，全乡总人口12015人。其中，农业人口11422人，非农业人口593人，人口自然增长率0.4‰。

2016年，碱厂乡耕地面积4267公顷，全乡农业总产值3700万元，工业总产值2600万元，农民人均纯收入3560元。全社会固定资产投资1.1亿元。

【**农业产业建设**】2016年，碱厂乡利用扶贫资金65.2万元栽植精品果树12.8万株，带动建档立卡贫困户1006户。实施老梨树嫁接换头项目，更新改造老梨树1.2万株，受益建档立卡贫困户149户。推行种植、养殖合作社规范运行，引导合作社生产绿色、有机、无公害农产品，帮助多家合作社完成绿色有机认证，开启“组织化、标准化、品牌化”产业转型升级之路。

【**基础设施建设**】2016年，碱厂乡投资3500万元修建尚家沟小流域治理工程，截洑堤坝和生态梯田为全乡生态碱厂建设和乡村游开发起到推动和引领作用；投资450万元的长岭村千亿斤粮食项目竣工；投资360万元蒋家村生态梯田项目有序进行，水利设施及生态梯田基本完成；投资66万元的朱家河护坡工程竣工；兴西线候车厅建成4座；投资175万元新建恒温库5座7间1300余平方米；投资80万元完成白庙子村碾盘沟、杨树村张家沟观光作业路6公里。

【**应对水灾**】2016年，碱厂乡遭遇50年来最大暴雨，百姓生产生活受到严重影响。乡党委、乡政府及时疏散危险地段和危险房屋居住的村民，进行安全安置。对受灾群众进行逐户调查访问，记录详细受灾情况，并争取上级部门的政策帮扶，保障群众最大利益，共争取水毁建房155余户，维修20余户，同时乡党委、政府自筹资金修复水毁道路32处。

【扶贫开发工作】2016年，碱厂乡为17户建档立卡贫困户进行危房改造。其中，就地翻建10户，移民建房7户。采购鸡雏6万只、鹅雏4万只，芦花鸡雏1万只，免费分发给2161户建档立卡贫困户，投入扶贫资金124.4万元。发放优质玉米良种2600袋（2.5公斤装）。选择30户建档立卡贫困户开展滚动养羊项目。接受个人和爱心团队救助学生69人次，接受捐助资金20万余元，物资800多件。

中共碱厂满族乡委员会

书　记　王德鑫（2016年3月离任）
　　　　刘　强（2016年3月任职）
副书记　刘　强（2016年3月离任）
　　　　邱　枫（2016年3月任职）
　　　　王海龙（2016年12月离任）
　　　　田峰源（2016年12月任职）

碱厂满族乡人民政府

乡　长　刘　强（2016年3月离任）
　　　　邱　枫（2016年3月任职）
副乡长　刘　祺
　　　　王悦峰（兼，2016年9月离任）
　　　　冯艳玲（女）
　　　　贲宝玉（2016年3月任职）

碱厂乡人大主席团

主　席　苏长江

（赵驰）

三道沟满族乡

【概况】三道沟满族乡位于兴城市境西部边远山区，东邻碱厂满族乡，西南与绥中县宽邦镇隔河相望，西北与建昌县平山子村毗邻，北与药王满族乡接壤，总面积169.9平方公里。乡人民政府设在三道沟村。该乡辖西门、东门、黑沟、汪家、三道沟、三道沟里、戏台、巴家、头道沟、凉水泉、黄埃子11个行政村。2016年年末，全乡总人口20586人。其中，农业人口19680人，非农业人口906人。人口自然增长率0.2‰。

2016年，全乡经济作物种植面积179公顷，粮食作物播种面积1163公顷，全乡蔬菜种植面积54.5公顷，产量1578.5吨，有农民专业合作组织11家，各类畜禽养殖小区6个，年出栏生猪3106头，其他畜类出栏5636只，禽类饲养量1.8万只，出栏9000只。农业生产总值实现1.58亿元，农民年人均收入2683元。

【党建工作】2016年，三道沟乡开展“两学一做”学习教育，落实“三会一课”和党日活动制度，做好“两委”班子培训，实行乡包片领导参加村支部组织生活制度，落实定人、定班、定时、定责的工作机制。投资24万元，对全乡11个村部“软硬件”设施进行统一规范。加强非公支部建设，SOD果业合作社被评为辽宁省“两新”组织党建示范点。汪家村黄文峰私人建设的三道沟乡历史纪念馆落成开馆接待学习参观。

【扶贫攻坚】 2016年，三道沟乡争取扶贫资金270万元，争取扶贫项目4个，均按标准、按规划落实到位，全年发放扶贫资金41万元，种子1.55万公斤，新品种果树16.7万株、养殖鸡雏6.6万只。年初有建档立卡1353户3414人，年底脱贫509户1407人。三道沟里村充分发挥果业合作社作用，发展SOD苹果种植工作，发展社员5000多人，果树覆盖区300公顷，三道沟里村125户382人整体脱贫。

【农业开发】 2016年，三道沟乡打抗旱深水井12个，挖抗旱水坑48个，新建蔬菜大棚37个，改造蔬菜大棚57个，栽植新品种果树16.7万株，改造老果树1.2万株。开展SOD苹果认养工作，认养600棵。新组建药材、蔬菜合作社2家，凉水泉村、巴家村百亩桃园建设完工，配套设施齐全，黑沟村引水上山工程见成效，灌溉果树12000棵，农田53.33公顷。

【移民工作】 2016年，三道沟乡青山水库新签订移民协议5户，后靠安置923户，滨海经济区安置1439户，强制拆迁8户，处理移民遗留问题27起，化解矛盾纠纷47例。

中共三道沟满族乡委员会

书　记　刘振兴

副书记　赵　超　张志刚

三道沟满族乡人民政府

乡　长　赵　超

副乡长　孙长宏（2016年3月离任）

　　　　刘　勇　谢东风

　　　　秦　亮（2016年3月任职）

三道沟满族乡人大主席团

主　席　王凤昌

（王新维）

旧门满族乡

【概况】 旧门满族乡位于兴城市境北部，兴城河上游，距市区25公里，省道318线（兴玲公路）贯穿全乡。东和华山街道相邻，南与红崖子镇毗连，西和郭家镇、药王满族乡交界，北与葫芦岛市连山区杨郊乡接壤，总面积83.3平方公里。乡人民政府设在旧门村。该乡辖旧门、李屯、半道子、望川、金樊、三道、刘屯、草白8个行政村。2016年年末，全乡总人口9712人。其中，男4467人，女5245人；农业人口9214人，非农业人口498人。人口自然增长率–1.6‰。有汉族、满族、蒙古族、朝鲜族、傈僳族等。满族人口占总人口的61%，汉族和其他少数民族占39%。

2016年，该乡加快设施农业小区建设，分别在望川、李屯两个村实现土地流转25.33公顷和18.67公顷，建设水果采摘和蔬菜大棚。望川村设施小区建成冷棚15

座，暖棚55座；李屯村设施小区暖棚40座。截至年末，全乡粮食总产量5880吨，工农业生产总值3.22亿元，农民人均纯收入8850元。

【经济林建设】2016年，旧门乡在草白村南沟开发生态经济林22.67公顷，栽植樱桃、富士苹果、燕特红桃、红李子王等优质果树22745株。在金凡村、望川村、旧门村栽植山杏66.67公顷，栽植苗木110000株。在半道子村、李屯村完成封山育林133.33公顷，李屯村、旧门村进行退化林修复工程66.67公顷。

【农业基础设施建设】2016年，旧门乡在刘屯村、李屯村、金凡村新打抗旱大井9眼，新修方塘1座。全乡维修安全饮用水管道1230米，新打水源井1眼，更新微机1台、水泵1台，新增农村饮水安全用户51户，162人。通过“一事一议”争取上级奖补资金，完成草白、刘屯、三道、金樊4个村3.2公里村屯道路硬化。完成旧门道班至李屯松香沟4.2公里的道路大修和刘屯、李屯2个村2.5公里的道路中修。在草白、刘屯、金樊、望川村建有文化活动广场4个。

【乡村建设】2016年，旧门乡治理村屯路5450延长米，动用土石方7000余立方米，清理边沟720米，出动垃圾清运车540台次，清理垃圾1400吨。年内，草白村被确定为“美丽乡村”建设示范村，新修花坛14个、公厕2个，铺设彩砖800平方米，治理屯内路边沟和坝墙600延长米，粉刷文化墙400平方米，安装路灯40盏。

【灾后建设】2016年7月20日和25日，兴城市普降大暴雨，旧门乡受灾耕地900公顷，其中绝收面积160公顷。损毁房屋49户205间；冲毁耕地9公顷，冲毁林地16.4公顷；冲毁漫水桥8座，管道2010米，塘坝2处，河道36235米，冲毁、冲断道路17处18公里，损毁路基10处2490米。全乡共动用大型机械设备120台次，动用人工285个投入到灾后重建工作中。架设通电线路500米，电缆300米，动用土石方4万余立方米，抢修桥梁8座，村屯道路6200延长米，田间作业路32公里，加固河道护坝3600延长米。

【民生保障】2016年，旧门乡完成困难户危房改造66户，其中因倒塌和严重受损翻建50户，一般受损房屋维修16户。全乡新农保参保人员3593人，享受养老保险待遇2022人。办理妇女小额贷款17户，发放资金136万元。

中共旧门满族乡委员会

书　记　万国春（2016年3月离任）

　　　　张　阔（2016年3月任职）

副书记　谭晓军　张　斌

旧门满族乡人民政府

乡　长　谭晓军

副乡长　刘文良　肖强卫

王洪亮（兼，2016年9月离任）

房文龙（2016年12月任职）

旧门满族乡人大主席团

主 席 肖 英

（王长良）

药王满族乡

【**概况**】药王满族乡位于兴城市西北部边缘，东与旧门满族乡、郭家镇毗邻，南和三道沟、碱厂乡接壤，西同建昌县药王庙镇交界，北与葫芦岛市连山区新台门镇相通，总面积138.4平方公里。乡人民政府设在裴屯村塔下屯。该乡辖叶屯、杜屯、药王、谷屯、裴屯、立兴、三头、丁家、六家子、冯屯、金家11个行政村。2016年年末，全乡总人口16799人。其中，农业人口16071人，非农业人口728人。人口自然增长率-1‰。

2016年，全乡工业产值5000万元，农业产值5500万元。粮食总产量10000吨，水果产量1108吨，畜禽肉蛋产量2988吨。农民人均纯收入3532元。

【**基础设施建设**】2016年，药王乡修水泥硬覆盖道路11690米，修漫水桥2座，修水毁便桥6座，修复水毁路段15处。整治六家子村火石岭河道540米，在谷屯村投资56万元新建石砌堤坝950延长米；在丁家村投资85万元小流域治理930延长米；在叶屯村女儿河源头修建截潜工程200延长米；在杜屯项目区完成生态综合治理200公顷，项目区内新建方塘1座、维修2座，打机井1眼、大口井2眼、蓄水池8个，铺设输水管路16000延长米。全乡治理河道垃圾500立方米，清理乱栽树5000余株，方塘1座，水毁堤坝11处，修复大口井2眼，打机电井13眼。叶屯村、杜屯村修建文化广场各1座，药王村修建文化室1座。全乡安装路灯133盏，粉刷文化墙1600平方米，栽植绿化树木430株。

【**民生保障工作**】2016年，药王乡为低保户、散保户发放玉米种子2万公斤，高粱种子2000公斤，地瓜苗29万株，化肥2吨，为贫困户发放鸭雏6000只、鸡雏2.5万只。在叶屯村新建甘薯深加工厂房并投入生产。完成全乡危房、险房改造，水毁翻建61户，维修27户。实现低保动态管理，完成1170户低保核查工作。

【**农业产业结构调整**】2016年，药王乡种植鲜食地瓜46.67公顷，耐旱高粱种植66.67公顷，花生和小杂粮46.67公顷；栽植果树2万株。谷屯村惠农食用菌专业合作社扩大生产规模，增建温室大棚37座。

【**重点项目推进**】2016年，药王乡黄家湾水库区域面积66.67公顷，依托黄家湾水库的天逸山庄项目建设主要包括：游船码头、水上景观水榭台、仿古四合院、景观长廊、景观亭台服务区，项目总投资7360万元，年内投资2918.2万元。方家沟果园项目正式签约；丁家村石牛沟拥有着省内少有巨型五角枫树，作为打造乡村一角的旅游开发项目，修建130平方米的停车场和60延长米上山水泥路，对枫树园进行220延长米围栏保护。

中共药王满族乡委员会

书　记　牛春伦

副书记　张　阔（2016年3月离任）

　　　　李福权（2016年3月任职）

　　　　张洪哲

药王满族乡人民政府

乡　长　张　阔（2016年3月离任）

　　　　李福权（2016年3月任职）

副乡长　王　军（2016年5月离任）

　　　　杨爱兵（兼，2016年9月离任）

　　　　李　强

　　　　裴　辉（女，2016年3月任职）

药王满族乡人大主席团

主　席　金德鑫（2016年4月离任）

　　　　王　军（2016年5月任职）

（郭松）

曹庄镇

【概况】曹庄镇位于兴城市境东部，东濒渤海湾，南与临海街道、沙后所镇相邻，西接羊安满族乡，北和宁远街道相连。102国道纵穿境内，滨海大道镶于东侧海岸线上，交通便利，四通八达。现代渔业园区坐落于镇域内，海岸线长13.5公里，总面积64.39平方公里，镇政府设在大甸子村。该镇辖大河口、四城子、泡河、朱家、沙屯、大英堡子、小英堡子、上坡、七里、后湖、安相、大甸子、头台子、曹庄14个行政村和七〇一九、东华、曹庄3个社区。2016年年末，全镇总户数10987户，总人口31361人。其中，农业人口27036人，非农业人口4325人。人口自然增长率0.64%。

2016年，全镇耕地面积4500公顷，粮食作物播种面积2456.1公顷，总产量11175.2吨，平均每公顷4550公斤。其中，玉米播种面积2410.1公顷，产量10899.2吨，平均每公顷产4522公斤。经济作物面积821.3公顷，产量2431.17吨，平均每公顷产2960公斤；蔬菜面积63.96公顷，产量1449.5吨；瓜果面积1公顷，产量75吨；园林水果面积2公顷，产量130吨。水产品产量31249吨。全镇企业175家，其中规模以上企业4家，泳装厂35家。

【畜禽养殖】2016年，曹庄镇发展家庭农场10家，被葫芦岛市评为家庭农场示范户4家。农业合作社34家。猪存栏7856头，羊存栏4804只，大牲畜存栏306头，各种家禽存栏181378只；出栏猪12417头，牛26头，羊237只，大牲畜32头，各种家禽263970只。肉蛋奶总产量2653.95吨。

【基础设施】2016年，曹庄镇新建高效农田266.67公顷，修建田间作业路4.1公里，打机电井44眼，建方塘1座，修建村内道路9.33公里。其中，朱家村1.4公里、四城子村1.92公里、大英堡子村1.6公里、头台子村0.41公里、上坡村2公里、后湖村2公里。修复桥梁2座、护岸58米、田间路2公里。

【信息服务】2016年，曹庄镇14个行政村建立益农信息服务社，提供咨询农业物价和购物平台，为百姓服务。争取上级精准扶贫资金36万元，购育肥羊898只。改造危房36户，其中D级16户、C级20户。

【美丽乡村建设】2016年，曹庄镇为建设美化亮化宜居乡村，投入资金212万元。修建大甸子村文化广场300平方米，配套健身器材15件，修文化墙70米，修建边沟450米，栽植风景树1000棵，花3000盆，安装太阳能路灯90盏。后湖村修建文化广场3000平方米，配套健身器材30件，栽种风景树花草1000棵，安装太阳能路灯60盏。年内，全镇有文化广场23个，配套健身器材覆盖率95%。荣获辽宁省机关档案工作省一级单位。

中共曹庄镇委员会

书　记　孟凡勇（2016年3月离任）
　　　　宋　丹（女，2016年3月任职）
副书记　田　莹
　　　　王春生（2016年3月离任）
　　　　吕跃飞（2016年3月任职）

曹庄镇人民政府

镇　长　田　莹
副镇长　陈宝彬　李志强
　　　　王立平（兼，2016年9月离任）
　　　　路金鹏
　　　　李　强（2016年3月离任）
　　　　石　伟（2016年3月任职）
　　　　陈凤琨（女，2016年6月挂职）

曹庄镇人大主席团

主　席　孙敬民

（柏福喜）

东辛庄镇

【概况】东辛庄镇位于兴城市境西南隅，东与刘台子、海滨满族乡相邻，西南与绥中县隔河相望，西与大寨、围屏满族乡毗连，北接望海满族乡，总面积73.39平方公里。国道102线、沈山铁路、京沈高速公路、秦沈高速铁路从境内通过，镇、村公路四通八达，距兴城市区36公里；镇人民政府设在东辛庄村。该镇辖东辛庄、西辛庄、张虎、谷屯、半拉堡子、王宝、西地、孙岭、南二台子、东关站、西关站、胡家坟、陈屯13个行政村和东辛庄1个社区。2016年年末，全镇总户数7905户，总人口29955人。其中，农业人口27235人，非农人口2720人。人口自然增长率5.1‰。

2016年，该镇畜牧养殖业稳步提升。新增大型养殖小区和养殖户2家，农业合作社1家。完成付家采摘园项目30公顷，栽种蓝莓15万株；脱贫120户。

【**环境治理**】2016年，东辛庄镇治理东关站村、半拉堡子村河道工程1500米，建高低压线路8公里。出动车辆500辆次，人员1000余人次，清淤、清脏1000余立方米，谷屯河治河工程，清理河道修建防护堤坝500米。规范临街摊点8处，清运各种垃圾1000余吨，新增设垃圾箱22个。维修和粉刷垃圾箱50个。环卫队保洁覆盖面从镇区扩大到西辛庄、张虎等5个村屯。

【**服装产业链群**】2016年，东辛庄镇依托高速公路、高速铁路及国道102线交通优势，加大招商引资力度。发展纺织、服装、农产品深加工二大支柱产业。形成以服装加工为主，上下游产业链条衔接的服装产业集群。年内，全镇固定资产投资达2.5亿元。有服装厂、大小服装加工户800余户，年服装加工能力1200万套，产值逾3亿元。

【**城镇建设**】2016年，东辛庄镇确立“规划先行、注重特色、远近结合、协调发展”理念。城镇规划规模扩大到3.5平方公里。投入资金20万元，改造8个村，3000余户，1万余人的自来水工程；维修东关站村、半拉堡子村饮水安全工程2处；修建文化墙300余米。新修村内水泥道路7公里，维修道路5公里。栽种绿化树800棵。

【**民生改善**】2016年，东辛庄镇卫生院添置新型医疗器械，群众就医环境有较大改善。镇卫生院床位万人占有率达154张。基础养老金发放率100%；农村新型合作医保群众参保率100%。新增就业220人，下岗失业人员再就业85人，就业困难人员再就业80人。

中共东辛庄镇委员会

书　记　王铁军

副书记　于　腾

　　　　姜笑海（2016年3月离任）

　　　　王春生（2016年3月任职）

东辛庄镇人民政府

镇　长　于　腾

副镇长　何春军　单宝贵　刘国涛

　　　　常　皓（女）

东辛庄镇人大主席团

主　席　李卫民

（陈正峰）

沙后所镇

【**概况**】沙后所镇位于兴城市境东南部，东临辽东湾，南与望海满族乡、徐大堡镇相邻，西与南大满族乡接壤，北和曹庄镇交界，总面积113平方公里。海岸线长13公里，盛产鱼、虾、蟹、贝类等海产品。滩涂养殖面积333.33公顷。国道102线、京哈铁路、京沈高速公路、秦沈电气化高速铁路贯穿全境，其中京沈高速公路在镇区外设有出口。镇人民政府设在西关村。该镇辖城内、南门外、西关、烟台、前王、后王、乱泥、王家洼子、焦家、石屯、龙王、五里、荒地、闻家、桃园、五王16个行政村和沙后所1个社区。2016年年末，全镇总户数12899户，其中农业户11300户；总人口39205人。其中，农业人口35920人，非农业人口3285人。人口自然增长率–0.74‰。

2016年，该镇4693.33公顷耕地实现土地流转2343.73公顷，参与流转862户，超6.67公顷大户49户。并依托19家合作社，2个家庭农场带动辐射作用，加快新型农业体系建设及农事龙头企业发展。

【乡村建设】2016年，沙后所镇投资31万元，在南门外村商业街两侧铺彩砖3200平方米，铺柏油路1000延长米。投资12.5万元，在南门外及西关村修建文化墙1296平方米。投资20万元，在南门外村、荒地村绿化植树5000株，在南门外村安装路灯35基。投资21.8万元，在南门外村和荒地村主路路口和贸易市场路口设立景观牌。争取上级资金100万元，安装城内村路灯100基，修建大型文化广场2座1500平方米及路边沟文化墙、村内绿化。自筹资金20万元治理城内河河道400米。五里村等4个村投资25万元建设文化广场5000平方米，安装运动器材20套，为老百姓提供良好活动场所。投入资金1亿元建设3个生活小区竣工。建筑面积5万平方米，入住居民400余户。同时，城内村61户居民主动请求镇村危房改造250余户21000平方米住宅，并与村委会达成动迁协议。

【招商引资】2016年，沙后所镇招商引资的宏伟远洋果树合作社投资200万元建冷棚21座，占地6公顷，日产黄瓜1.5万公斤；江苏体育训练中心东北基地投资1000万元建400米标准田径跑道及配套设施。

【打造“淘宝镇”】2016年，沙后所镇加大力度打造“淘宝镇”，发放宣传单5000余份，张贴海报200余张，出动宣传车22台次，召开宣传动员大会4次。全市确定首批10个乡镇45家基层服务站中，沙后所镇占11家。1月20日开业当天，该镇服务站成交额60余万元，居全市第一位。

【农村工作】2016年，沙后所镇保险玉米面积678.72公顷，花生面积3383.69公顷，水稻面积44.33公顷，收缴保费473031.47元，收缴率98%，为农民减少灾害风险提供保障。投资1000余万元的500公顷节水增粮工程完工。新打机电井126眼，维修机电井73眼，维修方塘1座，维修井房79座，配备柴油发电机组73套，铺设混凝土路面3115米。引进推广农业新技术5项。年内，将计划生育工作全面纳入依法管理轨道。推进实施“全面二孩”生育政策。申报二胎72人，申领办理独生子女证1048人。审核录入0~18周岁农村独生子女费2517人。

【农业生产】2016年，沙后所镇春季和秋季防疫工作顺利完成。畜牧防疫方面完成猪免役49464头，家禽免疫188151只，牛羊口蹄疫免疫16730头，实现耳标佩戴率、免疫卡发放率、应免动物免疫率均达到100%，有效防控动物疫情发生传播。出栏生猪3万头、牛148头、羊2587只、禽14.3万只，肉类总产量3262吨、禽蛋产量1315吨、牛奶产量196吨。年内，完成退耕造林补植补造12.67公顷，荒地栽植四旁树1万株，义务植树3万多株。育苗杨树0.67公顷，营养侧柏、油松20万株。张贴防火标语40条，发放宣传单1000份。

【劳动保障】2016年，沙后所镇成立环卫处，16个村90名保洁员负责全镇日常环境卫生清理及垃圾清运。解决下岗职工生活困难状况的同时，全镇环境卫生大为改观。镇政府为4名自谋职业下岗失业人员办理申请小额担保贷款相关手续；完成6605条农村劳动力就地就近转移制定工作，实现有组织劳务输出501人。

【扶贫济困】2016年，全市“7·20”“7·25”特大水灾，沙后所镇受损农房300多户，受灾人口625人，农田受灾300公顷，农房倒塌或严重损害59户，大多是低保户、五保户或贫困家庭。镇领导与市政府研究决定，59户受损房屋全部翻建。并采取多种方式精准扶贫，在荒地村构建养殖场，养殖大白鹅1.7万只。全镇325户贫困户687人，脱贫350人。春节期间，镇政府为困难户送去大米200袋，花生油300桶。对身患大病低保户给予200元到1000元不等临时救济，改善弱势群体过年生活困难状况。

中共沙后所镇委员会

书　记　张人杰

副书记　徐树强（2016年3月离任）

　　　　陈庆友（2016年3月任职）

　　　　张玉平

　　　　刘　强（2016年6月挂职）

沙后所镇人民政府

镇　长　徐树强（2016年3月离任）

　　　　陈庆友（2016年3月任职）

副镇长　赵长义　刘　骞（女）

　　　　高　飞　吴孝正

沙后所镇人大主席团

主　席　关炳哲

（梁雪）

郭家镇

【概况】郭家镇位于兴城市境西北部，距兴城市区35公里。东南与红崖子镇为邻，南与碱厂满族乡交界，西北与药王满族乡毗连，东北与旧门满族乡接壤，总面积119平方公里。镇人民政府设在孙家村李家屯。全镇辖孙家、张沈、大石、郭家、棋盘、陈家6个行政村和东华1个社区。2016年年末，全镇总人口10776人。其中农业人口9698人，非农业人口1078人。

人口自然增长率5.36%。

2016年，该镇造林295公顷。其中，大果榛子228.33公顷，海防林66.67公顷。封山育林333.33公顷；公益林林改完成4个村541.33公顷；引进各类果树苗4.4万株。新建大型肉鸡养殖场1个，扩建猪场1个。年内，猪存栏22338头，出栏39503头；羊存栏7974只，出栏4865只；鸡存栏52434只，肉鸡出栏43万只；引进鸡鸭鹅雏12万只。

【基础设施建设】2016年，郭家镇维修棋盘村水毁防护堤450米，大石村马屯组水毁防护堤300延长米，大石村整地防护堤8500米；解决郭家村4个自然屯300户900余人吃水污染问题，新打深水井2眼，铺设管路3000米。完成大石村水泥硬覆盖路面1.5公里，张沈村1.2公里。新修扶贫水泥路面1.5公里。维修水灾冲毁路面18公里，大石村田间水泥路面13公里。

【民生改善】2016年，郭家镇全面核查133名优抚对象，发放城乡救助金16万元，临时救助金7万余元。完成老年意外保险1096人，发生意外事故4起，事赔4起，挽回经济损失1.5万元。完成残疾人两项生活补贴和护理补贴140余人，残疾人创业基金扶助3人9000元，联合兴城市慈善总会对镇心肌病儿童进行救助，向郭家中心小学捐赠图书2万册。办理审批二孩生育指标20余对。办理新领独生子女证300余个。领取0~18周岁独生子女费360人。新增农村奖扶60人，独生子特扶2人。

【安全生产监管】2016年，郭家镇排查及专项整治非煤矿山、工矿企业领域。出动车辆30辆次，停产整顿1户，发出安全生产监督现场检查记录28份，责令整改通知书1份，杜绝安全事故发生。

【精准扶贫】2016年，郭家镇精心制定一村一策、一户一法扶贫方案，全力实施三项工程。把郭家镇原有“万亩榛子林”工程做大、做强，补植补造大果榛子100公顷，成活率80%以上，为百姓脱贫打下坚实基础。做大、做强“万亩花生”“万亩玉米”示范田工程。引进新品种花生种25万公斤、新品种玉米种1万公斤，花生亩增产100公斤，增收500~600元；玉米亩增产100~150公斤，增收150~200元，人均年增收600元。全力做好贫困家庭危房改造工程，改善贫困家庭生活状况。

【信访工作】2016年，郭家镇每季度召开1次综治、公安、信访、司法等部门负责人、村综治专干、信息员座谈会，排查维稳工作，专门制定针对性方案，细化维稳措施，抓包保、抓督办、抓奖惩，促信访积案化解处理到位；加强矛盾纠纷化解调处，做到小事不出村、大事不出镇。

中共郭家镇委员会

书　记　刘　恕

副书记　王铁华
　　　　王　薇（女，2016年3月离任）
　　　　关　键（2016年3月任职）

郭家镇人民政府

镇　长　王铁华
副镇长　胡永春（2016年12月离任）
　　　　田　壮（兼，2016年9月离任）
　　　　朱德本　孙井宁

郭家镇人大主席团

主　席　张玉华（2016年10月离任）
　　　　胡永春（2016年12月任职）

（王宇）

徐大堡镇

【概况】徐大堡镇位于兴城市境东南部，距市区30公里。东、南均濒临渤海辽东湾，西南与刘台子满族乡接壤，西与东辛庄镇、望海满族乡毗邻，北与沙后所镇隔烟台河相望。全镇总面积81.6平方公里，海岸线长19.6公里，码头2个。投资1300亿元的国家重点项目徐大堡核电站和风力发电站均坐落在境内。镇人民政府设在海滨村东沙嘴屯。该镇辖李金、王屯、海滨、项家、董屯、刘屯、苏屯、双堆子、方安和台里10个行政村38个自然屯和金沙湾1个社区。2016年年末，全镇总户数5290户，总人口16137人。其中，农业人口15423人，非农业人口714人。人口自然增长率为−1.7%。

2016年，全镇耕地面积2143公顷，农作物总产量35312吨。其中，经济作物播种面积1405公顷，总产量29792吨。拥有温室大棚3000余栋，设施农业总产量24455吨。有大型渔船186艘。辖区内台里、

金沙湾公共服务基础服务设施项目

海滨、李金、双堆子、苏屯、项家、刘屯7个村有海淡水养殖总面积1508公顷。海参养殖池塘面积1283公顷，其中滩涂开发面积616公顷，围海开发面积667公顷。多宝鱼工厂化养殖建设鱼棚155栋，养殖面积26公顷。

【基础设施工程】2016年，徐大堡镇建成日供水2000吨供水站1处，500立方米清水池1处；完成吸水井、泵房、办公用房等附属工程，铺设供水管线5公里；建成供热面积10万平方米热源厂1个；建成污水强排站1处，铺设污水管路3.1公里，排水管0.4公里。

镇区供水工程项目

镇区路网及市政综合管网工程项目

【乡村示范建设】2016年，徐大堡镇完成3个村6公里道路主体工程，新修路基1.4公里，全部实现水泥硬化。4个村安装太阳能路灯280盏。台里、董屯、项家3个村修建景观塘4处3.33公顷，用于种植荷花等观赏水生植物。组建33人专业保洁大队，配备铲车和垃圾转运车各2辆。建垃圾箱60个，增加垃圾处理场1处。建多功能文体广场3处，建设面积6000余平方米。建成科普教育文化墙300延长米。

【旅游项目挖潜】2016年，徐大堡镇在方安村建成海岸线长达1.3公里的碧海滩浴场。占地20公顷，建成彩钢棚50余个，修建荷兰砖地面停车场5950平方米，铺设水泥路面1.4公里。集海上运动、烧烤、餐饮住宿于一体。8月，正式对游人开放，年内接待游客8万余人次，为村集体创收51万元。

碧海滩旅游服务设施建设项目

【经济新亮点】2016年，东港码头扩建工程启动，总投资8000万元，公司自筹

6000万元，国家补助2000万元。占地26.47公顷，可停靠5000吨以下货船500只，成为国家二级港口。葫芦岛海滨66千伏变电站新建工程，总投资3100万元，年末投入使用。

台里东港码头扩建工程项目

【核电服务项目】2016年，徐大堡镇投资48万元重建李宝沟桥，8月顺利竣工通车。投资1.3亿元，协调、完善核电生活基地基础设施，服务中核徐大堡核电生活基地项目。占地4公顷，建筑面积6.4万平方米。

中共徐大堡镇委员会

书　记　郑艳春（女，2016年3月离任）

　　　　王德鑫（2016年3月任职）

副书记　杨荣蔚　田　坛

徐大堡镇人民政府

镇　长　杨荣蔚

副镇长　李　海　张兴锋　王召君

　　　　刘达耕（兼，2016年9月离任）

徐大堡镇人大主席团

主　席　赵国辉

（曹冰）

红崖子镇

【概况】红崖子镇位于兴城市境中部，属于半丘陵山区。距兴城市区15公里，东与白塔满族乡、羊安满族乡相连，南和沙后所镇、南大满族乡毗邻，西与碱厂满族乡、郭家镇接壤，北同旧门满族乡交界，全镇总面积150.1平方公里。镇人民政府设在红崖子村。该镇辖红崖子、汤屯、梁家屯、二道边、三道边、古城子、周屯、老附马、西二台子、大山台、英树、小山台、新齐、吴家屯、老烧锅、拣金、边壕子、团山子、大东沟19个行政村，87个自然屯。镇内有汉、蒙古、满、傣等民族。2016年年末，全镇总户数8698户，总人口27396人。其中，农业人口26140人，非农业人口1256人。人口自然增长率-0.5‰。

2016年，全镇经济作物种植面积3330.13公顷，产量15115吨；粮食作物播种面积2850.5公顷，产量21309.6吨。畜禽养殖44.14万头（只），出栏29.15万头（只），新增畜禽养殖小区2个。全镇生产总值实现12.5亿元，农村居民人均可支配收入实现11380元，被辽宁省政府评为“平安建设示范镇”“民营经济统计工作先进集体”。

【党建工作】2016年，红崖子镇通过党员信息管理平台，梳理核对全镇1087名党员基本信息。对2008年至2016年党费清缴工作做到应收尽收。改扩建红崖子村部400平方米，升级改造二道边和小山台村部2个，为多个村部更换办公桌椅。全镇19个村级组织活动场所建设均达到200平方米以上。年内，镇纪委立案9件，结案9件，处理党员9人。

【农业工作】2016年，红崖子镇花生种植面积6000公顷。与沈阳大光科技联合种植6万公斤花育22新品种花生试种成功，花生产量、质量明显提高。正业花生成为国家级农业产业化龙头企业，“红崖子花生”享誉全国。新增农业综合开发面积200公顷，实施秸秆还田项目35.33公顷，土地深翻233.33公顷。植树造林166.67公顷，新增果树种植面积33公顷。金种子研发中心完成征地1.13公顷，福康花生油加工厂完成厂房和办公楼建设，“咱有仁儿”花生小食品实现销售额4000万元。

【民生保障】2016年，红崖子镇通过低保百日核查，取消不合格低保户74户138人。新农合参合率95%，新农保参保率90%。为贫困家庭新建房屋83户，维修25户；新建村级小学教学楼1所。村级卫生诊疗室5家，镇卫生院引进CT机，基本做到小病不出村，常见病不出镇。组织劳务输出300余人，办理妇女创业小额贷款14人，举办农技培训200人次。

【小城镇建设】2016年，红崖子镇修建“一事一议”村内道路12.2公里，新建文化广场2座，新建美丽乡村示范村1个。维修水毁桥梁12座，危桥维护14座。修筑护堤4500延长米，打机电井26座。

【社会稳定】2016年，红崖子镇加大矛盾隐患排查及积案化解力度，集中开展法治培训10期，发放宣传材料2万份。维护信访、民心网和政府热线等网络平台，处理各类诉求41件，成功化解国家信访局交办案件2件，全年无集体访事件发生。社区矫正及安置帮教工作无脱管漏管现象。年内，红崖子司法所获国家级“文明所”称号。

中共红崖子镇委员会

书　记　赵恕也

副书记　马　东　赵东昕

　　　　李满林（2016年6月挂职）

红崖子镇人民政府

镇　长　马　东

副镇长　任　丽（女）　刘　军　宋忠宝

　　　　佟弟光

　　　　郝春林（兼，2016年9月离任）

红崖子镇人大主席团

主　席　张　莹（女）

（史文吏）

高家岭镇

【概况】高家岭镇位于兴城市西南部，背靠大青山，西隔六股河与绥中县相望，东与围屏满族乡相连，南与大寨满族乡接壤，北与三道沟满族乡毗邻，总面积84

平方公里。距兴城市区53公里。境内有沙上、高王等县乡级公路，并与国道102线贯通。镇人民政府设在高家岭村。该镇辖西边、郭家、拉马、树林、永和、高家岭、靳家、汤上、满井、宋斗10个行政村。2016年年末，全镇总户数4785户，总人口15813人。其中，男8294人，女7519人；农业人口15127人、非农业人口686人。人口自然增长率1.8‰。有汉族、满族、蒙古族等。满族人口13862人，占总人口87.8%。

2016年，全镇粮食种植面积2008.4公顷，粮食总产量1559.8万公斤。其中，玉米单产12000斤/公顷；花生单产4500斤/公顷。全镇实现工农业生产总值3.5亿元，人均纯收入9500元，全社会固定资产总投资16.76亿元。全镇工业主要以加工石材为主线，有制造、酿造业2家，石材企业34家。产、供、销一条龙，产品远销山西、天津、北京、沈阳、内蒙古等地。市场供应温泉水养殖罗非鱼15万公斤，实现纯利润60万元。

【**设施农业**】2016年，高家岭镇改扩建高标准温室大棚10400延长米，有绿色无公害蔬菜面积233.33公顷，温室蔬菜大棚800余座。日光温室大棚以种植青椒、黄瓜、茄子、西红柿、葡萄等品种为主，实现产值750万元。全镇有农民专业合作社6个，统一购进种苗、棚菜生产所需的农资，按照标准化生产，保证蔬菜安全。聘请专家教授举办农民科技培训班75次，参加培训5521人。

【**畜禽养殖**】2016年，高家岭镇肉类总产量4160吨，鸡蛋产量633.6吨，牛奶80吨。生猪出栏5万头、牛410头、羊22000只、家禽30万只，农民增收1500万元。年出栏4000头以上养猪场3家。

【**旅游开发**】2016年，高家岭镇重点发展特色镇村游，编制完成《兴城市高家岭镇汤上村温泉度假旅游2011~2020发展规划》。借助汤上温泉这一资源优势，多方筹资加大投资力度，完善软硬件环境，推动全镇旅游产业快速发展。年内，有较大型旅游宾馆5家，农家乐宾馆30家。共有床位1000张。接待外地游客180万人，旅游业收入1.8亿元。

【**温泉小镇**】2016年，拉斯维加斯温泉小镇完成1.4万平方米酒店楼精装修，2.3万平方米12层酒店公寓封顶。13861平方米汤上温泉水上乐园主体结构完工，山上室外温泉泡池区建成室外泡池15个、风情小木屋7座。占地12.2公顷，总建筑面积164810平方米，总投资6亿元。集休闲度假、康体保健、商务会议、人文居住等多种功能于一体。年内，“高家岭满族民俗小镇”项目通过国家民委和国家发改委审批。

【**环境整治**】2016年，高家岭镇清理镇级公路路边沟18公里，动用铲车、钩机30

台班，机动车60台次，人工修理边沟150个工作日，清理垃圾2500立方米，清理巷道3.5公里。动用铲车25台班，机动车25台班，清运垃圾2700立方米，沙石垫路4500立方米，铺设彩砖7500平方米，街面设垃圾桶150个，总投资130万元。

【文教卫生工作】2016年，高家岭镇建汤上村文化广场1560平方米，健身设备齐全。建农家书屋10个，藏书15000册。有初中学校1所，小学校5所。九年义务教育巩固率99%，控辍保学率99%。镇卫生院建门诊、病房楼2881平方米，床位20张。新型农村合作医疗参合率95%。

【新农保工作】2016年，高家岭镇建立村劳动力人员台账。全镇户籍人口15813人，其中农村劳动力7866人，就近就地转移4000人，劳务输出600人，转移率60%。新农保参保率90%。

中共高家岭镇委员会

书　记　高玉文（2016年3月离任）
　　　　张立东（2016年3月任职）
副书记　张　军
　　　　吕跃飞（2016年3月离任）
　　　　马　亮（2016年3月任职）

高家岭镇人民政府

镇　长　张　军
副镇长　金永新
　　　　张飞龙（兼，2016年9月离任）
　　　　聂长利　任　勇

高家岭镇人大主席团

主　席　肖国华

（曹阳）

宁远街道

【概况】宁远街道位于兴城市城区中心，东与城东街道相邻，南和曹庄镇相连，西与羊安、白塔满族乡交界，北同古城街道接壤，总面积10平方公里。街道办事处位于南桥路42号。该街道辖西一、西二、南关、南甸子4个行政村和老马路、西关、铁西3个社区。2016年年末，全街道总户数12836户，总人口27900人。其中，农业人口12207人，非农业人口15693人。人口自然增长率0.9%。

2016年，全街道耕地面积342公顷。其中，粮食作物186.7公顷，总产量1477吨；蔬菜种植面积158.8公顷，总产量1104.5吨。全街道工业总产值42213万元。

【劳动保障】2016年，宁远街道办理就业失业登记证110人，农村户口参加社会养老保险36人。街道对10户零就业家庭发放补助，每户500元。辖区内363户中小型企业，其中10%小型企业为轻工业主，35%企业是小吃部、超市及泳装厂和生产加工厂，解决下岗失业人员再就业问题。新农合参保11224人，参合率100%。

【民政工作】2016年，宁远街道新增低保户24户，取消141户。其中，农村新增20户，取消28户；城市新增4户，取消113户。全街道有农村五保户52人，其中集中供养10人，分散供养42人。有低保户1644户2218人，其中996户1274人享受农村最低生活保障，648户944人享受城市最低生活保障。

【城建工作】2016年，宁远街道加大违章建筑拆除力度，清除佟屯、地号两村屯临时建筑。同时，根据城建部门规划，动迁养猪场3个、冷库1个、农贸市场1座、民居2座、集体林场1所和居民临时建筑12处,圆满完成西一村大坝征地8.13公顷。

【城管工作】2016年，宁远街道与市政部门配合，投资30万元修建西二村站前停车场、西潘家胡同、城墙根胡同硬覆盖路面3条，解决百姓行车难、行路难问题；投资1.2万元，疏通下水道，维护、更换井盖20套，为市民出行提供良好交通环境。

【司法工作】2016年，宁远街道接收社区矫正人员87人，矫正期满解除71人，暂外执行1人，缓刑15人；有刑释解教人员98人，为8名刑释解教人员办理了低保和临时救济。街道8个调解委员会调处纠纷46件。其中,司法所调解纠纷8件,村、社区调解纠纷38件，调解率100%，调解成功率95%。

中共宁远街道委员会

书　记　曹玉琢（2016年3月离任）

　　　　郑艳春（女，2016年3月任职）

副书记　崔中华　李晶岩

宁远街道办事处

主　任　崔中华

副主任　陈　健　崔作勇　陆　颖（女）

人大宁远街道工作委员会

主　任　陈洪生

（雷国良）

古城街道

【概况】古城街道位于兴城市古城内及城北郊，东南与城东街道相邻，西和宁远街道毗连，北同元台子满族乡接壤，总面积14.85平方公里。该街道辖北关、花园、北半道子、东八里4个行政村和永宁、春和、城北3个社区。街道办事处设在北半道子村。2016年年末，全街道总户数12031户，总人口为28351人。其中，农业人口6509人，非农业人口21842人。人口自然增长率0.81‰。

2016年，全街道有耕地面积524.2公顷。工业总产值31415万元，其中规上企业14385万元；工业增加值6911万元，其中规上企业3164万元。农业保险参保率100%；应免畜禽免疫密度100%；新农合参合率100%。

【农村工作】2016年，古城街道和东八里村党支部带领广大农民调整种植结构，集中连片种植46.67公顷红薯获得成功，并成立专业合作社。开展土地确权工作，多次召开土地确权专题工作会议、村民代表会议,研究制定《土地确权工作实施方案》。4个村完成实测面积524.2公顷。

【城乡建设】2016年，古城街道投入资金17万元，开展城乡环境综合整治，清理路边垃圾2530吨；清理河道2400米，垃圾3690吨；清运田边垃圾50吨。投资15万元，维修改造城北社区；投资11万元，改造春和社区、永宁社区水电暖；投资20万元，新建北半道子村文化广场2150平方米。

【民生保障】2016年，古城街道核查办理农村低保户664户895人，城市低保972户1525人。新办理就业失业登记证351人次，劳务输出99人次、就近就地转移1168人次，协助并参与就业局开展2016年大型用工招聘会2次。办理一孩生育指标121个，两孩生育指标52个，三孩生育指标3个；新办独生子女证925个，补办25个；三情监测1225人；孕前优生检查16人；办理奖抚59人，特抚7人。加固花园桥南西侧大坝，高6米，宽20米。

中共古城街道委员会

书　记　李宝文（2016年3月离任）

　　　　高玉文（2016年3月任职）

副书记　杨建军　金志强

古城街道办事处

主　任　杨建军

副主任　张茂奎　李艳凤（女）　闫　超

人大古城街道工作委员会

主　任　李卫国

（雷贺）

温泉街道

【概况】温泉街道位于兴城市区东北部、古城东部、首山脚下，总面积17.5平方公里。东与钓鱼台、四家屯街道相邻，北和龙岗区双树乡毗连，西南同城东街道接壤。街道办事处设在兴海北街二段15号、体育场东侧。该街道辖胜利村和温泉、首阳、东山、康宁、建海、兴海桥6个社区。兴城市委、市政府所在地。有中小学和幼儿园8家，中省直驻在单位19家，是兴城的政治、经济、文化中心。2016年年末，全街道总人口55783人。其中，农业人口1862人，非农业人口53921人。人口自然增长率4‰。

2016年，全街道实现国内生产总值4.7亿元,比上年增长31.91%;工农业总产值3.4亿元。其中，工业产值3亿元，农业产值0.4亿元。限额以上餐饮业营业额0.4亿元，批发零售额0.1亿元，重点服务业营业额实现3亿元；扶贫攻坚成绩显著，一年中减少贫困人口179人。农民人均纯收入2.2万元。年内，温泉街道被中共葫芦岛市委评选为先进基层党组织。

【社区工作】2016年，温泉街道6个社区经过新建、改扩建、置换，全部实现自有产权。其中温泉、建海2个社区综合服务站暨老年人日间照料中心5月份建成并投入使用。日间照料中心分棋牌室、图书室、康复室、书画室、休息室、多功能室、红十字家园、心理疏导室等，2家中心开展大型文艺会演8次，与核工业二四六医院共同开展大型义诊4次，与兴城市红十字会开展教育讲座4次，为8.4万名辖区老人提供日间养老服务。新建首阳社区综合服务站，建筑面积840平方米，投资214万元，年末投入使用。

【惠民服务】2016年，温泉街道全年安置公益性岗位179人，其中安置零就业家庭成员29人；“4050”灵活就业人员享受社保补贴登记132人。小额担保贷款40人，金额400万元。新增城市低保10户15人，取消124户195人；下调14户14人。新增农村低保户1户1人；为37户无房低保户办理廉租住房补贴手续。为34名困难大学生提供教育救助金6.5万元。新增优抚对象3人，发放上年退伍士兵补助金10人。筛查辖区内残疾人432名，办理困难残疾人生活补贴105户，每人每月70元；为70户重度残疾人办理护理补贴，每人每月55元；补办独生子女光荣证2423人。

中共温泉街道委员会

书　记　刘志刚

副书记　陈庆友（2016年3月离任）

　　　　李　冶（2016年3月任职）

　　　　蔡　宁

温泉街道办事处

主　任　陈庆友（2016年3月离任）

　　　　李　冶（2016年3月任职）

副主任　张志裕（2016年12月离任）

　　　　杨立东　康桐楀　任　磊（女）

人大温泉街道工作委员会

主　任　郭欲仑（2016年10月离任）

　　　　张志裕（2016年12月任职）

（刘微微）

四家屯街道

【概况】四家屯街道位于兴城市境东北部，东临辽东湾，南与钓鱼台街道相邻，西与温泉街道毗连，北与葫芦岛市龙港区双树乡接壤，总面积23平方公里。辽宁工程技术大学、辽宁财贸学院和渤海船舶职业学院3座高等学府位于辖区内。葫芦岛市龙兴路、滨海大道穿辖区而过。街道办事处设在四家村。该街道辖四家、邴家、周家、纪家4个行政村和四家1个社区。2016年年末，全街道总人口8247人。其中，男4097人，女4150人；农业人口7549人，非农业人口698人。大学城在校师生2万余人。

2016年，全街道实现各业产值17亿元，人均地区生产总值22.6万元，增长7%。利税1400万元，比上年增长200万元。固定资产投资2亿元，比上年增长10%，城镇居民人均收入3万元，增长10%。年内，该街道被评为辽宁省基层宣传思想文化工作示范点。

【“两学一做”学习教育活动】2016年，四家屯街道扎实开展“两学一做”活动，10个党组织集体学习60批次，讨论座谈30余次，专题民主和组织生活会27次，党工委领导和支部书记讲党课34次，写心得体会和学习毛丰美感受500余份，开展形式多样党日活动50多次。

【微信平台建设】2016年，四家屯街道设立“四家屯发布”微信平台，设有党建工作、政务动态、精彩四家3个板块。展出宣传及总结信息70余条，包括办事处中心工作、党务活动开展、动迁拆迁、创建文明城市等，方便群众及时了解。

【动迁工作】2016年，四家屯街道完成动迁任务6项，即兴建公路与滨海公路环路贯通工程、城中村棚户区改造连续工程、海边木栈道动迁项目、兴宫集团用地征地项目、首山湖用地动迁工程、龙兴路电网建设项目。其中，首山湖项目历时3个月，征地66.67公顷，涉及农户300余户，动迁房屋30多户。

【安全维稳】2016年，四家屯街道拓宽信访工作渠道，解决涉及群众切身利益的治安案件和民事纠纷，打击破坏经济发展和稳定犯罪行为。处理治安案件60余起，调解矛盾纠纷20多件，接待上访群众200多人次。

【农业生产】2016年，四家屯街道于播种之前为科技示范户发放底肥。在玉米地投放赤眼蜂2次，惠及土地面积66.67公顷。为困难户解决种子化肥问题，确保按时播种。宣传粮食直补政策，国家粮食直补政策明白发放。农业保险完成133.33公顷。

【民生工作】2016年，四家屯街道为保障困难群众基本生活，发放救济款5.4万元，惠及220户；50—80周岁老年人意外伤害保险200人，完成率100%。民房财产保险完成200户，完成率100%；缴纳养老保险1100多人。劳动力转移1500人，劳务输出100人。近8000人参加医疗保险，参合率100%。

中共四家屯街道委员会

书　记　张晓坤（2016年12月离任）
　　　　陈　强（2016年12月任职）
副书记　陈　强（2016年12月离任）
　　　　柏春辉（2016年12月任职）
　　　　关　键（2016年3月离任）
　　　　吕君德（2016年3月任职）
　　　　吴冬冬（女，2016年6月挂职）

四家屯街道办事处

主　任　陈　强（2016年12月离任）
　　　　柏春辉（2016年12月任职）
副主任　吕君德（2016年3月离任）
　　　　周　勇　胡志涛

马　越（2016 年 3 月任职）

人大四家屯街道工作委员会

主　任　门晓芳（女）

（金金）

城东街道

【概况】城东街道位于兴城古城东南部，东与温泉街道相邻，西与宁远街道毗连，南与曹庄镇接壤，北与葫芦岛市龙港区双树乡交界，总面积 23 平方公里。街道办事处机关设在临河大街 14 号。该街道辖东一、东二、南辛庄、新地号、韩家、干柴 6 个行政村和东关、城南、月亮河 3 个社区。2016 年年末，全街道总户数 9736 户，总人口 22353 人。其中，男 11417 人，女 10936 人。人口自然增长率 6.43‰。

2016 年，全街道耕地面积 613.04 公顷。其中，粮食作物种植面积 569.87 公顷，蔬菜种植面积 43.17 公顷。实现社会生产总值 7.9 亿元，增长 3%；固定资产投资 1.4 亿元；商品销售总额 5.2 亿元，增长 7%。

【民生工程】2016 年，城东街道建设水泥路面 3.38 公里、农村作业道 3.7 公里。自来水改造 800 户。安装太阳能路灯 48 盏。韩家村、干柴村、月亮河社区有线电视数字化改造 478 户。改造危房 2 户。维修堤坝 200 米，水毁道路 4.5 公里。全年打井 22 眼、维修方塘 1 座。

【扶贫工作】2016 年，城东街道为 1304 户、1598 人发放低保临时救助 24 万元；实施大病救助 5 人，金额 2.7 万元；完成 67 户廉租房租赁补贴审核及 1308 户低保房屋取暖补助工作。为一、二级 79 名残疾人办理生活补贴和护理补贴；全年新建城南社区、月亮河社区两个红十字家园。

【农业工作】2016 年，城东街道参加农业保险 1375 户，投保面积 595.1 公顷，投保金额 5.68 万元，投保率 97%。参加新农合 11259 人，参合率 106.9%。土地确权实测面积 820.13 公顷、1660 户、3503 块土地。良种补贴总面积 613 公顷，发放补贴资金 9.2 万元；粮食直补 1867 户，发放补贴资金 59.3 万元。

【环境治理】2016 年，城东街道投入资金 25 万元，出动车辆 276 次、人员 772 人次，清运垃圾 4028 吨，清理路边沟 19.3 公里、河道清淤 8.8 公里。对辖区内 45 家企业开展建设项目监督管理（清查）基本情况调查，营建绿色企业；对辖区内 8 家企业开展废弃机油产量及去向排查，并与商家签送达回证，加强涉污企业监管。

中共城东街道委员会

书　记　陈维政（2016 年 3 月离任）

　　　　刘洪涛（2016 年 3 月任职）

副书记　张立东（2016 年 3 月离任）

　　　　沈大江（2016 年 3 月任职）

　　　　齐　冰（2016 年 3 月离任）

孙长宏（2016年3月任职）

城东街道办事处

主　任　张立东（2016年3月离任）

沈大江（2016年3月任职）

副主任　赵旭光（2016年3月离任）

薛宇宏　翟立臣

姜婷婷（女，2016年3月任职）

人大城东街道工作委员会

主　任　赵旭光（2016年3月任职）

（朱晓卓）

钓鱼台街道

【概况】钓鱼台街道位于兴城市东北隅，东濒辽东湾，南以兴城河与曹庄镇交界，西和温泉街道相邻，北与四家屯街道接壤，总面积7平方公里。街道办事处设在兴海南街四段路南。该街道辖红石碑、钓鱼台2个行政村和海口、海河桥、黎明3个社区。2016年年末，全街道总人口12077人。其中，男6854人，女5223人；农业人口4710人，非农业人口7367人。人口自然增长率4.07‰。

2016年，全街道社会总产值完成66440万元，营业收入73392万元，新增固定资产投入1000万元。农民人均纯收入10258元。

【城建管理】2016年，钓鱼台街道集中整治马路市场、违章建筑、环境卫生、广告牌匾等问题。开展城区环境卫生整治行动2次，清除卫生死角54处，清除垃圾9吨；清除广告牌匾50余块、乱涂乱画1280处。

【招商引资】2016年，钓鱼台街道与辽宁省文化厅就“文化旅游项目”进行洽谈。同时与大唐核电驻沈阳办事处就在兴城市兴建风力发电项目进行洽谈，并编制可行报告。

【安监工作】2016年，钓鱼台街道为切实提高居民群众安全生产意识，集中开展安全隐患大排查活动。制作安全生产宣传版3块，横幅宣传布标4幅，各社区、生产经营单位写标语4条，发放宣传资料300份。监督检查6次，监督场所25处。

【低保户管理】2016年，钓鱼台街道加大对农村和城市低保户管理力度，建立动态管理长效机制。对辖区所有低保户进行逐一审核，张榜公布。城市低保户中95户117人，取消30户49人。动态调整农村低保人员，农村低保185户242人，其中取消38户46人。

【劳动保障】2016年，钓鱼台街道劳动保障工作坚持“以人为本，服务至上”理念，竭力帮扶和引导辖区失地农民和失业人员以各种形式实现就业和再就业。全街道有农村劳动力890人，其中组织劳务输出100人，就近就地转移900人，并全部登记备案，录入系统。

【计生工作】2016年，钓鱼台街道育龄妇女2832人，其中已婚育龄妇女2235人，采取节育措施1994人，期内出生71人，其中一孩47人，二孩24人，办理独生子女证439人。奖扶特扶年检率100%。奖扶人员52人，享受独生子女父母奖励费428人。

中共钓鱼台街道委员会

书　记　韩忠民

副书记　张彦民（2016年12月离任）

　　　　王海龙（2016年12月任职）

　　　　李　伟

钓鱼台街道办事处

主　任　张彦民（2016年12月离任）

　　　　王海龙（2016年12月任职）

副主任　李　莹（女）　刘文峰　韩金龙

人大钓鱼台街道工作委员会

主　任　崔红梅（女）

（李想）

华山街道

【**概况**】华山街道位于兴城市境东北部，东与元台子满族乡毗连，南和白塔满族乡接界，西与旧门满族乡为邻，北同葫芦岛杨家杖子省级经济开发区接壤，总面积70.4平方公里，是省级文明街道。街道办事处设在绿化村。该镇辖上长茂、下长茂、四合、绿化、羊草5个行政村和锦山、锦华2个社区。2016年年末，全街道总人口20006人。其中，农业人口8324人，非农业人口11682人。

2016年，该街道工业总产值达到2.4亿元，同比增长3%；工业增加值达到4320万元，全年完成全口径税收900万元。

【**服务场所建设**】2016年，华山街道实现上长茂村标准化办公，为绿化村新建办公场所，维修改造锦山锦华2个社区办公场所，为羊草村修缮办公楼并购置办公设备。投入自有资金1万元，维修下长茂村办公场所。

【**发展村经济**】2016年，华山街道绿化村被确定为兴城市村级集体经济发展试点村，用上级财政奖补资金150万元用于发展村集体经济。该村以入股分红方式与玄宇食用菌公司签订协议，玄宇食用菌公司以固定资产作为入股资金的风险抵押，以确保财政奖补资金不流失，并保证绿化村每年稳获收益不少于12万元。

【**民生改善**】2016年，华山街道争取项目资金70万元，对羊草村实施美丽乡村示范村建设。建设文化广场2个，安装路灯60盏，村内全部实施绿化。投资15万元，为四合村赵屯修建石砌堤坝350延长米。投入资金4万元，对自来水设备及多处管路进行维修，保证绿化村自来水用户长期供水。为建档立卡贫困户建房3户。新修水泥路面5.15公里。

【**环境整治**】2016年，华山街道对辖区内

3条主要河流进行集中清淤治理，治理河段长度近3万延长米，清运垃圾3000吨，清理河道内幼树1000株。投入资金13万元，清运辖区内5个村及2个社区居民生活区垃圾4500吨。栽种火炬等风景树840株，栽种侧柏1400株。

【救助帮扶工作】2016年，华山街道与爱心团队联系，利用社会力量救助该地区特殊贫困户。全年爱心团队到街道7次，帮扶贫困户40户，为贫困户发放能繁仔猪14头，米、面、油等物资若干。与市爱心协会联系，为3名贫困学生争取爱心助学金3000元。

【扶贫基地建设】2016年，华山街道把玄宇公司确定为“十三五”扶贫工作突破口。投资3600万元建成食用菌扶贫基地40公顷，建设扶贫大棚128栋，实行“公司+合作社+基地+农户”经营模式。年内，全街道有11户农户与食用菌公司签订协议。

中共华山街道委员会

书　记　谷彦晟

副书记　沈大江（2016年3月离任）

　　　　赵林江（2016年3月任职）

　　　　陈志强（2016年3月离任）

　　　　陈云新（2016年3月任职）

华山街道办事处

主　任　沈大江（2016年3月离任）

　　　　赵林江（2016年3月任职）

副主任　张永强

　　　　纪　东（兼，2016年9月离任）

　　　　王　科　乔占英（女）

人大华山街道工作委员会

主　任　冯春荣

（曹春龙）

临海街道

【概况】临海街道位于兴城市中心城区以南10公里，兴城滨海经济区内，东北与曹庄镇接壤，西南与沙后所镇毗邻，滨海公路贯穿东西，总面积24.52平方公里。街道办事处设在滨海经济区。该街道辖老滩、中兴2个行政村和锦绣、兴工2个社区。2016年年末，全街道总人口12955人。其中，2个行政村人口4915人；生活区职工住宅2000余户；三道沟青山水库移民932户，入住491户1831人。

2016年，全街道耕地面积592.97公顷，粮食总产量1852125公斤。个体工商户143户，从业人员240人。工业企业主要以高性能复合材料和泳装企业为主，企业职工5000余人。全年农业总产量3073.8吨，农业产值533.67万元；工业产值63.3亿元；民营经济产值51亿元。农民人均纯收入8032元。

【党建工作】2016年，临海街道圆满完成村“两委”换届选举工作和市党代表推选工作。发展预备党员3名，转正党员4名。加大案件查处力度，办理纪检信访案件2

起，处理违纪党员5人。

【农业工作】2016年，临海街道发放粮食直补428.33公顷354814元，完成玉米种植户补贴发放172.7公顷621724.8元，发放农业保险理赔款418.6公顷51510.8元。完成土地流转100公顷，土地确权面积509.04公顷。完成赤眼蜂玉米螟病虫害防治133.33公顷。

【民生工作】2016年，临海街道核查五保户33户，录入优抚对象纸质档案归档和电子版档案28户。实现低保动态管理。新增农村计划生育奖扶人员31人、特扶人员1人，办理独生子女证95人。求职登记145人，"就失业登记证"办理、发放50人；企业退休人员社会化管理48人，异地退休人员年检29人；办理失业人员失业保险金申领2人；新农保参保人员2332人，60周岁以上领取养老金待遇822人，新农合参合率95%。

【护林防火】2016年，临海街道成立防火巡查中队，出动防火巡查车辆100台次，发放宣传单2000张，悬挂宣传标语20条。建设应急救援物资仓库，配备扑火风机10个、防护服50套、迷彩服10套、对讲机10个，组织防火队伍专业培训，提高防火扑救能力。

【项目建设】2016年，临海街道实施中兴河综合治理工程，石砌堤坝200延长米。购置锦绣社区文化活动广场健身器材23套，安装路灯70盏。修建中兴村文化广场3000平方米，栽植国槐100棵，银杏100棵，柳树200棵。2000平方米的临海街道中心幼儿园建成并投入使用。争取上级扶持资金150万元，实施中兴村小学校舍改造工程，引进泳装加工项目，做大做强村集体经济。

【安全生产】2016年，临海街道召开安全生产座谈会2次，悬挂宣传条幅20幅，发放安全宣传单1000份，出动宣传车20台次，对辖区企业和单位开展集中大检查3次，发现隐患120个，整改隐患110个。取缔辖区内无证船只非法作业、制止"三无"船只非法载客行为。

【环境治理】2016年，临海街道对村屯、社区街巷和公共场所及滨海公路周边环境卫生开展集中整治，垃圾清运200台次，清理路边垃圾300吨，彻底改变环境"脏、乱、差"局面。组建卫生保洁队伍，日常清理维护辖区内环境卫生，投放垃圾桶150个。

中共临海街道委员会

书　记　李壮林（2016年3月离任）
　　　　李海军（2016年3月任职）
副书记　邱　枫（2016年3月离任）
　　　　万真东（2016年3月任职）
　　　　马　亮（2016年3月离任）
　　　　王　旭（2016年3月任职）

临海街道办事处

主　任　邱　枫（2016年3月离任）

　　　　万真东（2016年3月任职）

副主任　雷　达　刘首阳　高守家

人大临海街道工作委员会

主　任　马　军

（张凌华）

菊花街道

【**概况**】菊花街道位于兴城市东南方向，距离兴城码头12.5公里的渤海湾中。2016年5月10日，觉华岛管委会从葫芦岛市划归兴城市管辖，其所辖菊花街道归属兴城市。该街道辖南、北2个行政村，9个自然屯，1092户。街道办事处设在南村。2016年年末，全街道常住人口3268人。其中，农业人口3037人，非农业人口231人。岛上居民大多从事旅游服务业和海洋捕捞业。

2016年，全街道有耕地面积149.5公顷，主要农作物玉米、高粱、大豆、花生。有林地660余公顷，树木品种有荆条洋槐、松树、桑树、榆树、菩提树等，荆条洋槐居多，森林覆盖率80%。农民人均纯收入10160元。

【**自然资源**】菊花街道觉华岛上有丰富的沙滩、礁石、山体、林木等自然资源。东半部山势险峻，多为悬崖峭壁，最高峰大架子山，海拔198.2米；岛上西半部为丘陵山区，最高峰大明山海拔181.4米；岭西屯北海沿有石山礁屹立；山南屯沿海怪石嶙峋，明暗礁林立，已开辟成怪石滩旅游风景区。大气环境质量达到国家一级标准。

【**渔业资源**】菊花街道内觉华岛四面环海，海岸线长27公里。渔业资源丰富，是渤海湾的天然渔场。有捕捞船只300多艘。滩涂面积300公顷，主要养殖杂色蛤、海参等。天然海产品主要有螃蟹、对虾、毛虾、海螺、海蜇、爬虾、八爪鱼、鲈鱼、白眼鱼、青皮鱼、青条鱼、鲅鱼、梭鱼、箭头鱼等。

【**民政工作**】2016年，菊花街道有城镇低保、农村低保、五保246人，发放补助款50.59万元；享受80~90岁高龄补贴低保户8人，全年发放补贴款0.96万元；90周岁以上高龄老人4人，全年补贴0.72万元；享受优抚待遇退伍老兵18人，全年发放优抚补助16.05万元。

【**人口计卫工作**】2016年，菊花街道实行生育层级动态管理责任制，已婚育龄妇女753人，避孕节育措施落实率91.9%，宣传教育普及率95%。农合医保参合3066人，参合率100%。

【**社会保障工作**】2016年，菊花街道60周岁以上老人482人享受特殊政策，每人每月补贴100元（管委会制定）；90周岁以上老人4人，每人每月补贴150元。享受城乡居民社会养老保险484人，发放养老金43.56万元。

中共菊花街道委员会
书　记　王　猛（2016年12月离任）
副书记　周风雷　李宏宇
菊花街道办事处
主　任　周风雷
副主任　贲云屏（女）　杨飞舟
人大菊花街道工作委员会
主　任　息　毅

（刘东）

·小资料·

白塔峪塔

亦称九窿烟塔、玲珑塔。位于古城西北14公里的九龙山南麓塔沟村北，四周群山环抱。建于辽大安八年（1092），1979年被列为省级文物保护单位。2013年，列入全国第七批重点文物保护单位名单。

塔为实心密檐式砖塔，八面四碑四佛，十三层，存高约43米。塔座为须弥式，塔身每角各有倚柱，每个柱上刻有八大灵塔塔名，由南面左侧倚柱始，至南面左侧倚柱止，依次是：净饭王宫生处塔、鹿野园中法轮塔、菩提树下成佛塔、耆阇崛山般若塔、庵罗卫林维摩塔、曲女城边宝皆塔、给孤园中名称塔、娑罗林中圆寂塔。南西北东四正面各有佛龛，置砖雕佛像，佛龛上部刻有佛名：南为宝生如来、西为无量寿佛、北为不空如来、东为阿閦如来。四隅面各有砖雕碑，碑上面刻着偈语——东南为“寂灭为乐”、西南为“诸行无常”、西北为“是生灭法”、东北为“生灭灭已”。

塔座的东南有一盗洞，是早年被盗掘者所凿，下达12米深处的地宫。1978年，在清理塔下地宫时，发现一方辽代的《掩藏记》石碑，上面记载着建塔时间，这在省内辽塔之中是罕见的。

1972年，在塔的东墙外枯井中曾出土一方元代大德六年（1302）翠峰寺《地产记》石碑，上面记载着该塔所属房产及地界等情况。

塔四周建有围墙，北部有一大门。塔北侧有清代中天寺一座，共九间，至今香火不断。

2010年9月，省文物局拨款对古塔全面维修。

索 引

说 明

一、本索引采用主题分析法，按主题词首位汉语拼音音序顺序排列，同音字按声调排序，同音同调字按下个字的音序排列。

二、款目后的阿拉伯数字表示内容所在的页码，数字后的字母（a、b）分别表示所在页的左、右栏。

A

爱国卫生 248b
安监 169b
安监概况 169b
安监工作 290a
安全保卫 212a
安全播出 243a
安全监管 181a
安全生产 102a
安全生产 177b
安全生产 252a
安全生产监管 278b
安全生产宣教 170a
安全维稳 288a

B

白塔 260a
白塔概况 260a
帮扶 112a
报刊 240a
报刊概况 240a
编制管理 99b
便民办税 191a
标准化 152b
表彰先进 114a
滨海经济区 101a
滨海经济区概况 101a
滨海经济区领导 102a
博物馆 238b
不动产 154b
不正当竞争 152a

C

财税与金融 45a
财务情况 204b

财政·税务 189
财政 189a
财政概况 189a
财政惠民 189b
财政惠农 190a
财政监督 190a
财政支出 189a
财政资金 189b
参政议政 105b
餐饮协会 111a
残疾人就业 115b
残疾人康复 115a
残疾人民生 115b
残疾人宣传 115b
残联 115a
残联概况 115a
仓储建设 187b
曹庄 273a
曹庄概况 273a
测绘 173b
产学研 220a
产业帮扶 117b
产业结构调整 272b
偿欠款 155b
场所建设 291a
成人教育 229a
城东 288b
城东概况 288b
城管工作 285a
城建·环保 172
城建工作 285a
城建管理 290a
城建环保 47b
城市供水 165b
城市管理 172b
城市建设 172a
城市品位 84a
城乡供电 181a
城乡供电概况 181a
城乡规划 173a
城乡规划概况 173a
城乡环境 172a
城乡建设 286a
城乡建设概况 172a
城乡网络 188b
城镇建设 275a
抽水蓄能 182a
初职教育 228b
储备粮 213a
储粮设施 213a
传统文化教育 226a
传销 152b
创新平台 220b
从严治军 132a
促民生 77b
村经济 291b
存款 200b
存款拓户 200b

D

搭建平台 167b
大气污染 175b
大事记 28

大项目 185a
大赛 264b
大赛概况 264b
代理业务 187b
贷款 202b
贷款情况 204b
党代会筹备 58a
党建工作 215a
党建工作 269b
党建工作 281b
党建工作 292b
党建会议 51a
党史 58b
党外干部 73b
党校 76b
党校概况 76b
党员本职 128b
党员工作 70a
党政机关 50
档案 243b
档案概况 243a
档案管理 244a
档案利用 244a
档案宣传 245a
档案指导 245a
道路修复 177a
德育教育 227a
低保户 290b
地方武装 131
地理信息 173b
地税 194a
地税概况 194a
地形地貌 41b
地震 221b
地震概况 221b
地震宣传 222a
电力 181a
电量损失 183b
电台 242b
电网 181a
电信 186b
电信概况 186b
电子监察 87a
电子商务 102a
电子商务平台 210a
钓鱼台 290a
钓鱼台概况 290a
调整机构 108b
顶层设计 205b
定点扶贫 169a
东辛庄 274b
东辛庄概况 274b
冬季运行 171a
动监 162a
动监概况 162a
动迁 288a
督查 58a
读书节 236b
队伍建设 68b
对公存款 202a

F

发展和改革 145a

发展和改革概况 145a
法官员额制 139a
法律服务 140b
法律监督 137b
法院 138a
法院概况 138a
法治 134
法治宣传 140a
反措核查 183b
反假币 199b
防震减灾 222a
房地产 172b
非公经济 73b
非公企业党建 70b
非油业务 216b
风 43a
风电 183a
风电概况 183a
风机 183a
风景区 143b
风景区概况 143b
风险监管 150b
扶贫 158b
扶贫概况 158b
扶贫工作 160a
扶贫工作 251b
扶贫工作 267b
扶贫工作 289a
扶贫攻坚 270a
扶贫基地 292a
扶贫济困 277a
扶贫开发 266b
扶贫开发工作 269a
服务企业 167a
服务业 209a
服务业概况 209a
服务业检查 211a
服务业项目 210a
服装产业 275a
妇联 113b
妇联概况 113b

G

干部监督 69a
干部培训 76b
高家岭 282b
高家岭概况 282b
高考 225b
高新企业 220b
个贷 201a
个人存款 201b
工程档案 174a
工程建设 182b
工商联 116a
工商联概况 116a
工行 200a
工行概况 200a
工业 167
工业管理 168b
工业管理概况 168b
工业和建筑业 46b
工业实力 83b
工资分配 203b

工资福利 99b
工作活力 76a
公安 135b
公安概况 135b
公共卫生 248a
公共卫生概况 248a
公共卫生项目 248a
公共文化 237b
公路 177a
公路概况 177a
公路养护 177a
公务员管理 99a
公务员科普 124a
公益电影 237b
公益事业 262a
供销合作 211a
供销合作概况 211a
共青团改革 113b
古城 285b
古城概况 285b
古城景区 239b
古城开发 239a
固定资产投资 44b
光伏发电 182a
光宽带 186a
广播电视 241a
广播电视概况 241a
广电网络 188a
广电网络概况 188a
郭家 277a
郭家概况 277a
国地税合作 191b
国民经济 44b
国民经济概况 44b
国税 190b
国税概况 190b
国土资源 153b
国土资源 153b

H

海监执法 164a
海外统战 73b
海洋生态 163b
海洋与渔业 163b
海洋与渔业概况 163b
海域管理 164a
合作宽带 186b
河道 165a
核电办 184a
核电办概况 184a
核电服务 281a
核电供热 182b
红盾护农 149b
红十字会 119b
红十字会概况 119b
红十字培训 122a
红十字项目 120b
红十字宣传 119b
红崖子 281a
红崖子概况 281a
后勤保障 86b
后台管理 203b
护林防火 293a

华山　291a
华山概况　291a
环境保护　175a
环境保护　175a
环境监测　176a
环境整治　283b
环境整治　291b
环境执法　175b
环境治理　275a
环境治理　289b
环境治理　293b
换届工作　68a
换届选举　267b
会展经济　210a
惠民服务　287a
惠农政策　261a
婚姻登记　254b
活动场所　74b
货币政策　198a

J

机关党组织　75b
机关工委　75b
机关工委概况　75b
机关作风　75b
基本情况　40a
基本药物　247a
基层党组织　69b
基层工会　112b
基层供销社　212a
基础设施　101a
基础设施　160a
基础设施　265a
基础设施　273b
基础设施工程　280a
基础设施建设　268b
基础设施建设　272a
基础设施建设　278a
计量器具　149b
计生　290b
计生项目　248b
技术创新　167b
加油站　216b
价格认证　148a
检察　137a
检察概况　137a
检验检测　151a
检疫　163a
碱厂　268a
碱厂概况　268a
建行　201b
建行概况　201b
建置沿革　40a
健康扶贫　159a
降水　43a
交通　177a
交通管理　136a
交通和邮电　47a
交通执法　177b
教师　229b
教师概况　229b
教师考试　230b
教师能力　76b

教学管理 228a
教研会议 230a
教育·体育 223
教育 223a
教育安全 224a
教育扶贫 159a
教育概况 223a
教育工程 223b
教育工作 48a
教育科研 230a
教育信息 231a
教育研训 228b
接待 175a
秸秆 157a
节目引进 243a
巾帼建功 114a
金融 198
金融扶贫 159b
金融服务 198b
金融管理 206a
金融宣传 199a
金融征管 199b
进京非访 134a
经济管理 145
经济林 161a
经济林建设 271a
经济审计 155a
经济信息化 167a
经济信息化概况 167a
经营中心 203a
精神文明建设 72a
精准扶贫 263b
精准扶贫 278b
景区安全 144a
景区管理 104a
景区管理 144b
竞技体育 233a
竞技体育概况 233a
旧门 270b
旧门概况 270b
救助 254a
救助帮扶 291b
就业 250a
居民科普 124a
菊花 293b
菊花概况 293b
卷烟营销 217a
觉华岛管委会 103b
觉华岛管委会概况 103b
觉华岛管委会领导 104b
军事工作 131b

K

科技 219
科技创新 123b
科技干部 99a
科技工作 219a
科技工作 48a
科技工作概况 219a
科技馆 123a
科技项目 219b
科普校园 123b
科普宣传 122b

科普宣传 221b
科协 122a
科协概况 122a
客户营销 207a
课堂理念 227b
跨境电商 209b
矿政 154a

L

来信来访 174a
劳动保障 277a
劳动保障 284b
劳动保障 290b
劳动监察 251a
劳动竞赛 111b
劳动仲裁 251b
劳社 250a
劳社概况 250a
老干部 74b
老干部大学 75a
老干部概况 74b
老干部艺术节 75a
理论学习 71b
历史文化 127b
联通 185a
联通概况 185a
廉政宣传 109a
粮食产能 158a
粮食流通 212b
粮食流通概况 212b
粮食应急预案 214a
粮油质量 213b
两学一做活动 181b
两学一做学习教育 54b
林场改革 161b
林业 160b
林业概况 160b
临海 292a
临海概况 292a
领导干部大会 50b
领导接访 100a
刘台子 263a
刘台子概况 263a
流动治超 180b
六届十二次全会 50b
路警整治 180a
路政 179a
路政概况 179a
路政管理 179b
旅游 141
旅游厕所 142a
旅游服务 142a
旅游服务概况 142a
旅游管理 143a
旅游开发 141a
旅游开发 283b
旅游开发概况 141a
旅游项目 141a
旅游项目 280b
旅游宣传 141b
旅游宣传 239b
旅游资源 42a

M

满族文化 255b
矛盾纠纷 134b
美丽乡村 274a
美术家 127b
盟员大会 129a
免费检查 114b
民办教育 229a
民革 128b
民革概况 128b
民间文艺家 128a
民进 129b
民进概况 129b
民盟 129a
民盟概况 129a
民商事审判 138b
民生保障 264a
民生保障 265a
民生保障 271b
民生保障 282a
民生保障 286a
民生保障 84b
民生保障工作 272b
民生改善 275b
民生改善 278a
民生改善 291b
民生工程 258a
民生工程 289a
民生工作 259b
民生工作 262b
民生工作 288b
民生工作 292b
民生水利 165a
民营经济 257b
民政 252a
民政概况 252a
民政工作 284b
民政工作 294b
民主法制 85a
民族 254b
民族地区 255a
民族概况 254b
敏感时期 101a

N

内控 204a
内外贸易 47a
南大 266a
南大概况 266a
能源科普 184b
年鉴 245b
宁远 284b
宁远概况 284b
农产品监管 157b
农产品流通 210b
农村电商 187a
农村工作 276b
农村工作 285b
农村基础设施 267b
农村经济 157
农村农业 266a
农村淘宝 209a

农发行 207a
农发行概况 207a
农工民主党 130a
农工民主党概况 130a
农机化 158b
农民培训 255a
农商行 205a
农商行概况 205a
农行 202b
农行概况 202b
农业 157a
农业 45a
农业产业 268b
农业产业化 157a
农业概况 157a
农业工作 259a
农业工作 264b
农业工作 282a
农业工作 289a
农业工作 292b
农业基础设施 260b
农业基础设施 263b
农业基础设施 271a
农业开发 270a
农业科技 219a
农业科技示范 124a
农业科教 157b
农业科普 123b
农业农村 257b
农业普查 146b
农业生产 261b
农业生产 277a
农业生产 288a
农业执法 157b
农资供应 211a

P

普法宣传 154b

Q

企业文化 182b
企业座谈会 116b
气温 42b
气象 166a
气象服务 166b
气象概况 166a
气象与农业 166b
千企联千村 116b
强化履职 78a
侨法宣传 119a
侨联 118b
侨联概况 118b
侨情普查 119a
窃热 171a
侵害群众利益 109b
青辅协 123a
青年创业 113a
清欠 194b
曲艺家 128a
全光市 185a
全民健身 232b
全委会选举 111a

权益维护 114b
群团 111
群众体育 232b
群众体育概况 232b
群众性文化活动 72b

R

燃油补贴 164b
热电 170b
热电概况 170b
人大工作报告 18
人道救助 120a
人防 132b
人防概况 132b
人防宣传 132b
人工影响天气 166a
人口 44a
人口计生 294b
人民调解 139b
人民生活 49b
人事 99a
人事概况 99a
人武 131a
人武概况 131a
人行 198a
人行概况 198a
日照 43a
软环境建设 143b
软环境整治 55b

S

三道沟 269b
三道沟概况 269b
三献工作 121a
森林补偿 161b
森林防火 161a
沙后所 275b
沙后所概况 275b
商标广告 151b
商标兴城 149a
商贸流通 209
设备检修 171a
设施建设 143b
设施农业 283a
社保费清缴 196b
社保费征收 196a
社保中心 251b
社会帮扶 159b
社会保障 294b
社会服务 129b
社会服务 130b
社会福利 252b
社会救济 252b
社会救济概况 252b
社会救助 253a
社会生活 250
社会事务 104b
社会稳定 134a
社会稳定 265a
社会稳定 282a
社会治理 252b

社情民意　106a
社区工作　286b
社区矫正　140a
涉粮企业　213b
摄影家　126a
申遗　238b
审计　155a
审计概况　155a
生物防治　161b
师干训　230b
诗词楹联　127b
石油　215b
石油概况　215b
石油销售　216a
食品安全　150a
食品保障　151a
市场调控　148a
市场监督　148b
市场监督概况　148b
市场监管　152a
市场经营　149b
市场准入　150a
市纪委　108b
市纪委概况　108b
市纪委领导　109b
市纪委七届一次会议　109a
市人大　77a
市人大概况　77a
市人大会议表　80
市人大领导　82a
市人大七届四次会议　78a
市人大七届五次会议　79a
市委　50a
市委办　58a
市委办概况　58a
市委办公室发文目录　64
市委发文目录　59
市委概况　50a
市委工作报告　1
市委领导　58a
市委民主生活会　51b
市委七届二次会议　53b
市委七届三次会议　53b
市委七届一次会议　53a
市政府　82b
市政府办　85b
市政府办概况　85b
市政府办公室下发文件目录　95
市政府发文目录　88
市政府概况　82b
市政府领导　85a
市政府下发文件目录　94
市政规划　173a
市政协　105b
市政协概况　105b
市政协会议表　107
市政协领导　108a
市政协七届四次会议　106a
市政协七届五次会议　106b
收藏家　128a
手风琴　128a
守法诚信　117b
书法家　126a
双学双比　114a

双拥 253b
双拥概况 253b
双拥工作 253b
双拥共建 131a
霜冻 43a
水果产业 158a
水价 148a
水土保持 165b
水污染 175b
水务 164b
水务概况 164b
水灾 268b
水资源 165b
税收服务 195b
税收清理 194b
税收情况 191a
税收收入 194a
税收优惠 192a
税收优惠 195a
税收征管 193a
税务 190b
税源管理 195a
司法工作 285a
司法行政 139b
司法行政概况 139b
四家屯 287b
四家屯概况 287b

T

淘宝镇 276b
特色科普 122b
特殊教育 223b
特载 1
特种设备 151b
提标 253a
体育 231b
体育产业 231b
体育成果 234a
体育概况 231b
铁路 178b
铁路概况 178b
铁西热源厂 171b
统计 146a
统计服务 146b
统计概况 146a
统计体系 146b
统计执法 147a
统战 73a
统战概况 73a
投资审计 155b
投资统计 146b
投资项目管理 145b
突发事件处理 135b
土地等级 195b
土地规划 153b
土地利用 154a
团市委 113a
团市委概况 113a
推进项目 184b
退耕还林 161b
脱贫攻坚 113a

W

外贸 214b
外贸服务 214b
外贸概况 214b
外事工作 87b
外宣 240b
网格化管理 134b
网络诉求 87a
网络维护 188b
望海 261a
望海概况 261a
微信平台 288a
为侨服务 118b
围屏 267a
围屏概况 267a
维权 153a
维修养护 165a
尾气防治 176a
卫生 246
卫生工作 48b
卫生执法 248b
位置面积 41a
温泉 286b
温泉概况 286b
温泉小镇 283b
温泉新城 174a
温泉新城概况 174a
文广 235a
文广概况 235a
文化 235
文化惠民 237a
文化市场 238a
文化体育 48b
文化遗产 237b
文教卫生 284a
文联 124b
文联概况 124b
文联机关 124b
文物保护 238b
文物保护概况 238b
文物立项 239a
武装巡逻 135b
舞蹈家 127a
物价 147b
物价概况 147b

X

戏剧家 128a
现场办公 55a
现代服务业 83b
现代农业 83a
乡・镇・街道 257
乡村建设 271a
乡村建设 276a
乡村旅游 142b
乡村旅游 263a
乡村示范 280a
乡镇党委换届 54a
项目到户 158b
项目建设 101b
项目建设 168a
项目建设 293a

项目拉练 57a
项目审批 145a
项目审批 173b
项目推进 272b
消防管理 136a
销售任务 216a
小城镇 282a
校园安全 136b
协商民主 106a
新城项目 174b
新建项目 103b
新亮点 280b
新媒体 242b
新农保 284a
新农村建设 260b
新农合 247a
新网工程 211b
新闻编采 240b
新闻宣传 241b
新闻舆论 72b
新专栏 240b
信贷服务 206b
信贷工作 207b
信访 100a
信访概况 100a
信访工作 278b
信访系统 100b
信息产业 185
信息服务 274a
信息化建设 170a
信息消费 185b
兴城概貌 40
兴城之夏 235b
刑事案件 137a
刑事审判 138a
行业整治 169b
行政区划 42b
行政审判 138b
修建性规划 173a
徐大堡 279a
徐大堡概况 279a
徐大堡核电 182a
徐大堡核电概况 182a
畜产品 163a
畜禽保险 162b
畜禽养殖 273b
畜禽养殖 283a
续建项目 103b
宣传 71a
宣传概况 71a
宣传思想 71a
宣讲报告会 57b
学习教育 287b

Y

烟草 217a
烟草概况 217a
烟草规范 218a
严明纪律 108b
羊安 257a
羊安概况 257a
养老保险 251a
养殖小区 162b

药王　272a
药王概况　272a
业务创新　205a
业务管理　207b
业务监测　221b
医疗保险　251a
医疗机构　247b
医疗卫生　246a
医疗卫生概况　246a
依法行政　86a
依法治市　77b
依法治税　192b
宜居乡村　258a
宜居乡村建设　259b
移动　185b
移动概况　185b
移民安置　159b
移民安置概况　159b
移民扶贫　159a
移民工作　270a
移民资金　160a
义务均衡　223a
亿元项目　56b
艺术教育　225b
艺体教育　226b
意识形态　71b
翼支付　186b
音乐家　127a
应急管理　86b
营改增　192a
营配贯通　181b
泳装升级　168a
泳装展　168a
优抚　254a
邮储业务　187a
邮政　187a
邮政概况　187a
油菜花　142b
幼教　224a
幼教概况　224a
幼师培训　224b
渔业生产　164a
渔业资源　294a
渔政　164a
预备操纵员　182b
预算审计　155a
元台子　258b
元台子概况　258b
员个培训　183b
园区热源厂　171b
远程教育　70b
运输服务　177b
运营管理　186b
运用形态　109a

Z

灾害性天气　43b
灾后建设　271b
灾情调研　56a
战役性报道　240a
招聘教师　229b
招商　147a
招商范围　147a

招商概况 147a
招商举措 147b
招商引资 101b
招商引资 169a
招商引资 265b
招商引资 266b
招商引资 267b
招商引资 276b
招商引资 290a
征信 199a
政法委 134a
政法委概况 134a
政府工作报告 10
政务督查 85b
政务公开 86a
政协工作报告 23
政治工作 131a
知识产权 221a
执法监察 154a
执行 139a
职教 228b
职务犯罪 137b
植被清理 160b
指挥通信体系 133a
志愿服务 113a
治安防控体系 135a
治安管理 135b
质量监管 152b
中共兴城七大 52b
中小教 224b
中小教概况 224b
中行 204a
中行概况 204a
中职教育 229a
重要会议 50b
重要活动 54a
主题年 129b
主体责任 150b
助企 149a
抓大事 77a
专卖 218a
专题节目 242a
专项事务 254a
专项事务概况 254a
专项整治 151a
专项资金 255a
资金争取 145b
资源管护 162a
资源林政 160b
自然资源 294a
自然资源 41b
宗教 255b
宗教概况 255b
宗教管理 256a
总工会 111a
总工会概况 111a
走访 100b
组团式服务 117a
组织 67a
组织概况 67a
最美家庭 114a
作家 126b